核心素养下的化学
单元整体教学设计

江合佩　王春　潘红 /编著

海峡出版发行集团｜福建教育出版社

图书在版编目(CIP)数据

核心素养下的化学单元整体教学设计/江合佩,王春,潘红编著. —福州:福建教育出版社,2021.11(2024.11重印)
ISBN 978-7-5334-9153-6

Ⅰ.①核… Ⅱ.①江… ②王… ③潘… Ⅲ.①中学化学课—教学设计 Ⅳ.①G633.82

中国版本图书馆 CIP 数据核字(2021)第 193544 号

Hexin Suyang Xia De Huaxue Danyuan Zhengti Jiaoxue Sheji

核心素养下的化学单元整体教学设计

江合佩　王春　潘红　编著

出版发行	**福建教育出版社** (福州市梦山路 27 号　邮编:350025　网址:www.fep.com.cn) 编辑部电话:0591-83763372 发行部电话:0591-83721876　87115073　010-62024258)
出 版 人	江金辉
印　　刷	福建省地质印刷厂 (福州市金山工业区　邮编:350011)
开　　本	787 毫米×1092 毫米　1/16
印　　张	21.5
字　　数	469 千字
版　　次	2021 年 11 月第 1 版　2024 年 11 月第 6 次印刷
书　　号	ISBN 978-7-5334-9153-6
定　　价	54.00 元

如发现本书印装质量问题,请向本社出版科(电话:0591-83726019)调换。

前　言

　　传统的单课时教学容易造成教学目标割裂，知识无法有效融合，不利于学生知识体系的构建，这直接影响到学生学科能力的培养和学科核心素养的发展。开展"素养为本"的化学教学，要求教师必须打破单课时教学的束缚，通过整体规划，将关联性的知识重组为基于一定主题的教学单元，将零散的知识结构化，将化学观念、学科能力和学科思维方法展现并提炼出来，实现知识和素养的融合，促进由"知识为本"到"素养为本"的转变。如何打通知识到素养之间的壁垒，单元整体教学设计就是撬动课堂转型的一个支点。

　　单元，即教材的基本单位，是教师根据自己对教学内容的理解，以及学生的情况和特点，对教学内容进行分析、整合、重组后所形成的相对完整的教学主题，具有相对完整性、相对独立性、内在关联性和目标的一致性。单元的划分标准取决于教师对相应知识的理解深度以及对学生的了解程度，是教师教学能力和教学智慧的体现。单元整体教学作为桥梁连接了课程标准要求和课时教学，突出教学的方向性和结构性，有助于教师连贯地理解目标，灵活地整合教材，是落实学科核心素养目标的基本单位。

　　单元整体教学设计，是介于宏观课程设计与微观课时设计之间的"中观"教学设计，向上可以较好地兼顾课程整体目标和知识结构，向下可以合理协调课时之间的教学逻辑。单元整体教学设计具有整体性、进阶性、包容性、多样性、生本性、创造性等特征，其中创造性是其本质特征。单元整体教学设计是落实三维目标的重要抓手，是促进化学学科核心素养落地的应然需求，是促进课堂教学师生共同成长的必然追求，是促进教师整体提升把握课程与教学能力的关键措施。

　　目前国际国内关于单元整体教学设计的研究方兴未艾，国际上影响力较大的有威金斯和麦格泰提出的基于理解的逆向单元教学设计，国内的相关研究则有北师大胡久华教授提出的基于深度学习的单元整体教学设计，上海市教研室在宏观层面设计的"中学化学单元教学设计指南"，以及北京教育学院何彩霞教授以大概念为统领的单元整体教学设计。

　　我整合各种单元整体教学设计的优势，突出核心素养在解决真实情境问题中的特殊价值和功能，充分体现教学评一体化、课堂教学与课后作业一体化、关键能力与核心素养培育一体化，构建了"基于真实情境发展核心素养的单元整体教学设计"操作范式，即"构建教学单元→制订教学目标→分析学习起点→设计教学过程→设计教学评价→反思教学效果"。其中"构建教学单元"是指"分析课程标准相关内容要求、学业要求以及教材编排，构建一个中心目标导向的、符合单元基本属性的教学单元，划分课时"；"制订教学目标"是指"基于课程标准要求、单元内容、学生特点以及教学资源的综合分析，制订教学目标"；"分析学习起点"是指"分析与单元相关的学生已有知识经验、前概念或学习困难等，为相应教学策略的制订找到依据"；"设计教学过程"是指"单元情境、问题、任务与活动的整体框架设计"；"设计教学评价"是指"课堂中将评价任务嵌于教学过程中"；"反思教学效果"是指"基于教学评价的证据，反思教学设计的成功和不足之处，以改进教学，促进师生共同发展"。

在确定单元整体教学设计操作范式以后，我们积极进行教学实施，研发教学案例。我和福建省厦门第二中学陈寒与老师及其团队选取"氮的循环"作为素材，整合3个版本教材的优势，从学科育人的高位视角，历经"3次研讨、3次试教、3次打磨、3次萃取、3次物化"，即"5个3"开发模式，形成标准样例。该教学案例以化学史为情境线索，融入问题线、知识线、能力线分析单元教材教法，进而制订单元目标并分解为课时教学目标，从学生的生活经验、已有的知识经验、前概念等多个视角分析教学起点，找到学生学习的难点以及教学的进阶点，以结构化、整体化的方式设计单元学习活动、单元教学评一体化和单元作业，以期帮助学生实现从知识关联的结构化进阶到认识思路的结构化，最后上升到核心观念的结构化，发展学生高阶、高水平的化学学科核心素养。

为了使教学理论与教学实践相互印证，突出该操作范式的可推广性，我积极开展跨区域协同创新教研，与北京市教育学院王春副教授、佛山市教研室潘红老师、深圳市华中师范大学龙岗附属中学解慕宗老师组建涵盖大学教授、中学教研员、一线名师的核心落地实践研究团队，突出各地教研特点和实际水平，研发了涵盖初、高中新教材的35个单元整体教学案例。其中初中课程的5个案例和高中"有机化学基础"的5个案例由北京市一线名师负责研发；高中必修课程的9个案例、高中"物质结构与性质"的4个案例由厦门市一线名师负责研发；高中"化学反应原理"的12个案例由佛山市、深圳市、厦门市协同研发。希望本书能够为广大一线教师备课时借鉴、参考和使用，希望本书对教师提高新课标的认识及提升教学质量有一定的帮助。

由于研究水平有限，书中纰漏之处在所难免，希望得到各位中学化学同仁的批评指正。

江合佩

2021年9月于厦门

第一章 单元整体教学的内涵和意义 /1
- 第一节 什么是单元整体教学 /1
- 第二节 为什么开展单元整体教学 /8

第二章 单元整体教学设计的实施路径 /14
- 第一节 什么是单元整体教学设计 /14
- 第二节 怎样进行单元整体教学设计 /18

第三章 单元整体教学设计的实施策略 /46
- 第一节 教师怎样实施单元整体教学设计 /46
- 第二节 如何保障单元整体教学设计的实施 /54

第四章 初中化学课程单元整体教学案例 /60
- 案例一 构成物质的微粒 /60
- 案例二 析火箭 学化学 /70
- 案例三 质量守恒定律 /80
- 案例四 溶液 /88
- 案例五 金属与金属材料 /95

第五章 高中化学必修课程单元整体教学案例 /104
- 案例一 物质的量 /104
- 案例二 离子反应 /110
- 案例三 氧化还原反应 /120
- 案例四 铁及其化合物 /126
- 案例五 硫的转化 /131
- 案例六 原子结构 元素周期律 /138

案例七 化学反应的利用 /149
案例八 化学反应快慢和限度 /160
案例九 有机物官能团转化 /167

第六章 高中"化学反应原理"单元整体教学案例 /177

案例一 化学反应的热效应 /177
案例二 电能转化为化学能——电解 /183
案例三 原电池 /190
案例四 化学反应的方向 /197
案例五 化学反应速率 /201
案例六 化学反应的限度 /209
案例七 化学反应条件的优化 /217
案例八 化学反应的方向、限度与速率 /225
案例九 水与水溶液 /232
案例十 弱电解质的电离 /239
案例十一 电解质在水溶液中的行为 /245
案例十二 沉淀溶解平衡 /253

第七章 高中"物质结构与性质"单元整体教学案例 /261

案例一 原子结构 /261
案例二 共价键 /271
案例三 微粒间的相互作用 /277
案例四 晶体的结构与性质 /284

第八章 高中"有机化学基础"单元整体教学案例 /291

案例一 乙醇 醇类 /291
案例二 醇和酚 /298
案例三 醛 酮和糖类 /307
案例四 有机合成 /315
案例五 合成高分子化合物 /325

后记 /335

第一章 单元整体教学的内涵和意义

第一节 什么是单元整体教学

核心素养是个体面对复杂的不确定情境时所表现出来的必备品格、关键能力与重要观念，这些品格、能力、观念不可能直接传递，学生只有在解决真实情境问题的过程中才能获得和达成。基于核心素养的教学要求课堂组织形式实现从课时教学到单元教学的转变，教师跳出知识点教学的小视野，以课程开发的大眼界，以模块化的形式整合教学内容，从学科本质和育人高度设计"重构性学习方式"[1]。单元整体教学打破以往的课时主义，强调从整体的视角看待必备知识之间的联系、关键能力的合理进阶、学生的高度参与、发展学生的创造性与核心素养，因此在核心素养视域背景下，利用单元整体教学重整我们的教学势在必行。

一、单元整体教学的内涵

1. 什么是"单元"

单元[2]，是基于一定的目标与主题所构成的教材与经验的模块或单位，教师对这个概念非常熟悉，因为现有教材本身就是以单元的形成呈现的。这样的教材单元以知识共有特征作为划分依据，重视模块知识的各个击破，试图让学生在知识点的积累中完成观念建构和素养形成。实际上这样的教学过程聚焦于零散知识点，忽视了学科知识之间的内在联系，学生容易"只见树木，不见森林"，很难建立完整的学科知识体系并形成学科核心素养。

《汉语大词典》将"单元"解释为"相对独立自成系统的单位"。《辞海》将其界定为

---

[1] 肖中荣. 跨模型的"原电池"单元教学设计[J]. 中学化学教学参考，2018（10）：14-17.
[2] 孙重阳，魏爱民. 大观念、大主题、大过程——指向化学核心素养的单元教学设计与实践[J]. 中学化学教学参考，2018（11）：6-9.

"教材的基本单位",即一门学科中性质相同、相近或有内在联系的内容组成的一个相对完整的部分,一个单元一般安排在一段时间内连续进行教学,不同教学单元之间既相对独立又相互联系。钟启泉[①]指出,单元是基于一定目标与主题所构成的教材与经验的模块、单位,可以大体分为以系统化的学科为基础所构成的教材单元(学科单元)与以学习者的生活经验为基础所构成的经验单元(生活单元)。孙重阳[②]则认为单元是摒弃基于知识点的划分立场,而以一个完整的教学主题确立教学范畴。依据明确的教学主题,充分按照学科知识逻辑结构、学生认知发展顺序,以相关活动为主线对教材内容进行二次开发和重组,形成若干个教学阶段或课时,基于学科核心素养将这些教学阶段有机组合就成了新的结构单元。

这里所说的单元是一种学习单位,一个单元就是一个学习事件、一个完整的学习故事,因此,一个单元就是一个微课程。这里所说的单元,也许用建筑单元来类比更易理解,原有教材的单元好比独立的钢筋、水泥等建材单位,而学习单元则好比我们的住房单元,一幢由几个单元组成的建筑,就好比一个由几个单元组成的学期课程(也可叫模块)。一个建筑单元由屋顶、户型、楼层、楼梯、钢筋、水泥、门窗等组成,依此可以类比,一个学习单元由素养目标、课时、情境、任务、知识点等组成,单元就是将这些要素按某种需求和规范组织起来,形成一个有结构的整体[③]。

单元是一个相对完整教学过程,是实现教学目标的基本单位,也是学生发展知识、思维方法和情感态度价值观的基本单位。单元是一个教学系统,由若干节具有内在联系的课所组成。这些具有内在联系的若干节课相互间形成一个有机的教学过程,其知识、方法、态度等内容也集合成了一个统一的板块。单元是衡量教师教学和教材驾驭能力的基本单位,是教学设计的基本单位,也是教师专业知识结构诊断、形成和发展的基本单位[④]。

由此可见,定义单元的视角可以不同,但作为一个"教学单元",都具有如下4个基本属性[⑤]:①相对完整性,即自成系统,内部各要素形成一个有机整体,能够发挥整体效应;②相对独立性,即与其他教学单元之间具有较明确的边界;③内在关联性,即构成整体的各个部分之间具有内在的逻辑关联,且都指向共同的教学主题;④目标一致性,即单元中的每个部分皆指向且服务于共同目标的实现。一个教学单元就是一个指向素养的、相对独立的、体现完整教学过程的课程细胞。

---

① 钟启泉. 学会"单元设计"[N]. 中国教育报,2015-06-12.
② 孙重阳,魏爱民. 大观念、大主题、大过程——指向化学核心素养的单元教学设计与实践[J]. 中学化学教学参考,2018(11):6-9.
③ 崔允漷. 如何开展指向学科核心素养的大单元设计[J]. 北京教育(普教版),2019(2):11-15.
④ 何彩霞. 化学单元教学设计的探索[J]. 化学教育,2008(3):6-9.
⑤ 杨玉琴. 核心素养视域下的单元教学设计:内涵解析及基本框架[J]. 化学教学,2020(5):3-8.

2. 什么是"单元教学"

单元教学①是指教师在对课程标准、教材等教学指导性资源进行深入地解读和剖析后，根据自己对教学内容的理解，以及学生的情况和特点，对教学内容进行分析、整合、重组，形成相对完整的教学主题，并以一个完整的教学主题作为一个教学单元的教学。一个教学单元可以由多个课时组成，不同的课时从不同的角度、深度，用不同的教学方式，对同一主题进行多元化解析。

构建基于培养学生化学学科核心素养的单元教学并不是按照教材的一个主题或一个章节顺序进行的传统课堂教学，而是按照"学科知识的逻辑结构、学生学习的顺序，以相关主题与任务为主线整合、重组教学内容，组成若干个相互衔接的教学阶段，由这些教学阶段，有机组合成基于学科核心素养的结构单元"进行的教学。单元教学是以发展和培养学生化学学科核心素养为主旨，根据一定的教学目标与某主题的教材内容，按照知识内在的逻辑结构关系、学生的认知水平和认知特点，将教学内容整合为具有一定主题的结构化的教学单元而开展的教学。

3. 什么是"单元教学设计"

单元教学设计②是以单元教学中的教学内容以及承载的核心素养要素为载体，制订相应的教学目标和学习任务，综合利用各种教学方式和教学策略而进行的教学设计。基于发展学生核心素养的化学单元教学设计是根据一定的主题教学内容，确定教学单元，构建知识体系，从化学学科核心素养内涵和发展水平出发，寻找合适的认识角度、认识思路以及相应的认识方式，形成化学学科特定的思维方式和思想方法，以发展和培养学生核心素养为目标设计的教学活动。

为了更进一步理解单元教学设计的内涵，现通过打比方加以说明③。把学校的课程比作生命个体，那么不同的学科则是不同的器官，构成器官的组织相当于具体的学习模块或学期，而每个单元则好比构成组织的细胞，因此，单元教学也就相当于"课程细胞"，而基于知识点的课堂教学则相当于"课程零件"。细胞由细胞器构成，每个细胞器就相当于零散的学科知识点。基于知识点的教学，把各个细胞器隔离开来逐个学习，而对于细胞器之间怎样协作运行以及每个细胞器在整体中的地位和作用却浑然不知。因此，学生再清楚细胞器的功能也难以了解整个细胞的运行机制，更不能推测拓展到其他细胞。与之相反，以较为宏观的视野审视细胞器的个体功能和彼此关联，形成对整个细胞的全面认识，学生便能迁移到对其他细胞的学习中，继而深刻认识以细胞为基本单位的生命有机体。这就是单元教学与传统教学的区别。

---

① 王磊，黄燕宁. 单元教学设计的实践与反思——以"氧化还原反应"教学单元为例 [J]. 中学化学教学参考，2009（3）：9-11。
② 王爱富. 基于发展学生核心素养的单元教学设计实践探索 [J]. 化学教学，2017（9）：55-59.
③ 孙重阳，魏爱民. 大观念、大主题、大过程——指向化学核心素养的单元教学设计与实践 [J]. 中学化学教学参考，2018（11）：6-9。

单元教学设计不是单纯知识点传输与技能训练的安排，而是教师基于学科素养，思考怎样描绘基于一定目标与主题而展开探究活动叙事的活动，目的是为创造优质的教学[①]。单元不是把教学内容碎片化地当作知识点来处置，而是把教学内容有机地、模块式地组织起来的。学校的课程开发与课堂转型必须从单元设计做起，基于学科素养的单元设计是一线教师的基本功。

单元教学设计既是课程开发的基础单位，也是课时计划的背景条件。单元教学设计是"课时计划"的指引。"课时主义"把教学内容碎片化地当作知识点来处置，缺乏"全局性展望"。单元设计意味着打破"课时主义"的束缚。教师在上某一节课时必须瞻前顾后：这节课同以往的课时教学内容有着怎样的联系，往后的课时又将怎样展开。单元设计中的决定性环节是基于"核心素养"整合不同的"教学方略"。不管哪一种教学方略，"核心素养"都是共同的追求与最大的优先事项[②]。

单元教学设计[③]是指形成单元主题并针对单元主题对教学目标、单元教学过程进行筹划的过程性设计。单元教学设计强调教学目标的全面性和教学内容及教学过程的系统性设计，以提高课时教学效益，增进学生学科体系和学科观念的整体构建。同时，单元教学设计强调从单元整体出发设计教学，突出教学目标、内容、过程的整体性、连续性和发展性。

显然，单元教学设计是以"单元"（一个完整的教学主题）为单位进行的教学设计，是介于宏观课程设计与微观课时设计之间的中观教学设计，向上可以较好地兼顾课程整体目标和知识结构，向下可以合理协调课时之间的教学逻辑。这样，教师的头脑中就会有一幅相对完整的"教学蓝图"，进而根据这幅蓝图"瞻前顾后"地进行教学设计及实施，使得教学单元整体发挥的功能大于课时简单叠加所产生的效用。

单元教学设计并非一个新概念，但在实践中，教师通常认为教材单元即教学单元，备课的着眼点大多是课时，以为一节课一节课的教学叠加后自然地就成为一个单元，课时与课时之间的关联有可能是紧密的，也有可能是松散的。在核心素养视域下的单元教学设计其备课起点是单元，在单元整体目标指引下规划和设计单元中每一课时的教学，课时之间具有紧密的逻辑关联，每一个课时都服务于单元教学目标的实现。单元教学设计作为桥梁连接了课程标准要求和课时教学，突出教学的方向性和结构性，有助于教师连贯地理解目标，灵活地整合教材，是落实学科核心素养目标的基本单位[④]。

---

① 钟启泉. 学会"单元设计"[N]. 中国教育报，2015-6-12.
② 钟启泉. 单元设计：撬动课堂转型的一个支点 [J]. 教育发展研究，2015（24）：1-5.
③ 陈寅，宋蕊. 基于发展学生学科核心素养的化学单元教学设计——以"晶体的结构与性质"为例 [J]. 化学教学，2020（1）：31-36.
④ 杨玉琴. 核心素养视域下的单元教学设计：内涵解析及基本框架 [J]. 化学教学，2020（5）：3-8.

4. 什么是"单元整体教学"

单元整体教学[①]是以系统论为指导，突出知识建构过程，对教学单元进行整体性设计的教学策略。单元整体教学由若干具有内在联系的课时组成，强调教学的整体与部分之间的联系与作用，每课时并不是孤立存在的，课时间互为补充和基础。单元目标是在对单元教学内容进行整体分析的基础上制订的，可以避免对教学内容的肢解，避免单课时教学的随意性与盲目性。每课时的教学目标和内容，都是从单元目标和内容拆解而来，每一课时承担单元目标的一部分或一个阶段。单元整体教学站在整体的高度进行教学规划，既避免了流于形式的教学活动，又能实施多样化的教学方式。

单元整体教学突出体现大观念、大主题、大过程[②]。大观念，是调整教学目标的平均用力，以突出的、具有统领作用的化学观念为整个单元教学的达成目标，指导教学内容划定与整合；大主题，是打破教学课时的相对孤立，以鲜明的主题背景为单元教学的串联引线，引导教学环节的有机开展；大过程，是摆脱教学活动的零散杂乱，以统一指向性活动为单元教学载体，保障化学素养真正落地。

这里所谓的"大"绝对不是简单的"教学内容增多、教学时数加长"之意，而是"整体、系统、综合"等意义的简称，单元设计的"统整性"也成为大单元与原教材单元最显著的不同特征[③]。单元设计的"统整性"是指"大单元"的设计要围绕个性化教学的理念，综合考虑教学设计的相关因素，超越"以知识逻辑为教学线索与以知识内容为教学目标"的传统单元内容设计的片面性，对教学系统各个要素进行全面改革。对教学系统各要素的统整考虑不仅要思考"教什么、学什么"，还要思考"怎么教、怎么学"的问题。因此，在大单元设计时要兼顾单元内知识内容的适切性、开放性和弹性，学习目标的系统性、全面性、层次性和精准性，学习时间的充足性和灵活性，学习过程的建构性，学习方法的多样性和选择性，学习评价的多元性、过程性和多样性，学习环境与资源的丰富性，以及单元间的相互联系和单元在学科知识体系中的位置作用。

总之，指向化学学科核心素养的单元教学设计，就是既能微观聚焦于具体模块知识的价值与功能，又能以全局大视野统整化学知识、观念与过程，实现课堂教学与学科素养发展的对接。

二、单元整体教学的发展历史

单元教学设计是在单元教学的基础上形成的一种教学设计模式。研究单元教学设计，需要从单元教学出发。单元的历史可以追溯到19世纪赫尔巴特学派戚勒（T. Ziller）倡导

---

① 胡久华，张银屏. 促进学生认识发展的单元整体教学——以化学教学为例 [J]. 教育科学研究，2014（8）：63-68.
② 孙重阳，魏爱民. 大观念、大主题、大过程——指向化学核心素养的单元教学设计与实践 [J]. 中学化学教学参考，2018（11）：6-9.
③ 王艳玲，熊梅. 个性化教学单元设计的实践探索 [J]. 课程·教材·教法，2014（1）：56-60.

的五阶段教授法——分析、综合、联合、系统和方法。他不是单纯以题材作为教材单位，而是以采用这种方法的教学过程中所处置的一个模块的教材作为单位，谓之方法论单元[①]。美国自19世纪以降，从德国引入方法论单元，发展了基于思维过程进行教材单元编制的原理，从此开发了多种多样的单元：以建构式的作业与探究性经验为基础的项目单元与问题单元；以教材的主题为中心的课题单元；以儿童的兴趣中心为主题的作业单元；基于社会经验的活动单元与经验单元等。

回顾单元的历史变迁，可以发现两种思考方式：一是重视应当理解、习得的知识模块的教材单元，二是基于儿童生活经验的活动模块优先的经验单元。教材单元与经验单元的构成方法自然有所不同：教材单元是作为学科框架内的模块式学习内容来组织的，而经验单元是通过师生合作或者儿童自身，打破学科框架，作为儿童自身经验活动的模块来计划与组织的。

20世纪初，美国学者杜威主张实用主义的单元教学，并提出了关于单元教学的教学模式。20世纪60年代，布鲁姆提出"掌握学习"教学理论，要求以单元为单位组织教学，通过教学目标控制整个单元内的教学活动，避免教学的模糊无序，提高了教学效率。[②]

五四运动之后，单元教学思想传入中国，梁启超、叶圣陶都曾对单元教学的思想做过论述。20世纪80年代末，单元教学逐渐引起人们的重视，并在语文教学中兴起，促进了语文教改的发展。与此同时，教学设计在中国成为一个独立的领域受到重视和研究。20世纪90年代，中国开始单元教学设计的研究[③]。起初，不少研究者认为"单元"就是教材中已经确定好的某个"教学单元"。1995年，覃可霖提出了大单元（即把教材中的几个教学单元组成更大的单元）的概念，大单元的出现使单元的内涵得到了丰富和拓展。

新一轮基础教育课程改革中，三维目标、核心素养的提出以及对教师整体把握课程能力的倡导等，都对单元教学设计的研究产生了重大影响。单元已不再局限于教材中固有的单元，更多的是以教材为基础，用系统论的方法对教材中"具有某种内在关联"的内容进行分析、重组、整合并形成的"大单元"。而且，单元教学设计在学生素养的生成、情感的培养以及思维习惯与方法的形成等方面发挥其独特作用。一些研究者对单元教学的特征作了探讨。如，倪昌国提出了单元教学的三大特点：目标的整体性、知识的系统性、训练的序列性；孙丛丛指出单元教学的特征为：整体性、高效性、组合性。这些研究都为单元教学设计特点的总结奠定了基础。日本著名教育学家佐藤学则把单元设计提炼为两种不同的单元编制：一是以"目标—达成—评价"方式来设计的学科课程的单元编制，二是以"主题—探究—表达"的方式来设计的活动课程的单元编制。在传统上，单元是作为"目标—达成—评价"的单位来组织的。"目标—达成—评价"能够使得儿童有效习得知识技

---

① 钟启泉. 学会"单元设计"[N]. 中国教育报，2015-06-12.
② 陈寅，宋蕊. 基于发展学生学科核心素养的化学单元教学设计——以"晶体的结构与性质"为例[J]. 化学教学，2020（1）：31-36.
③ 吕世虎，吴振英，杨婷，王尚志. 单元教学设计及其对促进数学教师专业发展的作用[J]. 数学教育通报，2016（10）：16-21.

能，求得达成度，但不能让儿童共同地探究课题，展开协同性、活动性学习，不能保障儿童表现并反思学习成果的经验。故在活动课程中以"主题—探究—表达"的方式，把活动性、协同性、反思性学习作为一个单元来组织。

三、单元整体教学的特点

单元整体教学设计的主要特征如下[①]。

1. 整体性

整体性是单元整体教学设计最突出的本质特征。系统论认为，系统整体功能不等于构成它的诸要素功能的简单相加，而大于构成它的诸要素功能之和。对单元整体教学的倡导也正是基于对系统功能观的认识。单元整体教学设计按照"整体设计—依序实施—整体评价"的实施流程，在单元主题的统摄下，通过对教学内容的整合优化，从宏观上把握教学任务和要求，统筹规划单元中各小节的教学任务，并以此制订整体实施方案，然后依序操作、步步落实，最终通过各节课的教学来完成整体的"既定任务"。在教学实施之后，通过整体性评价对教学设计方案进行评估和改进。因此，单元整体教学设计将教学活动中的每一环节均纳入整个单元教学规划来考虑，这种整体性设计有助于优化学生的认知结构，使学生对知识的掌握更加系统和深入。

2. 进阶性

进阶性即单元内每节课之间或者单元与单元之间依据知识的系统性，由浅入深、由易到难的顺序编排，形成教学的坡度和训练的阶梯，使教学有目的、有计划地进行。单元内各节课之间既相对独立，有各自承担的教学任务和分工，又彼此联系，体现循序渐进的原则，前一节课的内容是后一节课的结点和生长点，教学活动层次递进，呈阶梯式前进。

3. 包容性

包容性是指单元整体教学内容主题融基础性、发展性和多功能性于一体。内容主题应该是基础知识和基本规律，这些知识和规律是确保知识得以展开的基本结构和构架，是核心的教学内容，能辐射出众多结果的基底知识，具有适用性广、包容性大、概括性高、派生性强的特点。此外，教学内容具有培养学生能力的功能与价值，能够承载多维度的教学目标，具有承载过程与方法、情感态度与价值观等教学目标的功能。

4. 多样性[②]

多样性是指单元整体教学将知识结构形成、解决问题思路外显、方法模型构建、素材适宜进行有效整合，形成具有多样性的多种体验。单元整体的教学目标不是单课时教学目

[①] 吕世虎，吴振英，杨婷，王尚志. 单元教学设计及其对促进数学教师专业发展的作用[J]. 数学教育通报，2016（10）：16-21.

[②] 胡久华，张银屏. 促进学生认识发展的单元整体教学——以化学教学为例[J]. 教育科学研究，2014（8）：63-68.

标的简单加和。知识间的内在联系、学习者知识结构的形成、解决问题思路和方法的建构，都是单元整体教学所追求的目标。在根据课程标准及教科书确定基本教学内容的基础上，教师要考虑还需要选择哪些教学素材，以提高基本教学内容的教学效果，促进学生认识的发展。教师选择的教学内容应该与基本内容紧密联系，对基本内容的掌握起决定或辅助性作用，同时位于学生的"最近发展区"，具有可接受性。教学内容的组织要符合知识序和认知序，促进知识的结构化。最后，教师依据单元教学目标、教学内容特点、学生实际特点、教学环境条件等选择教学方法，尽可能使学生能够在一个单元的教学时间内体验多种学习方式。

5. 生本性

所谓生本性就是以学生为本的教学理念，这是单元整体教学设计的基本出发点。生本性在单元整体教学设计过程中主要体现在以下两个方面：①知识的整体性建构符合学生的认知规律。单元整体教学设计注重对单元内相关知识点内在联系的挖掘和知识体系的整体架构，通过对教材内容的重组，形成了以核心知识（基本概念及由内容所反映的基本思想）为联结点的知识网络，有利于教学内容的结构化。单元整体教学设计在实施过程中注重单元知识内容的层次结构、张弛有序、循序渐进，符合学生的认知规律。②三维教学目标的落实符合学生的发展规律。三维教学目标着眼于学生的全面发展，然而教师在施教过程中，知识与技能目标较为清晰，也容易落实，而过程与方法、情感态度与价值观目标却难以在每一节课都能找到相应的落实方法和途径，如果按照单课时来设计这两个维度的教学目标势必存在实施时间短和实效性差的问题。单元整体教学设计通过优化教学内容、丰富教学方式、创设教学情境等途径将三维目标逐步深化和落实于整个单元教学的始终，符合学生的发展规律，可以促进学生全面和谐的发展。

6. 创造性

创造性是单元整体教学设计的重要特征之一。单元整体教学设计体现了教师对单元教学内容和教学方式的独特诠释和理解，是具有创造性的活动。在单元整体教学设计中，单元的划分并没有现成的模式可以遵循，它往往需要教师对教材中相关的内容进行恰当、合理、创造性的重构。而划分的标准取决于教师对相应知识的理解深度以及对学生的了解程度，是教师教学能力和教学智慧的体现。此外，在单元整体教学设计中，课时规划的弹性及教学方式的灵活性都有助于教师的创造性探索。

第二节　为什么开展单元整体教学

为了解决"三维目标无法在一节课内实现""由向课堂教学 45 分钟要质量的微观视角走向单元整体宏观视角""有的课时间很紧，有的却很松""如何落实三维目标中的隐性方法和情感态度与价值观目标""方法和态度的培养需要很长的时间,如果导致知识教学的进度受影响怎么办""如何帮助教师驾驭教材"等 6 个问题①,破除对过去"知识单元""主题单元""主题探究单元"的狭隘认识,在实践探索中建构和发展对三维单元的理解,根据教师自身对相应的知识、方法、态度的理解的深度,对学生的知识、技能、经验、思维和态度的了解程度,制订合适的单元长度,得出单元是实现教学目标的相对完整的过程,是教学过程的质的基本单位,是衡量教师教学和教材驾驭能力的基本单位,是课程螺旋式上升的基本单位,也是课程设计的基本单位。

对于单元设计,钟启泉教授认为,它是撬动课堂转型的一个支点。单元设计既是课程开发的基础单位,也是课时开发的背景条件。单元设计是课时计划的指引②。在"应试教育"的背景下,很多教师基本没有单元设计的概念,很多单元设计仅仅是教材单元、知识单元设计。"课时主义"把教学内容碎片化,导致知识点的处理缺乏全局性的掌握,而"三维目标"应该是跨课时的,甚至是跨学期,跨学年的。所以,单元设计应该打破"课时主义"的束缚,基于核心素养,整合不同的教学策略。认清单元设计在课程开发和教学实践中举足轻重的作用。离开了单元设计环节,课程开发不过是制造一些垃圾而已;离开了单元设计,课时计划也就是停留于碎片化、知识技能训练。"给我一个支点我就能撬起整个地球",这是阿基米德的一句话,套用这句话,给教师单元设计的态度和能力,就能撬起整个课堂。所以当务之急就是要回归常识、回归真理、回归常态,克服急功近利、急于求成的急躁心理,从学会单元设计做起。单元设计怎么做呢? 首先要明确一个立场:单元设计不是教师备教材,它的起点是学生的认知。学习不是"知识的传递",而是"知识的建构"。教师的作用不是给学生填满知识的储罐,而是点燃智慧的灯火。学生是主体,教师是帮助者、引领者。

一、单元整体教学是落实三维目标的重要抓手③

知识与技能、过程与方法、情感态度与价值观三维课程目标,是一个相互联系、相互渗透的整体,是学生在学习活动中实现科学素养提升的多个侧面。从一般意义上说,教师的每一堂课都应当体现知识与技能、过程与方法、情感态度与价值观三维目标,因为这些目标是难以分割地融合于一体的。但是,就一堂具体的课堂教学而言,又有一个更需要突出什么目标的问题。有的课程内容宜通过"亲历过程"获得方法的启示,就可以突出"过程与方法"目标;有的课程内容蕴含丰富的思想道德因素,就可以着重进行"情感态度与价值观"的教育。那种将三维目标不加分析机械地套用在每一堂课上的做法,并不是很妥当的。因此在实际教学中,要全面关注三维目标,并将它们整合于统一的教学过程之中,

---

① 季苹. 如何落实三维目标?(一)——对教学"单元"的再理解[J]. 基础教育课程,2005(8):16-21.

② 陈彩虹,赵琴,汪茂华,汪晓慧,吁思敏,向荣. 基于核心素养的单元教学设计[J]. 全球教育展望,2016(1):121-128.

③ 何彩霞. 化学单元教学设计的探索[J]. 化学教育,2008(3):6-9.

落实三维目标的基本单位不应当是一节课,而应该是一个单元。

从教学实践层面看,任何教学目标的达成都要经过一个"时段",但不同类别目标达成的时段并不一样。一般来说,"知识与技能"目标往往可以在相对较短时间内实现;"过程与方法"方面的目标,则需要较长时间的体验、积累而习得;"情感态度与价值观"目标则可能需要经过更长时间的熏陶和渗透等潜移默化的过程才能达到。因此,只有进行单元整体教学,才能够保证三维目标的实现。

二、单元整体教学是促进学生化学学科核心素养落地的自然需求

教育目的怎样才能实现?从其转化过程来看必须逐级下放,才能在基础教育中落实。党的十九大提出"立德树人"的育人方针,在国家层面明确了教育目的;"立德树人"是对个体成长的总指导,落实到学校教育中即发展学生核心素养;核心素养是对学生必备品格、关键能力及正确的价值观念的总概括,最终还是要依靠课程与教学来实现。因此,教育部正式颁布了课程方案和学科课程标准,明确提出了化学学科核心素养,包括"宏观辨识与微观探析、变化观念与平衡思想、证据推理与模型认知、科学探究与创新意识、科学态度与社会责任"(见下表)。学科核心素养的形成以学科教学为基础,学科教学本身则是由若干个教学单元组成,而单元教学最终则细化成具体课时。由此可知,单元教学在核心素养转化落地的过程中处于关键环节,承担着重要作用。

化学学科核心素养[1]

名称	含义
宏观辨识与微观探析	能从不同层次认识物质的多样性,并对物质进行分类;能从元素和原子、分子水平认识物质的组成、结构、性质和变化,形成"结构决定性质"的观念。能从宏观和微观相结合的视角分析与解决实际问题。
变化观念与平衡思想	能认识物质是运动和变化的,知道化学变化需要一定的条件,并遵循一定规律;认识化学变化的本质特征是有新物质生成,并伴有能量转化;认识化学变化有一定限度、速率,是可以调控的。能多角度、动态地分析化学变化,运用化学反应原理解决简单的实际问题。
证据推理与模型认知	具有证据意识,能基于证据对物质组成、结构及其变化提出可能的假设,通过分析推理加以证实或证伪;建立观点、结论和证据之间的逻辑关系。知道可以通过分析、推理等方法认识研究对象的本质特征、构成要素及其相互关系,建立认知模型,并能运用模型解释化学现象,揭示现象的本质和规律。
科学探究与创新意识	认识科学探究是进行科学解释和发现、创造和应用的科学实践活动;能发现和提出有探究价值的问题;能从问题和假设出发,依据探究目的,设计探究方案,运用化学实验、调查等方法进行实验探究;勤于实践,善于合作,敢于质疑,勇于创新。

---

[1] 中华人民共和国教育部制定. 普通高中化学课程标准(2017年版2020年修订)[S]. 北京:人民教育出版社,2020:3-4.

续表

名称	含义
科学态度与社会责任	具有安全意识和严谨求实的科学态度，具有探索未知、崇尚真理的意识；深刻认识化学对创造更多物质财富和精神财富、满足人民日益增长的美好生活需要的重大贡献；具有节约资源、保护环境的可持续发展意识，从自身做起，形成简约适度、绿色低碳的生活方式；能对与化学有关的社会热点问题作出正确的价值判断，能参与有关化学问题的社会实践活动。

化学学科核心素养落地需要什么样的教学环境？著名课程论专家钟启泉教授认为它"不是直接由教师教出来的，而是在问题情境中借助问题解决的实践培育起来的"。问题情境的形成需要真实的学科背景，才能凝练成学科问题，再依靠学科探究活动才能得以解决。显然这是一个完整的系列教学过程，而基于知识的教学就很难承载和实现这一过程。指向化学学科核心素养的单元整体教学，依据大的教学观念和主题，以真实的问题情境为教学起点，经过系列的探究活动过程解决问题并进行迁移和应用，是学生化学学科核心素养落地的自然需求。

三、单元整体教学是促进课堂教学师生共成长的应然追求[1]

课堂教学是师生教学相长的过程，因此，指向学科核心素养的单元教学对教师、学生及课堂教学本身都有重要的意义。

首先，从教师角度看，单元整体教学不是将原有知识点教学的简单相加，而是综合各项因素从整体的角度进行有机重组，它本身结构完整有明确的目标、主题、活动及评价，即最小的学科教学单位。而教师要完成这样的单元教学设计，就要从课时视角向单元视角转变，跳出零碎的知识点，立足化学学科核心素养重新审视、组合教学内容，此外，教师还要思考学生的认知逻辑障碍，选择合适的教学策略等。这样的教学设计过程实际上是对教师能力和教学思维的极大挑战，促进教师教学立场和角色的转变，推动其专业素质发展。

其次，从学生角度看，学生观念的形成源自真实而复杂的思维活动，这种活动建立在知识与经验联结的基础上，并经过不断的加工、改造及运用。然而传统的知识点教学就是单纯的死记硬背，忽略知识之间的关联，这就限制了学生的思维拓展，学生头脑中零散的知识碎片很难形成完整的知识结构体系，化学观念也就无法建构。而单元整体教学以整体的视角，充分考虑各知识点之间的联系，让学生在完整知识载体的基础上形成核心观念。学生在单元学习中，由浅入深地掌握学科观念及方法，形成关键的学科思维品质及能力，因此也有利于学生深度学习的发生和学习进阶的发展。

最后，就课堂教学本身而言，单元整体教学原本就必须是构想与设计的，这种构想就

---

[1] 孙重阳，魏爱民. 大观念、大主题、大过程——指向化学核心素养的单元教学设计与实践[J]. 中学化学教学参考，2018 (11)：6-9.

突出教学的目的性,思考怎样描绘基于一定目标与主题开展探究叙事的活动;而设计则要突出过程性,综合各项因素合理安排单元结构及课时内容,两者结合创造出更为优质的教学。

四、单元整体教学促进教师整体提升把握课程与教学的能力[①]

1. 单元整体教学有助于教师整体把握教学目标

教学目标是教学设计的灵魂,它的设定是否科学、合理,在很大程度上决定了教学实践能否获得成功。单元整体教学对教学目标的整体把握主要体现在两个方面。第一,单元教学目标设计的整体性。单元教学设计依据学生认知特点和单元教学内容,从单元全局出发来设计单元教学目标,能够使教师从整体上把握该单元知识内容的数量、范围、深度、难度,并根据单元内每节课的具体情况来确定该课时的教学重点以及三维目标中的每一维目标在课堂中的比例或比重,从而对每节课"应该做什么,做到什么程度"有更为精准、理性、全面的认识。这就可以帮助教师克服过去只关注每堂课教学目标的达成,而对学科知识的整体结构与逻辑视而不见,只关注于教学的形式或教学过程的细节,而难以从整体上宏观把握教学目标的弊病,使得教学更具有可操作性和可控性,最终不仅有助于教学实践的成功,也有利于学生的可持续发展。第二,单元内课时教学目标与单元教学目标的关联性。在单元教学设计中,这两者的关系是部分与整体、具体与一般的关系。单元内各个课时的教学目标既相对独立又彼此联系,它们在单元教学目标的统领下互为基础,环环相扣,构成一个和谐整体。通过对单元内每一课时教学目标的有层次、分阶段的逐步落实而最终实现单元教学目标。因此,单元整体教学有助于教师整体把握教学目标。

2. 单元整体教学有助于教师整体把握课程内容

首先,单元整体教学有助于教师把握课程内容的内在联系。系统论认为整体不能被化归为其组成部分来理解,由相互联系、相互作用的部分有机地构成的系统具有其各个部分在彼此孤立的状态下所不具有的整体特质。而单元整体教学正是基于系统论的观点,它通过知识间的"瞻前顾后"强化了单元内各课时内容之间的连续性和衔接性,避免了由于课与课之间的相互割裂而造成的知识"零散化"和"碎片化";通过"高瞻远瞩"将所学内容纳入整个单元知识体系的全局中思考,避免了对化学的理解"只见树木,不见森林";通过层层相依、环环相扣的单元教学总体方案,有序地落实了学科的系统性和教学的方向性,强化了知识内容的连贯。因而,单元整体教学不仅有助于培养教师整合优化教学内容的能力,也有助于教师达到"一步登台,居高临下众山小;拾级而上,沿途欣赏到山巅"的境界。

其次,单元整体教学有助于提升教师整合课程内容的能力。在教材编写中,教学内容

---

① 吕世虎,吴振英,杨婷,王尚志. 单元教学设计及其对促进数学教师专业发展的作用 [J]. 数学教育通报,2016(10):16-21.

的呈现形式更多考虑的是学生的共性，而且知识内容也常常因课时、学生认知能力等因素的制约被人为分割。以"价类二维思想"为例，在物质分类一节是揭示从物质的类属通性与元素的化合价两个角度对物质进行分类，到了氧化还原反应则正式提出价维并对其进行深刻阐述，到了铁及其化合物则是价类二维思想的初步应用，到了氮及其化合物则是价类二维思想模型的修正及进一步完善，形成预测与解释的功能及价值。在化学教学中，模块化的结构体系和螺旋式上升方式安排知识内容，使老师们产生了不少困惑。如知识间衔接的和谐度不够、教学任务分配的合理性不够、学科间整合力度不够、学生对知识学习的系统性不强等。为防止课程内容的松散和割裂，应该梳理出能贯通不同教学内容的主线（核心概念或思想方法），通过这些主线将精选出的知识编织在一起，进行充分整合，形成一张网，从而揭示其整体性。而单元整体教学就是通过对课程标准的研读以及各版本教材的比较，梳理出教学课程内容主线，系统整合相关课程内容；通过化学思维方法的提炼和分析加强知识间的有机联系，以使教师加深对教材的领会和把握，从而能够创造性地、个性化地运用教材，真正实现从"教教材"到"用教材"的转变。

3. 单元整体教学有助于教师整体实施教学

单元整体教学以单元而不是传统的课时作为教学设计的基本单位，这一改变势必会影响教师对教学方式的选择。在以课时为单位进行教学设计的过程中，教师常常依据教材中该课时的内容来设计具体教学活动。基于追求每节课教学内容完整性的考虑，相关的探究活动很难在有限的课堂时间内展开。而如果以单元来进行教学设计，就可以将这些内容纳入大单元的视野，通过对教学内容的整合和课时的重新规划，为教师整体实施教学提供了可能。将几种不同形式的教学方式运用于同一个单元体系，不仅凸显单元的整体性和延续性，而且将自主、合作、探究融入了单元教学设计的全过程，对于调动学生学习的主动性，提升学生的学习能力具有重要意义。

4. 单元整体教学有助于教师实施整体性评价

教学评价是教师进行教学设计所应具备的基本技能。然而，当前的课堂教学评价却存在着孤立地"就课论课"而忽视教学内容的连贯性，注重教师的教而忽视学生的学，注重知识的传递过程和学生对教师权威的服从而忽视学生的独立思考和意义建构等诸多不足。在评价教学目标的达成方面，比较看重知识技能的掌握程度，对于过程与方法、情感态度与价值观的评价只能由评价者主观判断。这样就会出现评价结果的片面性。而单元整体教学将单元内每一节课纳入单元整体体系中去思考，对教学目标的合理性、教学内容的恰切性、教学方法得当与否的评价就更加客观，而且能够克服过程与方法、情感态度与价值观这两个维度的教学目标在单课时教学中难以评价的不足，使教师能够通过学生在整个单元教学活动中课堂的综合表现、作业的完成情况以及学生的自我评价来全面评价单元教学设计的实施效果，并根据评价反馈来反思教学设计实施过程中遇到的问题，进而调整和改进教学设计。

第二章　单元整体教学设计的实施路径

第一节　什么是单元整体教学设计

一、单元整体教学设计促进学生化学学科核心素养的发展

基于学科核心素养的教学关注学生运用知识做事、持续地做事、正确地做事，强调知识点从理解到应用，重视知识点之间的联结及其运用。学科核心素养的出台倒逼教学设计的变革，教学设计要从设计一个知识点或课时转变为设计一个大单元[①]。指向学科核心素养的大单元设计是学科教育落实立德树人、发展素质教育、深化课程改革的必然要求，也是学科核心素养落地的关键路径。它对于改变当前"高分低能、有分无德、唯分是图"的育人结果，对于改变以"知识点、习题项、活动控"为标志的课堂教学，及其导致的师生"忙得要死却碌碌无为"的现状，具有重要的理论价值与现实指导意义。

那么，为什么要倡导"大"单元呢？"大"的用意有三[②]：一是指向学科核心素养的教学倡导大观念、大项目、大任务与大问题的设计，其出发点不是一个知识点、技能点或一篇课文，而是起统率作用的"大"的观念、项目、任务、问题，以此来提升教师的站位，改变教师的格局。只有进行大单元设计，让教师像学科专家那样思考，才有利于教师理解学科育人的本质。二是针对现实中有许多教师只关注知识、技能、习题、分数等，而忽视学生能力、品格与观念的培养，导致"高分低能、有分无德、唯分是图"的问题，大单元设计有利于教师改变着眼点过小过细以致"见书不见人"的习惯做法，明白"大处着眼易见人"的道理。三是从时间维度来看，大单元设计与实施有利于教师正确理解时间与学习的关系，确立"以学习者为中心"的观念。当前教学设计通常是以"课时"为单位，导致

[①] 崔允漷. 学科核心素养呼唤大单元教学设计 [J]. 上海教育科研，2019（4）：1.
[②] 崔允漷. 如何开展指向学科核心素养的大单元设计 [J]. 北京教育（普教版），2019（2）：11-15.

"时间决定学习",而不是"学习决定时间"。诚然,没有时间就没有课程,但课程不是以"下课"为结束标志的,而是以学生学会即目标达成为结束标志的。就班级教学而言,至少三分之二的学生达成目标,课程才可以转换到新的内容。

为了更好地发展学生的核心素养,教师需要学会单元整体教学设计。基于"核心素养"的单元整体教学设计不是单纯知识点传输与技能训练的安排,而是教师基于学科素养,思考怎样描绘基于一定目标与主题而展开探究叙事的活动,目的是为创造优质的教学。与课时设计重点关注知识点的落实不同,单元整体教学设计首先需要弄清楚学什么、为什么学(达到什么学习目标)、怎么学的问题,然后以一定主题的教学内容作为教学设计的基本单位,由此形成结构化的单元,从而提高课程实施的整体性、计划性和系统性。这是因为课程的学习与认识某种事物相似,只有整体的考察才能达到整体的把握,才能看清楚什么是最重要的、什么是本质的。而结构化的教学内容,包含若干个教学内容点,这些教学内容从属于同一个学习主题,各教学内容点依照知识的逻辑结构分层递进,组成一个完整的知识链。

以发展学生化学学科核心素养为本的单元整体教学设计,首先根据一定主题单元所包含的内容按照知识的逻辑结构整合成具有结构化的教学单元,然后以教学单元知识逻辑为主线,分析各知识结构中所承载的核心素养培养要素,再根据课程标准要求确立教学目标、设计学习任务、创设学习活动、制订与之相应的评价目标组织教学。整个设计流程如图 2-1-1。

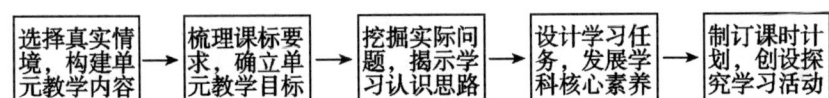

图 2-1-1 以发展学生化学学科核心素养为本的单元整体教学设计流程

促进学生核心素养发展的单元整体教学设计需要教师大胆创新,牢牢把握课程标准要求,合理使用教材,对教学内容进行深度加工,对知识进行有意义的统整,不必拘泥于教材中知识点的固有顺序和单元界限。这是因为核心素养理念下的学习除了关注知识本身以外,更要关注知识背后所蕴含的学科思想、方法和观念。一个有效的单元整体教学设计不是教材中内容的简单重复和堆砌,而是围绕一个主题由浅入深、层层递进的推进,发展学生的高阶思维,优化学生的认知结构。它能够弥补传统课时教学设计过分强调每节课独立的教学目标、关注具体知识技能培养、忽视学生化学观念的形成的弊端。以"氯及其化合物"为例[①],通过单元整体教学设计,学生在实验探究的同时,概括物质性质、厘清认识物质及其转化关系的视角和路径,学生便有了思考的起点和落点。由起点指向落点,学生通过问题的解决,思维的深度和广度都有了极大的提升,在实际应用问题的解决过程中不断迁移学科知识、认识思路和方法,不仅实现了对知识的深度理解,掌握了多样化的学习

---

① 中华人民共和国教育部制定. 普通高中化学课程标准(2017 年版 2020 年修订)[S]. 北京:人民教育出版社,2020:102.

方式，更重要的是体会到了所学知识的功能价值，有助于实现学生的深度学习。

不难看出，立足单元整体教学设计开展课堂教学是对教师专业素养、教学思维、习惯做法的挑战，也是对学生思维方式、学习方法、学习品质的变革。当然，这其中还有很多问题值得关注，如怎样更好地发挥基于"教材单元"的教学价值？这是因为教材本身蕴含着单元教学设计，这也是宝贵的资源。再如，怎样开展以核心素养为导向的作业和试题设计？这是因为只有使"教、学、评"活动有机结合，才能更加有效地诊断学生化学学科核心素养的发展水平。这些问题的解决不是一蹴而就的，需要长期的理论研究和实践探索，只有这样才能真正做到基于核心素养的教和学，实现"立德树人"的总目标[①]。

二、单元整体教学设计的主要内容以及与传统的课时教学设计的区别[②]

单元教学的着眼点是"单元"。从教学内容看，单元教学以一个"单元"为相对独立的教学单位，强调从单元这个整体出发设计教学，突出内容和过程的联系性和整体性。从教学目标看，单元教学是一个相对完整的过程，在这个过程中，三维目标的有机融合和有效落实逐步得以实现。从教学方法看，单元教学不是对单元内各课题平均使用力量，而是依据学生的认知特点和某个单元的教学内容，设计合理的、有一定思维梯度的科学学习过程，注重学习的阶段性和层次性。

目前，老师们的教学设计大多拘泥于单课时内容的就课论课，一方面缺少了整体上的把握，另一方面对各种教学要素的选择和应用缺乏回旋余地。因此，单元教学跟传统的单课时教学的一个明显的区别在于，前者是系统教学，后者是先分散后总结式的教学。此外，还可以从以下5个方面来看单元整体教学设计与传统课时设计的区别，如下表所示。

单元整体教学设计与课时教学设计的比较

	单元整体教学设计	传统的课时教学设计
教学的基本单位	有机联系的内容组块	单一的一节课
教学设计的层面	介于课程与课时之间所展开的教学系统设计，属于教学设计的中观层面	针对某节课层面所进行的教学系统设计，属于教学设计的微观层面
教学目标设计	首先制订单元整体教学目标，然后将单元目标合理有效分解到单元课时中	根据一节课的教材内容制订课时教学目标
学习活动设计	依据单元目标设计单元结构化的学习活动	依据课时内容设计一节课教学活动
教学目标的达成度	关注学生科学素养的提升，有利于三维目标的融合与落实	关注具体知识点的落实，不利于三维目标的融合与落实

系统的力量在于整体大于部分之和，单元就是由个别课时所组成的系统。单元教学要通过课时教学来实现，课时与课时之间的关系使得单元教学的效果大于个别课时教学效果

---

① 喻俊，叶佩佩. 促进学生核心素养发展的单元教学设计实践探索［J］. 化学教学，2020（5）：51-55.

② 何彩霞. 化学单元教学设计的探索［J］. 化学教育，2008（3）：6-9.

的总和。单元教学与课时教学存在着如下的联系。

1. 单元教学目标是通过课时目标群落实的

学科内容的内在逻辑性，决定了学科整体的教学目标必然由具有内在逻辑联系的单元目标和课时目标群构成，这是教学目标间的纵向关系。也就是说，化学课程总体目标总是要细化为学段目标、单元目标或课堂目标后才得以落实。这一分解过程可以表示为：化学课程目标→单元教学目标→课时教学目标。

2. 只有在整体把握单元目标的基础上才能合理设计课时目标

一节一节地备课、上课，容易导致教学目标的孤立和分割，所以制订具体课时的教学目标一定要从整体着眼，在明确学段目标、单元目标的基础上去把握设计课时目标，这样才能做到既有阶段性，又有连续性，又能注意前后衔接，照顾到各个课时之间的影响和递进性。从这个意义上说，单元教学中的课时教学与传统的单课时教学也是有着明显区别的，前者是单元教学整体中的组成要素，课时与课时之间有着有机的联系，这种联系使得一个课时的结果，能够在先前课时结果的基础上产生。通过计划好的许多课时的共同作用，知识、技能和理解得以逐渐发展，从而产生出越来越复杂的结果。而传统的单课时则是一个相对孤立的教学单位。

具体在构建教学单元的过程中，需要涉及确立教学目标、界定学习者的需要，以及选择和组织内容等要项。教师在构建教学单元时，一方面依赖于教师对教材的选择和使用，另一方面取决于实际教学的需要。因此，教学单元的构建需要从"分析→设计→实施→再设计"四个步骤入手。根据课程标准和教材内容构建教学单元，对教材内容进行重组来构建教学单元，根据学生认知特点和实际来构建教学单元，根据当地的教学资源来构建教学单元，其设计的主要内容如下表所示。

化学单元设计的主要内容

步骤	环节	主要内容
分析	教材分析与课标分析	1. 知识类型、水平与知识结构的分析 2. 知识价值的分析，这是教学活动设计的重要依据，直接反映教师把知识作为目的还是作为手段的价值取向
	学生分析	1. 学生已有认识基础的调研 2. 学生学习本单元可能出现的问题探查
设计	单元教学目标设计	1. 在前期分析的基础上整体制订单元教学目标，要从以下角度考虑 （1）学科角度：理解学科的概念原理，把握知识的前后联系，识别核心的学科思想与学科脉络，形成结构化的知识 （2）方法角度：进行超越事实的抽象思维；有序进行学科思维和技能方法的学习 （3）情感角度：要始终考虑"激发和保持对化学的兴趣和热情" 2. 将单元教学目标合理分解到单元课时中

续表

步骤	环节	主要内容
	单元学习活动的设计	1. 整体设计结构化的单元学习活动,要考虑以下问题 (1) 以核心概念、原理或方法的建构为目的和方向,从学生思维发展和方法的学习角度考虑学习活动的设计 (2) 考虑如何通过设计情境、素材或活动把核心概念或方法转化为学生容易理解和接受的内容,应注意概念的学习、技能的学习、观念的建立等不同类别的知识应该怎样逐渐展开 (3) 把学生的困惑和问题转化成"脚手架"式的问题串,以一系列问题推动教学的开展 (4) 通过活动使学生体验相关的概念原理和科学方法 2. 确定单元课时中的关键活动
	单元学习评价设计	注重多样化的作业或练习的设计 从课时到单元:难易梯度、思维和方法训练
实施	单元教学实践	进行教学实践,可结合具体情况进行过程中的动态调整
再设计	单元教学反思与再设计	1. 进行单元教学之中和之后的学生调研来进行反思 2. 从自身的角度反思 3. 进行单元教学设计的调整或再设计

第二节　怎样进行单元整体教学设计

在具体进行单元整体教学设计前需要考虑的六个基本问题[①]。

一是"单元"由谁来定?单元既然与学生已有的知识、经验、方法和态度基础有关,与教师自身的专业知识水平有关,那教师就必须是单元的最终决定者,一是教师决定哪些教材内容构成一个单元,一是教师决定单元中教学内容的设计和课时的安排。如何确定一个学期的大单元?至少要考虑以下四个问题[②]:①研读本学期的相关课程材料,特别是教材的逻辑与内容结构、与教材内容对应的课程标准的相关要求、学生的认知准备与心理准备、可得到的课程资源等,按照规定的课时,判断本学期大致可以划分为几个大单元。②依据学科核心素养的相关要求,厘清本学期的大单元逻辑以及单元命名,如到底是以大任

[①] 季苹. 如何落实三维目标?(二)——对"单元教学设计"的再探讨[J]. 基础教育课程,2005(9):21-25.

[②] 崔允漷. 如何开展指向学科核心素养的大单元设计[J]. 北京教育(普教版),2019(2):11-15.

务或大项目来统率,还是以大观念或大问题来统率?是按照一种逻辑还是几种不同的逻辑来划分?③一个单元至少要对接一个学科核心素养,依据某个核心素养的要求,结合具体的教材,按某种大任务(或观念、项目、问题)的逻辑,将相关知识或内容结构化。④综合考虑单元设计的要素,包括名称、课时、目标、情境、任务、活动、资源、评价等,并以相对规范的格式呈现出完整的设计方案。

二是单元教学设计的灵魂是什么?单元是实现教学目标的载体和过程,教学目标是教学设计的核心和灵魂。

三是单元知识目标设计的关键是什么?单元知识目标设计的关键是寻找学生日常概念与科学概念之间的差距,是对基本概念的不断追问,以及在追问中触及方法和态度。

四是单元方法目标设计的关键是什么?单元方法目标设计的关键是对基本概念的方法论的思考,是寻找学生已有思维方法与基本概念背后的科学思维方法的差别,以及将学生思维方法的发展过程显性化。

五是单元态度目标设计的关键是什么?单元态度目标设计的关键是对基本概念和方法论背后的态度的思考,是寻找学生已有态度与基本概念和方法背后的科学态度的差别,以及将学生态度的发展过程显性化。

六是确定单元的依据是什么?确定单元教学目标在具体操作环节可采取整体有序设计,其操作流程如图 2-2-1①。

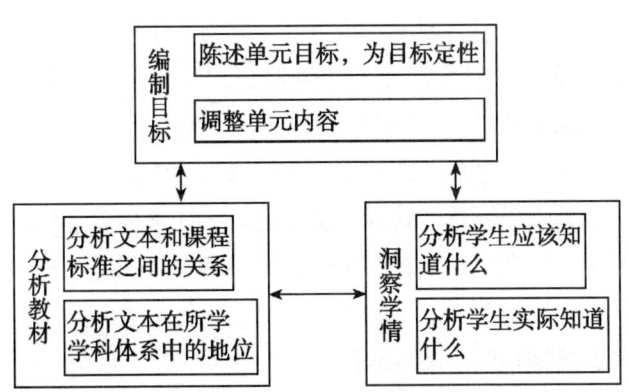

图 2-2-1 确定单元目标的基本环节

为了有效落实化学学科核心素养,发挥单元教学目标的导向和调节作用,单元教学目标可从设计环节、方法和目的三个维度构建单元教学目标设计的思路,如图 2-2-2 所示②。

---

① 马兰. 整体化有序设计单元教学探讨 [J]. 课程·教材·教法,2012 (2):23-31.
② 梁俊. 单元教学目标设计框架、思路与表达——以"物质构成的奥秘"为例 [J]. 中学化学教学参考,2020 (2):22-25.

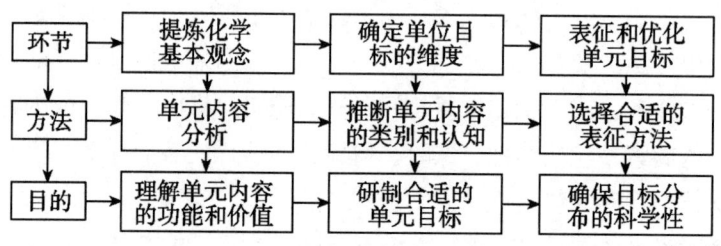

图 2-2-2　单元教学目标设计思路

确定单元教学目标主要有四个依据：教材、课标、学生、考试评价。结合学生的已有经验，对学段、模块或主题、单元和课时教学目标进行整体规划和设计[①]。例如，结构决定性质是化学学科的核心观念，是宏观辨识与微观探析思维方式的具体表现形式。对于这一观念的学习，就可以整体设计为四个阶段：在必修阶段元素周期律的学习中，要求认识元素"位""构""性"之间的内在联系，能根据元素"位""构"的特点预测和解释元素的性质；在选择性必修课程化学键与物质的性质的学习中，要求能根据化学键的特点，解释和预测化合物的性质；在选择性必修课程分子间作用力与物质的性质的学习中，要求能解释和说明分子间作用力、氢键对物质性质的影响；在选择性必修课程有机化学基础模块的学习中，要求能根据有机化合物官能团的结构特点解释和预测有机化合物的性质。

如何设计一个大单元的学习？一个学期的大单元名称与数量确定好以后，就需要按单元设计专业的学习方案。单元学习方案应该是一个完整的学习故事。按大单元设计的学习方案要把六个问题说清楚[②]：一是单元名称与课时，即为何要花几课时的时间学习此单元；二是单元目标，即此单元要解决什么问题，期望学生学会什么；三是评价任务，即何以知道学生已经学会了；四是学习过程，即要经历怎样过程才能够学会；五是作业与检测，即学生是否真的学会；六是学后反思，即通过怎样的反思让学生管理自己的学习。单元教学设计是教学专业性的重要体现，它是基于学生立场、对学生围绕某一单元开展的完整学习过程所做的专业设计。从期望学生"学会什么"出发，逆向设计"学生何以学会"的过程，为学科核心素养的落地指明了清晰的路径。

进行单元设计的过程和步骤是什么？一是认真研究教材，分析教材对于实现三维目标的价值。主要研究新教材与旧教材的不同、研究新教材单元编排的意图、研究借助教材可以实现的三维目标，进而研究教材与课标的关系。二是认真研究课标，初步确定三维目标和三维单元。主要研究三维目标在本学年、本学期的具体目标，研究所用教材中涉及的知识、技能、方法和态度等内容在整个基础教育阶段的目标要求与本学年本学期的目标要求之间的关系，研究课标的基础上初步确定本学年和本学期的教学目标以及对教材进行初步的单元组合，即哪几章、哪几个单元或者哪几个话题可以组成相应的知识、方法和态度单

[①] 中华人民共和国教育部制定. 普通高中化学课程标准（2017 年版 2020 年修订）[S]. 北京：人民教育出版社，2020：69.

[②] 崔允漷. 学科核心素养呼唤大单元教学设计 [J]. 上海教育科研，2019（4）：1.

元。三是认真研究学生，确定三维目标和三维单元。教师不仅要掌握学生已有的知识基础，还要掌握学生已有的经验、思维方法和态度的基础。四是认真研究考试评价，进一步明确三维目标和三维单元。五是将单元目标分解为课时目标。六是做好在教学过程中验证和生成教学目标、问题、活动和环境的准备。

如何介入真实情境与任务？指向素养的学习必须是真实学习，真实学习必须要有真实情境与任务的介入。只有在真实情境下运用某种或多种知识完成特定的任务，才能评估关键能力、必备品格与价值观念。当今惯用的双向细目表，适合评估知识点的识记、理解、简单应用，但显然与学科核心素养的目标是不匹配的。因此，每一个大单元教学设计都必须介入真实情境与任务。该任务既可以是学习任务，也可以是评估任务。此处的"真实"有三层意思：第一，把真实情境与任务背后的"真实世界"直接当作课程的组成部分，以实现课程与生活的关联；第二，只有学以致用、知行合一的学习才是真实的学习，中小学生对于知识的意义的感受与理解往往是通过真实情境中的应用来实现的；第三，评估学生是否习得核心素养的最好做法就是让学生"做事"，而"做事"必须要有真实的情境。

单元设计一般遵循"ADDIE 模型"[①]而展开的，即分析（Analysis）、设计（Design）、开发（Development）、实施（Implement）、评价（Evaluation）。分析，即分析学习者特性、前提条件（准备性）和教学内容，明确目标。设计，即进行教材研究，编制教学内容的可视图。开发，即梳理单元计划、教学流程，准备教材与学习环境。实施，即根据教案，运用准备好的教材，展开课堂教学。评价，即借助教学后的研讨展开教学反思。单元设计不是单纯知识点传输与技能训练的安排，而是教师基于学科素养，思考怎样描绘基于一定目标与主题而展开探究活动叙事的活动，目的是创造优质的教学。

吕世虎[②]在该研究基础上，将单元教学设计的整个过程细划为如下 6 个实施步骤：①确定单元内容；②分析教学要素；③编制教学目标；④设计教学流程；⑤实施教学；⑥评价、反思及改进。具体操作流程如图 2-2-3 所示。

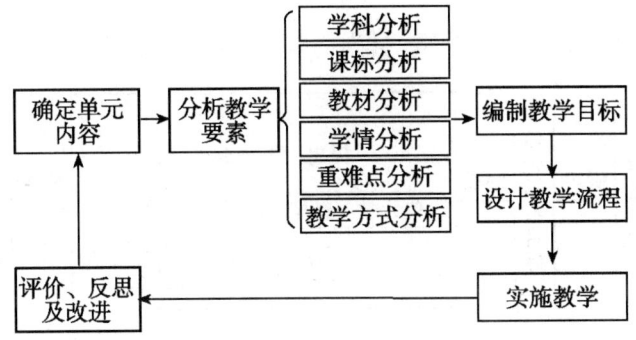

图 2-2-3　单元教学设计的实施步骤

---

① 钟启泉. 学会"单元设计"[N]. 中国教育报，2015-6-12（9）.
② 吕世虎，吴振英，杨婷，王尚志. 单元教学设计及其对促进数学教师专业发展的作用 [J]. 数学教育通报，2016（10）：16-21.

陈寅[1]则将单元教学设计的关键环节划分为 3 部分，分别为单元规划、单元教材教法分析与目标设计、单元教学活动/作业/评价/资源设计，如图 2-2-4 所示。

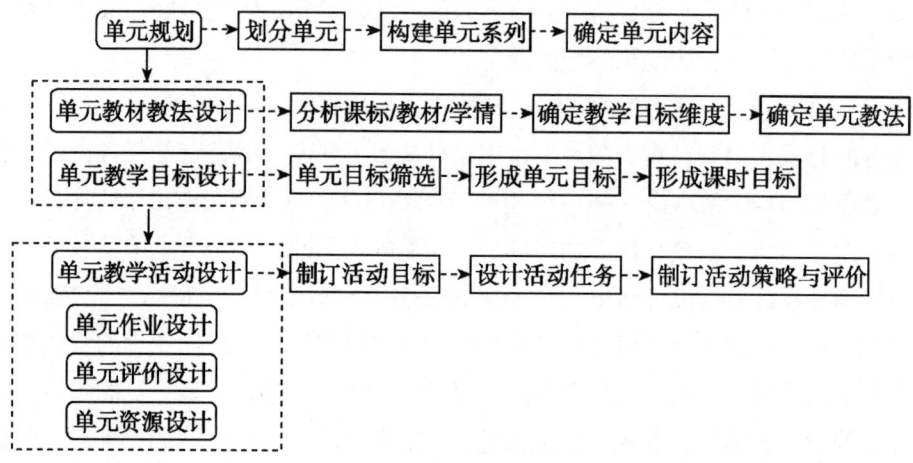

图 2-2-4　单元教学设计流程

马兰[2]则认为单元教学设计重在"整体化""有序"，因此在设计教学时既做到目标为本、统揽全局，又实现有序操作、步步落实。它旨在改变"说做相悖"的经验式备课方式、"重细节轻整体"的教学思维、"做中学"与"用心想"双峰对峙的教师培养和学习模式，其五个操作步骤如图 2-2-5 所示。

刘焕亮[3]则认为单元教学设计要研究指向学科核心素养的单元学习目标、以"情境—问题—活动"为主线的单元教学蓝图和以学科素养达成为导向的单元教学评价等要素，提出的单元教学设计框架如图 2-2-6 所示。

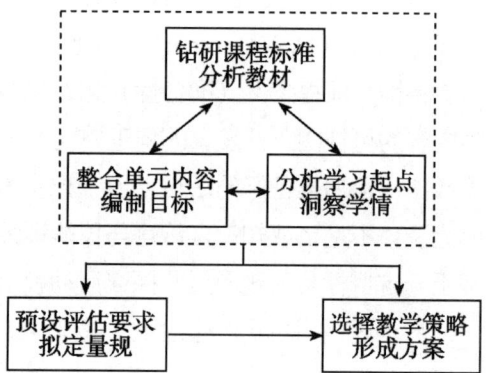

图 2-2-5　整体化有序设计单元教学基本步骤

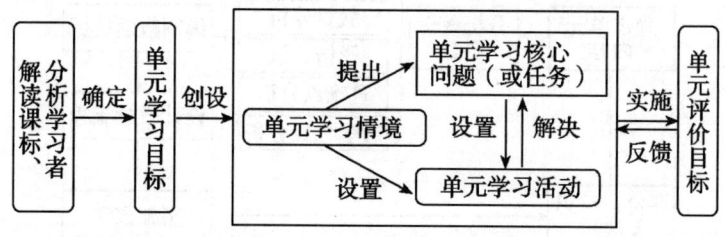

图 2-2-6　单元教学设计框架

---

[1] 陈寅，宋蕊. 基于发展学生学科核心素养的化学单元教学设计——以"晶体的结构与性质"为例 [J]. 化学教学，2020（1）：31-36.

[2] 马兰. 整体化有序设计单元教学探讨 [J]. 课程·教材·教法，2012（2）：23-31.

[3] 刘焕亮. 基于学科核心素养的单元整体教学设计——以"物质结构元素周期律"为例 [J]. 中学化学教学参考，2019（10）：36-37.

单元整体教学设计在发展学生核心素养，落实学科核心素养方面起到的中观作用得到了各界的共同认可。整体分析来看，国际上比较有代表性的是埃里克森等提出的单元设计的十一个步骤[1]，威金斯的逆向单元教学设计三步骤[2]，以及查莫斯（Chalmers，C.）等提出的单元设计六步骤[3]。国内影响力较大的有北京师范大学胡久华提出的深度学习单元整体设计、上海教研室研发的单元教学设计指南和北京教育学院何彩霞提出的以大概念为统领进行的单元教学设计。下面将选择在我国影响较为深远的几种模式重点进行阐述。

一、基于理解的逆向单元教学设计

威金斯与麦格泰[4]提出的基于理解的逆向单元教学设计主要关注三个问题：①到哪里去？即从支援学生学习的角度明确教学目标。②怎样才能到那里？即思考目标达成的教学活动。③怎样实现目标？即设计揭示目标达成的评价方法。这种"目标、教学、评价"三位一体的状态成为单元设计最重要的指标。从单元设计的"三设问"可以引申出单元设计的三个关键阶段：目标的设计、评价的设计、教学活动的设计。其中，确定目标后，评价活动的设计先于教学或学习活动的设计。

为便于更好地理解三阶段流程，不妨先来观察一个基于理解的逆向单元教学设计的课程方案范例。下表[5]具体地解释了三个阶段的内涵。

基于理解的逆向单元教学设计的范例

阶段一：确定学习目标	
既有的学习目标（Established Goals）： 这项课程设计工作处理哪些相关的目标（如学科课程标准）	
理解（Understandings）： 学生将会理解…… 1. 哪些大概念？ 2. 期望学生理解的具体的大概念有什么？	主要问题（Essential Questions）： 有哪些启发性的问题可以增进探究、增进理解、增进学习迁移？

---

[1] Lanning, L. A. & Brown, T. Designing Learning to Ignite Understanding and Transfer, Grades 4-10 [M]. Thousand Oaks, California：Corwin, 2019.

[2] 格兰特·威金斯，杰伊·麦克泰格. 追求理解的教学设计 [M]. 上海：华东师范大学出版社，2017：8.

[3] Chalmers, C., et al. Implementing "Big Ideas" to Advance the Teaching and Learning of Science, Technology, Engineering, and Mathematics (STEM) [J]. International Journal of Science and Mathematics Education, 2017 (15).

[4] 邵朝友，韩文杰，张雨强. 试论以大观念为中心的单元设计——基于两种单元设计思路的考察 [J]. 全球教育展望，2019 (6)：74-83。

[5] Wiggins, G. & McTighe, J. 重理解的课程设计——专业发展实用手册 [M]. 赖丽珍，译. 台北：心理出版社，2008：14.

续表

学生将知道……（Students will know...） 学生将能够……（Students will be able to...） 通过本单元的学习，学生将知道些什么？能做什么？ ……	
阶段二：评价设计活动	
表现性任务（Performance Tasks）： 1. 学生将通过哪些真实的实践任务来表现期望的学习结果？ 2. 理解能力的实际表现会以哪些标准来判断？	其他证据（Other Evidences）： 1. 学生将通过哪些其他证据（如随堂测验、正式测验、开放式问答题、观察报告、家庭作业、日志等）来表现达成期望的学习结果？ 2. 学生将如何反思及自我评价其学习？
阶段三：制订学习计划	
学习活动（Learning Activities）： 哪些学习活动和教学活动能使学生达到期望的学习结果？课程设计需要回答以下问题（WHERETO）。 W＝如何帮助学生知道这个单元的方向和对学生的期望？帮助教师知道学生之前的知识和兴趣（where）？ H＝如何引起（hook）所有学生的兴趣并加以维持（hold）？ E＝如何使学生做好准备（equip），帮助他们体验（experience）关键概念的学习并探索（explore）问题？ R＝如何提供机会使学生重新思考（rethink）及修正（revise）他们的理解和学习？ E＝如何促进学生评价（evaluate）自己的学习及学习的涵义？ T＝如何依学习者的不同要求、不同兴趣、不同能力进行因材施教（tailor）？ O＝如何组织（organize）教学活动，使学生的专注和学习效能达到最大程度并得以维持？	

阶段一：确定学习目标。我们需要了解教学目标，审视官方公布的课程标准的目标，明确课程实施的期望，思考以下问题：什么是学生应该知道、理解、有能力做到的？什么样的学习内容值得理解？我们期望学生掌握哪些大概念？这些问题实质指向于单元目标，即从既有的学习目标出发，从中获取学生必须理解的大概念，进而设置主要问题，让学生在问题探究中理解与应用这些大概念，以及相关的应知所能。其中理解与应用大概念乃单元目标的核心所在。

阶段二：设计评价活动。该阶段要求我们回答：怎么知道学生理解了？这实质要求先于教学/学习活动设计评价活动。考虑到学习目标指向"理解"类高阶学习结果，因此往往需要设计表现性任务或其他评价任务来收集评价学习效果的证据。

阶段三：制订学习计划。该阶段要求从学习角度列出主要的学习活动，需要教师把握上表WHERETO所列的各个问题。这份表格简洁地呈现了单元设计方法，其功能是指引课程设计。该表格填完后，可用于自我评价、同伴评价，以及与他人分享单元课程设计方案。

二、基于深度学习的单元整体教学设计[①]

化学学科深度学习指的是在教师引领下，学生围绕具有挑战性的学习主题，开展以化学实验为主的多种探究活动，从宏微结合、变化守恒的视角，运用证据推理与模型认知的思维方式，解决综合复杂问题，获得结构化的化学核心知识，建立运用化学学科思想解决问题的思路方法，培养科学探究与创新意识、科学态度与社会责任，促进化学学科核心素养的发展。

深度学习的发生需要条件，教师对学习目标、学习内容、学习过程、学习评价的设计是深度学习发生的保障。为了实现学生的深度学习，教师需要依据化学核心知识，确定单元学习主题，依据该单元学习主题的知识结构及其挑战性任务，设计整个教学过程。单元学习主题统领的教学是打通知识到素养的通道，通过让学生完成具有挑战性的任务促进对化学核心知识和学科思想方法的深刻理解，实现迁移应用，培养学生的关键能力、必备品格和正确价值观。

深度学习有助于促进学生认识发展，最有利的抓手就是进行单元整体教学设计。首先要依据学生的已有认识、教学内容的认识功能，确立认识性单元教学目标，明确认识发展层级，构建不同课时的认识发展关系；其次要以这三者为核心，进行教学内容的组织与安排，依据认识发展的课时目标和教学内容的特点，选择和组合教学方式，进行核心教学问题的选择与设计，并且为问题的解决和教学活动的开展选择适宜的教学素材。在落实学生认识发展的基础上，尽可能构建教学内容的结构体系，考虑教学方式的多样化，让学生获得丰富的认识体验，经历认识实践活动，使学生感受构建的科学认识的价值和意义，实现认识的内化。

在确立促进学生认识发展的单元整体教学思路的基础上，进行局部的单课时的教学设计。单课时的教学思路和具体教学问题的设计，要站在单元整体的高度。单课时承载的不仅仅是部分知识，更是认识发展的某个阶段。单元教学内容的组织安排决定了单课时的知识选择与组织线索、问题线索、活动线索和素材线索。在进行单课时的教学设计时，要考虑单课时与其他课时间的关系和所起的作用，使多课时构成统一的整体。促进学生认识发展的单元整体教学设计见图 2-2-7[②]。

[①] 胡久华. 以深度学习促核心素养发展的化学教学 [J]. 基础教育课程，2019（2）：70-78.
[②] 胡久华，张银屏. 促进学生认识发展的单元整体教学——以化学教学为例 [J]. 教育科学研究，2014（8）：63-68.

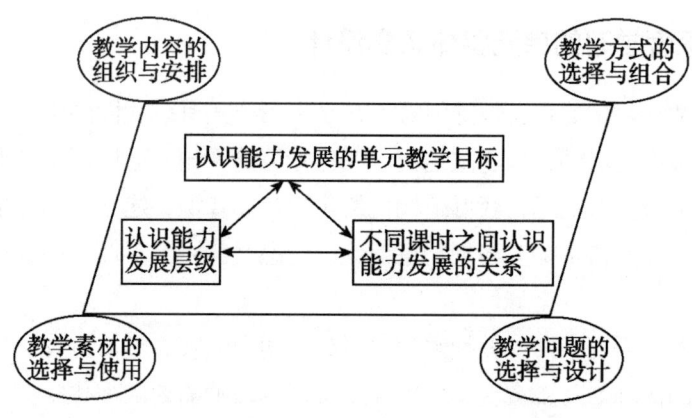

图 2-2-7 促进学生认识能力发展的单元整体教学设计

以单元学习主题统领的单元整体教学设计,具体包括:确定单元学习主题、确定单元学习目标、整体规划单元学习主题的教学、设计单元学习活动、设计持续性评价。

1. 确定单元学习主题

深度学习倡导单元学习主题教学,单元学习主题是课程实施的单元,以学科核心素养及其进阶为目标,对相关教学内容进行整合,体现学习目标、学习情境、学习活动和学习评价的一致性。

如何确定单元学习主题?确定单元学习主题时要考虑课程标准、化学核心知识结构和学生经验。单元学习主题可以是社会性议题或者热点问题,也可以是日常生产生活需要解决的问题,还可以是化学学科问题。学生身边需要解决的实际问题更具有驱动性,学生更有兴趣去解决。

确定单元学习主题是深度学习教学设计的首要问题,其思路流程如图 2-2-8 所示。

(1) 明确核心知识,构建知识结构框架。通过研究化学课程标准和教材,以及对化学学科知识的理解,明确化学核心知识,构建知识的结构框架。越高水平的知识框架,越能包含不同维度的内容,越能反映学科本质和学科思想方法。教师不仅要关注教科书中某节(课题)中的具体知识,更要关注整章(单元)的知识,挖掘不同节(课题)、章之

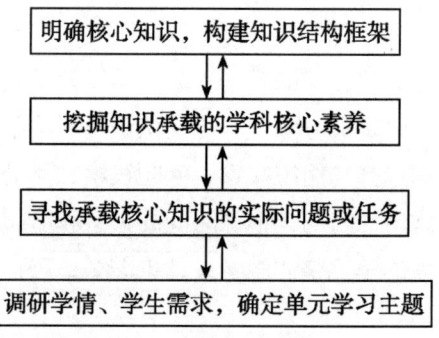

图 2-2-8 确定单元学习主题的思路流程

间教学内容的关系,重视联系实际、科学探究与化学知识间的联系,关注与其相关的化学课程标准的其他内容专题,例如化学与社会发展、科学探究等。

(2) 挖掘知识承载的学科核心素养。深度学习的目标不仅仅是让学生获得核心知识,更要让学生获得学科核心素养的发展,也就是在知识学习的基础上,发挥知识的育人价值。核心知识是有功能的,能够承载化学学科核心素养,越是核心的知识,越具有教育价值。如何挖掘知识的教育价值?需要知道学科核心素养有哪些,结合具体知识再进行深入

分析。构建出的知识结构将有助于挖掘知识的教育价值。

(3) 寻找承载核心知识的实际问题或任务。情境化的教学更能够培养学生的化学学科核心素养，体现知识的育人价值，也更能体现知识的应用价值，培养学生的问题解决能力，具有驱动力和挑战性。因此，明确知识结构，确立知识承载的学科核心素养之后，还需要寻找承载知识的问题或任务，特别是学生感兴趣的热点问题以及学生身边需要完成的实际任务。

(4) 调研学情、学生需求，确定单元学习主题。教师通过对学生的访谈或调查问卷，了解学生感兴趣的与核心知识相关的实际问题和任务，考虑学生的问题解决能力，进而确定单元学习主题。

如何诊断单元学习主题是否合适？好的单元学习主题往往涵盖核心知识，体现知识结构框架；有稳定的认识领域和研究对象，需要一定的认识角度和思路；有真实的客观存在或应用；与其他内容专题具有实质性联系，具有复杂性和综合性，可承载全程持续学习；学生感兴趣，具有驱动性，可实施。好的单元学习主题名称彰显挑战性或体现化学学科核心素养。

2. 确定单元学习目标

深度学习的学习目标与常规学习目标的相同点是：知识目标符合化学课程标准和教材的基本要求，水平符合学生的已有基础。深度学习的学习目标，以核心知识为载体，指向学生对学科思想和方法的理解，指向迁移应用所学知识和方法解决问题的能力；关于学科思想方法和核心素养方面的目标，不是泛泛而谈，而是具体明确的、可探查的。知识、方法、观念、能力等各维度是整合、紧密结合在一起的。一般通过主要活动或问题解决，获得核心知识，建立解决问题的思路方法，培养必备品格和正确的价值观念。

确定单元学习目标时，要将单元学习主题承载的化学学科核心素养具体化，要把知识、方法、能力、观念、态度等进行整合。思路流程如图 2-2-9 所示。

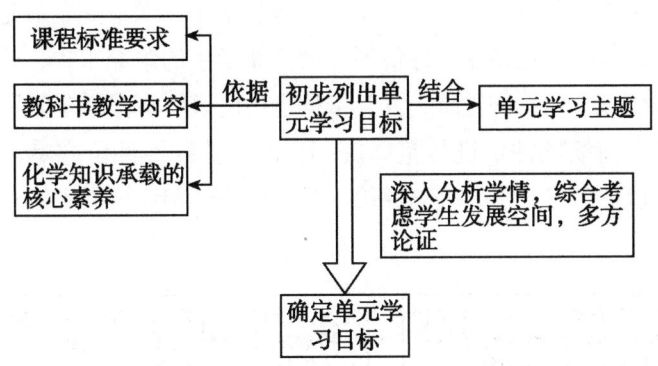

图 2-2-9 确定单元学习目标的思路流程

(1) 依据课程标准要求和教材中的教学内容，依据化学知识承载的核心素养，结合单元学习主题，初步列出单元学习目标。

(2) 结合学情分析，综合考虑学生发展空间，多方论证，确定单元学习目标。

3. 整体规划单元学习主题的教学

确立单元学习主题和单元学习目标之后，教师要进行单元学习主题的整体规划，综合考虑问题解决过程、知识逻辑顺序、学生的认知发展、学生的能力发展。单元学习主题教学的整体规划一般分为三个阶段：设计问题；规划课时及其安排；系统审视优化设计。其程序如图 2-2-10 所示。

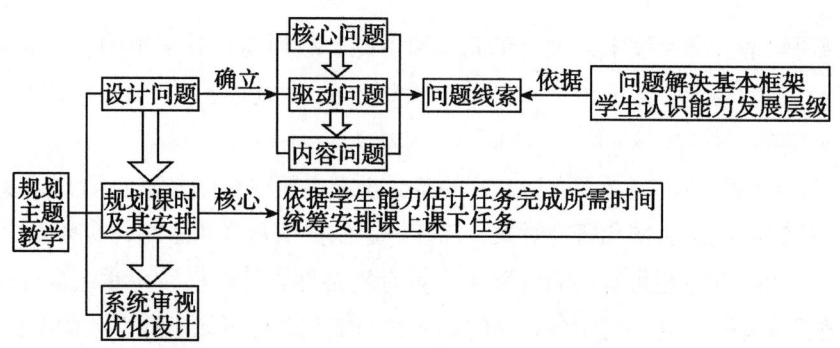

图 2-2-10　单元学习主题教学整体规划的程序

4. 设计单元学习活动

设计单元学习活动，需要整体考虑问题解决过程，特别是驱动问题解决所需要的活动，让学生真正经历问题解决的过程，确保核心素养发展所必要的活动，注重活动的开放度。此外，还要尽量在整个单元学习活动中，让学生体验关键能力的不断进阶，从学习理解到实践应用，再到迁移创新。

5. 设计持续性评价

持续性评价是指整个单元学习主题教学过程都要进行评价，包括教学前、教学中的重要环节和教学后。持续性评价的内容既包括核心知识，又包括化学学科思想方法、问题解决能力、必备品格和价值观念等。在单元学习主题教学中，学生的发展是通过一系列的学习活动逐渐进阶的，教师通过持续性评价不仅要诊断学生的素养水平，还要通过活动中的过程性评价促进学生核心素养的进阶，并且依据学生的表现调整教学进程及其活动。要达成上述目标，需要对持续性评价进行整体规划，设计持续性评价方案，具体包括评价目标、评价标准、评价任务、评价方式与评价工具。单元学习评价方案设计的思路和流程如图 2-2-11 所示。

图 2-2-11　单元学习评价方案设计的思路和流程

评价目标与单元学习主题、学生化学学科核心素养发展目标要一致，评价标准指向化学学科核心素养具体内涵的活动表现，评价任务对应单元学习活动，评价方式要多样化，可以是教师和学生的即时点评，可以是教师的阶段性总结评价，也可以是依据评价工具的活动表现评价等。针对核心活动的评价需要结合一定的评价工具——评价量表，可以是教师的观测量表，也可以是学生的自我检查清单。设计观测量表，要根据评价目标和评价标准进行等级细化，找到区分水平的行为表现差异点，确定等级指标，以便于观测评价。学生的自我检查清单的设计，需要遵循导向性和过程性原则，能够反映学生活动中的关键要素，引导学生积极的活动表现，促进学生自我反思。

在设计单元学习评价方案时，还要预设学生的表现，进一步设计指导反馈的内容。与活动相融合的评价，需要教师关注如何对学生进行即时的反馈和指导。既要通过评价反馈帮助学生概括问题解决的思路或者角度，还要通过追问引导他们发现自己思维或者问题解决思路方法中存在的不足。在提前预设的基础上，教师应结合课堂上学生的真实表现，进行针对性的评价反馈。

三、基于发展学生化学学科核心素养的单元整体教学设计[①]

化学学科核心素养是学生发展核心素养的重要组成部分，是学生综合素质的具体体现，反映了社会主义核心价值观下化学学科育人的基本要求，全面展现了化学课程学习对学生未来发展的重要价值。化学单元整体教学设计的各关键环节（见图 2-2-12）需要紧紧围绕单元教学所承载的核心素养要素来展开。

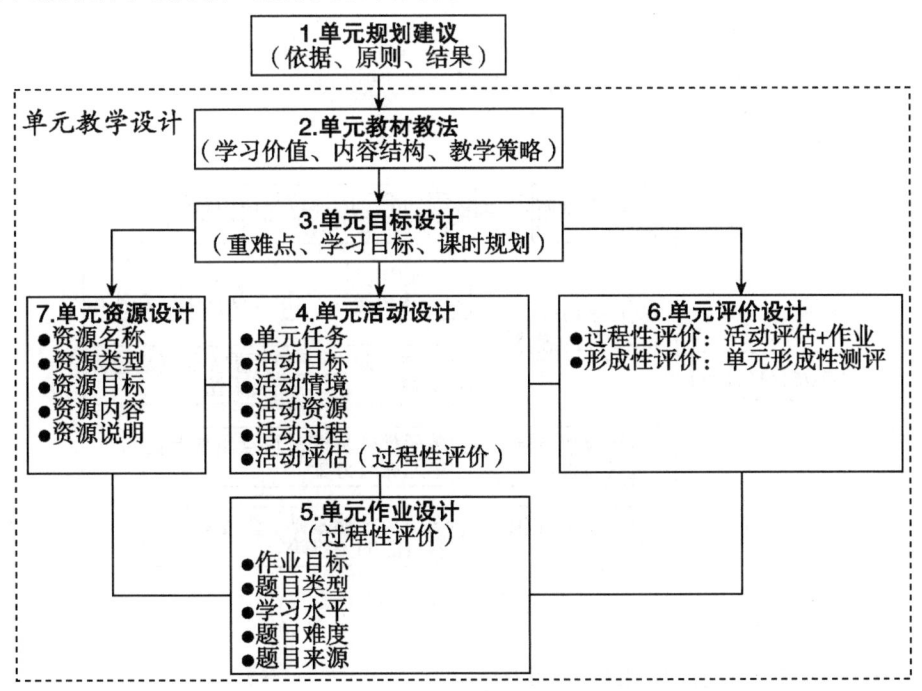

图 2-2-12　单元整体教学设计的流程设计

[①] 上海市教育委员会教学研究室. 中学化学单元教学设计指南 [M]. 北京：人民教育出版社，2018.

1. 单元规划

单元规划可依据如下标准进行划分：①依据教材章节形成单元；②参考课程标准主题构造单元；③围绕特定的化学问题解决构建单元；④基于专项能力构建单元。需遵循的原则是整体性、有序性和操作性。其具体流程为：划分单元→构建单元系列→确定单元内容，涉及的问题链如下表。

单元规划问题链

环节	问题
划分单元	单元主题确定的依据是什么？ 单元主题体现了哪些学科核心素养要素？
构建单元系列	该阶段的课程整体目标是什么？ 该阶段的各单元均衡性、关联性如何？ 该阶段各单元的顺序是否符合学生认知和教学的规律？ 各单元的课时如何规划？
确定单元内容	可以选择哪些教材内容及考虑增补哪些教学素材作为单元教学内容？容量是否恰当？ 可以依据怎样的内容逻辑线索或者视角组织和编排单元教学内容，形成合理的单元教学内容结构？

2. 单元教材教法分析

单元教材教法分析的依据是课程标准、教材和学情，其中课程教材分析的内容如图 2-2-13 所示。

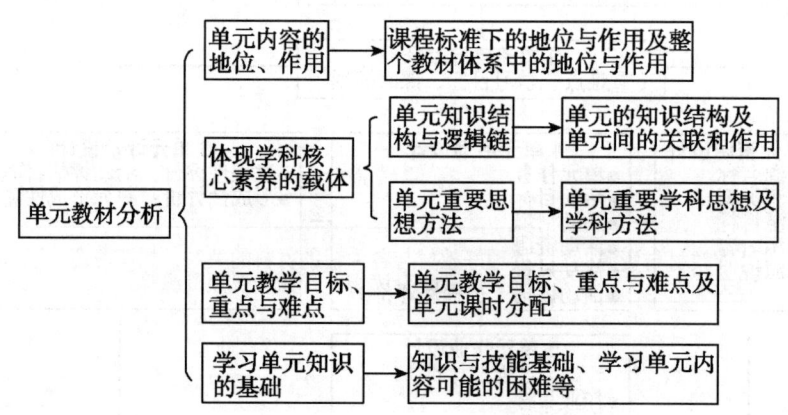

图 2-2-13　单元教材分析内容

单元教材教法分析的流程如图 2-2-14。

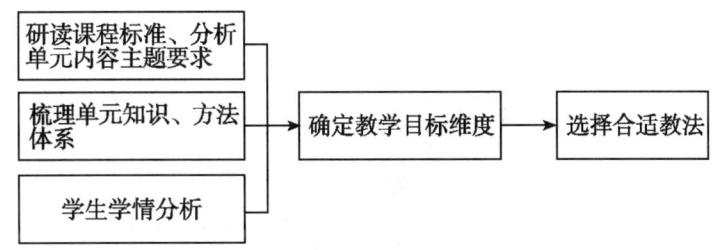

图 2-2-14　单元教材教法分析流程

单元教材教法分析问题链如下表。

单元教材教法分析问题链

环节	问题
课程标准要求	本单元的教学内容课程标准是怎样要求的？
单元知识与学科核心素养	本单元的教学内容在学科中有怎样的作用？ 本单元知识与学科核心素养有哪些内在联系？
学情分析	学习本单元知识时学生已经掌握哪些知识与技能？ 已经掌握的知识与技能对学习本单元有何帮助？
确定目标维度	本单元有哪些目标维度体现了哪些学科核心素养？
选择合适方法	选择怎样的教学方法？

梳理与优化单元教学内容的思路如图 2-2-15。

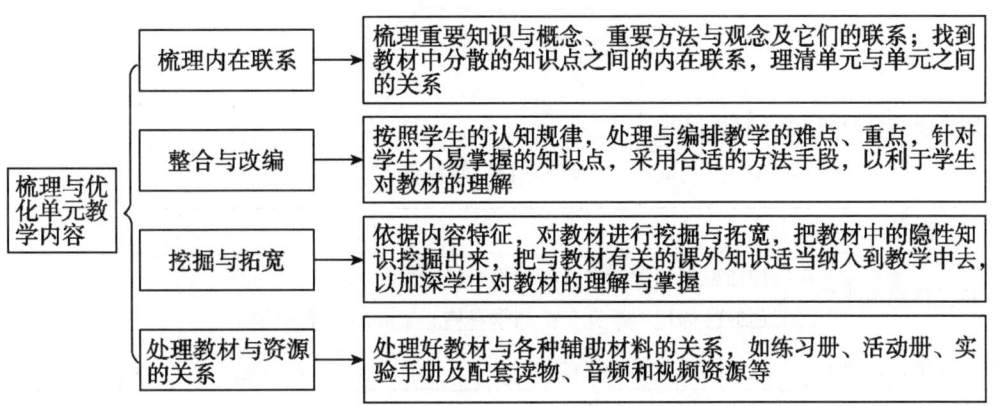

图 2-2-15　梳理与优化单元教学内容

3. 单元教学目标分析

确定单元教学目标的依据与单元教材教法分析的依据相似，是课程标准、单元教学内容、学生发展的需要。单元教学目标的设计思路如图 2-2-16。

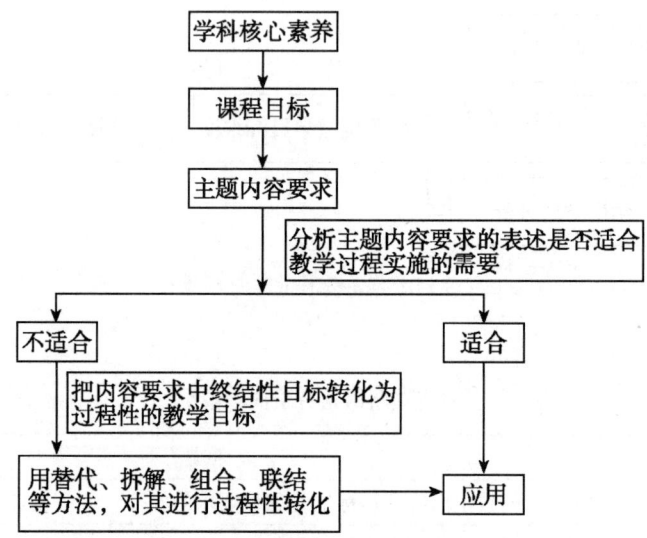

图 2-2-16 主题内容要求转化为单元目标的思路

单元教学目标的制订流程如图 2-2-17。

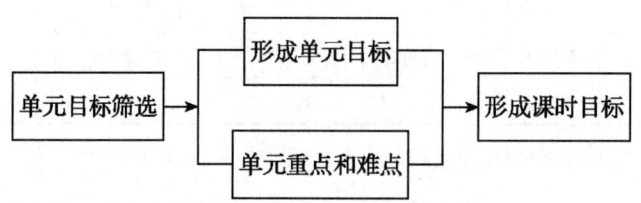

图 2-2-17 制订单元教学目标流程

单元教学目标问题链如下表。

单元教学目标问题链

环节	问题
单元目标筛选	如何根据课程标准确定教学目标维度？ 如何整体把握单元目标与学科核心素养的关系？
单元教学目标确定	如何陈述单元教学目标？
单元重点和难点确定	单元中哪些内容是核心知识、技能或方法？ 单元中哪些内容学生难以理解？

4. 单元学习活动分析

单元学习活动设计遵循整体性原则、体验性原则和灵活性原则，要素包含活动主体、活动任务、活动工具和活动评价，其设计流程如图 2-2-18。

图 2-2-18 单元学习活动设计流程

单元学习活动问题链如下表。

单元学习活动问题链

环节	问题
总体规划	单元学习活动目标如何体现三维目标的融合和学科核心素养的培养？ 跨课时活动如何体现单元学习目标？ 跨课时活动的综合性是否合适？ 课时活动的总体设计是否体现学科逻辑顺序、学生认知规律、单元学习重点和难点的有机融合？
细化设计	运用活动资源可以组织什么类型的学习活动？ 活动设计如何突出问题解决特征？ 活动过程是否体现了有助于学生自主建构知识和体验知识获得的方法？ 活动评价的设计是否做到客观、有操作性？

5. 单元作业设计分析

单元作业设计的原则是注重整体设计、层次性、形式多样，要素包含目标针对性、内容科学性、类型多样性、难度合理性、时间适当性、完成选择性等维度加以综合考虑，其设计流程如图 2-2-19。

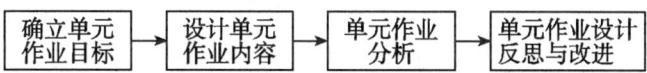

图 2-2-19　单元作业设计流程

单元作业设计问题链如下表。

单元作业设计问题链

环节	问题链
单元作业目标设计	如何确定单元作业目标？
单元作业设计框架	如何确定各次作业的题量、题型、难度？
单元作业题分析	如何判断单元作业题是否符合要求？
单元作业设计的反思与改进	单元作业是否体现了作业的多样性和层次性？ 单元作业中的不同目标、水平、类型、难度的题量是否合适？

6. 单元评价设计分析

单元评价设计的原则应体现多元化、精确化、系统化，评价的要素涵盖评价目的、评价内容、评价方法，其实施流程如图 2-2-20。

图 2-2-20　单元评价设计与实施流程

单元评价设计问题链如下表。

单元评价设计问题链

环节	问题链
确定单元评价目标与框架	本单元各评价要求与评价项目、评价方式对应情况如何？
纸笔测试设计	各学习内容教学时数与相应题型配分比是否适合？ 试题内容、分布等与学习水平、双向细目表的匹配度如何？
表现性评价设计	评价项目内容、方式与标准的适切性如何？ 评价主体是否多元？是否具有代表性？
反思与改进	根据评价结果，评价目标的达成度如何？存在哪些问题？如何改进？

7. 单元资源设计分析

单元资源设计的思路如图 2-2-21。

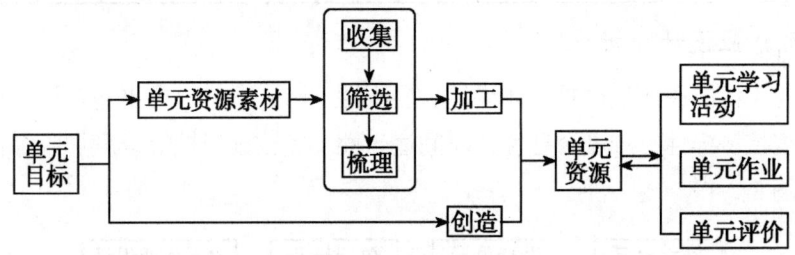

图 2-2-21　单元资源设计思路

单元资源设计的原则是促进体验、操作有序、整合交互、支持探究，其设计流程如图 2-2-22。

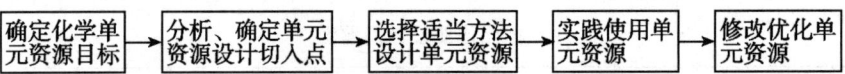

图 2-2-22　单元资源设计流程

单元资源设计问题链如下表。

单元资源设计问题链

环节	问题
确定化学单元资源目标	单元资源目标怎样涵盖单元教学目标，并且能与单元教学目标相匹配，体现化学学科核心素养？
分析、确定单元资源设计切入点	怎样确定单元资源设计的切入点？
选择适当方法设计单元资源	如何确定单元资源的类型、数量和呈现方式？ 如何选择、梳理、分类和筛选单元资源内容？ 分类加工和开发创造，哪种方式进行资源设计比较合适？ 怎样确定单元资源中的资源功能，支持、促进学生学习化学？ 怎样处理单元资源内容的层次结构和逻辑关系？

续表

环节	问题
实践使用单元资源	单元资源使用的实际效果怎样？
修改优化单元资源	单元资源使用后怎样修改？如何完善优化？

四、以大概念为统领的单元整体教学设计[①]

大概念（big ideas）也被译为大观念、核心观念、核心概念等。所谓学科大概念，是指能反映学科的本质，居于学科的中心地位，具有较为广泛的适用性和解释力的原理、思想和方法。以学科大概念来统摄和组织教学内容，将更为充分地揭示知识间的纵横关系。知识间的横向联系揭示了不同知识的形成过程的共同之处，使得先前所学的知识对后继所学的知识起到启发（非特殊迁移）的作用，有利于培养学生利用已有知识解决问题，进而生成新知识的能力。对具体的事实、概念进行抽象概括、一般化等思维加工活动，可以形成知识间纵向向上的联系，能够从中获得更有普遍意义的大概念，实现知识的拓展和知识结构的改造。将抽象概括获得的大概念用来指导或运用于解决具体问题，是知识纵向向下联系的过程，也是促进学生将知识转化为能力的重要途径。因此，有意义的单元教学设计需要围绕大概念进行。有了大概念视角，单元教学才可能变为现实。以大概念为统领的单元整体教学设计流程如下。

1. 以大概念为视角分析教学内容确定单元

以大概念为视角分析教学内容是确定单元的重要环节，其基本思路如下：首先，立足学科整体高度，从具体内容出发，分析和挖掘具体内容背后的大概念，并以大概念为视角来梳理相关内容，形成有意义关联的结构化的知识整体；其次，根据学科课程标准的要求和学生的不同学习阶段，梳理大概念的进阶发展，明辨大概念的学习进程及其重要节点；再次，依据学生的实际情况和发展需要，结合教学内容的特点来确定大概念的解构程度和单元的大小及形态。

2. 围绕大概念系统规划进阶式教学目标

单元目标的规划需要着眼于学生的深入学习和长远发展，兼顾知识、思维、能力和情感等多个层面，明确单元教学要使学生达到怎样的预期学习结果和发展水平即单元目标，然后围绕单元目标来细化具体课时的目标进阶。

大概念引领下的单元教学，重在促进学生形成对大概念的理解，使其能够形成以大概念为统摄的结构化的学科知识，并能将之转化为解决具体问题的思路与方法，即在完成单元学习后，学生知道或能做与之相关的事情。以此核心目标为导向来系统规划进阶式单元教学目标，需要基于大概念的发展历程，分析学生所处的学习阶段，并结合具体内容特点来系统考虑。对于大概念的理解，其进阶目标可以是内容拓展，如从单一维度到多个维

[①] 顿继安，何彩霞. 大概念统摄下的单元教学设计[J]. 基础教育课程，2019（9）：6-11.

度,也可以是单一维度的认识深化等。

3. 确定单元教学结构

怎样组织单元是创造课程的中心问题,大概念的学习是一个循序渐进、不断拓展和深入的过程,并需要以适合学习者不同认知发展阶段的方式来表达。在教学中,根据教学内容的特点以及学生的认知基础和发展需要,教师可通过增加其内容维度、认识深度和复杂性来反复呈现大概念,以持续、递进的方式来促进学生的理解和迁移应用。

围绕大概念开展的单元教学,将突破常见的按照知识点在知识体系中的顺序展开、学生在知识的链条上爬行、在学习了所有知识点后再解决综合性问题的"分—总"型教学结构,并以驱动重要知识产生的大问题的解决过程为线索形成教学结构。由于"大问题"的解决经常需要基于多个具体知识,每个具体知识也需要学生熟悉、理解、掌握,以便更好地应用于解决其他问题,故而针对具体知识点的专项练习也是必需的,因此,这样的教学会表现为"总—分—总"型结构。

4. 实施单元教学评价

除了要评价学生已经学习过的具体的知识及有关技能掌握情况外,围绕大概念开展的单元教学评价有其必须关注的评价内容,就是学生对"大概念"的理解和应用情况。鉴于大概念的意义在于"能提供理解知识、研究和解决问题的思想方法或关键工具,可运用于新的情境,具有持久的可迁移应用价值",因此,指向大概念的单元教学评价需要关注学生解决新情境中新问题的能力,这种倾向在中高考试题中已见端倪。

以大概念为统领进行单元教学,对于学生的学习和教师的教学有积极的意义[1]。

以大概念统领具体知识,建立具体知识与大概念的对接,有利于促进学生从化学知识向化学学科核心素养的转化。化学知识是培养学生化学学科核心素养的重要载体,需要思考什么样的知识最具有发展化学学科核心素养的功能价值。孤立的事实、概念往往价值有限,要使它们变得真正富有意义,就必须把它们纳入学科知识的结构中。以大概念为统领,将具体的事实、概念与学科中普适性更高的大概念建立关联,让学生从中领悟更有普遍意义、具有持久迁移价值的学科思想和解决问题的思路方法,可以帮助学生用更高的水准来理解具体知识内容,提升学生的化学思维水平,发展学生对物质及其变化的认知能力;以大概念为统领可以构建简约而深刻的知识层级结构,有利于学生将知识结构化,提升学生的化学知识结构水平,而知识的结构化是促进学生实现从化学知识向化学学科核心素养转化的关键。

以大概念为统领进行单元教学,有利于教师把握教学内容的本质和关键,让具体内容的学习服务于学生学科核心素养的发展。以大概念为统领进行单元教学,通过具体知识背后更为本质的思想方法(大概念)可以明晰具体内容之间的内在联系,有利于教师把握教学内容的本质和关键,同时也促进教师统筹考虑教学内容的关联性与学生认识发展的递进

---

[1] 何彩霞. 化学学科核心素养导向的大概念单元教学探讨[J]. 化学教学, 2019 (11): 44-48.

性之间的关系，思考如何根据学生的学习进程设计和组织具体课时的教学，帮助学生以结构化的、连贯的方式进行思考和理解，让具体内容的学习更好地服务于学生化学学科核心素养的发展，促使学生的思维发展、能力提升能够与具体知识的学习协调同步。

五、基于真实情境发展核心素养的单元整体教学设计

我们团队融合以上模式的优点，重点借鉴核心素养视域下的单元教学设计①，提出了基于真实情境发展核心素养的单元整体教学设计，基本框架如图2-2-23。

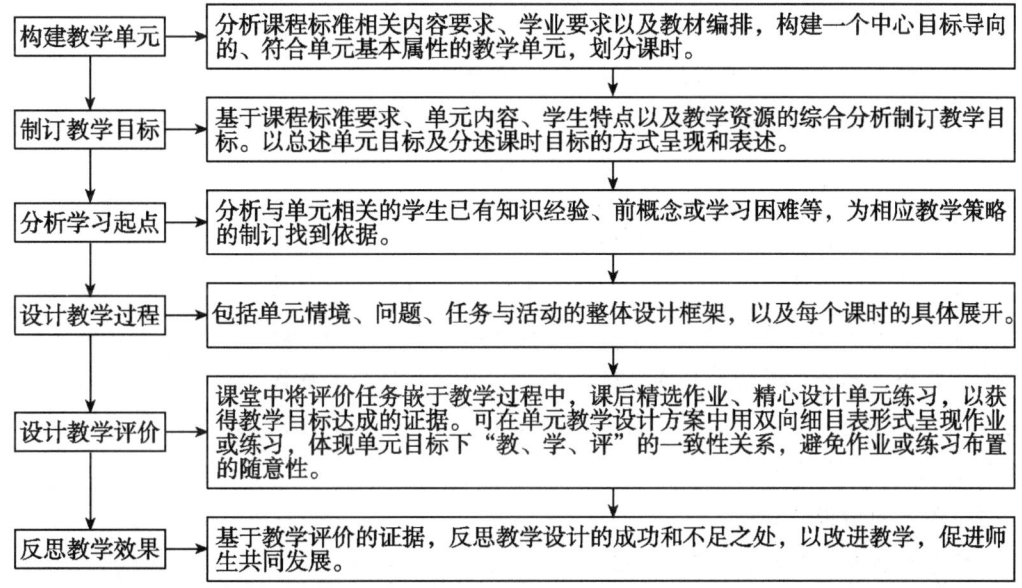

图2-2-23 基于真实情境发展核心素养的单元整体教学设计流程

下面以我们团队集体研究成果，由福建省厦门第二中学陈寒与老师进行教学实践的"氮的循环"单元整体教学设计为例，阐释基于真实情境发展核心素养的单元整体教学设计流程。

氮的循环

一、教学单元规划

"氮的循环"是高中化学教学的重要内容，其循环过程涉及的氮及其化合物，是学生在中学阶段所学习的元素化合物知识的重要组成部分。氮的固定、氮氧化物的转化、氨和铵盐的性质、硝酸的性质等，每个知识模块相对独立，具有非常鲜明的物质特性，但在整个氮循环中又密不可分。《普通高中化学课程标准》和2019版高中化学新教材（鲁科版、人教版）对"氮的循环"的内容编排对比如下表所示。

---

① 杨玉琴. 核心素养视域下的单元教学设计：内涵解析及基本框架 [J]. 化学教学，2020（5）：3-8.

课程标准及不同版本教材（2019版）中的"氮的循环"的内容编排

课程标准相关要求	鲁科版	人教版
2.5 非金属及其化合物：结合真实情境中的应用实例或通过实验探究，了解氮及其重要化合物的主要性质，认识这些物质在生产中的应用和对生态环境的影响。 2.6 物质性质及物质转化的价值：结合实例认识非金属及其化合物的多样性，了解通过化学反应可以探索物质性质、实现物质转化，认识物质及其转化在促进社会文明进步、自然资源综合利用和环境保护中的重要价值。	第3章 物质的性质与转化 第3节 氮的循环 一、自然界中的氮循环 二、氮循环中物质的性质及物质之间的转化 1. 氮的固定 2. 氨的转化与生成 3. 硝酸的性质 三、人类活动对氮循环和环境的影响	第五章 化工生产中的重要非金属元素 第二节 氮及其化合物 一、氮气与氮的固定 二、一氧化氮和二氧化氮 三、氨与铵盐 四、硝酸 五、酸雨及防治

两种教材对"氮的循环"单元构建上，均以氮的固定、氨及铵盐、硝酸等典型含氮特征物质为基础进行展开。响应了课标推荐的素材：氮的循环与氮的固定、工业合成氨、工业制硝酸、氮肥的生产与合理使用、氨气等泄漏的处理、酸雨的成因与防治、汽车尾气的处理等。整个单元紧紧围绕氮元素进行讨论，相关度大，对了解氮元素的性质起到至关重要的作用，同时进一步引导学生从物质转化角度认知世界。由此，将"氮的循环"设置为单元整体教学对象是合理的。

二、单元教材教法分析

虽然鲁科版和人教版在"氮的循环"内容选择上大致相同，但从内容组织上，相对于人教版中分门别类的物质介绍，鲁科版的编排更倾向于课程标准中倡导的"从物质性质和物质转化的价值"角度认识"氮的循环"。在教材的处理上，首先通过分析自然界中的氮循环认识含有氮元素的物质，进而通过研究固氮过程、氨气的转化与生成、硝酸的性质，构建含氮物质之间的转化关系，最后探讨人类活动对氮循环和环境的影响。从整体到局部，将含氮物质的性质逐一展现给学生，最后上升到对社会责任层面的意识培养。

基于鲁科版教材编排视角，又考虑到其第二部分"氮循环中物质的性质及物质之间的转化"内容过于庞大。在本单元整体教学设计时，拟引入"农业工业化发展史"作为线索，进一步放大课标提倡的"物质转化的价值"视角，同时对氮及其化合物的内容进行拆解，以使整体更加贴近教学实际。

农业工业化发展史，其实就是含氮物质转化过程并应用的实际案例。在农业工业化前，自然界的固氮作用与脱氮作用基本平衡。此时，大气中的氮气主要通过雷电作用和植物固氮，含氮化合物被细菌分解消耗，产生氮气又进入大气，形成氮循环。随着人类化工水平的提高，实现人工合成氨等人工固氮，促进人类生活质量的提升，逐步达到农业工业化初期。此时，人类的生产活动没有破坏氮平衡，少量施加的氮肥对粮食增产的贡献率占50%左右。随后，由于人类滥用化肥等生产活动破坏了氮平衡，使得水体富营养化，对环境造成不良影响。现阶段农业工业化，则是力求氮循环平衡，达到人与自然和谐相处。

因此，以农业工业化发展史为线索，从农业工业化之前自然界氮循环过程、农业工业化初期工业合成氨技术的应用、现阶段农业工业化人类干扰氮循环平衡和真实情境下氨氮废水处理等四个情境出发，将教学内容划分为 4 个课时，先后围绕氮氧化物、氨与铵盐、硝酸等核心知识设计教学。力求学生在科学发展史的情境中学习，逐步感受到化学学科发展对人类生活品质提升的重大意义，同时形成科学辩证思维，并理解如何理性科学地处理现阶段环境问题。

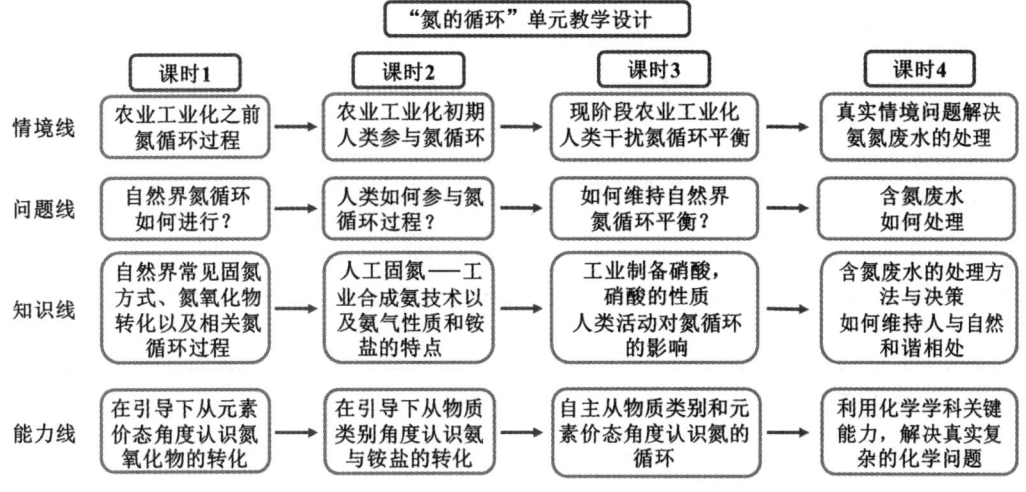

图 2-2-24

整个单元设计，紧紧围绕"从物质转化视角认知物质"，以农业工业化发展史为情境发展线索，以自然界的氮循环、人类参与的氮循环等为知识进阶线索，以教师引导的元素转化到自主运用价类二维转化，再到解决真实情境下的化学问题等为关键能力进阶线索，草蛇灰线，层层递进，逐步深入。

三、单元教学目标设计

"氮的循环"单元整体教学涉及两部分主要内容：第一，含氮物质的基本性质及其转化。主要涉及氮气、一氧化氮、二氧化氮、氨气、铵盐、硝酸等，相关的物理性质、化学性质以及典型的实验现象等是学生建立氮循环重要基础，需要以此建立从物质类别、元素价态角度研究物质性质和实现含有氮元素的物质之间转化的思路和方法。第二，以农业工业化发展为线索的自然界中的氮循环以及人类对氮循环的影响。需要明确人工固氮对社会发展的重要意义，了解酸雨、光化学烟雾和富营养化等环境问题的危害以及如何减少氮氧化物的排放，树立环境保护的意识，进一步提升"科学态度与社会责任"化学学科核心素养。

基于此，本单元的单元目标和课时教学目标如下表。

"氮的循环"单元目标和课时目标

单元目标	课时	课时教学目标
1. 进一步建立与完善从物质类别和元素价态角度认识物质的思维模型。	1	1.1 基于农业工业化之前的史实材料情境，了解自然界中氮循环基本过程，能例举自然固氮过程。 1.2 认识氮循环过程中重要的含有氮元素的物质（NO、NO_2等），建立含氮元素最基本的经典转化路径。
2. 认识到化学学科发展对人类生活品质提升的重大意义，形成科学辩证思维，理解如何理性科学地处理现阶段环境问题。	2	2.1 基于农业工业化初期的史实材料情境，掌握人工固氮的主要方法——工业合成氨。 2.2 明确氨气的性质和铵盐的特点，了解铵态氮肥的使用原则。
	3	3.1 基于工业合成氨，自主设计从氨气出发工业制备硝酸的路径。 3.2 掌握硝酸的基本性质，了解硝酸在工业生产中的重要作用。
3. 掌握解决真实情境下化学物质转化问题的一般思路。	4	4.1 基于氮元素价类二维转化视角，明确自然界中氮循环过程，讨论社会性科学议题——人类生存活动对自然界氮平衡的影响。 4.2 解决真实情境下氨氮废水的处理问题。

四、教学起点分析

"氮的循环"的内容，建立在"铁的多样性""硫的转化"的教学基础上，对于"氮的循环"教学起点分析如下表。

"氮的循环"教学起点分析

教学起点	相应的利用策略
已有相关知识经验：铁三角的相互转化，硫及其化合物的连续转化，硫对环境的影响。	创设农业工业化前后的情境，激发学生对"氮的转化"的学习热情。根据课时特点，逐步激活学生从物质类别和元素价态角度认识物质及其转化的关键能力。
前概念：从元素价态角度认识硫的氧化物，从物质类别角度认识硫的氧化物及其对应的含氧酸和盐。	"硫的转化"相关知识可以迁移应用到"氮的循环"，有利于学生快速构建氮的循环框架。相对于硫的氧化物和硫的含氧酸，氮的氧化物和含氧酸之间的对应关系存在不同，需要进行区别与理解。
可能的学习困难：氨气和水反应的可逆，硝酸反应特征与浓度相关。	通过部分科学数据等实验材料或实验现象，引导学生从实验事实认识物质特性。

五、单元学习活动设计

1. 教学内容划分

从教学内容上，首先通过引导，帮助学生建立在农业工业化前，自然界常见的固氮过程，熟悉NO、NO_2、HNO_3等含氮物质，建立$N_2 \rightarrow NO \rightarrow NO_2 \rightarrow HNO_3$的转化思路，进一步发展从物质类别视角和化合物价态视角认识新物质及其转化的认知模型，同时了解农业工业化生产前的农耕模式与当下社会发展之间的矛盾以及遇到的困难与瓶颈。

其次，引导学生了解化学化工发展，例如工业合成氨等人工固氮的实现，促进农业工业化水平的发展。让学生带着化学化工的发展对人类生活产生巨大正向促进作用的背景，从物质类别视角认知氨和铵盐的转化。接着，引导学生自主建立工业制硝酸的含氮物质转化思路：$NH_3 \rightarrow NO \rightarrow NO_2 \rightarrow HNO_3$。

最后，在引导学生从社会性科学议题"人类生存活动对自然界氮平衡的影响"出发，利用氮元素的价类二维图，进一步完善学生对氮循环过程的认知。以真实情境下氨氮废水的处理为背景，培养学生解决较复杂的化学问题的关键能力，并体会人类与自然和谐相处的重要性、科学合理使用化学物质的必要性、化学科学在防治环境污染中起到的积极作用，促进学生"科学态度与社会责任"化学学科核心素养的发展。

农业工业化发展史为线索的含氮物质知识内容教学框架如下图。

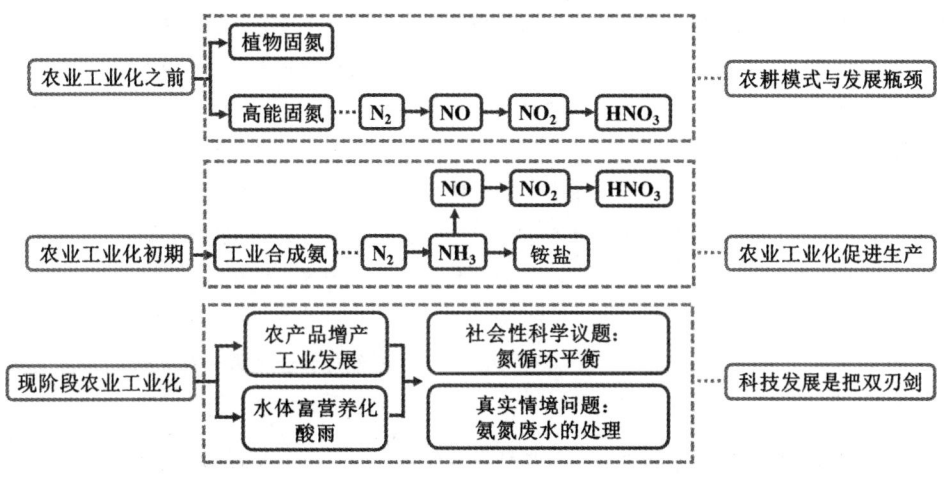

图 2-2-25

2. 教学过程设计

"氮的循环"教学情境、问题、任务与活动的设计

单元	课时	问题	任务与活动
单元大背景：农业工业化发展史。	课时1：自然界中氮循环 情境：农业工业化前的自然界氮循环。 问题："雷雨发庄稼"涉及哪些含氮物质转化？	问题1.1 农业工业化前，自然界是如何固氮的？ 问题1.2 模拟闪电固氮具有什么现象？ 问题1.3 氮氧化物转化和性质如何？ 问题1.4 如何解释"雷雨发庄稼"？	任务1.1 从文献与史料中获取关键有效信息，明确自然界常见固氮方式和特点。 任务1.2 通过实验感受高能固氮实验现象，明确反应原理。 任务1.3 利用微观氮氧化物转化的化学反应解释宏观实验现象，明确氮氧化物的物理和化学性质。 任务1.4 从元素价态角度认识含氮物质的转化过程，解释"雷雨发庄稼"。

续表

单元	课时	问题	任务与活动
单元大问题：自然界中含氮物质是如何循环的？如何维持平衡？人类如何参与到氮循环平衡过程？	课时2：氨与铵态氮肥 情境：农业工业化初期的人工固氮和氮肥施用。 问题：工业合成氨到铵态氮肥的制备是如何进行的？	问题2.1 工业合成氨是如何进行的？ 问题2.2 如何从氨气转为其他含氮化合物？ 问题2.3 氨气和铵盐的性质如何？ 问题2.4 实验室如何制备氨气？	任务2.1 从文献与史料中获取工业合成氨的发展史，明确反应原理。 任务2.2 从物质类别角度设计氨气到一水合氨、氯化铵的转化过程。 任务2.3 利用宏观实验现象，明确微观变化，进一步了解氨气与水、HCl的反应原理，了解铵盐的性质。 任务2.4 掌握实验室制备氨气的方法、注意事项。
	课时3：工业制硝酸 情境：农业工业化中的工业制硝酸。 问题：工业制硝酸是如何设计的，硝酸具有哪些性质？	问题3.1 工业制硝酸是如何进行的？ 问题3.2 硝酸可能具有哪些性质？ 问题3.3 浓/稀硝酸与铜反应有何差异？ 问题3.4 人类如何影响自然界氮循环过程？	任务3.1 自主从物质类别和元素价态视角认知含氮物质转化，实现工业制硝酸的独立设计。 任务3.2 利用价类二维视角对硝酸进行性质预测与分析。 任务3.3 通过实验，明确硝酸的酸性、稳定性、强氧化性特征。 任务3.4 明确科技是把双刃剑，人工固氮为社会带来的促进作用，滥用化肥等造成的环境问题。
	课时4：真实情境下的氨氮废水处理 情境：氨氮废水处理。 问题：氨氮废水处理有哪些方法和差异？如何决策？	问题4.1 氮循环相关的环境问题有哪些？ 问题4.2 哪些方法可以处理氨氮废水？ 问题4.3 如何高效无害化处理氨氮废水？ 问题4.4 选择何种氨氮废水处理方法？	任务4.1 了解光化学烟雾等环境问题与氮循环之间的关系，明确氨氮废水的处理意义。 任务4.2 书写吹脱法、化学沉淀法等简单的氨氮废水处理方法。 任务4.3 从氧化还原等角度分析生物厌氧氨氧化法和化学氧化法处理氨氮废水过程。 任务4.4 氨氮废水的处理方法对比与决策。

本单元四个课时的教学均以农业工业化相关的真实化学问题为情境，从"单元大问题"到"课时问题"再到"课中问题"，层层递进，实现知识与能力培养的进阶，有效搭建单元整体教学结构框架。将氮循环涉及的价类二维图分析透彻，培养了学生解决问题的思维模型，引发学生自主探究，实现核心素养上的提升。

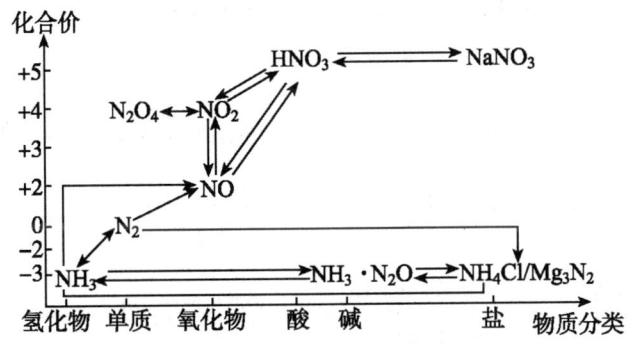

图 2-2-26 氮循环的价类二维图

3. 学习活动设计

课时 1　农业工业化前的自然界中氮循环

主题：围绕氮氧化物的转化展开讨论

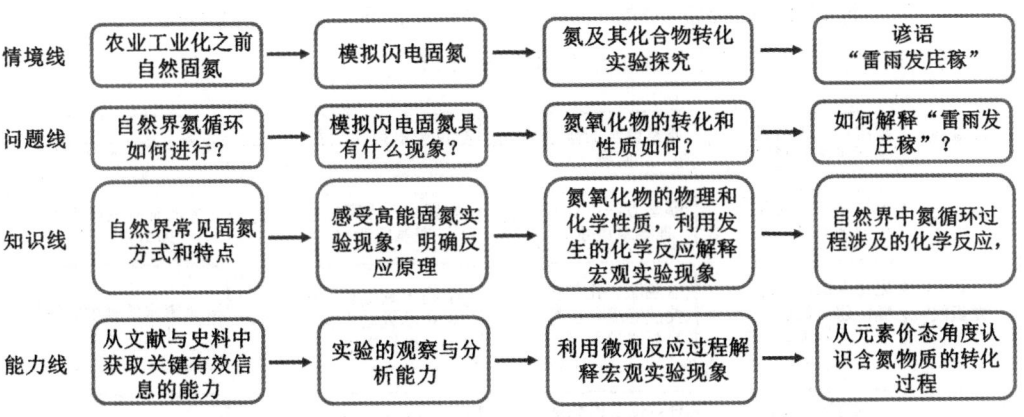

图 2-2-27

课时 2　农业工业化初期的氨与铵态氮肥

主题：围绕工业合成氨和铵态氮肥展开讨论

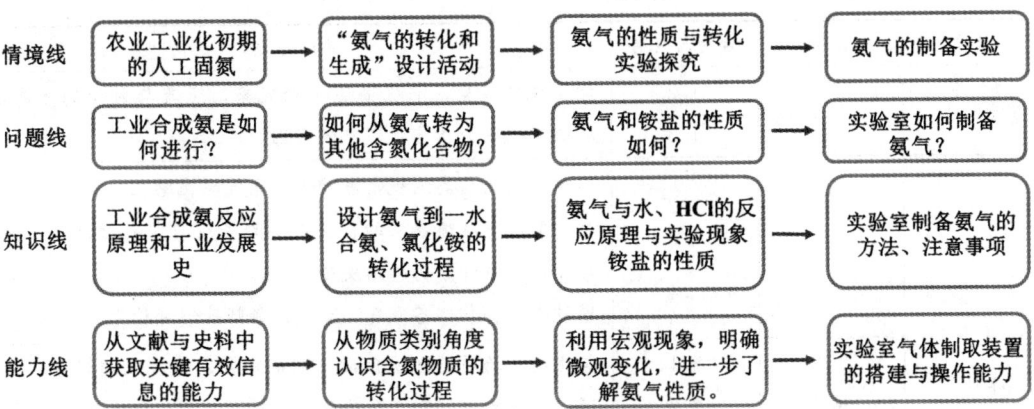

图 2-2-28

课时3 农业工业化中的工业制硝酸

主题：围绕工业制硝酸和硝酸的性质展开讨论

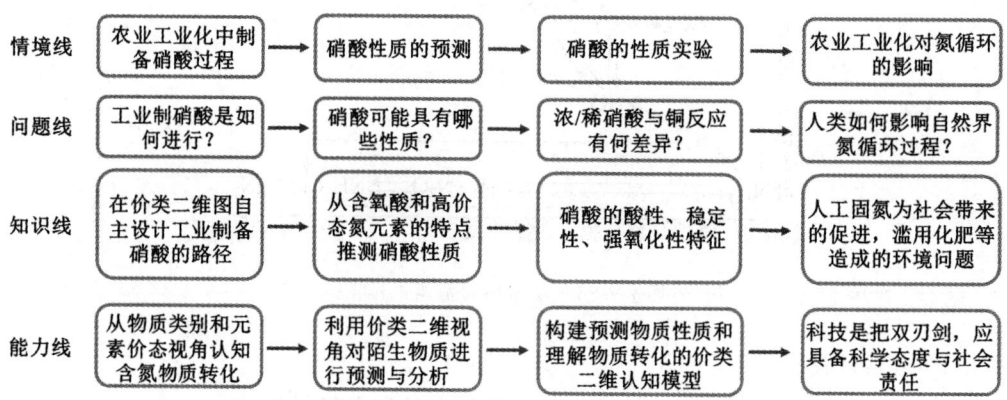

图 2-2-29

课时4 社会性科学问题——人类活动对氮循环平衡的影响

主题：围绕真实情境下的氨氮废水处理展开讨论

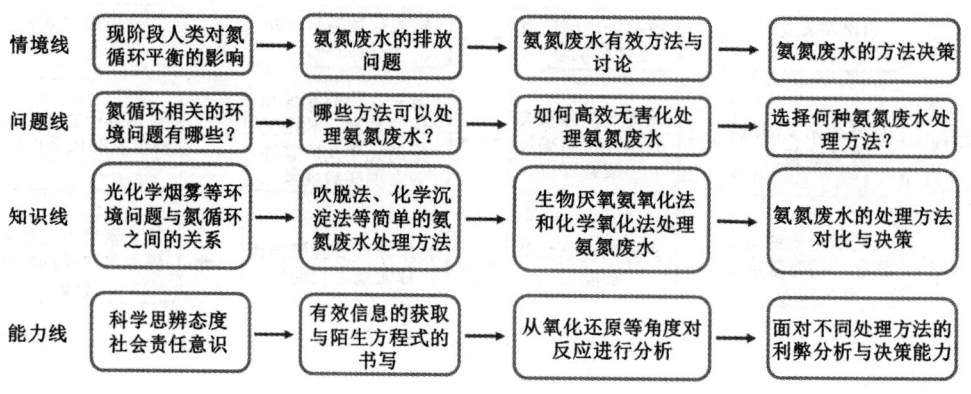

图 2-2-30

六、单元"教、学、评"一体化

课时	目标	活动与任务	评价方法
课时1	1.2	1.2 1.3	学生观察实验，准确描述实验现象，交流与讨论的方式，从微观视角分析宏观现象的成因。
课时2	2.2	2.2 2.3 2.4	学生能从物质类别视角准确设计氨气转化路径。 学生能准确从喷泉实验、白烟实验等获取氨气性质，归纳与交流，教师分析总结反馈。 通过小组合作制备氨气，交流，教师反馈评价。
课时3	3.1 3.2	3.1 3.3	学生能从物质类别视角设计制备路径，预测物质性质，并通过实验验证预测，明确硝酸性质。教师分析反馈。

课时	目标	活动与任务	评价方法
课时4	4.2	4.3 4.4	学生能准确书写陌生化学方程式，并从氧化还原视角，分析废水处理过程的实验数据，并对不同方法进行讨论，分析与交流。教师反馈。

七、单元作业设计

本单元作业设计围绕"氮的循环"进行设计。知识点涵盖氮气、一氧化氮、二氧化氮、氨气、铵盐、硝酸的物理性质、化学性质、典型实验现象以及主要反应的化学方程式等，旨在帮助学生建立一氧化氮、二氧化氮、硝酸、氨气、铵盐的性质、反应、实验现象、应用之间的联系；引导学生从价态（氮元素）、物质类别（含有氮元素的物质）角度构建氮及其化合物的转化关系。

整份单元作业设计由4份课时作业和1份单元评价作业组成。课时作业是以农业工业化发展史为线索，从农业工业化之前自然界氮循环过程、农业工业化初期工业合成氨技术的应用、现阶段农业工业化人类干扰氮循环平衡、真实情境下氨氮废水处理四个情境出发，先后围绕氮氧化物、氨与铵盐、硝酸等核心知识设计习题。力求学生在科学发展史的情境中练习，逐步感受到化学学科发展对人类生活品质提升的重大意义，同时形成科学辩证思维，并理解如何理性科学地处理现阶段环境问题。课时作业对核心知识进行拆解与组合，对关键能力的训练逐步进阶，对逻辑思维进行提升，使学生逐步达到单元评价作业的检测要求。

八、单元教学反思

"氮的循环"单元整体教学，利用含氮物质转化路径和农业工业化发展史两条明线的相互交织，来形成完整的"氮的循环"知识线教学过程。学生在学习元素过程中，不仅在明确的目标物质引导下逐步掌握元素转化观，而且在学习过程中潜移默化地提升对化学研究价值的认同感，感受到化学研究的发展对提升人类生活质量等多方面有巨大促进作用。整个教学过程，知识分布合理，各个教学课时主题明确、拥有相对独立但又相互联系的研讨目标，使得整个"氮的循环"教学过程浑然一体。教学活动设计时从学生视角出发，着眼于化学学科关键能力培养，富有启发性、开放性，旨在提升化学学科核心素养。从教学实践中也明显发现"氮的循环"单元整体教学的实施，使学生对化学价值认同感明显提升，含氮物质转化的相关知识学习动力增强，部分学生更是形成具备主动调研和批判性分析科技发展的意识。建议在后续教学过程，增加学生课外时间考察或者团队研讨调研汇报的活动，进一步挖掘"氮的循环"单元整体教学实施带来的正面引导。

第三章　单元整体教学设计的实施策略

第一节　教师怎样实施单元整体教学设计

在应试教育背景下，我国的课堂教学及其研究归根结底不过是聚焦碎片化的知识点教学而已，"目中无人"，甚至把"育分"而"不育人"的课堂视为优质的课堂。基础教育课程改革提出的三维目标无疑对这种顽症产生了巨大的冲击。然而，那些在诸多华丽辞藻包装之下的所谓"成功经验"，赤裸裸张扬的依然是碎片化"知识点"教学的恶习，症结何在？可能有两个因素在起作用[1]，其一，没有摆脱课时主义；其二，缺乏单元设计的基本功。

目前的课堂教学存在三大挑战[2]：首先，学校的教研活动通常是以课时为单位的备课、观课、研课活动为主，忽视课时与课时之间的关联，较少开展以单元、主题、模块为单位的结构化研究与实践。其次，在相同的时间段内，相同的学习内容如何适应不同基础的学生，需要课程实施者对学习内容从功能定位上做出新的规划来解决这个问题。再次，学生的学习主要是为了积累关于认知世界的经验，一部分来自理论性的知识传统，可以通过直接传授获得，另一部分来自实践智慧，只能由个体从特定的情境、学习经历中获得。如何在有限的课时内为学生创设必要的活动，提供必要的学习经历，直接关系到学科核心素养的形成。

在基于核心素养的单元设计的实践与探索中，难免会遇到一些认识上的偏差。主要存在以下六大问题。

①缺乏单元教学设计的整体意识。单元目标务必"上挂下联"，在上位的核心素养（关键能力）、课程标准、教材目标与下位的课时目标之间发挥承上启下的作用。然而，一

---

[1]　钟启泉. 学会"单元设计"[N]. 中国教育报，2015-06-12.
[2]　刘焕亮. 基于学科核心素养的单元整体教学设计——以"物质结构元素周期律"为例[J]. 中学化学教学参考，2019（10）：36-37.

些教师在制订单元目标时没有兼顾上下之间的衔接，出现了脱节或背离的现象。

②无限扩大单元教学设计的边界。有些教师盲目地，甚至错误地理解"创造性使用教材"，一味扩大对单元主题的挖掘，将相关或不相关的内容都与单元主题扯上关系，随意增加教学内容，结果淡化了单元主题，增加了单元教学的负担和学生学习的压力。

③单元教学设计的重心失衡。在单元教学设计中，重视容易测量的行为目标，如化学用语、化学方程式、离子方程式、热化学方程式、平衡常数计算，忽视不易测量的表现性目标，如正确的价值观、思维品质等[①]。

④设计单元目标混乱。具体体现在课堂活动目标不明确、片面强调知识覆盖面、单元设计应试化倾向严重、单元目标不够聚焦、单元缺乏基于理解的目标、单元目标之间联系不够明确、缺乏核心问题、混淆目的和手段、混淆知识目标和技能目标。

⑤评估的方法不够明确。具体表现在评估缺乏效度、评估缺乏信度、表现性任务不真实、表现性任务繁冗低效、表现性任务统一化、评估标准或量规无效。

⑥落实学习计划缺乏实效性。主要表现在单元设计与目标不相符、单元设计缺乏评估、单元设计未能预估学习错误、单元缺乏动态的形成性评估、单元计划未含必要的调整时间、单元设计太单一刻板、单元设计无法促进学生迁移、单元设计没有考虑学生多元差异、单元设计未能提升学生的自适应能力、单元设计背离目标或评估[②]。

高中化学学科核心素养是学生发展核心素养的重要组成部分，是学生终身学习和发展的重要基础。通过教学活动帮助学生形成核心素养是学校和教师的职责。《普通高中化学课程标准（2017年版2020年修订）》中强调：高中化学课程的基本理念为"以培养化学学科核心素养为主旨""重视开展素养为本的教学""倡导基于化学学科核心素养的评价"。这就要求教师在实施高中化学课程中发展学生核心素养，做到"在课程目标中体现化学学科核心素养""基于化学观念认识化学学科核心素养""在学习过程中发展化学学科核心素养""通过评价促进化学学科核心素养发展"。但是，在教学中教师往往存在教学设计琐碎、教学内容孤立、教学活动流于形式以及评价窄化等问题。这些问题存在的主要原因是教师对课标、教材编写意图理解不够深刻，自身教学逻辑不够清晰，很难帮助学生建立关系认知，无法实现素养的形成。单元整体教学设计有利于教师将学生个体特质与知识技能、核心素养的落实和行为表现统筹分析，形成对单元整体教学目标及活动、评价的设计，从而提升化学学科核心素养水平。

一、单元整体教学设计实施的关键要素[③]

以发展学生化学学科核心素养为本，进行单元教学设计，首先根据一定主题单元内容

---

① 陈彩虹，赵琴，汪茂华，汪晓慧，吁思敏，向荣. 基于核心素养的单元教学设计[J]. 全球教育展望，2016（1）：121-128.

② [美] 格兰特·维金斯，杰伊·麦克泰. 理解为先模式——单元教学设计指南（一）[M]. 盛群力，沈祖芸，柳丰，吴新静，郑丹丹，译. 福州：福建教育出版社，2018：138-167.

③ 王爱富. 基于发展学生核心素养的单元教学设计实践探索[J]. 化学教学，2017（9）：55-59.

包含的化学问题，按照知识的逻辑结构进行提炼，整合为具有结构化的教学单元，然后以教学单元知识逻辑为主线，分析各知识结构中所承载的核心素养培养要素，再根据课程标准要求制订教学目标、确定学习任务，并制订与之相应的评价目标，组织教学活动。

1. 教学单元的构建

指向核心素养的单元教学设计，本身就是以学生认知水平和知识逻辑发展为基础，以核心素养为导向，因此不能拘泥于教材知识点的固有顺序，而应在核心素养的统领下对教材单元内容进行重整，甚至打破原有单元界限，重新组建新的教学单元。因此，从某种意义上来说，教材重整是教学单元构建的基础。

单元教学设计在重新整合教学内容和顺序的基础上，将教学单元分解成若干个相互衔接的教学阶段与课时安排，因此，教师就要以素养发展目标的全局视野思考各课时本身的地位和作用、相互之间的关联和衔接。这种教学设计思路国外也称之为"Big Idea"，即强调大主题的设计思维。若教师自身总是基于课时的微观视角解读教材或课标，将学科内容分解成孤立的模块，则不利于学生在系统的学科知识、素养环境中成长。因此，全局视野是进行教学单元构建的关键要素。

单元教学内容是学科核心素养形成和开展学习活动的载体，构建一个结构化的教学单元，一要注意从教学单元中包含的化学问题出发，寻找合适的认识角度，将各化学问题中的具体知识形成一定的逻辑结构关系；二要从研究化学问题的认识思路和认识方式出发，分析教学单元中认识物质性质的变化方式（如从反应类型、物质的属性、元素周期律等角度）、形成核心概念探究化学问题的方法（如观察实验、解释说明、推论预测等）等；三要分析教学单元中所承载的核心素养要素，理清知识结构、认识思想方法与核心素养要素之间的关系。

2. 教学目标的规划与学习任务的确定

基于化学学科核心素养的单元教学设计，根据构建的教学单元知识结构及其所承载的化学学科核心素养要素，结合学生已有的认知水平，从化学学科核心素养内涵及发展水平出发，统筹规划教学目标。单元教学目标具有整体性和可测性[①]，避免了传统课时教学的随意性与盲目性，有利于实现多维目标的融合，真正实现化学新课程提出的总目标。

目标定位需考虑三个维度[②]：一是指向化学学科核心素养，凸显单元教学设计的价值导向。二是基于学生发展，促进深度学习状态的自然发生。指向核心素养的化学单元教学设计，基于学生关键品格和能力发展，注重教学内容的整体性、系统性、进阶性设计，有助于其进入深度学习状态。三是统筹教学内容，把握单元目标与课时目标关系。在教学目标的指导下，根据构建的单元教学内容确定学习任务，学习任务是引导学生学习的框架，

---

① 何彩霞. 化学单元教学设计的探索 [J]. 化学教育，2008（3）：6-9.
② 孙重阳，魏爱民. 大观念、大主题、大过程——指向化学核心素养的单元教学设计与实践 [J]. 中学化学教学参考，2018（11）：6-9.

是学习活动设计的出发点。单元学习任务具有相关性和层次性①，避免了传统课时教学中知识点的孤立学习和机械练习，有利于化学教学过程与结构的优化，提高化学教学质量和效率。

3. 学习活动的设计

教学单元是学科核心素养形成的载体，学习活动是学科核心素养赖以形成的主渠道。根据确定的学习任务和教学目标整体设计学习活动，在单元教学设计中要处理好单元主题中学习任务之间的相互联系，要设计好学习任务中的知识与素养能力目标如何在教学中有序、有层次地落实，在知识的掌握、核心素养与能力的培养上能充分地体现单元教学的完整性，核心素养的培养不是靠某一课时能完成的。在活动具体设计过程中需注意考虑如下两个问题②。

一是学习活动的设计要基于真实的大主题情境。真实的化学教学情境，其意义不仅仅在于营造贴切的教学环境以激发学生兴趣，更重要的是面对未来的不确定性，真实的情境体验能帮助学生形成以专业的化学视角解决实际问题的能力，进而稳固为关键能力和必备品格。当前课堂不少情境设置都只突出趣味性用于引课，往往零散且缺乏启发性，学生难以沉浸其中。而单元教学的情境设置，除了要符合学生的认知感受，还要贯穿整个内容，通过大主题情境引领学生进入沉浸式的系统思考和学习中。

二是学习活动要突出完整的大过程探究。教学活动是教学内容的主要载体，也是发展学生核心素养的基本途径。散乱串接的教学活动，其指向性不明确，不仅增加了学生学习负担，也无法帮助学生建构完整的知识体系，更难以形成学科观念。大过程探究活动，由不同阶段的小活动有机串联，各活动环节指向一致，便于学生深度思考，从而强化素养发展。

单元学习活动的结构化和教学方法的灵活性③，着眼于学生科学素养的全面发展，有利于培养学生实践能力和创新能力，促进学生科学素养的提升。

二、单元整体教学设计实施的关键策略④

1. 制订统领单元整体教学的认识发展目标和学生的认识发展层级

在促进学生认识发展的单元整体教学中，教学内容的组织、教学方式的选择、不同课时间的关系等都要以认识发展目标为核心。认识发展目标的制订应围绕核心教学内容与观念，学生认识发展层级的构建应以分析教学内容在促进学生认识发展方面的功能为基础。

---

① 何彩霞. 化学单元教学设计的探索 [J]. 化学教育，2008（3）：6-9.
② 孙重阳，魏爱民. 大观念、大主题、大过程——指向化学核心素养的单元教学设计与实践 [J]. 中学化学教学参考，2018（11）：6-9.
③ 何彩霞. 化学单元教学设计的探索 [J]. 化学教育，2008（3）：6-9.
④ 胡久华，张银屏. 促进学生认识发展的单元整体教学——以化学教学为例 [J]. 教育科学研究，2014（8）：63-68.

核心教学内容与观念往往具有重要的认识功能，能够扩展学生对事物的认识角度，使其形成认识思路、提升认识深度。

2. 依据认识发展需要精选教学素材

教学内容遴选要符合课程标准及学生实际。教科书中会有相应的一章或一节内容与课程标准相对应。这些内容是主要的知识，是学生认识发展必需的基础，是教师需要完成的教学内容。在此基础上教师要考虑，还需要遴选哪些素材，从而更好地发挥教学内容的认识功能。遴选教学素材时，教师要遵循关联性、必要性、可接受性等原则。教师遴选的教学素材要与教学内容紧密联系，可以是知识的解释和说明、应用与补充等，此外，它还应该对促进学生的认识发展具有重要作用，学生较易接受，能促进其构建科学思想与方法。

3. 依据学生的认识发展设计教学过程

教学过程的设计要具有符合学生认识建立及发展所需要的环节，应包括以下内容：引发学生思考的真实的认识冲突情境、知识内容的介绍、多角度多层次地呈现知识所能解决的问题、供学生思考并要求解决的实际问题、认识发展的反思。它们分别承担学生明确已有认识、体会已有认识的缺陷、建立认识方法、扩展认识深度、形成并完善解决问题的认识思路等作用。教学过程要体现从易到难、从现象到本质、从广度呈现到深度挖掘、从简单模仿到自主探究的认识方法形成的顺序。

4. 设计符合学生认识发展的驱动性问题

设计指向问题实质的、符合学生认识发展的问题线索能够有效促进学生认识的发展。为了使设计的问题更具有驱动性，教师需要分析核心教学内容的构成要素及要素间的逻辑关系、核心教学内容与学生已有认识间的关系，进而确定提出问题的角度。教学问题的设计不但要有驱动性，而且要能揭示学生的已有认识，或者促使学生思考、明确自我认识、形成认知冲突，或者使学生对已有认识产生怀疑、批判，产生进一步发展的需要，具有这些功能的问题统称为认识性问题。认识性问题将要建立的科学认识与学生的已有认识之间建立联系，促使学生进行积极的认识建构，通常为预测、解释、分析、评价性问题，或者是知识衍生性问题，符合学生认识发展的问题线索往往通过教学实践不断修改完善。一些更好的问题往往在教学过程中生成，学生的已有认识和认识思路也只有在教学过程中才能更充分地外显。这就需要教师通过教学实践，不断优化改进教学设计中的问题线索，使之符合学生的真实情况，使教学过程更能沿着学生的认识发展轨迹推进。

5. 提供认识建构、实践、反思的学习活动

讨论交流、动手活动、认识实践和反思等活动，更能够促进学生建立认识、发展认识。在讨论的过程中，学生能明确已有认识，暴露已有认识的不足，形成发展认识的需要。同伴间的交流，能帮助学生丰富认识的角度，深化认识水平，形成和发展科学认识。动手活动可以把学生的认识外显，使其发现其中的错误或应用认识解决分析问题。认识的实践活动，可以使学生的认识发展成为稳定的认识行为。反思活动能够让学生知晓认识发展的过程，提高认识能力。

6. 遴选和使用促进学生认识发展的情境素材

好的教学情境要能引起学生的认识冲突，促使学生发现自我认识中的不足或者缺陷。教师在创设情境时，要想方设法把学生置于"走投无路"的处境，迫使学生突破认识思维的藩篱，建立新的认识。好的情境能够引领学生一直探究、思考下去，贯穿教学的始终。遴选和设计情境素材要以学生的已有认识为基础，尽可能激发学生强烈的认知冲突，具有层次丰富的特点。

7. 选择促进学生认识发展的教学评价方式

在教学前后，教师通过对学生认识发展情况的测查可以评价教学的实效性。教师可以使用访谈、作业、测验、调查问卷等方法，确定学生的认识结果，了解学生的认识思维活动，发现学生的认识方式是否有所提高。评价的主要维度包括：学生外显的认识角度的多与少，学生认识方式从定性到定量、从宏观到微观、从文字到符号表征的转变程度，认识思路的有序性和自主性。课堂的提问交流、解答开放性或半开放性的问题，都能够及时体现学生学习前后的认识。

在促进学生认识发展的单元整体教学中，无论是教学目标的制订和教学内容的选择，还是教学方式的采用和教学评价的使用，均以学生的认识发展为核心。但以往的教学中，教师较少关注学生的认识发展，这就需要我们通过理论研究和教学实践，不断打开学生认识发展这个"黑匣子"，从而使整个单元的教学过程的设计与实施，更能顺应学生认识发展的需要，实现高水平教学。

三、单元整体教学设计的实施原则

单元整体教学设计的实施原则主要有如下两种①。

第一是教育技术性的思路，即"三设问"（WHH）。第一问，到哪里去，即从支援学生怎样学习的角度来明确教学的意图所在（课题分析图）；第二问，怎样才能实现目标，即思考目标达成的方法（教材与教案）；第三问，怎样实现目标，即揭示目标达成的评价方法（评价计划）。"目标、教学、评价"三位一体的状态视为整合性，成为单元设计最重要的指标。就是说，是否能够根据教学目标确认教学成果，是否能够根据教学目标准备教与学的活动，是否能够展开同教学活动、教学内容相一致的评价活动，就是所谓的"目标、教学与评价的一体化"②。"三设问"可以引申出单元设计的"三重心"——目标的设计、方法的设计、评价的设计。目标设计是明确教学目标，方法设计的重心是聚焦知识结构，评价设计的重心是怎么去有效地反馈信息。

第二是建构主义学习（CLD）的思路。建构主义学习的思路不是侧重于教师讲授的内容，而是思考学习的设计，简单地说就是从"教案"走向"学案"。建构主义的六要素是

---

① 陈彩虹，赵琴，汪茂华，汪晓慧，吁思敏，向荣. 基于核心素养的单元教学设计 [J]. 全球教育展望，2016（1）：121-128.

② 钟启泉. 单元设计：撬动课堂转型的一个支点 [J]. 教育发展研究，2015（24）：1-5.

情境、协同、支架、任务、展示、反思。

单元整体教学强调从单元整体出发设计教学，突出教学目标、内容和过程的整体性、联系性和发展性[1]。在具体实施过程中，遵循以下基本原则。

1. 教学目标设计的稳定性

教学单元的划分过程是教师对教学内容理解外显化的过程。教师依据自己的理解，将学科内容划分为具体的课题或学习任务，即学习单元。每个学习单元有明确的单元课题或学习任务，有具体的单元教学目标。单元教学目标通常是稳定的、预设的，关注学生学科观念的发展和学科能力的提升，在教学过程中教师要不断关注单元教学目标，以确保教学过程不偏离主线。一个单元教学常需多个课时完成，每个课时有自己的课时目标，课时目标与教师使用的教学素材、教学方法、教学策略等教学过程中的具体事件有关，课时目标需要预设，但是由于其与具体教学事件相关，所以有一定的生成性，在不违反单元目标的前提下是可调整的。

2. 教学活动设计的进阶性

教学活动设计是对教学目标的具体阐释和实现教学目标的必要保障。活动的设计要基于问题导向。问题是学习的敲门砖，问题解决过程就是有效学习过程，基于问题解决的学习方式已受到广泛认可。在认知上，多数认知科学家认为，学习者必须在情境中通过与问题互动，才能理解问题或任务。学习者必须经过内部加工和思考，或者与他人的互动，进行积极地意义建构，从而深入理解情境活动、解决问题。基于问题解决的学习能让学生感到兴奋，并且所受威胁程度最小。因为在此过程中，学生们互相帮助，教师充当学习促进者和合作学习者，评价目的在于推动学习活动，也富有意义[2]。单元教学活动设计分为两个层面：一是单元活动设计，解决学生在整个教学单元中的学习活动线索；二是课时活动设计，遵循单元活动设计，确定每个课时中学生具体的活动任务。进行单元教学活动设计时，要注意以下三个原则[3]。

(1) 一体化原则。

单元教学设计中虽然每个课时都有自己独立的教学任务，但是各课时最终都要为单元目标服务，各课时任务间有着较强的逻辑关系，因此各课时中学生进行的学习活动要有承接关系，即前一课时的学习是后面课时学习活动的基础或支架，后一课时的学习是对前一课时学习的发展和提高。

(2) 全息化原则。

单元教学设计中，在单元主题下，每个课时有自己的独立主题，每个课时都要引发学

---

[1] 陈益. 高中化学单元教学设计的关键、核心和重点 [J]. 化学教学，2011 (2)：5-7.

[2] 邵朝友，韩文杰，张雨强. 试论以大观念为中心的单元设计——基于两种单元设计思路的考察 [J]. 全球教育展望，2019 (6)：74-83.

[3] 王磊，黄燕宁. 单元教学设计的实践与反思——以"氧化还原反应"教学单元为例 [J]. 中学化学教学参考，2009 (3)：9-11.

生对单元主题的重新认识和思考，因此每个主题都要体现学习的发生、发展全过程，从学习过程而言，每个课时都是全息的。另外，同一单元各课时教学任务之间除了有前后顺序的承接关系，还有知识间的螺旋上升关系，虽然每个课时的侧重点不同，但是在解决具体问题时，教师都应帮助学生尽可能全面认识学习对象，在完成课时目标的同时，时刻关注单元目标的达成。所以从对学习对象的分析把握而言，每个课时也应该是全息的。

(3) 多样化原则。

学生在学习风格、学习方式偏好上的差异是很大的，不同的学生对同一学习活动接受的程度差异很大。在同一教学单元中，不同课时尽可能安排不同类型的学习活动，如听课、阅读、解题、研讨、操作等，可以使每一位学生都有机会用最适合自己的学习方式认识理解单元教学主题，也可以使学生有机会在不同的学习情境中认识应用学习的知识，这对于提升教学质量、提高教学效率都是非常有意义的。况且，学习活动形式多变本身就可以激发学生的学习兴趣。

3. 教学评价设计的适切性

教学评价需要在具体实施过程中体现以下内容：是否明确表现目标或标准；对原有知识、技能水平和错误理解是否进行诊断性评估；学生是否通过实际应用即真实应用知识和技能、实物产品、目标观众来证明自己已经真正理解；评价方法是否符合最终单元整体教学目标；是否提供持续、及时和描述性反馈；学生是否可以尝试、纠错、反思和纠正；是否鼓励学生进行自我评价等。具体开展评价活动设计时，需要考虑以下方面。

(1) 联结学习活动，使得学习与评价相互嵌套。

这主要要求教师思考主要问题及其相关学习活动，然后穿插相关评价活动，甚至把学习活动本身设计为评价活动。

(2) 尽量采取表现性评价或真实性评价。

这一方面要求设计情境性任务，另一方面要求设计例如评分规则这样的评价标准。这是因为，真实的学习要求需要情境性任务与评分标准，同时它们为丰富的评价活动提供可能，如学生可以依据它们开展自我评价或同伴评价。

(3) 收集足够的学生学习证据。

评价活动不止于那些相对正式的活动例如课后作业，也可以包括观察与提问等相对不正式的活动，它们各有利弊，需要结合实际需要综合地加以利用，以便获取学生全面的、细致的学习信息[①]。这些都需要根据单元的构建、单元教学目标、单元活动设计适时进行调整，以促使教学评价设计的适切性。具体设计原则主要体现在以下三个方面。

①多元化。单元评价不仅能够分析预设目标与实际结果之间的差异，而且能够兼顾"过程效能"与"表现效能"。只有通过多元评价才能真正评价学生各项学习的真实表现。具体而言，单元评价的多元化应包括如下特点。

---

① 邵朝友，韩文杰，张雨强. 试论以大观念为中心的单元设计——基于两种单元设计思路的考察[J]. 全球教育展望，2019 (6)：74-83.

一是方式多元。在传统的纸笔测试之外，还可以包括实作评价（实验操作、活动表现等）、成长档案袋评价（资料收集整理、书面报告）、口头评价（口试、面谈）等，有时评价操作会与活动、作业等过程相结合，难以完全区分。在进行各种形式评价时，通常应先拟定评价标准作为评价依据，尽量减少人为的主观干扰，以提高各种形式评价的客观性。同时，单元评价不仅要评定学生的学习成果，更要帮助学生在学习历程中获得最好的经历。因此评价的实施应伴随单元学习过程始终，包括形成评价、诊断评价、总结评价等。

二是内涵多元。单元评价内涵不仅包括认知层面的记忆、理解能力等，还应包括技能与情感、高层次思维能力、学科核心素养等领域，以展现评价内涵的多样化。

三是情境多元。单元评价的情境不仅限于教室，更应随着评价方式的多元，根据评价目标、评价内涵及评价方式，并结合相关教学资源进行相应的变化。

四是结果呈现多元。单元评价结果的呈现宜多元化，除了标准参照外，还可以呈现基于常模参照的评价及基于自我参照的发展评价，做到对能力、结果进行双轨评价。

②精确化。精确化强调提升单元评价结果的信度与效度，使评价结果更具说服力。各类评价方式均应该有严谨、标准化的编制过程，尤其是以纸笔测试形式进行的单元评价，因具有终结性评价的特征，更应注意借助双向细目表进行规划、约束，避免命题者的主观倾向，保证试题质量。

③系统化。系统化是指评价过程能使所学知识和技能相互联系，形成反映本质关系的统一整体。中学化学内容十分丰富，学习过程分阶段一步一步进行，日常的作业与活动主要局限在各知识点上，各部分之间的联系受到削弱。借助单元评价可以帮助学生把本单元或跨单元学到的知识和技能相互联系并进行综合，使化学知识系统化，并能进一步发展和深化。

单元教学设计弥补了单课时教学设计时过分强调各节课的独立教学目标，过于关注具体知识技能的培养，忽视学生化学观念的形成的弊端。单课时教学设计下，学生对化学知识的学习是割裂的、细节化的，往往缺乏对所学知识功能价值的关注和思考。单元教学设计使多节课的教学设计整合统一，浑然一体。在进行不同课时的学习时，学生既学到了新知识，又不断重复应用前面课时的学习内容，随时查遗补漏，同时这种学习上的重复是知识的应用而不是对前一课时教学内容原地踏步式的简单回顾，从而大大提高了教学效率，节省了课时。而且，单元教学中各课时多样化的教学方式也给了学生更多的学习机会，有利于学生对学习内容的全面把握。

第二节　如何保障单元整体教学设计的实施

单元整体教学设计的实施，需要教师从整体、系统理解整个化学课程体系，不但需要深刻理解课程目标、内容目标，还需要开发基于教学评一体化的评价资源；不但需要老师们对教学内容从全局的视角进行认识和理解，还需要具有相应的理论转化为实践案例的能力。如果仅仅依靠个别老师的单打独斗，很难形成具有可操作性的教学案例。因此，在具体教学实施过程中，需要构建宏观的核心研究团队、中观的区域研究小组和微观的案例开发小组，形成跨类型、跨区域的学习研究共同体，共同研究、共同学习、共同实践、共同进步；需要专家引领和教研助力，促进不同区域、不同类型学校研究共同体的协同交流与合作。

一、教研助力单元整体教学设计实施的研究策略

为使单元整体教学实践真正落地，增强整个研究的针对性、过程性、体验性和实践性，需要从教研整体谋划全局来推进整个实践落地进程。首先需要组建单元整体教学设计研究中心组，由教研员作为顶层设计牵头人，以研究能力强的骨干教师作为核心团队成员，研发单元整体设计的研究思路、进程和具体实施路径，形成标准和样板，再在全市范围内根据学校的研究特质分类实施，采取任务驱动式的研究和实践策略，促进学校教研组教师全员参与，共同探索和实践推动单元整体教学设计的思路和机制。

1. 单元整体教学实践落地的思路

（1）基于学生的学科核心素养的发展实施单元整体教学。

紧跟时代发展脉搏，发展学生面对真实复杂情境时利用学科必备知识、关键能力解决问题，形成正确的价值观，是开展单元整体教学设计首先需要考虑的问题。什么样的教学能将碎片化的知识结构化？什么样的教学是单元整体教学？如何有效精选情境素材开展单元整体教学？如何通过情境复杂程度、知识的深度、能力的发展情况合理设计进阶的教学活动？如何通过单元整体教学设计促进学生解决真实情境问题的能力？如何通过精心设计的活动来凸显化学学科的育人价值？

单元整体教学设计聚焦于学生的学科核心素养的发展。单元整体教学设计促进了《普通高中化学课程标准（2017年版2020年修订）》中提出的宏观辨识与微观探析、变化观念与平衡思想、证据推理与模型认知、科学态度与社会责任、科学探究与创新意识等化学学科核心素养的发展。通过单元整体教学设计可以实现知识间、能力间、模块间、情境间的合理进阶，最终实现学科核心素养的螺旋上升。课程标准中以"氯及其化合物"（必修）教学设计为例，对目标—任务—活动进行了单元整体规划，精心设计了2个课时的单元整体教学。通过学习，可以建立基于物质类别、元素价态和原子结构预测和检验物质性质的认识模型，发展物质性质和物质用途关联、化学物质及其变化的社会价值的认识水平，提高解决实际问题的能力。通过单元整体规划，厘清了认识物质及其转化的视角和路径，学生在实际应用问题的解决过程中不断前移学科知识、认识思路和方法，有助于实现学生的深度学习。

（2）基于已有研究的成果保障单元整体教学设计聚焦实践。

构建教学单元、制订教学目标、分析学习起点、设计教学过程、设计教学评价、反思

教学效果是进行单元整体教学设计的六个要素，从教学单元的构建、教学目标的细化和分解、学习起点的精准分析、教学活动的精心设计、实现"教学评"一体化的单元作业设计，再到及时反思教学效果，应保证六个要素目标的一致性，这是实现发展学生化学学科核心素养的单元整体教学设计的前提。这就需要对具体的教学内容和单元整体教学案例根据课程标准、教材结构、学生认知情况进行整体规划和设计，需要借助已有的教学研究成果。

课程标准倡导创设真实问题情境，促进学习方式转变。厦门市从 2012 年就积极探索基于真实情境的教学，经过 7 年的教学探索与实践，形成了具有鲜明特色、聚焦于学生高阶思维发展的教学模式。在此基础上，组织编纂了《基于真实情境的项目式化学教学》《走向真实情境的项目化学习》系列丛书，丛书以 32 个基于真实情境的项目，精心挑选富有挑战性的情境素材与学科本体知识相融合，关注学生从具体问题到思维建模的发展。在此基础上，进一步提炼，提出了基于真实情境问题解决的教学模式，形成了《走向真实情境的化学教学研究》这一理论著作。现在进行的单元整体教学设计研究应充分继承和发展已有的研究成果，在进行单元整体教学设计的时候，需要继续从学生关心的社会、生产、生活中的热点问题、学术前沿问题中精选情境素材，用学科知识来解构情境，设计富有挑战性和趣味性的进阶学习活动，促进学生认知思路和认知方式的结构化。

（3）基于课堂教学实践导向积极推进单元整体教学的实施。

根据课程方案、课程标准、教材和区域学生的认知特点，顶层设计好单元整体教学设计的实施路径和思路，关键还是要形成可以落地的教学实践。因此核心团队成员建立研究思路和实施路径以后，接下来就是基于标准来开发教学案例，教学案例一定要体现引领性和可操作性。设计好了教学案例，接下来就是选取富有代表性的生源学校来开展教学实践研究，将实践研究过程中的问题汇总，研讨、反思，再对教学案例进行改进优化，进行第二轮的教学实践探索，直至形成理论与实践完美交融的课堂教学案例。做好理论框架和实践案例模板以后，再推广到全市进行其他单元教学案例实践的研究。其他教学案例以基地校的形式开展研究，每个基地校负责不同的模块和内容，以同样的形式每个月对基地校研究的进展和落地的情况进行教学诊断，促进教学案例打磨从优质向卓越迈进。

（4）基于单元整体教学设计促进教研模式的创新。

以往的教研无外乎听听课，评课议课，最多加个讲座，老师们深度参与很少。单元整体教学设计则全程由全体老师深度参与，采取浸入式、体验式、过程式培训，教师要根据核心团队的设计标准和设计思路，根据本校所承担的任务开展教学实践，整个教研过程以任务驱动式来推进整个工作流程。老师们不再是置身事外的听课者，而是参与教学研究和实践的实施者。每一轮的教学案例的设计、实践和改进，教研员和学科专家不再是评课议课的专家，而是帮助教师不断优化和提升的指导者。这样教研员、核心团队、学科基地校教师就组成了一个学习共同体，一起从理论的创设到实践的落地全程浸入，深度参与，有效地提升了整个区域教师的专业素养。

2. 单元整体教学实践落地的推进机制

单元整体教学设计研究组遵循"建立标准、形成案例、分层推进、持续改进"的指导思想进行工作推进。在整个实施和推进过程中，主要经历了以下四个阶段。

第一阶段：建立团队、理论研磨。由厦门市化学学科教研员遴选全市范围内研究能力特别强的老师形成核心团队。梳理文献，从基于大概念、基于逆向理解的单元整体教学设计及上海教研室、北京深度学习研究团队等关于单元教学的研究成果中梳理出符合新课程、新课标、新教材、新教学的单元整体教学设计思路，形成具有鲜明区域特色的"六步法"单元整体教学设计标准，然后团队合作研发"氮的循环"标准样例，构建从情境、问题、知识、能力、素养不断进阶的单元整体教学设计思路。

第二阶段：任务驱动、基地实践。核心团队以厦门市教育科学研究院的名义将单元教学设计标准和标准样例向全市公布，征集学科研究基地校。经过各直属校和各区广泛宣传发动和遴选，最后确定了厦门一中、双十中学、厦门外国语学校、同安一中、厦门六中等11所基地校。根据各校的特质和研究力量将化学新教材必修第一册、第二册进行任务分解。比如厦门六中在实验研究有独到之处，则选择有关实验部分的内容，双十中学在理论与概念教学部分比较擅长，则安排化学反应速率、化学平衡等部分内容。基地校里先是教研组将标准与案例进行二次培训，组内形成共识后，按照备课组二次分解任务，老师们根据要求形成案例并进行教学实践。市核心团队则每个月下到所挂钩的基地校进行现场指导，不断优化研究成果。

第三阶段：扩大范围、增强辐射。必修部分通过一个学期的研究形成较好的实践经验后，扩大研究团队范围，增强辐射。为了增强初高中衔接，加强化学教学的一体化，本次研究也将初中教材的单元整体教学设计纳入其中。广泛吸纳北京、广东团队加入研究共同体，充分发挥各自的研究优势，其中北京团队负责初三、高中选择性必修《有机化学基础》两个模块的单元整体教学设计的研发工作，广东团队负责高中选择性必修《化学反应原理》模块的单元整体教学设计的研发工作。

第四阶段：优中选优、梳理成果。经过一个学期的三地教学研究与实践，三地教研部门开展单元整体教学设计优质课例评比。将各基地校研究成果汇总，由研究核心团队进行评审，将优质课例遴选出来，提出其存在的问题，将案例返还给相关区域的教研员及团队，进行二次打磨。成果根据要求反复打磨，多次实践，遵循"理论—实践—理论"的研究原则，形成优质课例汇总，形成培训材料，进行二次培训。

通过以上四个阶段的单元整体教学设计理论与实践研究，研究团队在基于发展学生学科核心素养的单元整体教学研发及教学改进策略等诸多方面达成共识，最终开发了一批涵盖初高中不同学段、不同模块，融合基于学科大概念、基于逆向理解的教学设计等多种教学思想的新的设计思路和案例。单元整体教学设计研究团队在推动区域教研层面经历了由点到面、不断延伸拓展的过程。研究团队以教学案例开发作为任务驱动，积极引导教师对单元整体教学从理念认同到行动落实，形成了单元整体教学设计研究的跨区域推动机制，并取得了丰硕的研究成果。

二、教研推动单元整体教学设计实施的策略

单元整体教学设计理念落实到老师身上，就是要落实到每个单元教学设计、每节真实的课堂、每个精心设计的教学活动当中，使得化学学科核心素养的培育不再是空中楼阁，成为实实在在落实在学生身上的课堂教学实施。老师们只有经历了在课堂教学实践中的落地与感悟，才能更好地理解单元整体教学设计的初衷。推动单元整体教学设计，也是老师们提升自我的过程。

1. 构建基于实践导向的研究共同体

单元整体教学设计重在设计和实践，因此通过具体的教学单元的设计和实施，不断增强老师们对单元教学理念的理解。因此，在具体实施过程中构建了不同类型的研究共同体。核心团队主要由教研员和骨干教师组成，基地校主要由教研组长和备课组长组成，具体教学案例的开发由备课组长及老师们组成的三级研究共同体。整个研究共同体根据课程标准、教学内容、学生实际情况，以单元整体教学设计为任务，以发展学生的化学学科核心素养为目标，借鉴和参考已有的研究成果，进行单元整体教学设计的案例开发与实践。

2. 构建全员浸入式的研究体验

教学案例的开发过程，可以采用"以点带面"逐步发展的策略。案例开发伊始，可以在专家引领下对教材内容、教材目标、学生现状和情境素材进行梳理，由此建立进行单元整体教学设计的角度和思路。建立思路以后进行具体的教学实施设计，如何通过问题驱动设计富有挑战性的学习活动等，由备课组长进行二次消化和打磨，形成课例。备课组老师试讲，老师们全程听讲，针对课堂当中反馈出来的问题，寻找学生成长的证据，不断对教学设计进行优化。具体的流程包括：专家解读课标、教材、知识点及情境素材确定设计思路—备课组研讨形成授课初步案例—授课教师消化吸收形成实践案例—备课组针对实践案例进行二次研讨优化—授课教师试讲、备课组老师听课发现问题—备课组再次研讨及优化—授课教师再次试讲—备课组集体研讨优化理论萃取形成优质教学案例。

3. 构建全员共享的资源建设体系

此次单元整体教学设计项目跨区域、跨学校、跨类型，不同特质的专家及一线教师汇集在一起，参与不同任务类型的教学活动设计。为了更好地将过程研究性资源共研共享，需要对每个课例资源进行整理，形成资源包。为了让老师们更好地践行单元整体教学理念，实现教学理念和教学评价相一致，核心团队还启动了单元作业设计研究，每个单元课时作业对应着相应的单元教学设计。单元作业设计紧跟基于学科核心素养与中国高考评价体系"一核四层四翼"的理念，通过真实情境将核心价值这根金线与关键能力这根银线有效串联起来，从情境、能力、信息呈现多样性等方面进行合理进阶设计，通过评价实现教学目标的落实和落地。在每次教研活动中，要求各个子研究团队将单元整体教学设计思路通过说课PPT等形式呈现出来，通过腾讯会议在线直播等多种形式实现多种教学理念的

融合与提升。这样每个子研究组之间相互学习，取长补短，形成优势互补，取得了良好的效果。"氮的循环"单元整体教学，第一轮实施在厦门二中进行校内交流，再扩大到全市共享；第二轮实施的时候再到广东佛山进行实践，赢得了老师们的一致赞誉。

此外，研究组积极创造条件进行各种专项培训活动，比如北京市研究小组举行为期一天的专项培训，早上由来自于三所不同学校的老师针对"化学平衡"单元整体教学设计进行授课，邀请相关专家进行点评，下午由项目研究组专家王春副教授为北京研究小组进行专题讲座。针对北京团队的十个项目逐一进行点评，为下一阶段的案例优化提供了方向。整个培训或者研修的思路意在让老师们经历"研究—实践—再研究"的过程，当老师们对教学案例有了一定深度的理解和体会后，再举办理论专场讲座，并进行专项交流，提升老师们理论萃取的能力。

在整个研究过程中，积极发挥专家的引领作用。邀请国内的相关专家对单元整体教学开展讲座交流，不断促进研究组对单元整体教学设计的认识，形成鲜明的教学主张和务实的教学行为。在教学实践中真正实现"立足于学生适应现代生活和未来发展的需要，充分发挥化学课程的整体育人功能，发展学生的化学学科核心素养"的教育目标。

第四章 初中化学课程单元整体教学案例

案例一 构成物质的微粒

北京市第八十中学 张旭忠

一、教学单元规划

《义务教育化学课程标准（2011年版）》明确提出义务教育阶段的化学教育，要激发学生学习化学的好奇心，引导学生认识物质世界的变化规律，形成化学的基本观念。化学是在原子、分子水平上研究物质的组成、结构、性质及其应用的一门基础自然科学。因此，帮助学生初步构建微粒观是义务教育阶段化学教育的重要目标之一。微粒观是化学学科的基本观念，微粒观既基于具体的微粒知识，又高于具体的微粒知识，是微粒知识在学生头脑中的提炼与升华。

《义务教育化学课程标准》和2012版初中化学教材（人教版、鲁教版）对"构成物质的微粒"的编排对比如下表所示。

课程标准及不同版本教材（2012版）中"构成物质的微粒"的内容编排

课程标准相关内容的要求	人教版	鲁教版
一级主题：物质构成的奥秘 二级主题（单元）：微粒构成物质 标准： 1. 认识物质的微粒性，知道分子、原子、离子等都是构成物质的微粒。 2. 能用微粒的观点解释某些常见的现象。 3. 知道原子是由原子核和核外电子构	第三单元 物质构成的奥秘 课题1 分子和原子 一、物质由微观粒子构成 二、分子可以分为原子 课题2 原子的结构 一、原子的构成 二、原子核外电子的排布 三、相对原子质量	第二单元 探秘水世界 第一节 运动的水分子 一、水的三态变化 二、水的天然循环 三、天然水的人工净化 第二节 水分子的变化 一、水的分解 二、水的合成

续表

课程标准相关内容的要求	人教版	鲁教版
成的。 4. 知道原子可以结合成分子、同一元素的原子和离子可以互相转化，初步认识核外电子在化学反应中的作用。	课题3 元素	第三节 原子的构成 一、原子的结构 二、原子中的电子 三、原子质量的计算 第四节 元素

  人教版教材采用的是一种集中突破的方法来培养学生的微粒观，第三单元里首先通过事实说明宏观物质是由微观粒子构成的，然后通过一些现象和实验得出分子的一些性质，通过微观模型建立分子和原子的概念，再认识原子的结构和离子的形成。

  鲁教版教材采用的是一种渗透贯穿的方法来培养学生的微粒观。第二单元里首先以水的三态变化为载体，引导学生认识分子的基本特性；然后以水的电解为载体，引导学生认识物理变化、化学变化的微观本质；再以化学史为依托引导学生认识原子的结构。

  两个版本的教材中所选用的素材、知识的呈现方式虽然有所不同，但是目标是一致的，都是从微观角度培养学生的思维习惯，让学生理解微粒的基本属性，初步构建微粒观。

  微粒观的主要内容包括"物质都是由原子、分子、离子等基本微粒构成的，微粒很小，微粒是运动的，微粒间有间隔，微粒间存在着相互作用"。其基本内涵主要包括两个方面：第一，物质是由微粒构成的，构成物质的基本微粒有分子、原子和离子；微粒很小，微粒在不停地运动，微粒间有间隔。第二，物质的结构和存在状态及物质的性质和变化是微粒间相互作用的结果。当学生的宏观认识有一定储备之后，就可以逐步引导学生认识分子、原子、离子，形成基本概念的同时构建微粒观。在单元教学设计中，可以充分应用化学史实作为学习素材，引导学生在建立模型、应用模型的过程中深入理解概念，引导学生经历从现象到本质、从宏观深入微观、从感性认识上升为理性抽象认识的过程，进而实现透过现象看本质、认识宏观与微观的动态转换，初步形成从微粒的视角认识物质及其变化的思维方式和意识。

二、单元教材教法分析

  使学生初步形成化学基本观念是义务教育阶段化学教育的重要的目标之一。本单元的主要教学任务是帮助学生从原子、分子水平上初步构建微粒观，涉及的教学内容主要是分子、原子、离子的相关概念以及从微观视角认识物质及其变化。

  初中化学微粒观的建立是以分子、原子概念的建立为标志的。同时，初中化学微粒观的构建是以分子、原子、离子等具体化学概念的深入理解为前提的，学生不仅要认识到什么是分子、原子、离子，还要了解微观粒子本身的性质，更要建立起宏观物质及其变化与微观粒子之间的联系。要求学生不仅能从微观视角解释日常生活中一些常见的宏观现象，而且能从分子、原子的水平深入认识"纯净物和混合物""物理变化和化学变化"等重要化学概念的微观本质，进而为学生在高中阶段进一步构建微粒观、发展宏观辨识与微观探析核心素养奠定良好的知识基础和认识基础。

分子、原子、离子等概念具有概括性、抽象性和难理解性，学生对于这些概念常常觉得陌生和深奥。学生对概念的理解不是教师的灌输就可以完成的，学生需要在一定的认知情境和认知背景中通过"意义构建"的方式实现对概念的理解，化学史详细记述了科学家对化学概念的理解过程，化学概念形成的过程就是真实的认知情境和认知背景。因此，将化学概念形成过程的化学史实经过精心设计应用于概念理解教学，有助于学生理解概念。在教学中可以引导学生模仿、借鉴科学家的思维，沿着科学家的足迹，以解释"2 L氢气和1 L氧气生成2 L水蒸气"的实验事实为活动线索，通过在认知冲突中逐步构建模型，促进学生认同分子、认识分子由原子构成、初步认识化学变化的微观过程。在研究原子的结构时可以再次沿着科学家的足迹，引导学生经历"发现问题（矛盾）—实验现象分析—建立模型—解释现象"的过程，从而体会由现象到本质、宏微结合的思维方法。

微粒是看不见摸不着的，这就需要建立宏观与微观相联系的观念，这也是化学学科特有的思维方式。因此，在教学中可以设计"从微粒的视角认识物质及其变化"的环节，通过对空气与氧气、冰和水、水的蒸发、水的电解、氢气燃烧等具体实例的微观实质的讨论分析，加深对核心内容的理解，在此基础上建立分子、原子的概念。通过这样的教学过程，学生不仅可以真正建立分子、原子的概念，而且也建立了从分子、原子的微观视角认识物质及其变化的意识，形成对物质及其变化的微观本质的科学认识，促进微粒观的构建。

本单元教学内容的主要构成及课时安排如下。

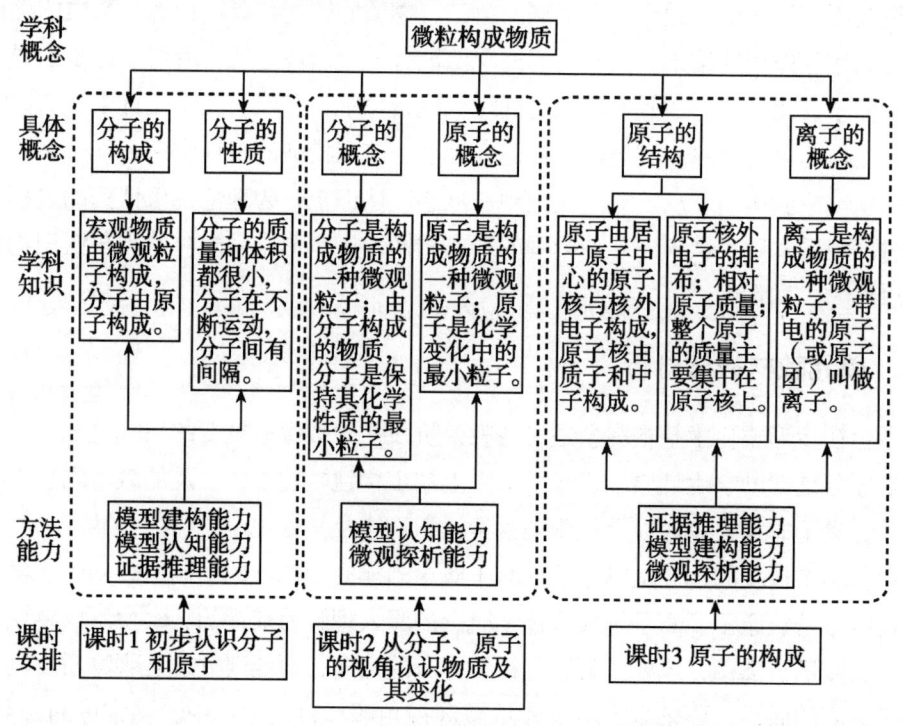

图 4-1-1

三、单元教学目标设计

"构成物质的微粒"单元整体教学涉及三部分主要内容：第一，认识分子、原子；第二，从微粒的视角认识物质及其变化，以及分子、原子概念的建立；第三，认识原子的结构和离子的形成过程。三部分内容相辅相成，旨在帮助学生用微粒的观念去学习化学，通过观察、想象、类比、模型化的方法使学生初步理解化学现象的本质；引导学生从五彩缤纷的宏观世界步入充满神奇色彩的微观世界，激发学生学习化学的兴趣；利用有关探索原子结构的科学史实，使学生了解科学家严谨求实的科学态度；通过对问题的探究和实践活动，提高学生的想象能力、创新能力，帮助学生初步认识辩证唯物主义的一些观点。

"构成物质的微粒"单元整体教学结合学生熟悉的现象和已有的经验，借助化学史实设计认知冲突、创设生动直观的情景，引导学生从身边的现象和简单的实验入手认识物质的微粒性，理解有关物质构成的微观概念；引导学生建立微观模型、应用微观模型，从而加深对概念的理解；引导学生运用物质构成的初步知识解释一些简单的化学现象。

基于此，设计本单元的单元教学目标和课时教学目标如下表。

"构成物质的微粒"单元教学目标和课时教学目标

单元教学目标	课时	课时教学目标
1. 初步构建微粒观。知道物质是由微粒构成的，构成物质的基本微粒有分子、原子和离子；微粒很小，微粒在不停地运动，微粒间有间隔。 2. 能从分子、原子的视角，解释某些简单的宏观现象和问题。	1	1.1 通过"从无限宇宙到微小粒子"的奇异旅行，感受原子客观存在的事实，进而认识到宏观物质由微观粒子构成，原子是构成物质的一种微观粒子。 1.2 通过设计认知冲突，引导学生制作微观模型解释"2 L氢气和1 L氧气生成2 L水蒸气"的实验事实，促进学生认同分子、认识分子是构成物质的一种微观粒子、分子由原子构成、初步认识化学变化的微观过程。 1.3 通过对一些宏观事实的分析和化学实验探究，认识物质的微粒性，了解分子的基本性质。
	2	2.1 通过从分子角度对具体物质及变化的再认识与比较，形成对"纯净物和混合物""物理变化和化学变化"的微观认识，并建立分子的概念。 2.2 通过对典型化学反应微观模拟的过程演示，理解分子的概念，进而建立原子的概念。 2.3 通过从分子的视角认识物质、解释宏观现象等活动，逐步建立从微观视角认识物质及其变化的意识。
	3	3.1 通过体验原子结构模型的发展历程、体验猜想和模型方法在微观世界研究中的作用，知道原子的构成，以及构成原子的粒子之间的关系。 3.2 了解原子核外电子是分层排布的，知道相对原子质量的含义。 3.3 以氯化钠为例，了解离子形成的过程，知道离子也是构成物质的一种微观粒子。

四、教学起点分析

学生首次在化学学科中接触微粒及其相关概念，同时学生对于分子、原子、离子有一定碎片化的认识。"构成物质的微粒"的教学起点分析如下表。

"构成物质的微粒"教学起点分析

教学起点	相应的利用策略
已有相关知识经验： 1. 在生活中，学生接触过"分子""原子""离子"等词汇，但是对概念本身的内涵还比较模糊，只是笼统地感觉这些都是"微粒"；对闻气味、湿衣服晾干等经验有充分的感性认识。 2. 在小学科学课中，学生学习了"大多数物质可以被分为能够保持该物质性质的最小粒子"。 3. 在初二年级物理课中，学生学习了"分子运动理论"的有关知识。如：物质是由大量分子组成的；分子永不停息地做无规则运动，且温度越高，运动速度越快；分子间有空隙；分子间存在着相互作用力等。 4. 在化学课中，学生学习了空气、氧气等宏观物质，化学变化与物理变化的概念，纯净物、混合物的概念。	以探查学生原有的微粒观认知水平、发展学生微粒观、促进学生初步构建微粒观为教学主线，采用实验、观察、想象、分析、推理、讨论、模型化等教学方法，促进学生从宏观世界进入到微观世界，在形成对分子的性质、微粒相关的概念以及从微观角度对物质及其变化的实质的科学认识过程中初步构建微粒观。
可能的学习困难： 1. 通过访谈，部分学生可以应用物理课所学知识简单解释扩散现象、酒精与水混合后总体积变小、气体易被压缩等宏观现象的本质，但是大部分学生只能机械复述物理课所学内容，主动从微观视角分析问题的意识很薄弱，学生缺少从分子、原子视角认识物质、解释宏观现象的意识。 2. 学生处于形象思维比较成熟、抽象思维逐步发展的阶段。微粒是看不见、摸不着的，微粒的相关概念比较抽象，学生较难理解。	在教学中以分子的性质和分子、原子概念的建立为具体知识载体，把学生从看得见的宏观世界带入看不见的分子的微观世界，建立起宏观世界与微观世界的联系。

五、单元学习活动设计

1. 教学内容划分

从教学内容上，首先，借助科普资料"从无限宇宙到微小粒子"引导学生认同"物质是由微观粒子构成的"这一客观事实；通过在认知冲突中逐步构建模型解释"2 L氢气和1 L氧气生成2 L水蒸气"的实验事实，促进学生认同分子、认识分子由原子构成；通过对一些宏观事实的分析和化学实验探究，认识分子性质（分子的质量和体积都很小、分子在不断运动、分子间有间隔）。

然后，通过从分子角度对具体物质及变化的再认识与比较，形成对"纯净物和混合物、物理变化和化学变化"的微观认识；通过对一些具体实例的微观实质的讨论分析，建立分子、原子的概念,同时建立从分子、原子的微观角度认识物质及其变化的意识,形成对物质及其变化的微观本质的科学认识,促进微粒观的构建。

最后,通过沿着科学家的足迹,体验科学家认识原子构成的发展过程,了解原子是由居于中心带正电的原子核和核外带负电的电子构成的、原子核是由质子和中子构成的,了解质子带正电、电子带负电、中子不带电,了解原子的质量主要集中在原子核上;通过以原子核外电子的排布规律为基础,以氯化钠为例了解离子形成的过程,知道离子是构成物质的一种粒子。

"构成物质的微粒"单元知识内容和"微粒观"的初步构建框架如下。

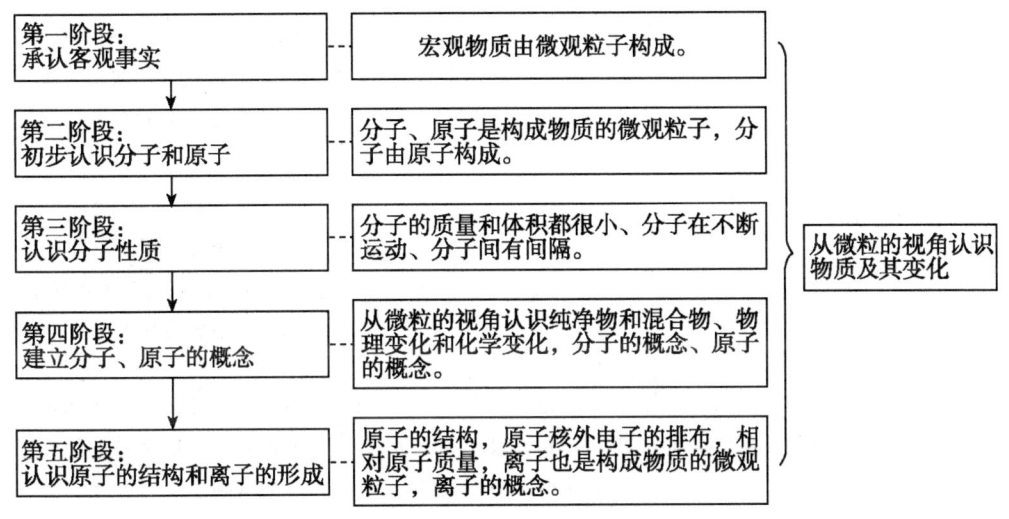

图 4-1-2

2. 教学过程设计

"构成物质的微粒"教学情境、问题、任务与活动的设计

单元	课时	问题	任务与活动
单元大背景:微粒观的构建,人类对微观粒子认识的发展史。 单元大问题:宏观物质是由什么构成的?	课时1:初步认识分子和原子。 情境1.1:科普资料"从无限宇宙到微小粒子"(选自《宇宙和原子的秘密》)。 情境1.2:道尔顿的原子论、盖-吕萨克发现的2 L氢气与1 L氧气可以生成2 L水蒸气	问题1.1 宏观物质是由什么构成的? 问题1.2 按照道尔顿的原子论,氢气、氧气、水分别由什么构成?如何解释盖-吕萨克发现的实验事实? 问题1.3 依据阿伏伽德罗的分子学说,水分子是由什么构成?	任务1.1 阅读科普资料"从无限宇宙到微小粒子",让学生感受到宏观与微观的变化,认同宏观物质是由微观粒子构成的客观事实。 任务1.2 用道尔顿的原子论尝试解释"2 L氢气与1 L氧气可以生成2 L水蒸气"的实验事实,根据"原子"个数比,用橡皮泥制作"水原子"模型。

续表

单元	课时	问题	任务与活动
	的事实、阿伏伽德罗的分子学说。 情境1.3：有关分子性质的实验和生活中的现象。	问题1.4 分子具有哪些性质？实验和生活中的哪些现象体现了分子的哪些性质？	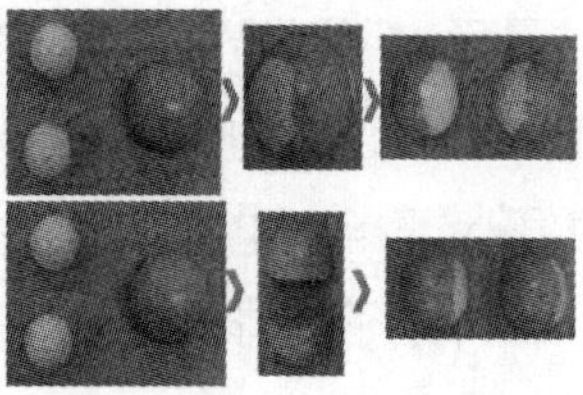 图4-1-3 任务1.3 依据阿伏伽德罗的分子学说和"2 L氢气与1 L氧气可以生成2 L水蒸气"的实验事实猜测一个水分子的构成并用橡皮泥制作水分子模型。 任务1.4 计算50 mL氧气中含有的氧分子个数、用注射器压缩50 mL氧气、完成氨分子扩散实验、解释生活中的现象。
	课时2：从分子、原子的视角认识物质及其变化。 情境：水的沸腾和冷凝、水的电解、氢气燃烧。	问题2.1 从分子视角分析，冰、水、水蒸气是一种物质吗？氧气和空气的主要区别是什么？冰和干冰是一种物质吗？ 问题2.2 从分子的视角认识水的蒸发和水的电解这两个变化的本质区别？ 问题2.3 水的电解和氢气燃烧两个反应的微观过程是怎样的？ 问题2.4 如何从分子、原子的视角认识物质及其变化？	任务2.1 从分子的视角认识纯净物和混合物，以及不同种纯净物的本质区别。 任务2.2 从分子的视角认识物理变化和化学变化。 任务2.3 分析、建立分子的概念和原子的概念。 任务2.4 "画"水，画出"水的沸腾和冷凝""水的电解"两个实验中分子的分布（考虑到液态水、气态水的分子间间隔不同，考虑到分子种类的变化等）。

续表

单元	课时	问题	任务与活动
	课时3：原子的结构。 情境3.1：科学家认识原子构成的发展过程及相关实验。 情境3.2：氯化钠的形成。	问题3.1 如何解释摩擦起电？ 问题3.2 为什么正电部分分布不同？ 问题3.3 钠与氯气反应生成氯化钠的微观过程是怎样的？	任务3.1 分析摩擦起电的原因，借助演示阴极射线管实验验证猜想，建立枣糕模型并解释摩擦起电。 任务3.2 猜想正电部分不同的原因，借助α粒子散射实验验证猜想，建立行星模型。 任务3.3 分析氯化钠的形成过程，建立离子的概念。

本单元三个课时的教学，旨在帮助学生初步建立微粒观，以学生的现有认知水平为起点，按照五个发展阶段层层递进，充分利用科普资料、化学史实、模型、实验事实、生活中的现象等丰富多样的素材帮助学生突破障碍，实现进阶式发展，有效搭建单元整体教学结构框架。通过用橡皮泥"捏"、用笔"画"、借助实验和理论猜想推导等方式，引导学生多次建立模型、应用模型，在初步建立微粒观的同时实现核心素养上的提升。

3. 学习活动设计

课时1 初步认识分子和原子

主题：初步构建微粒观的第一、二、三阶段（承认客观事实、初步认识分子和原子、认识分子性质）

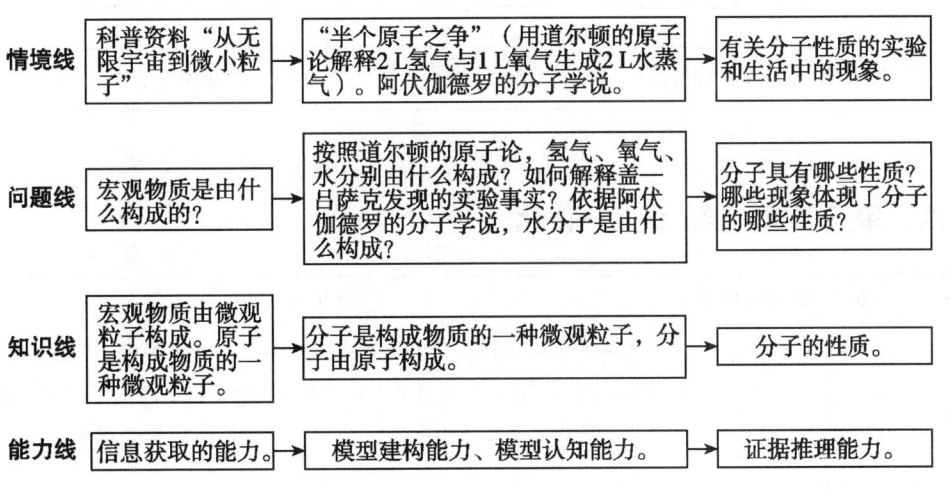

图 4-1-4

课时 2　从分子、原子的视角认识物质及其变化

主题：初步构建微粒观的第四阶段（建立分子、原子的概念）

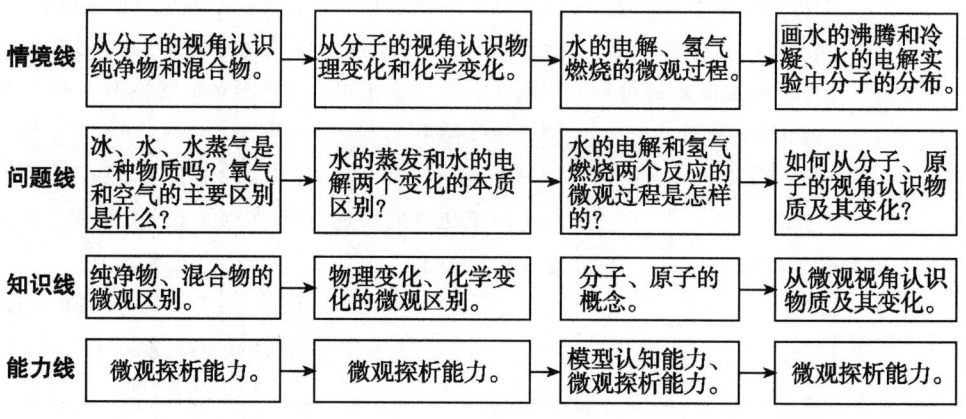

图 4-1-5

课时 3　原子的结构

主题：初步构建微粒观的第四阶段（认识原子的结构和离子的形成）

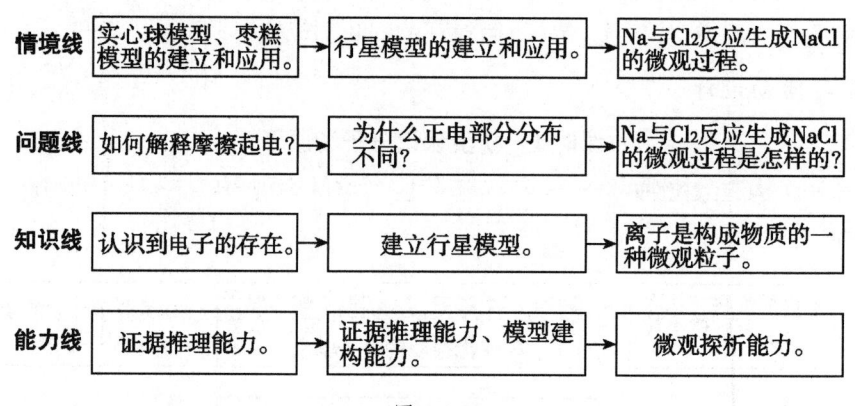

图 4-1-6

六、单元"教、学、评"一体化

课时	目标	活动与任务	评价方法
课时 1	1.2 1.3	1.2 1.3 1.4	学生能依据道尔顿的原子论、阿伏伽德罗的分子学说，用橡皮泥制作模型，解释"2 L 氢气与 1 L 氧气可以生成 2 L 水蒸气"的实验事实；学生能依据实验现象得出实验结论，并解释清楚哪些现象体现了分子的哪些性质。
课时 2	2.1 2.3	2.1 2.2 2.4	学生能从分子的视角认识纯净物和混合物、物理变化和化学变化；学生能比较准确（考虑到液态水、气态水的分子间间隔不同，考虑到分子种类的变化等）画出"水的沸腾和冷凝""水的电解"两个实验中分子的分布。

课时	目标	活动与任务	评价方法
课时 3	3.1 3.3	3.1 3.2 3.3	学生能基本分析出摩擦起电的原因，借助演示阴极射线管实验验证猜想，建立枣糕模型并解释摩擦起电；能对正电部分不同的原因做出猜想，借助 α 粒子散射实验验证猜想，建立行星模型。 学生能依据原子核外电子排布的规律分析出钠和氯气反应生成氯化钠的微观过程。

七、单元作业设计

本作业设计围绕"构成物质的微粒"进行设计。知识点涵盖分子的概念、原子的概念、离子的概念、分子的性质、原子的结构、从微观视角认识物质及其变化等，旨在帮助学生初步构建微粒观。

整份单元作业设计由 3 份课时作业和 1 份单元评价作业组成。课时作业是以初步构建微粒观的五个阶段为线索，进行进阶式设计。让学生进一步理解分子、原子、离子的概念，分析解释具体问题，实现透过现象看本质、宏观与微观的动态转换，初步形成从微粒的视角认识物质及其变化的思维方式和意识。课时作业对核心概念和知识进行拆解与组合，对关键能力的训练逐步进阶，对逻辑思维进行提升，使学生逐步达到单元评价作业的检测要求。

八、单元教学反思

本单元三个课时的教学，旨在帮助学生初步建立微粒观，以学生的现有认知水平为起点，层层递进，充分利用科普资料、化学史实、模型、实验事实、生活中的现象等丰富多样的素材帮助学生突破障碍，实现进阶式发展，有效搭建单元整体教学结构框架。通过用橡皮泥"捏"、用笔"画"、借助实验和理论猜想推导等多种方式，引导学生多次建立模型、应用模型，在初步构建微粒观的同时，实现核心素养上的提升。

本单元教学通过设计有一定挑战性的学习任务和驱动性问题，在学习任务和驱动性问题引导下，学生通过经历证据推理、微观探析、关联概括、模型认知等高阶思维活动，促进学生积累化学认知活动经验，以此发展学生的化学思维，提升分析和解决问题的能力。例如，本单元教学设计中，第一课时设计了"依据道尔顿的原子论、阿伏加德罗的分子学说，用橡皮泥制作模型以解释'2 L 氢气和 1 L 氧气生成 2 L 水蒸气'的实验事实"的活动，学生在认知冲突中逐步建立模型、改进模型，从而引导学生认同分子、认识分子由原子构成、认识化学变化的微观过程。第二课时设计了"画出水的沸腾和冷凝、水的电解两个实验中分子的分布"的活动，"画"的过程是一个从宏观到微观、从静态到动态的认识和研究过程，通过"画"水，促进学生形成从微观视角认识物质及其变化的意识和能力，并诊断学生微粒观建构的水平。第三课时设计了"沿着科学家的足迹认识原子模型的发展历程"的活动，引导学生经历"发现问题（矛盾）—实验现象分析—建立模型—解释现象"过程,从而体会由现象到本质、宏微结合的思维方法。

案例二　析火箭　学化学

首都师范大学附属实验学校　朱海凤

一、教学单元规划

"析火箭　学化学"单元以学生自制"小火箭"为主要任务,组织学生在理论层面初步探究"北斗"卫星常用的运载火箭升空原理的基础上,通过小组合作完成简易"小火箭"的实际操作,应用化学课中习得的可生成气体的化学反应或物理变化作为动力源,聚焦影响物质变化速率因素的探究。本单元主要涉及的学习内容多样,既跨越了学科的界限(如物理学中的受力分析,化学中对燃料燃烧和能源的认识、有气体产生的化学反应、依据化学方程式的简单计算、初中阶段影响物质变化速率的常见因素等),又跳出课本的范畴(设计火箭装置时所需的工程技术操作等),本单元属于综合运用科学原理性知识解决实际问题的复习教学,其包含的三课时关系如图4-2-1所示。

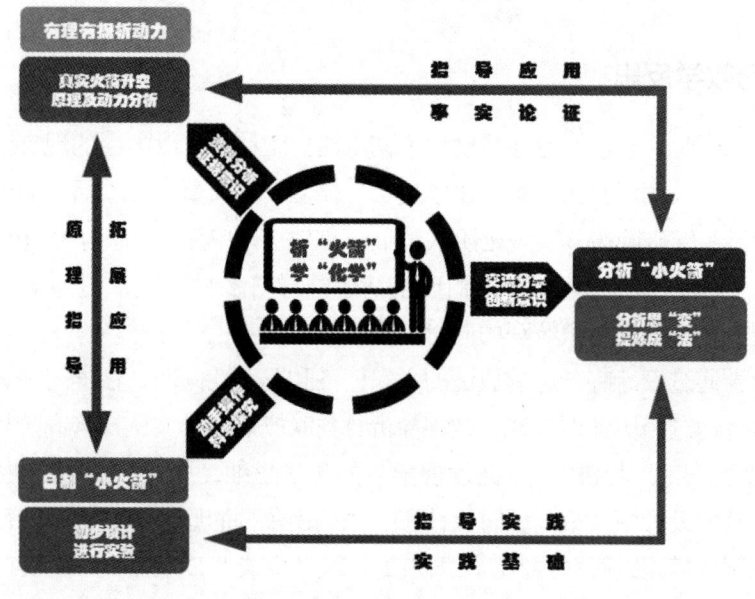

图4-2-1　单元教学设计课时关系

《义务教育化学课程标准》和2012版初中化学九年级上、下册教材(人教版)中涉及"析火箭　学化学"的内容编排如下表所示。

课程标准及人教版教材中"析火箭 学化学"的内容编排

课程标准相关要求	人教版
初步学习氧气的实验室制取方法。	第二单元 我们周围的空气
知道催化剂对化学反应的重要作用。	课题3 制取氧气
能正确书写简单的化学方程式。	第五单元 质量守恒定律
能根据化学反应方程式进行简单的计算。	课题2 如何正确书写化学方程式
认识定量研究对于化学科学发展的重大作用。	课题3 利用化学方程式的简单计算
能结合实例说明氧气、二氧化碳的主要性质和用途。	第六单元 碳和碳的氧化物
认识燃烧的条件。	课题3 二氧化碳和一氧化碳
认识燃料完全燃烧的重要性。	第七单元 燃料及其利用
知道物质发生化学变化时伴随有能量变化,认识通过化学反应实现能量转化的重要性。	课题1 燃烧和灭火
	课题2 燃料的合理利用与开发
了解金属的物理特征,认识常见金属的主要化学性质。	第八单元 金属和金属材料
认识常见酸碱的主要性质和用途,知道酸碱的腐蚀性。	课题2 金属的化学性质
了解食盐、纯碱、小苏打、碳酸钙等盐在日常生活中的用途。	第十单元 酸和碱
	课题1 常见的酸和碱
	第十一单元 盐 化肥
	课题1 生活中常见的盐

通过上表不难看出,本单元涉及的化学知识众多,且知识分散在教材上、下册不同的章节之中,这也正是此次单元复习课教学设计的突出特色之一——知识综合度高。不同于大多数复习课围绕课本中的章节或课程标准中的模块进行设计,本单元围绕"火箭"这一情境,将众多需要学生掌握的化学知识进行串联,使学生在完成学习任务的过程中既复习了知识,又充分体会到了知识在实际生活中的重要作用,同时借助 STEM 项目式学习的方式让学生深刻感受将知识转化为技术这一过程的艰辛与不易。

二、单元教材教法分析

"析火箭 学化学"为理化跨学科整合的课例,试图在复习课阶段将物理科学课中的水火箭素材引入化学课堂,借此复习身边的化学物质、压强、控制变量等一系列核心化学知识和思想。本课时的内容以学生熟悉的物质为载体,借鉴项目学习的理论,充分发挥学生的主体性,自主完成"应用科学原理解释实际现象→依据科学原理进行初步设计和实验→根据实际情况改进技术完成实践"的全过程,让学生在轻松的氛围、有趣的情境下完成化学反应产生气体并放热这部分知识的复习任务,培养学生解决实际问题的能力。

化学课程标准的理念对如何实施化学教育具有引领价值。在学习方式方面,标准倡导"通过以化学实验为主的多种探究活动,使学生体验科学研究的过程,激发学习化学的兴趣,强化科学探究意识,促进学习方式的转变,在实践中培养学生的创新精神和实践能力"。本单元围绕一级主题中"科学探究"展开,将众多知识融入本单元的小火箭制作这一教学环节中，并通过后续发射小火箭的任务式学习深化学生对知识的理解，同时还能在提升其基础实验操作能力的同时发展控制变量的学科思想。

从促进学生化学学科核心素养发展的角度分析本单元的教育教学功能和价值如下。

第一，促进证据推理思想的形成和发展。通过提出问题"如何制作'小火箭'"，让学生设计并进行实验及时记录实验现象，并以实验数据为证据验证实验结果。学生在实验过程中发现新问题，并为了完成实验任务而改进原有实验计划，一步步形成科学严谨的实验方案。

第二，促进科学探究与创新意识的发展。本单元以学生探究活动为主，全面提升学生在提出问题、猜想假设、制订方案、实验操作、获取证据、得出结论和反思交流等各方面的探究能力。此外，通过对自制小火箭的设计和技术完善，发展学生的创新意识。

第三，促进变化观念与平衡思想的发展。本单元以化学反应在火箭中的应用为主要内容，引导学生在分析化学反应应用于火箭动力时发现反应速率的影响因素，丰富了初中化学认识化学反应的角度和深度。同时，学生在调控适宜反应速率时自觉应用平衡思想。

除以上三方面化学学科核心素养的发展外，本单元引用了位居世界前列的我国北斗卫星的运载火箭发射及中国古代四大发明中的黑火药火箭等素材创设情境，学生在欣赏、分析、解释和借鉴的过程中，增强了民族自豪感和自信心。

三、单元教学目标设计

"析火箭　学化学"单元整体教学主要涉及三部分内容：第一部分，真实火箭升空原理的分析探索。教师为学生创设了一个真实情境——火箭升空，引导学生运用物理学中的受力分析方法分析火箭升空的原理，并在后续解析火箭三级燃烧的过程中认识能源、复习燃烧条件及现象、充分燃烧的方法、依据化学方程式进行计算等基础知识，并简单拓展广义燃烧的概念，为高中的学习打下基础。在学生复习知识的过程中通过分析多种多样的学习资料（如数据表格、图片等）初步体会控制变量的思想在化学实验中的应用价值。第二部分主要围绕一级主题中"科学探究"展开，借助物理学科"水火箭"这一素材自制化学动力"小火箭"，将压强知识融入小火箭制作这一教学环节中，并通过后续发射小火箭的任务式学习，深化学生对压强知识的理解，同时还能在提升基础实验操作能力的同时发展控制变量的学科思想。第三部分为设计汇报环节，让学生将自己的实验任务进行梳理汇报，从而分析物质变化速度的影响因素，这样处理后的研究内容能够引起学生的探究欲望，激发他们对化学世界的探究兴趣。同时拓展多变量影响下的实验方案设计，体会控制化学反应进行程度的具体操作及控制化学反应进行程度对人类生产生活的重要作用。值得注意的是，在自制小火箭的过程中，学生一直处于分组实验的活动中，且不同于以往探究内容的实验方案可能差异性较小，本次探究活动中不同组间方案各有不同且差异较大，更能在小组汇报环节中激发学生聆听、思考的兴趣，体会化学知识的博大精深。基于此，将本单元的单元目标和课时教学目标总结如下表。

"析火箭 学化学"单元目标和课时目标

单元目标	课时	课时教学目标
1. 通过对火箭发射升空原理的分析，学会应用物理和化学原理知识解释实际问题；通过火箭三级动力的分析，提高信息加工和处理能力。 2. 通过应用化学反应设计自制小火箭，巩固对化学反应的理解，初步认识物质变化速率的影响因素（如物质种类、用量、状态、浓度、接触面积、温度等），发展变化观念和平衡思想。 3. 通过小组合作制作和实验自制小火箭的活动，提升应用控制变量思想和对比实验进行探究的能力，发展证据推理和科学探究能力。 4. 通过小组间交流与讨论，进一步改进小火箭及归纳发现其中的原理和技术要求，发展创新意识。	1	1.1 通过观看"火箭发射实况"视频，认识到化学对人类探索未知宇宙的突出贡献，增强了民族自豪感和自信心。 1.2 通过一、二级火箭的动力分析，能从问题出发提出合理的猜想和假设，并通过寻找证据、分析推理加以证实或证伪。 1.3 通过三级火箭中液氢和液氧的燃烧过程分析，能从宏观和微观相结合的视角分析充分燃烧的方法。 1.4 通过逐级火箭燃料分析，能说出燃烧的现象、条件及充分燃烧的方法，体会燃烧这类化学变化在生产实际中的多种应用。
	2	2.1 知道引起气压改变的因素，学会分析压强差产生的原因。 2.2 运用控制变量的思想探究影响物质变化速率的因素（如反应物性质、用量、状态、浓度、接触面积、温度等）。 2.3 通过实验锻炼学生的设计实验、分析实验现象以及动手能力，使学生在实验操作过程中获得成功感，培养学生的合作意识。 2.4 感受真实解决问题和理论解决问题的差距，体验学以致用的真正价值。
	3	3.1 通过小组汇报展示环节中实验过程及数据的分析，能运用控制变量的思想设计对比实验，探究一个或多个因素影响物质变化的速率（如物质种类、用量、状态、浓度、接触面积、操作顺序、温度等）。 3.2 通过汇报小火箭升空的动力的过程，能依据已有知识基础提出合理的猜想与假设，并设计实验寻找能够证明猜想成立的相关证据（即实验现象），进而培养学生的证据意识，建立证据与结论之间的逻辑关系。 3.3 在课堂教学中，能勇于表达自己的观点和认识，体验分享研究成果的乐趣，培养学生语言表达、交流能力以及自我评价能力。

四、教学起点分析

"析火箭 学化学"这一单元的教学内容，建立在"气体制取""燃料的燃烧""金属""常见的酸和碱""生活中常见的盐"等众多初中化学核心知识的基础上，对于此部分教学起点分析如下表。

"析火箭 学化学"教学起点分析

教学起点	相应的利用策略
已有相关知识经验：学生们在之前学习过程中已经学过初中常见物质的性质、构成、燃烧的条件、化学反应的微观实质等内容，但在复杂且综合度高的情景中应用较少；此外学生在新闻、网络等多种渠道都接触过与火箭成功发射卫星有关的内容，但很少关注火箭背后与化学相关的知识内容。	通过"北斗"卫星的运载火箭、明代"火龙出水"展品、趣味实验"口袋火箭"的动力分析，梳理初中化学核心知识，体会化学知识对科技进步的巨大推动作用。
可能的学习困难：利用控制变量思想设计实验、完成具体操作并最终解决实际问题的能力还有待提高。	通过自选原理、自制小火箭的过程，初步认识物质变化速率的影响因素，提升应用控制变量思想和对比实验进行探究的能力。

五、单元学习活动设计

1. 教学内容划分

从教学内容上，首先通过创设"北斗"卫星的运载火箭升空这一真实情境，引导学生分析火箭的升空原理，培养学生热爱科学事业、献身科学事业的理想和情怀，激发学生民族自豪感；并通过提问"置于发射台上火箭是如何飞离地面"，引领学生结合物理学科受力分析的方法深入思考，结合学生分析结果解释火箭升空的基本原理——高温气体定向移动产生的反冲作用。再以生活中多种反冲原理实例（简单的气球升空实验等）让学生真实地感受到此项原理在生活中的广泛应用，体会科学之美丽，智慧之魅力。之后以火箭发射过程为时间线索，通过提问的形式将"火箭动力来自哪里"这一复杂问题进行分解，引导学生逐级分析火箭动力装置，渗透广义燃烧的概念、利用宏微结合的思想分析物质的变化过程、利用化学方程式进行计算等，通过分析、获取信息这一过程充分锻炼学生证据推理和模型认知的能力，让学生具备实证意识，对于现象进行合理的分析和判断。

其次，以明代"火龙出水"展品介绍及趣味小实验"口袋火箭"成功发射的实验引入本单元的重要内容——自制小火箭，学生初步罗列实验原理，汇报总结归纳影响气压变化的因素：碳酸盐与酸反应、过氧化氢分解、活泼金属与酸反应、氢氧化钠溶解放热、生石灰与水反应、干冰升华等，即产生气体或放热的反应，从实验效果、操作安全性（渗透酸碱的腐蚀性）等角度渗透优选思想。之后通过实验任务卡中物理"水火箭"的资料引导认识实验装置，发挥自己的聪明才智，以小组为单位，自行设计、制作小火箭模型，体会发射的喜悦，体验实践的艰辛。且在实验过程中，小组成员为使火箭升空时间更长、发射距离更远，自发利用控制变量的思想改进实验细节，进而提高学生的实验设计水平并锻炼实验操作能力。

在单元学习的最后，通过梳理本节课所涉及的知识点及接触到的相应的变量，帮助学生通过总结初中常见变量，并拓展多变量影响下的实验条件探究方法，体会控制化学反应进行程度的具体操作及控制化学反应进行程度对人类生产生活的重要作用，同时帮助学生形成解决问题的基本思路，即借鉴项目学习的理论，充分发挥学生的主体性，自主完成"应用科学原理解释实际现象→依据科学原理进行初步设计和实验→根据实际情况改进技术完成实践"的全过程，为后续学生解决新的实际问题提供方法指导。

以"火箭"为线索的单元复习课知识内容教学框架如下。

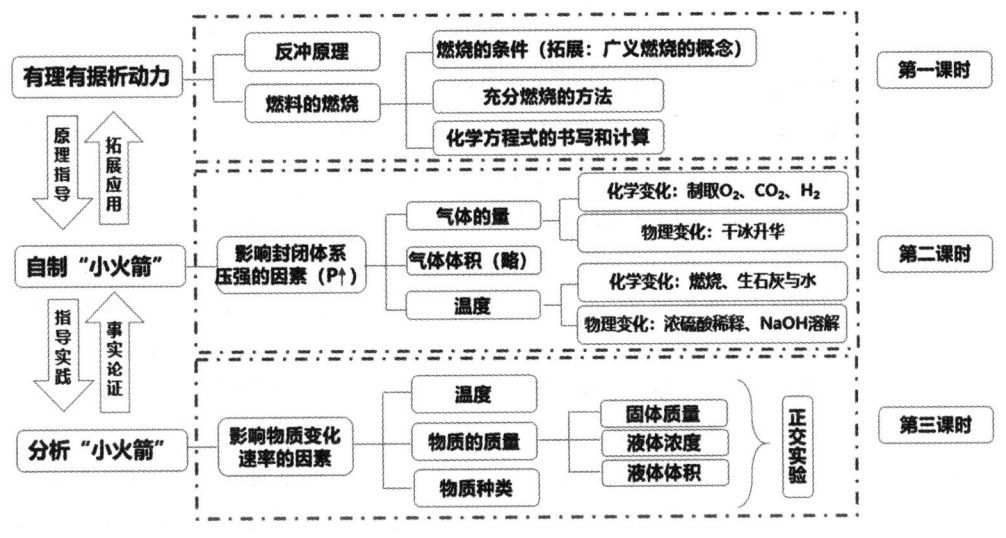

图 4-2-2

2. 教学过程设计

"析火箭 学化学"教学情境、问题、任务与活动的设计

单元	课时	问题	任务与活动
单元大背景：火箭升空。单元大问题：火箭升空的原理是什么？动力来自哪里？如何选择小火箭动力原理？如何控制小火箭的飞行距离？如何使小火箭飞行距离更远？	课时1：有理有据析动力。情境：北斗卫星运载火箭发射。问题：火箭升空的原理和动力是什么？	问题1.1 观看视频，思考发射台上的火箭是如何飞离地面的？你能借助物理学科中的受力分析方法从力学的角度画图解释这一过程吗？ 问题1.2 继续观看视频，你能描述火箭升空运动轨迹及飞行特点吗？ 问题1.3 深入思考，火箭喷口中的高温气体从何而来？对火箭动力装置中的化学反应有何要求？结合之前学过的化学知识回答，我们学过的哪些化学反应符合此条件？一、二级火箭推进器中选择了偏二甲肼与四氧化二氮，而并没有选择我们学过的燃烧反应，请你预测可能的原因？	任务1.1 结合视频资料进行画图分析，联想实例（如气球放气升空实验）感受反冲原理在生活中的广泛应用。 任务1.2 通过视频分析火箭升空过程中弧线上升，并且越变越小这一过程，体会火箭动力来源及机械原理。 任务1.3 回顾已学知识进行猜想，并利用资料中燃烧热的具体数值进行解释和分析。 任务1.4 结合燃烧的条件和物质的微观构成解释三级火箭燃料选择。

续表

单元	课时	问题	任务与活动
		问题1.4 请观察第三级火箭结构图，加入到三级火箭中的氢气和氧气有何特殊的要求？为什么要放入液氢和液氧？氧气和氢气的质量比应为多少？	
	课时2：自制小火箭。情境：传统水火箭的化学动力改造。问题：小火箭的动力原理是什么？	问题2.1 观看趣味实验"口袋火箭"后结合提供的仪器（可乐瓶）思考，除了燃烧之外还有什么化学反应能够为小火箭提供动力呢？ 问题2.2 结合实验现象思考哪些反应更适合作为小火箭的动力？并进行后续实验。 问题2.3 最终你选择的实验原理是什么？需要实验室提供哪些药品？实验装置如何设计？ 问题2.4 实验过程中我们应该注意的安全事项有哪些？	任务2.1 结合压强的相关知识及常见物质的化学性质进行思考，提出实验方案。 任务2.2 权衡考虑物质的性质及其发生化学变化的现象，从实验效果、操作安全性（渗透酸碱的腐蚀性）等角度感受优选思想。 任务2.3 依据自己的兴趣和实验经验进行选择，并依据设计初步的实验方案进行药品选取。 任务2.4 选择护目镜、橡胶手套、棉线手套、纱布、大塑料袋、针线等确保实验过程中的安全性。
	课时3：分析小火箭。情境：自制小火箭的飞行实验汇报。问题：影响小火箭飞行距离的因素有哪些？如何设计实验探究多因素影响下的最优实验方案？	问题3.1 你们组的小火箭发射成功了吗？如果发射成功，在完成实验的过程中，你们用到了什么实验方法？共设计了几组对比实验？涉及几个变量？分别是什么？得到了怎样的实验结论？实验过程中的注意事项是什么？如果没有发射成功，失败的原因可能是什么？ 问题3.2 我们之前所做的实验是探究某一个影响因素对实验结果的影响，那么现在我们提升难度，以其中一组实验为例，尝试探究本实验原理在多因素影响下所形成的最佳实验方案，应如何设计？ 问题3.3 回顾自制小火箭的过程思	任务3.1 以小组为单位汇报试验方案及小火箭的飞行距离，并运用化学知识解释实验过程中的数据。 任务3.2 利用数学排列组合（或连线）的方式设计温度、物质质量及种类等同时改变时，实验方案中的数据变化。 任务3.3 回顾利用科学探究展开深入研究的步骤，比如一开始要提出猜想和假设，然后设计方案，进行实验，观察现象，记录结果等等。 任务3.4 反思本单元中运用到的问题解决的方式：①查

续表

单元	课时	问题	任务与活动
		考,当我们想要解决一个实际问题的时候,我们通常采用的方法是什么? 问题3.4 回顾本单元三节课的教学内容,思考面对一个真实问题需要解决的时候,我们应该如何应对呢?	阅资料;②亲手完成探究实验。

本单元以项目式学习的方式组织学生完成任务。主要特点如下：首先,学习内容的综合性。打破学科壁垒,借助物理学科受力分析的方法及气球放气升空小实验分析化学问题,引导学生综合运用知识解决真实问题。其次,学习过程的创新性。学生在完成小火箭制作及发射的过程中会遇到很多事先并没有预设到的内容,比如装药品粉末既可以用试管装取,还可以用锡纸或胶囊外壳代替,这些做法都是非常新颖的。最后,学习成果的趣味性。在完成了本主题的学习内容后,学生依旧保持非常强的探索欲望,在原有简陋的小火箭基础之上,又再次改进了实验：如从机械的角度改变火箭外观减少空气摩擦力、改变发射台的发射角等,又或改进动力装置制作像真实火箭一样的二级,甚至三级小火箭,甚至试图改变喷口结构控制飞行方向等,虽然改进的火箭在发射时会遇到新的问题,但这恰好又为学生更高层次的理论研究提供了方向,力求通过一系列的活动最终实现培养"全面发展的人"这一目标。

3. 学习活动设计

课时1 有理有据析动力

主题活动：围绕燃料及其燃烧的知识展开讨论

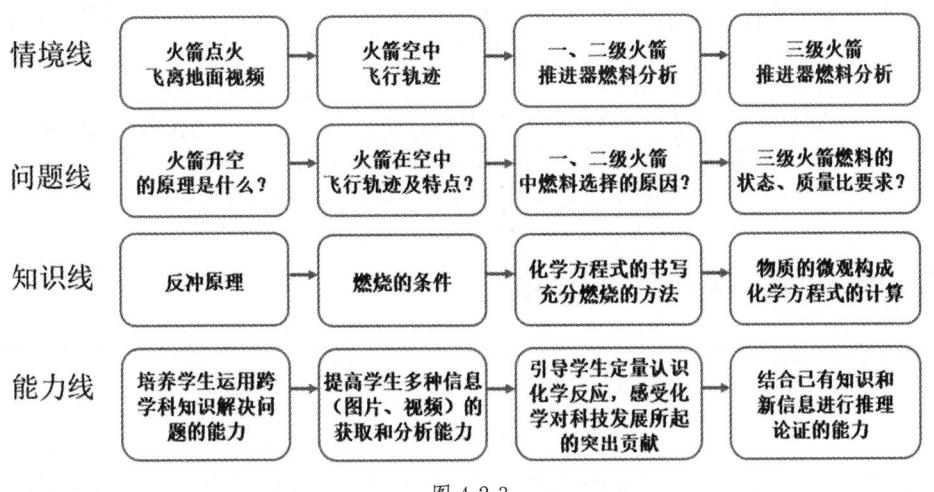

图 4-2-3

课时 2　自制"小火箭"

主题活动：围绕封闭体系内压强改变的因素展开讨论

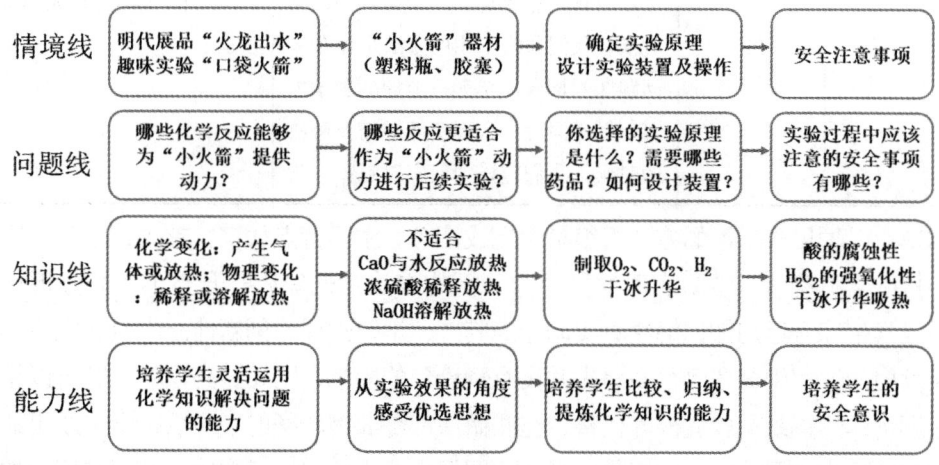

图 4-2-4

课时 3　分析"小火箭"

主题活动：围绕影响物质变化的速率展开讨论

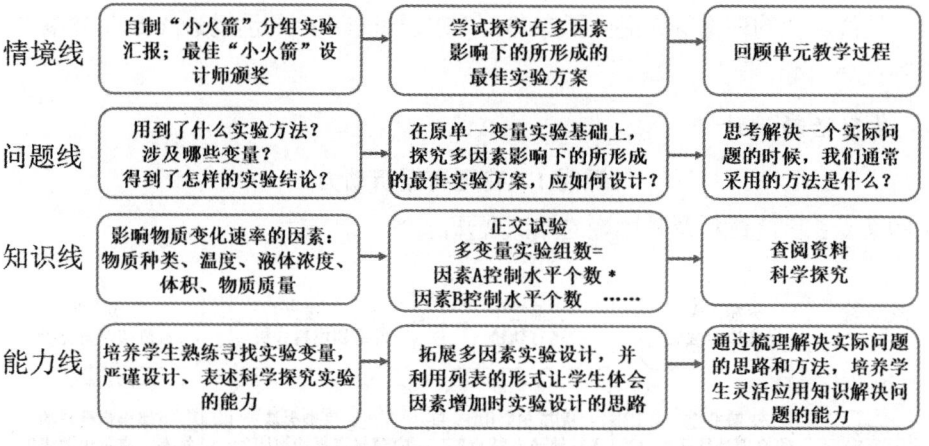

图 4-2-5

六、单元"教、学、评"一体化

课时	目标	活动与任务	评价方法
课时 1	1.2 1.3 1.4	1.3 1.4	能依据提供的资料（视频和火箭内部结构图），结合所学的化学知识解释燃料的选择原因，并分析燃料状态、质量比等对火箭发射过程的影响。
课时 2	2.2 2.3	2.2 2.3 2.4	能选择适宜的实验原理自制小火箭。 能结合所选药品制作小火箭的箭体，能依据反应原理选择合理的药品加入方式。

续表

课时	目标	活动与任务	评价方法
			能简单运用控制变量的方法设计实验探究影响小火箭飞行距离的因素。能通过小组分工合作的方式完成并完整记录探究实验，合理分析实验所得数据。
课时3	3.1 3.2	3.1 3.2	能归纳总结影响物质变化速率的变量，并利用正交实验的方法设计实验，探究多变量影响下的最优实验条件。

七、单元作业设计

本单元作业由 2 份课时作业和 1 份单元作业组成。知识点涵盖：燃烧的条件；物质变化的类型判断；化学方程式的书写和计算；酸碱盐的化学性质；影响反应速率的因素判断及实验数据收集等内容。力求使学生在完成课上复习后能够将掌握的知识和方法进行合理的迁移，从而解决新的实际问题。

2 份课时作业分别为检测试题"追忆天宫一号：归去来兮"和"自制小火箭实验报告整理"（实验照片拍摄、视频录制和小组汇报 PPT 制作）。此 2 部分作业设计均紧紧围绕学生课上复习的内容开展，内容难度中等，其主要目的是引导学生感受知识的力量，同时进行查漏补缺、巩固基础。

单元作业内容则是以自制小火箭为素材编制的科学探究试题。在试题的编制过程中，围绕实验过程中发现试剂变质这一情境进行了适当的拓展和延伸，整体难度较大。此项作业的设计目的是让学生利用已经掌握的科学探究的方法再次开展学习，从而进一步拓宽本单元的知识维度，提高复习课的效率。

八、单元教学反思

本单元第一课时中教师虽为学生提供了大量的学习资料，但由于此情境距离学生的日常生活较远，从总体来看学生的参与度还不够高，故此提出以下改进意见：在分析火箭升空的动力的过程中，可事先为学生布置学习任务，如通过调查报告的形式事先了解火箭升空过程中常用的燃料及优缺点，或课前可带领学生参观航天博物馆，通过博物馆中的展品事先为学生进行动力方面的简单介绍，调动学生学习的积极性，进而过渡到化学课堂，展开更加细致的理论知识学习和方法的探究。

本单元的二、三课时借鉴项目学习的理论，充分发挥学生的主体性，自主完成"从应用科学原理解释实际现象→依据科学原理进行初步设计和实验→根据实际情况改进技术完成实践"的全过程。此外，学生所设计的实验改进方案多种多样，由于课时有限，不允许所有实验均进入实操阶段，留有部分遗憾。在后续的大概念相关教学中，可合理分配课上与课下的任务，尽可能满足学生的探究热情和欲望。

案例三 质量守恒定律

北京一零一中学 刘 瑜

一、教学单元规划

本单元内容属于初中化学课程标准一级主题"物质的化学变化"中二级主题"质量守恒定律"。从本单元起,学生对化学的学习将由生成何种物质向生成多少物质展开。通过本单元的学习,学生就可以从宏观角度和微观角度认识化学反应,深化对化学变化实质的理解,并运用化学方程式对具体物质的化学性质进行表述。《义务教育化学课程标准》和不同版本义务教育教科书化学(人教版、北京版)对"质量守恒定律"的内容编排对比如下表所示。

课程标准及不同版本教材中"质量守恒定律"的内容编排

课程标准相关要求	人教版	北京版
1. 认识质量守恒定律,能说明化学反应中的质量关系。 2. 能正确书写简单的化学方程式。 3. 能根据化学方程式进行简单的计算。 4. 认识定量研究对于化学学科发展的重大作用。	第五单元 化学方程式 课题1 质量守恒定律 课题2 如何正确书写化学方程式 课题3 利用化学方程式的简单计算	第七章 化学反应的定量研究 第一节 质量守恒定律 第二节 化学方程式 第三节 依据化学方程式的简单计算

两个版本的教材内容都凸显了"质量守恒定律"是有关化学反应的一条基本定律;"化学方程式"是重要的化学用语,它是理解和描述化学反应原理、体现物质化学性质的重要工具。两个教材都突出了通过实验探究化学反应前后物质的质量关系,可以增进学生对科学探究的理解,体验到科学探究是人们获取科学知识、认识客观世界的重要途径。两个教材都强调了通过对化学方程式含义的分析,体会定性与定量相结合、宏观与微观相结合是分析化学问题重要的思维方式。两个教材都在帮助学生从定量角度研究、分析和解释化学变化,体会物质变化的规律,了解研究化学变化的基本方法,认识到利用化学变化知识可以帮助发展生产、改善生活、促进社会的可持续发展。

二、单元教材教法分析

质量守恒定律的学习是义务教育阶段学生开始从定量的角度认识和研究化学变化的转折点,是学生书写化学方程式和进行化学计算的理论基础,这也是学习本单元的基础。化学方程式是中学化学课程中重要的化学用语,有助于学生深入理解化学反应原理,更好地掌握物质的化学性质，这是本单元的核心。根据化学方程式进行简单计算，是学生应用化学知识解决实际问题的初步尝试，有利于学生进一步了解化学在实际生产、生活中的应用。

本单元属于概念教学，概念教学设计的关键在于通过教学资源的准备和教学过程的设计，促进学生实现概念的建构。课程标准强调引导学生通过实验探究认识化学变化的规律，初步了解研究化学变化的科学方法，通过具体、生动的化学变化现象，激发学生的化学学习兴趣，逐步形成定量研究化学变化的观点。

三、单元教学目标设计

"质量守恒定律"单元目标和课时目标

单元目标	课时	课时教学目标
1. 能设计实验探究化学反应中的质量关系。 2. 能用化学语言描述化学反应。 3. 能应用化学反应中的质量关系进行简单计算。	1	1.1 认识质量守恒定律，知道化学反应前后物质总质量不变。 1.2 能用微粒的观点对质量守恒定律作出解释。 1.3 能基于实验数据分析概括化学反应前后物质总质量关系并能对某一具体的化学反应进行描述。 1.4 能结合实验事实论证质量守恒定律。
	2	2.1 能从宏观与微观相结合、定性与定量相结合的角度说明某一具体的化学方程式的含义。 2.2 理解化学方程式的书写规则。 2.3 能配平化学方程式。
	3	3.1 能根据化学反应方程式进行简单计算。 3.2 从定量角度认识化学方程式在生产、生活及科学研究活动中的价值。

四、学情分析与教学策略

1. 学情分析

"质量守恒定律"的学情分析

课时	已有知识	障碍点	发展点
课时1：质量守恒定律。	学生学习了一些化学反应知识，对化学反应有了初步的认识，为开展实验探究奠定了知识基础；学生已经掌握了一些基本的实验操作技能，为开展实验探究活动奠定了操作基础。	用微粒的观点对质量守恒定律作出解释。第一次运用称量工具进行定量的探究活动。	多角度认识化学反应，实验探究理解质量守恒定律。

续表

课时	已有知识	障碍点	发展点
课时2：化学方程式。	元素符号、化学式、化学方程式是初中化学三种重要的化学用语，前面学习的元素符号、化学式是本单元学习化学方程式的基础。	从宏观与微观相结合、定性与定量相结合的角度进行思考。	多角度认识化学方程式，正确书写化学方程式。
课时3：利用化学方程式的简单计算。	相对原子质量、相对分子质量是学习化学方程式计算的基础。	相对质量与绝对质量的关系，比例式的来源，化学计算的内涵。	明确化学方程式中"量"的含义，利用化学方程式进行计算。

2. 教学策略

策略一：充分运用实验的手段，引导学生认真观察并分析实验现象，引导学生发现问题、分析问题和解决问题。以学习化学实验定量的研究方法为过程性体验，以学生主动参与探究发现质量守恒定律为学习方式。通过学生归纳解释质量守恒定律，达到灵活应用质量守恒定律，解释简单问题的学习目的。

策略二：设计不同的活动形式，让学生之间相互评价，在互评的过程中发现问题，纠正错误，理解原理，明确要求，提高认识。

策略三：引导学生在理解的基础上记忆化学方程式，引导学生重视化学反应的实际意义，加深学生对化学方程式含义的理解。

五、单元学习活动设计

1. 教学内容划分

本单元知识内容比较完整，各节内容密切衔接。第一课时"质量守恒定律"，通过一系列实验和探究活动，引导学生用定量的科学方法对化学现象进行研究和描述，并得出化学反应所遵循的一项基本规律，为化学方程式的学习做好理论准备。第二课时"化学方程式"，介绍化学方程式的意义、书写原则、书写方法和步骤。第三课时"利用化学方程式的简单计算"，从反应物、生成物的质量关系来研究物质的化学变化，它是化学方程式在化学计算中的具体应用。三个课时内容联系紧密，不可分割，前一课时内容都是后一课时内容的必要准备。

本单元设计涉及的知识内容教学框架如图4-3-1。

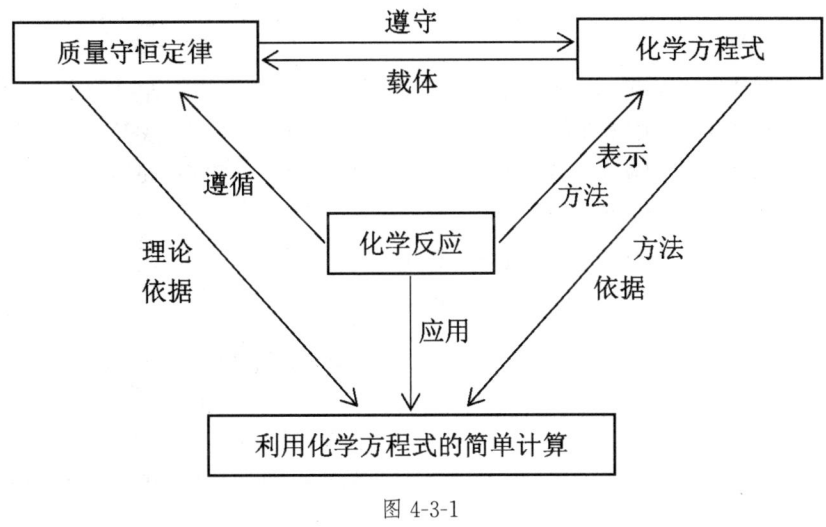

图 4-3-1

2. 教学过程设计

"质量守恒定律"教学情境、问题、任务与活动的设计

单元	课时	问题	任务与活动
单元大背景：宏观表征从"质"到"量"的突破，微观表征从"静"到"变"的转化，符号表征从"孤立"到"联系"的完善。单元大问题：定量角度认识物质的化学变化。	课时1：质量守恒定律。	问题1.1 回顾水的电解实验，用不同的方式表示该变化过程。 问题1.2 探究化学反应中的质量关系。 问题1.3 认识质量守恒定律。	活动1.1 写出反应的文字表达式，并画出反应前后微观粒子的变化过程。交流、讨论、总结化学反应中的"变"与"不变"。 活动1.2 完成学生分组实验，观看教师演示实验。观察并记录实验现象以及称量结果，分析化学反应前后质量变化的原因，总结实验设计的注意事项，归纳与实验目的相对应的实验结论。 活动1.3 归纳质量守恒定律的内容，回顾微观原因。
	课时2：化学方程式。	问题2.1 用简明的、科学的化学语言描述水的电解。 问题2.2 探索化学方程式的含义。 问题2.3 用化学方程式描述有关"氧气"的化学反应。	活动2.1 书写自己心目中的化学方程式。交流、讨论、总结书写化学方程式的原则。 活动2.2 书写水电解的化学方程式，画出微观示意图，从微粒数目之比、相对质量之比逐步建立对物质质量之比的认识。 活动2.3 用化学方程式描述有关"氧气"的化学反应，在书写的过程中掌握常见的配平方法以及一些特殊符号的使用原则。

续表

单元	课时	问题	任务与活动
	课时3：利用化学方程式的简单计算。	问题3.1 认识化学反应中物质质量的加和关系。 问题3.2 确定化学反应中物质质量的定比关系。 问题3.3 利用化学方程式进行简单计算的步骤和方法。	活动3.1 直接利用质量守恒定律，对情境素材中的实验数据进行分析、解释、说明、推理、计算。 活动3.2 分析碱式碳酸铜受热分解的实验数据，在发现反应物与生成物之间的定量关系后，应用该反应的化学方程式从微粒数目的定比关系逐步计算出物质质量的定比关系。 活动3.3 利用氢气与氧气在点燃的条件下反应生成水的化学方程式进行简单计算，通过列比例式的方法解决计算问题，在问题解决的过程中体会通过化学方程式提供的"量"的含义，结合具体问题与数据建立相应的比例关系的方法与意义。

3. 学习活动设计

课时1 质量守恒定律

主题：围绕实验探究化学反应中的质量关系展开讨论

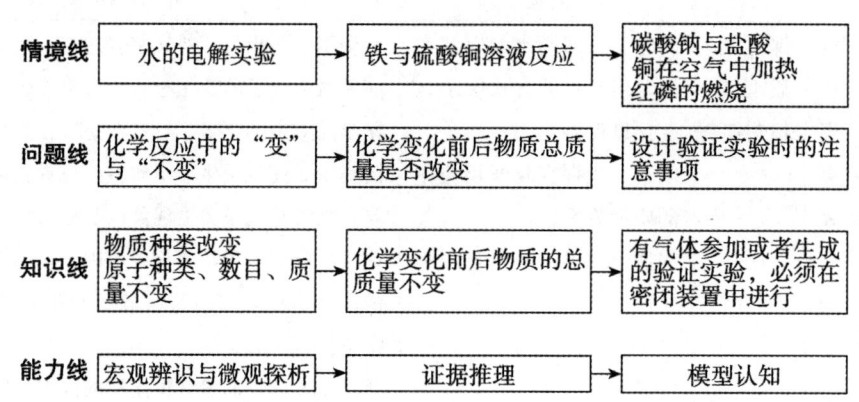

图 4-3-2

课时2 化学方程式

主题：围绕用化学语言描述化学反应展开讨论

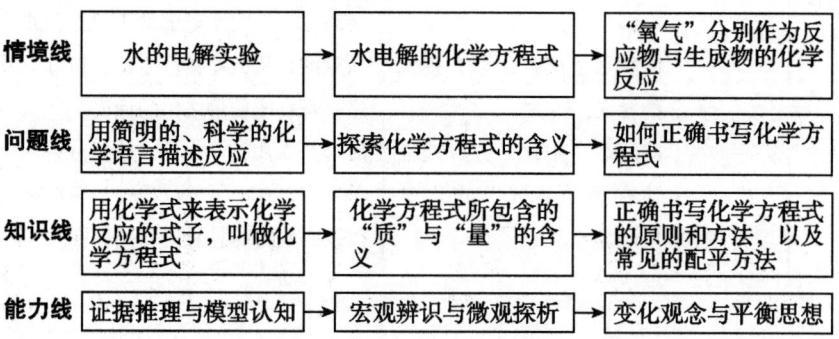

图 4-3-3

课时3 利用化学方程式的简单计算

主题：围绕应用化学反应中的质量关系进行简单计算展开讨论

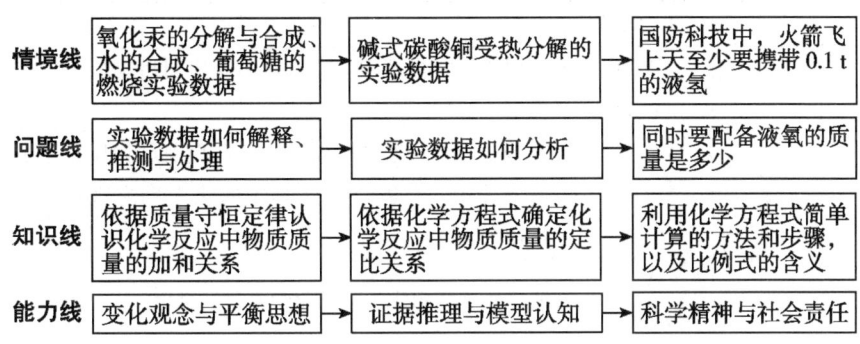

图 4-3-4

六、单元"教、学、评"一体化

课时	目标	活动与任务	评价方法
课时1	1.1 1.2 1.3 1.4	活动1.1 活动1.2 活动1.3	认识质量守恒定律，知道化学反应前后物质总质量不变。 能基于实验数据分析概括化学反应前后物质总质量关系并能对某一具体的化学反应进行描述。 能用微粒的观点对质量守恒定律作出解释。
课时2	2.1 2.2 2.3 2.4	活动2.1 活动2.2 活动2.3	能从宏观与微观相结合、定性与定量相结合的角度说明某一具体的化学方程式的含义。 理解化学方程式的书写规则。 能配平化学方程式。
课时3	3.1 3.2	活动3.1 活动3.2 活动3.3	能根据化学反应方程式进行简单计算。 能从定量角度认识化学方程式在生产、生活及科学研究活动中的价值。

一级指标	二级指标	评价标准要求	分数	
学生学习活动表现	主动性（20分）	学习热情饱满，积极思考，乐于提问，主动发言。		小组评价
	探究性（20分）	通过探究活动开展学习，善于发现问题，大胆提出猜想，小心求证结论。		
	合作性（20分）	与同学共同合作，积极交流，愿意倾听他人的意见，在组内承担一定的任务。		
	规范性（40分）	认真填写学习任务单，内容准确无误，有自己对知识的认识。 积极动手实验，实验操作无误，实验现象清晰，实验数据可靠。		教师评价
	总分			

七、单元作业设计

课题	题号	能力要素	学习表现指标描述	水平等级
课时1 质量守恒定律	1	A1-1 辨识记忆	认识质量守恒定律，知道化学反应前后物质总质量不变。	合格
	2	A2-1 概括关联	能基于实验数据分析概括化学反应前后物质总质量关系，并能对某一具体的化学反应进行描述。	合格
	3	A2-2 概括关联	能用微观图示表示常见化学变化的过程。	合格
	4	A3-1 说明论证	能用微粒的观点对质量守恒定律作出解释。	良好
	5	A3-4 说明论证	能结合实验事实论证质量守恒定律。	良好
	6	B1-1 分析解释	能根据质量守恒定律解释实际现象。	良好
	7	B2-4 推论预测	能直接应用质量守恒定律计算某反应物或生成物质量。	优秀
	8	B3-1 简单设计	能设计简单实验验证质量守恒定律。	优秀
课时2 化学方程式	1	A2-2 概括关联	能用微观图示表示常见化学变化的过程。	合格
	2	A3-3 说明论证	理解化学方程式的书写规则。	良好
	3	B2-2 推论预测	能根据提供的化学反应信息推断反应物或生成物的化学式。	优秀
	4（1）	A2-2 概括关联	能用微观图示表示常见化学变化的过程。	合格
	4（2）	A3-1 说明论证	能用微粒的观点对质量守恒定律作出解释。	良好
	4（3）	A3-2 说明论证	能从宏观与微观相结合、定性与定量相结合的角度说明某一具体的化学方程式的含义。	良好
	5	B2-1 推论预测	能配平化学方程式。	优秀
	6	A3-3 说明论证	理解化学方程式的书写规则。	良好
		B2-1 推论预测	能配平化学方程式。	优秀

续表

课题	题号	能力要素	学习表现指标描述	水平等级
	7	B2-3 推论预测	能根据反应的微观图示或反应中物质变化等信息书写简单的陌生反应化学方程式。	优秀
	8（1）	B2-3 推论预测	能根据反应的微观图示或反应中物质变化等信息书写简单的陌生反应化学方程式。	优秀
	8（2）	B2-2 推论预测	能根据提供的化学反应信息推断反应物或生成物的化学式。	优秀
课时3 利用化学方程式的简单计算	1、2	A3-2 说明论证	能从宏观与微观相结合、定性与定量相结合的角度说明某一具体的化学方程式的含义。	良好
	3	B2-3 推论预测	能根据反应的微观图示或反应中物质变化等信息书写简单的陌生反应化学方程式。	优秀
	3	A3-2 说明论证	能从宏观与微观相结合、定性与定量相结合的角度说明某一具体的化学方程式的含义。	良好
	4	B2-3 推论预测	能根据反应的微观图示或反应中物质变化等信息书写简单的陌生反应化学方程式。	优秀
	4	B3-2 简单设计	能根据化学反应方程式进行简单计算。	优秀
	5、6	B3-2 简单设计	能根据化学反应方程式进行简单计算。	优秀
	7	B2-4 推论预测	能直接应用质量守恒定律计算某反应物或生成物质量。	优秀
	7	B3-2 简单设计	能根据化学反应方程式进行简单计算。	优秀

八、单元教学反思

本单元在教学设计过程中紧紧地围绕着"质量守恒定律"这一核心概念，并将此概念细致地展开，从化学实验、宏观微观、定性定量等多角度展示给学生，希望给学生一个全面的、丰富的、有层次的认识。

单元整体教学设计的优势在于，教师不再是一课时一课时设计教学内容、教学活动，而是要在单元伊始就对教学内容、教学活动做整体规划，对学生需要接受的知识与技能做更符合认知规律的规划，对学生需要掌握的过程与方法做更符合学科逻辑的安排。这样的设计方式可以让教师在发生教学行为之前，对所要教授的内容有更加精细化地认识，有利于教师更加有的放矢地开展教学活动。教师教学活动的有效实施，带来的就是学生更有序、有趣、有效的学习活动。

案例四 溶液

中国人民大学附属中学朝阳学校 李晓波

一、教学单元规划

溶液是初中化学教学的重要内容，是学生在中学阶段所学习的身边的化学物质的重要组成部分。本单元中有关概念出现的先后顺序是：溶液→饱和溶液→溶解度→溶质的质量分数，这样的编排顺序既符合化学学科的逻辑规律，又符合学生的认知规律，便于学生的理解和接受。《义务教育化学课程标准（2011年版）》和2012版义务教育教科书化学九年级下册教材（人教版）对"溶液"的内容编排如下表所示。

课程标准及人教版教材中"溶液"的内容编排

课程标准相关要求	人教版
认识溶解现象，知道溶液是由溶质和溶剂组成的。	第九单元 溶液
知道水是重要的溶剂，酒精、汽油等也是常见的溶剂。	课题1 溶液的形成
了解饱和溶液和溶解度的含义。	课题2 溶解度
能进行溶质质量分数的简单计算。	课题3 溶液的浓度
认知溶质质量分数的含义，能配制一定溶质质量分数的溶液。	实验活动5 一定溶质质量分数的氯化钠溶液的配置
能举例说明结晶现象。	
能说出一些常见的乳化现象。	
了解溶液在生产、生活中的重要意义。	

教材对溶液单元构建上，课题1从定性的角度初步认识溶液，课题2从定量角度研究物质溶解度限度，课题3则是进一步从定量的角度认识一定量的溶液中究竟有多少溶质。响应了课标推荐的素材：海水制盐、太阳能海水淡化。整个单元知识的逻辑性很强，相关度大，对了解溶液的相关概念起到至关重要的作用，同时与学生的生活实际有密切的联系。由此，将"溶液"设置为单元整体教学对象是合理的。

二、单元教材教法分析

结合本单元知识点间联系紧密、系统性强的特点，可通过实验探究的形式建立溶液的概念，理解饱和溶液和不饱和溶液的概念及其转化方法。本单元在学习中应注意总结各概念之间的联系，加深对概念的理解和应用，如：对溶液概念的建立及基本特征的理解是解决本单元知识的关键；饱和溶液是溶解度概念建立的基础，溶解度又是衡量物质溶解性大小的尺度；而对溶质的质量分数概念的理解又是有关计算的前提条件。在教材的处理上，首先通过潘东子藏盐，重点分析固体物质哪里去了，让学生充分讨论、发言，达到用微粒的视角看物质组成的目的。进而通过不同物质在同种溶剂中溶解和同种物质在不同溶剂中溶解，体验溶质和溶剂的辩证关系，以及物质在溶解过程中常伴随热量的变化。给学生创造情境、创造动手实验的机会，激发求知欲望，培养全面观察实验的能力。

基于教材编排视角，又考虑到其第二部分"溶解度"概念较多，前后知识的逻辑性很强，在本单元整体教学设计时，拟以"盐能不能无限地溶解在一定量的水中"作为问题启动，设置层层递进的问题情境，激发学生的学习兴趣，让学生根据生活经验先行提出解决问题的方法，并通过一系列的探究活动发现和思考，使认识在实践和论证中不断地深化。

有关溶质的质量分数的计算是初中化学教学的重点之一。学好它要求学生灵活运用化学等基础知识，还要具有一定的审题分析能力、数学运算能力、归纳表达能力。教学中通过实验、讨论等加深理解概念。并通过"盐水→盐"的变化，体会"不饱和溶液到饱和溶液结晶"的变化，加深学生对饱和溶液与不饱和溶液及其转化关系的认识，对学生进行辩证唯物主义观点的渗透。

因此，以潘东子巧运盐为线索，从"盐的消失""如何多运盐""能找回多少盐"等三个情境出发，将教学内容划分为3个课时，先后围绕溶液的形成、溶解度、溶质的质量分数等核心知识设计教学。力求学生在情境中学习，逐步感受到化学来源于生活，服务于生活的思想。

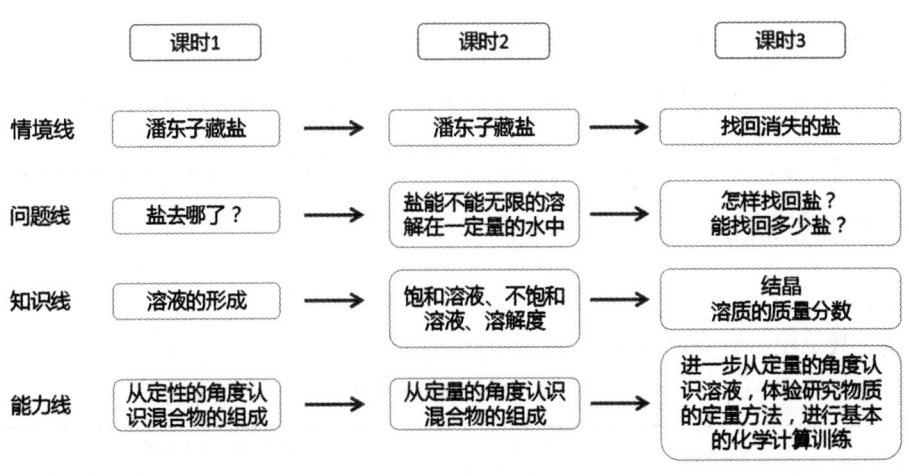

图 4-4-1 "溶液"单元教学设计

整个单元设计，紧紧围绕"从定性和定量的角度认知物质"，以潘东子运盐为情境发展线索，以溶液的形成、饱和溶液与不饱和溶液、溶解度、溶质的质量分数等为知识进阶线索，从定性的角度认识物质到定量的角度认识物质，再到解决真实情境下的化学问题为关键能力进阶线索，草蛇灰线，层层递进，逐步深入。

三、单元教学目标设计

"溶液"单元整体教学涉及三部分主要内容：第一，关于溶液的一些初步知识。主要涉及溶解过程，溶液、溶剂和溶质的概念，溶液的用途等，通过实验探究，培养观察问题、分析问题的能力，用辩证的观点认识事物，感受"化学来源于生活，服务于生活"的思想。第二，以物质的溶解度为核心展开，先介绍饱和溶液和不饱和溶液，然后从定量的角度介绍物质在水中的溶解限度。通过对饱和溶液和溶解度的学习，加深学生对溶解性和溶液的认识。第三，主要围绕溶液的浓、稀，即一定量的溶液中含有多少溶质这一问题展开，引出溶液中溶质的质量分数的概念，并结合这一概念进行简单的计算，能把学过的知识应用于实际生活和生产实践中，认识到化学计算在生产、生活和科学实验中的重要性。

基于此，将本单元的单元目标和课时教学目标整理如下表。

"溶液"单元目标和课时目标

单元目标	课时	课时教学目标
1. 通过实验和讨论学会总结有关概念。 2. 通过实验探究，培养观察问题、分析问题的能力，能把学过的知识应用于实际生活和生产实践中。 3. 培养实事求是的科学态度，感受"化学来源于生活，服务于生活"的思想。	1	1.1 认识溶解现象，知道溶液、溶剂和溶质的概念。 1.2 知道物质在溶解过程中通常伴随着热量的变化。 1.3 了解溶液在生活、生产和科学研究中的广泛应用。
	2	2.1 了解饱和溶液的含义。 2.2 了解溶解度的含义。
	3	3.1 认识溶质的质量分数的含义。 3.2 能进行有关溶质的质量分数的简单计算。 3.3 能举例说明结晶现象。

四、教学起点分析

"溶液"的内容，建立在"溶液的形成""溶解度""溶液的浓度"的教学基础上，对于"溶液"教学起点分析如下表。

"溶液"教学起点分析

教学起点	相应的利用策略
已有相关知识经验：在日常生活中经常接触到溶液，在化学实验中也多次使用过溶液，但是仍处于感性认知阶段，对于溶液本质特征、溶液的作用和价值的了解还是远远不够的。	创设真实情境，激发学生对"溶液"的学习热情。根据课时特点，激发学生兴趣，引导学生积极参与。
可能的学习困难：对溶解度的认识，溶液中溶质的质量分数。	通过部分科学数据等实验材料或实验现象，引导学生从实验事实认识概念。

五、单元学习活动设计

1. 教学内容划分

从教学内容上,首先通过引导,帮助学生建立溶液形成的过程,通过实验了解物质溶解的宏观现象及微观过程,认识溶液的本质特征及溶液的组成,建立溶液及溶质、溶剂的概念,并知道同一物质在不同溶剂中或不同物质在同一溶剂中的溶解性是不同的,通过实验了解物质溶解时产生吸热或放热的现象。感受物质运动的普遍性、复杂性和可认知性等辩证唯物主义思想。

其次,通过实验,探究物质在水中溶解的质量与温度的关系,认识溶质的溶解是有限度的,学会判断饱和溶液与不饱和溶液,理解溶解度的概念。通过设置层层递进的问题情境,激发学生的学习兴趣,让学生根据生活经验先行提出解决问题的方法,并通过一系列的探究活动发现和思考,使认识在实践和论证中不断地深化。在教师的引导下,让学生不断感受科学研究的方法,内化并在头脑中逐步建立起有关溶液的知识体系。

最后,从问题情境和学生生活经验入手,举例说明结晶的方法,感受海水晒盐的原理。通过计算,引导学生理解溶液中溶质的质量分数的概念,将学习的重心放在准确理解、正确分析计算问题的化学原理、过程上,重视学生分析问题的思维过程,学会运用概念分析问题、解决问题。让学生进一步定量地认识溶液,体验研究物质的定量方法,并进行基本的化学计算训练。

以潘东子巧运盐为线索的溶液知识内容教学框架如下。

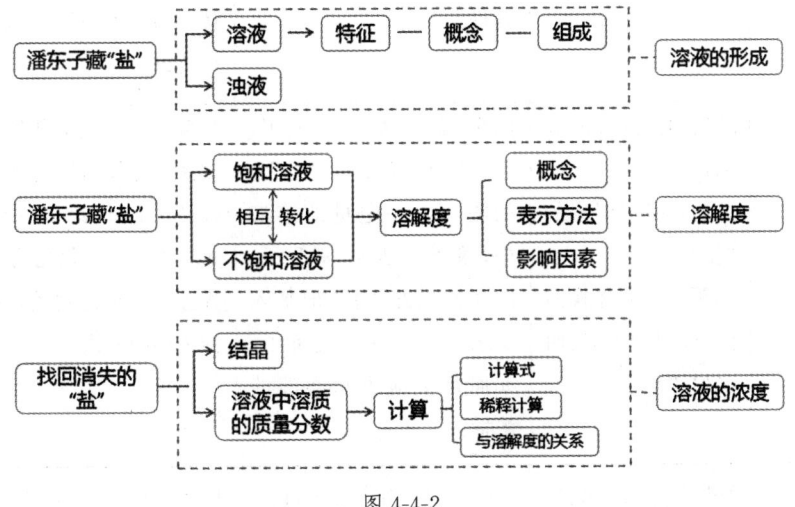

图 4-4-2

2. 教学过程设计

"溶液"教学情境、问题、任务与活动的设计

单元	课时	问题	任务与活动
单元大背景：潘东子巧运盐。单元大问题："盐"哪去了？在一定量的水中"盐"能不能无限溶解？怎么样找回溶解的"盐"？	课时1：消失的盐。情境：潘东子藏"盐"。问题："盐"去哪里了？	问题1.1"盐"去哪里了？ 问题1.2 一定要用水溶吗？ 问题1.3 什么是溶液？什么是溶剂和溶质？ 问题1.4 物质在溶解时伴随着溶液温度的变化，我们怎么样才能知道溶液的温度发生了改变？	任务1.1 从资料中获取关键有效信息，通过实验感受溶解现象。 任务1.2 通过物质的溶解实验，感受溶质和溶剂的辩证关系。 任务1.3 通过讨论总结溶液、溶剂和溶质的定义。 任务1.4 利用氯化钠、氢氧化钠、硝酸铵溶解时的实验现象，明确溶解时常伴随温度的变化。
	课时2：能藏多少盐？情境：潘东子运"盐"。问题：在一定量的水中"盐"能无限溶解吗？	问题2.1 在一定量的水中能不能无限地溶解盐？ 问题2.2 什么是饱和溶液、不饱和溶液？二者如何相互转化？ 问题2.3 什么是溶解度？如何对溶解度进行数据处理？	任务2.1 凭借生活经验进行判断、猜想，并设想验证的方法。 任务2.2 通过实验探究，归纳总结饱和溶液、不饱和溶液的概念及相互转化的方法。 任务2.3 通过讨论，形成溶解度的概念，感受概念中要素的含义。体会溶解度不同的数据处理方式的优缺点。
	课时3：找回消失的盐。情境：找回消失的"盐"。问题：怎么样找回溶解的盐？能找回多少盐？	问题3.1"盐"消失了，怎么样找回消失的"盐"？ 问题3.2 一定量的溶液中，能找回多少"盐"？ 问题3.3 洗"盐"时加入了水，"盐水"变稀了，如何定量地表示溶液的浓稀？	任务3.1 通过氯化钠的溶解度曲线图，寻找结晶氯化钠的方法。 任务3.2 计算一定量的饱和"盐水"中有多少氯化钠。 任务3.3 通过讨论，确定表示溶液浓稀的方式。

本单元三个课时的教学均以潘东子运盐的真实情境，从"单元大问题"到"课时问题"再到"课中问题"，层层递进，实现知识与能力培养的进阶，有效搭建单元整体教学结构框架。将溶液涉及的相关概念分析透彻，培养了学生解决问题的思维模型，引发学生自主探究，实现核心素养上的提升。

3. 学习活动设计

课时 1　消失的盐

主题：围绕溶液的形成展开讨论

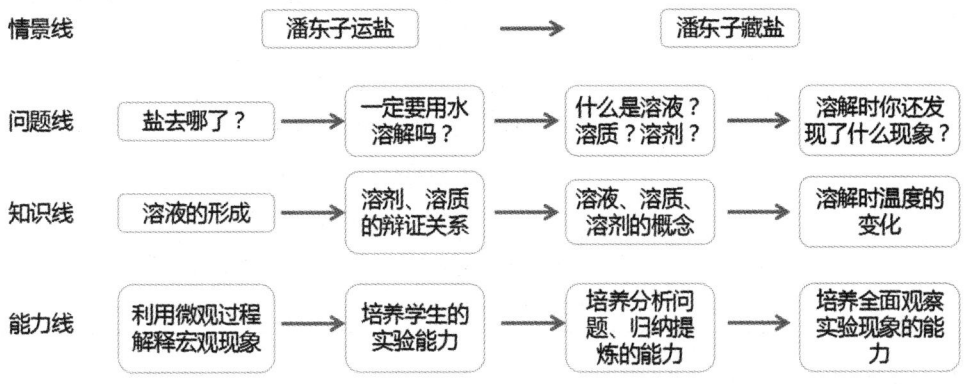

图 4-4-3

课时 2　能藏多少盐？

主题：围绕溶解度展开讨论

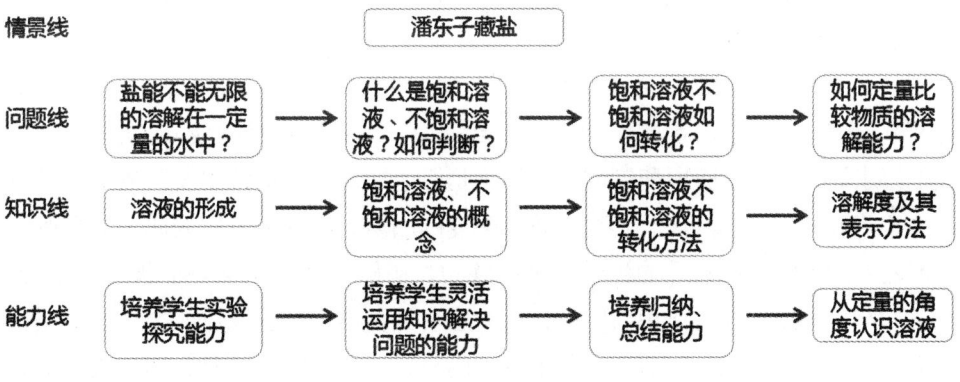

图 4-4-4

课时 3　找回消失的盐

主题：围绕溶液中溶质的质量分数展开讨论

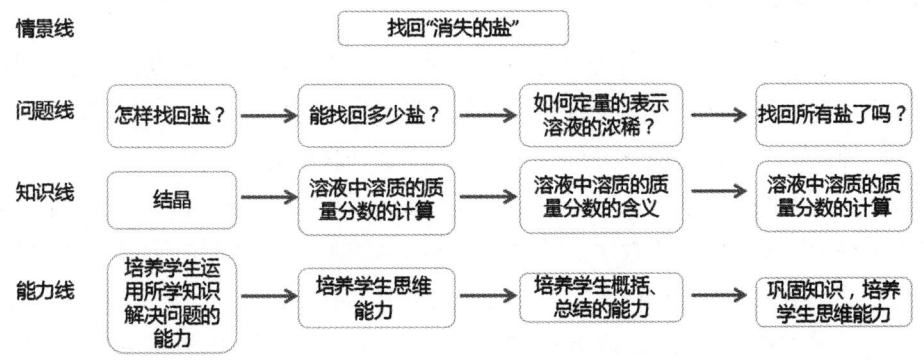

图 4-4-5

六、单元"教、学、评"一体化

课时	目标	活动与任务	评价方法
课时1	1.1 1.2	1.2 1.4	学生观察实验，准确描述实验现象，以交流与讨论的方式，从微观视角分析宏观现象的成因。
课时2	2.1 2.2	2.1 2.2 2.3	学生能设计实验对猜想进行验证。 学生能通过交流与归纳，概括饱和溶液、不饱和溶液的定义，通过实验总结相互转化的方法。 通过小组合作交流，归纳溶解度的含义及表示方式。
课时3	3.1 3.2	3.2 3.3	学生能计算出溶质的质量。能够通过实际应用，理解溶液中溶质质量分数的计算式。教师分析反馈。

七、单元作业设计

本作业设计围绕"溶液"进行设计。知识点涵盖溶液的形成、饱和溶液与不饱和溶液的概念及相互转化方法、溶解度的概念及其表示方式、溶液中溶质的质量分数计算，旨在帮助学生巩固饱和溶液与不饱和溶液、溶解度、溶质的质量分数之间的联系，引导学生从微观角度解释宏观现象。

整份单元作业设计由3份课时作业和1份单元评价作业组成。课时作业是以"海水观赏鱼的家庭养殖——人工海水的配制"为主要情境，从分析海水的成分、配制人工海水、确定人工海水的浓度、检验所配制的人工海水是否达标等四个情境出发，先后围绕溶液的组成、饱和溶液与不饱和溶液、影响物质溶解度的因素、溶液中溶质的质量分数等核心知识设计习题。力求学生在熟悉的生活情境中练习，了解溶液在化学科学研究、生命活动、工农业生产和日常生活中的作用和价值，逐步感受到化学学科发展对人类生活品质提升的重大意义，感受化学来源于生活、服务于生活的思想。课时作业对核心知识进行拆解与组合，对关键能力的训练逐步进阶，对逻辑思维进行提升，使学生逐步达到单元评价作业的检测要求。

八、单元教学反思

本单元以潘东子为红军送食盐为情境，凸显"溶质的溶解是有限度的"这一大概念，旨在激发学生的学习兴趣，让学生体会到化学来源于生活，服务于生活的思想。第1课时设计时始终抓住了"创设情境→实验探究→归纳总结→联系实际→知识升华→联系实际→激起兴趣"这一思路，教学环节环环相扣，所学知识不断深化，符合教师为主导，学生为主体的教学理念。第2课时的教学中以学生亲身参与的实验活动和讨论为线索组织教学的过程，充分调动学生的学习积极性，体验活动与探究的成功和喜悦。第3课时从溶液的结晶入手，引导学生观察和思考，以能够找回多少盐为目的，让学生自己归纳出溶质的质量分数的概念，并以配制生理盐水为问题，提高学生综合运用知识的能力。

大概念的学习是一个持续而深入的过程，有助于将零散的知识结构化、系统化。大概念的建立需要在教师深入理解教学内容、了解学生能力水平的基础上形成，因此，需要教师不断地进行探索与思考。

案例五　金属与金属材料

北京市陈经纶中学　庞艳丽

一、教学单元规划

"金属与金属矿物"是一级主题"身边的化学物质"下的二级主题，主要介绍了金属这类物质。与前两个二级主题"我们周围的空气""水与常见的溶液"中逐个学习物质不同，本主题是一组一组地学习物质，是从单一物质的研究向一类物质的研究的过渡。

金属是学生研究一类物质的开始，具有承上启下的作用。在学习金属前，学生已经形成了多角度认识物质的基本研究框架，继金属之后，学生还会进入酸、碱、盐三大类物质的学习，因此在金属学习的过程中，有意识地将本部分内容进行单元整体规划，在强化巩固多角度认识物质的基本研究框架的同时，还能使学生在学习金属材料、金属的物理性质与化学性质、金属的冶炼等重要化学知识的过程中，由浅入深，由表及里地逐步认识到：学习一类物质要通过归纳得出物质的共性与差异，通过比较找到物质的特征及变化规律，利用共性演绎、推理、预测同类未知物质的性质，初步建构起分类研究物质的思想，凸显"结构决定性质，性质决定用途，用途反映性质"的学科思想，从而使学生认识物质的角度立体化、系统化，提升学生对物质研究的认识深度。

二、单元教材教法分析

义务教育阶段的化学课程以提高学生的科学素养为主旨，倡导创设真实的问题情境，开展以化学实验为主的多种探究活动，在课堂中为学生创造更多的机会体验科学探究的过程，激发学生学习化学的兴趣的同时，重视在知识的形成、相互联系和应用过程中养成科学的态度，学习科学的方法。在"做科学"的探究实践活动中，有利于学生学会交流合作，敢于批判质疑，逐步养成理性地分析问题、解决问题的能力。

金属与金属材料，对于学生来说比较熟悉，因此本单元的教学思路，以"经纶运动会奖牌"设计创意书作为一个真实情境，引导学生从选择奖牌材料及其依据入手，主动展开有关金属物理性质、化学性质、金属冶炼、奖牌的制作四个维度的探究。在探究的过程中，引导学生构建相关知识的体系，同时发展学生认识物质的角度，自然地从单一物质的研究过渡到一类物质的研究，并基于物理性质、化学性质的学习，初步构建研究一类物质的基本思路。通过动手实验培养学生的实验探究能力，并在方案设计与评价的过程中逐步渗透科学态度和证据推理的意识。同时在徽章设计、制作环节，渗透中国传统的篆刻文化，培育社会主义核心价值观，确实落实立德树人的根本任务。

通过对奖牌材料选取、金属材料在生产生活中的应用以及合金的广泛使用的介绍，使学生感悟化学在开发研制新材料，提升我们的生活质量中所起到的重要作用，感受学习化学知识的实际应用价值。

从学科角度看，奖牌的材料选取、保存、制作等方面承载了金属材料、金属的物理性质、化学性质以及冶炼等重要的化学知识。通过奖牌材料的选取，可以让学生自主运用"性质决定用途，用途反映性质"的学科思想解决实际的问题。归纳金属的物理性质以及性质上的共性与差异性，培养学生分析问题、解决问题的能力，发展学生认识物质的角度，引导学生从多角度认识单一物质，并逐步过渡到一类物质的认识，关注一类物质的共性与差异性，初步建构起一类物质的研究方法。通过对一类物质所具有的共性与差异性本质的探究，进一步强化学生对"结构决定性质"这一重要学科思想的认识。

而基于真实任务的驱动，不仅有助于激发学生学习的兴趣，同时也有助于培养学生的信息获取、加工与处理能力、问题解决能力、实验探究能力和科学态度与社会责任。

三、单元教学目标设计

"金属与金属材料"单元目标和课时目标

单元整体教学目标	课时	课时教学目标
1. 通过"经纬奖牌"材料的选择，初步建立材料选择和使用的基本角度，强化依据用途推测物质性质的能力。学习常见金属的物理性质，初步建构一类物质研究的思路，培养学生证据推理的核心素养。 2. 通过实验探究，运用控制变量的思想设计实验，认识金属与酸、盐反应的化学性质，强化巩固一类物质性质的研究思路，培养学生科学探究的核心素养。 3. 通过查阅资料、阅读科普文章，了解金属制备的方法，探究金属制品腐蚀的原理，能够依据性质合理使用金属资源，培养学生可持续使用金属的科学态度与社会责任。	1	1.1 通过"经纬奖牌"材料的选取环节，认识到物质的性质是决定用途的主要因素，但在实际应用过程中，物质的用途是受到多种因素影响的。 1.2 通过对身边金属制品所应用的金属物理性质的归纳与概括，深刻理解得出金属物理性质的过程，体会归纳法和演绎法在研究一类物质中的重要作用。 1.3 通过研究金属的物理性质，初步构建研究一类物质的基本思路。
	2	2.1 认识金属的化学性质，能运用一类物质研究的思路，结合已有知识预测金属可能具有的化学性质。 2.2 能通过实验探究，运用控制变量的思想设计实验，探究金属镁、锌、铁、铜的活动性，认识金属的活动性，理解金属的共性与差异，能正确书写相关反应的化学方程式。 2.3 通过金属化学性质的预测和实验探究过程，培养学生对比归纳、演绎推理的能力，体会科学研究的基本思路和方法。

续表

单元整体教学目标	课时	课时教学目标
	3	3.1 通过查阅资料、观看视频，了解金属冶炼原理，能够从资源有效利用和环境保护角度选择金属资源，从而强化学生合理使用金属资源的意识，增强学生的社会责任。 3.2 通过实验探究认识金属锈蚀的原理，体会控制变量思想在科学探究中的应用，培养学生科学探究的初步能力。 3.3 了解金属防护的方法，树立珍惜资源、合理使用金属材料的观念。

四、学情分析与教学策略

1. 学情分析

"金属与金属材料"的学情分析

课时	已有基础	障碍点	发展点
课时1：金属材料与金属的物理性质。	能从物质组成、结构、分类、性质、制备、用途等多角度地认识一种物质；对于身边的金属材料和金属的物理性质有一定的了解；知道金属是由金属原子构成的，金属能导电是因为金属中有自由电子。	在选取材料的过程中，不能从多角度考虑金属材料的应用。不能将金属材料与性质建立关联；没有从类别角度研究物质的意识，不能主动地从结构角度认识、分析物质所具有的共性与差异。	学会多角度认识金属材料的应用；初步建立分类研究物质的思想，初步形成一类物质研究的基本思路模型。
课时2：金属的化学性质。	在第二、五、七单元中学习了部分金属与氧气、酸和盐溶液的反应。知道研究物质的性质要通过实验探究的方法，具备了一定的科学探究的能力，具有控制变量设计实验的意识，能从生活实际、实验现象等方面寻找证据，进行推理得出结论。	学生在复杂环境下，缺乏将实际问题转化为化学问题的能力，类别观念意识不强，不能从多角度收集证据，进行对比、归纳金属化学性质的共性、差异性和递变性。更缺乏利用共性推测同类陌生物质性质，利用差异区分同类物质的认识。在影响变量的分析上，还有不足。	能从类别的角度，认识到物质所具有的共性，从而能预测推理同类陌生物质的性质，能从是否反应、反应条件、反应剧烈程度、反应现象等多角度获取证据进行对比分析，发展证据推理的素养。在设计实验的过程中，进一步理解控制变量的思想在对比实验中的应用，学习科学探究的基本方法，初步培养科学探究的能力。

续表

课时	已有基础	障碍点	发展点
课时3：金属的冶炼与防护。	通过前面的学习，认识到金属的性质具有一定的通性与差异，知道自然界中有丰富的金属资源，生活中常见的金属如铁等易生锈，了解一些防锈蚀的方法。	对于金属资源在自然界中的存在形式、金属冶炼原理、锈蚀原因以及防锈原理，不能从学科的角度进行整体认知。	了解金属资源的宝贵，认识冶炼、锈蚀及防护原理，培养学生可持续使用金属的科学态度与社会责任。通过铁锈蚀原理的家庭探究实验，进一步培养学生科学探究的能力。

2. 教学策略

教学策略一：真实的任务驱动。通过设计"经纶奖牌"的任务展开，学生从奖牌材料选择及其依据入手，展开对金属物理性质、化学性质、冶炼三个大任务的研究。在完成任务的过程中，学生经历"认识类别物质——建立类别物质研究思路——应用思路解决问题"的三个过程，初步形成了一类物质的研究要寻找共性以及差异性的认识思路。

教学策略二：丰富的科学探究。整个单元教学过程中，均以实验＋问题串的方法，展开科学探究活动，通过方案设计、交流讨论、实验探究、评价和改进，充分体验科学探究的方法在解决实际问题中的作用，从而让学生经历完整的科学探究过程，发展学生基于证据进行分析推理、证实或证伪假设的能力。

五、单元学习活动设计

1. 教学内容划分

本单元以"经纶奖牌"的设计与制作为任务展开教学。首先，是初步设计"经纶奖牌"，在选取材料的过程中，认识金属材料和金属的物理性质，感知金属材料在生产生活中的广泛应用与其性质之间的关系，通过实验探究和理论分析，认识金属这类物质在物理性质方面的共性与差异性，初步建构研究一类物质的研究思路。其次，在研究"经纶奖牌"的篆刻方法的过程中，研究探索金属的化学性质，引导学生依据已有知识和一类物质结构的相似点，预测金属的化学性质，运用控制变量法和对比法展开对金属与氧气、金属与酸、金属与盐溶液反应的性质探究。通过本环节的实验探究，发展学生认识一类物质性质的思路，同时发展学生科学探究能力与创新意识。最后，在奖牌材料的来源和保存方法的研究中，展开对金属资源利用与保护的学习，了解金属的制备方法，讨论生产中的原理和技术问题，理解金属制品回收的必要性和重要性，建立金属回收利用的基本意识。探究金属制品腐蚀现象，认识金属腐蚀的实质，了解金属制品防腐的措施。依据金属性质和金属使用中的注意事项，合理选择和使用金属制品。学会从化学视角分析材料问题，应用可持续发展、绿色化学观念分析解决与材料相关的问题。

本单元设计的知识内容教学结构如图4-5-1所示。

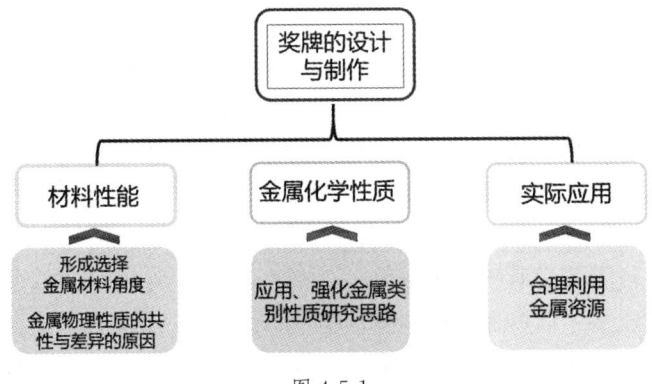

图 4-5-1

2. 教学过程设计

"金属与金属材料"单元整体教学流程

课时	驱动性问题	任务目的与内容	活动形式与组织	任务素材
1	你在设计奖牌的时候会选择哪些材料？需要考虑哪些方面？	选择材料的基本视角：原料、金属材料的制备、金属材料的加工、成本等。	1.1 构建奖牌材料选取依据的思维导图。 1.2 交流分享设计的创意、选材和依据。	自主设计金属奖牌图案以及所需材料。 生活中的金属材料。
1	金属具有哪些物理性质？说说它们所具有的共性与差异？	从生活事实与实验两个角度，认识金属物理性质上的共性与差异性，初步建构研究一类物质的思路。	1.3 观察收集到的身边的金属材料制品，阅读金属信息表，发现金属物理性质的共性与差异。 1.4 通过实验设计进行论证。实验现象的分析与解释。 1.5 交流分享金属物理性质具有共性与差异的原因。	学生生活中的金属材料制品。 实验仪器及药品等。
2	如何进行奖牌的篆刻？	能从金属化学性质的角度考虑金属篆刻与保存的问题。 能应用一类物质性质研究的思路推测金属的化学性质。通过实验探究金属性质的共性与差异，认识金属活动性顺序。	2.1 查阅中国传统的篆刻文化，设计奖牌的雕刻方法。 2.2 小组合作实验探究，设计实验验证金属与氧气、酸、盐的化学反应，并结合实验现象进行分析解释。 2.3 阅读化学史资料，认识金属活动性顺序表。	金属、氧气、酸溶液、金属化合物溶液的相关药品、仪器和视频。

续表

课时	驱动性问题	任务目的与内容	活动形式与组织	任务素材
3	如何获取金属材料？如何进行金属的保护？如何研究金属的性质？	金属的制备。	3.1 科普阅读：工业冶炼铁、铝。 3.2 观看视频：工业冶铁原理。	文字资料、高炉炼铁、实验室模拟冶铁的视频。
		探究金属制品腐蚀现象，认识金属腐蚀的实质，了解金属制品防护的措施。	3.3 学生进行猜想假设，并通过实验设计进行论证。（家庭实验） 3.4 根据生活经验，应用锈蚀原理，谈金属防护方法。	金属锈蚀的实验。
		梳理研究一类物质性质的一般思路。	3.5 讨论，画出奖牌设计的思维导图。	奖牌设计的整个过程。

3. 学习活动设计

课时1 金属材料与金属的物理性质

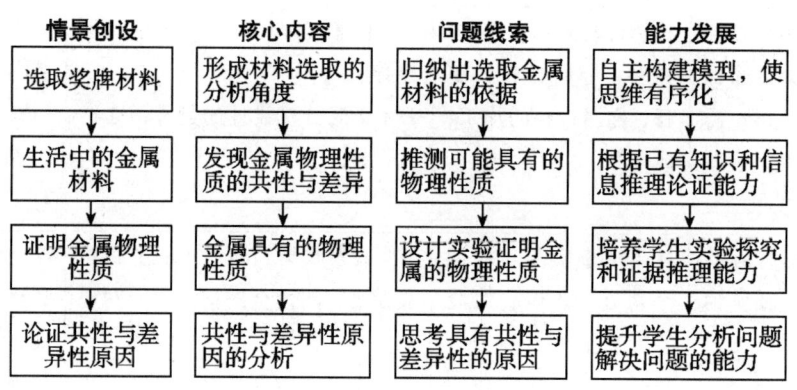

图 4-5-2

课时2 金属的化学性质

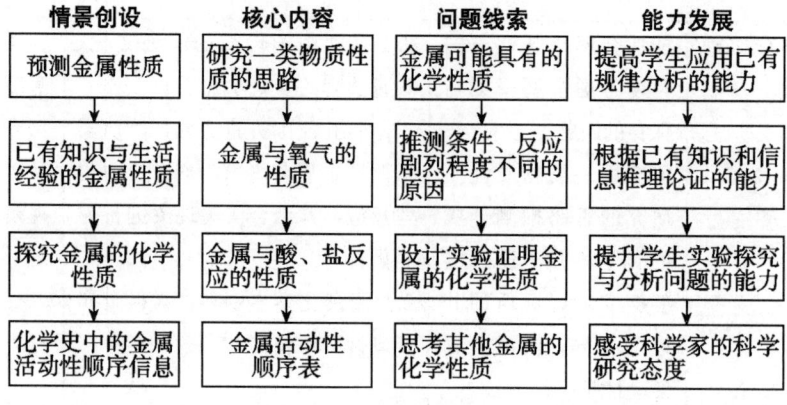

图 4-5-3

课时3 金属的冶炼与防护

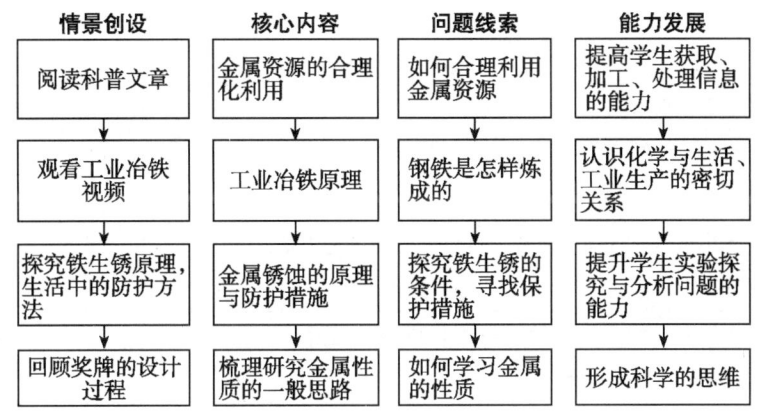

图 4-5-4

六、单元"教、学、评"一体化

课时	目标	活动与任务	评价方法
课时1	1.1、1.2	1.1、1.2、1.4	详见评价量表
课时2	2.2	2.2	
课时3	3.2、3.3	3.3、3.5	

量表1：实验课学习效果评价表

评价内容	评价等级		
	优	良	中
能提出科学、有价值的猜想			
能运用控制变量的思想设计合理的实验方案			
能够对设计的方法进行可行性的初步论证			
能积极参与实验，与组内成员进行合理分工、交流			
能规范、安全地完成实验操作，巩固实验技能			
能准确描述实验现象，解释和分析，得出正确的结论			
能积极进行实验反思，分析成败得失			
能对实验方案进行修改和优化			
能按要求完成实验报告			
能学会新的实验方法，领悟新的实验思想，提升探究能力			
能从实验中获得乐趣，保持实验探究的兴趣			
乐于与老师、同学进行交流、分享			
能完成课后实验或设计创新实验			
能独立并准确地完成反馈练习或提出疑问			
能自主进行知识和方法的反思梳理			

量表 2：小组活动表现性评价

评价内容		评价标准	评价等级			修改建议
			5	3	1	
汇报组	课前准备	组员全部积极参与				
		分工明确，团结合作				
		PPT 主题明确、内容丰富、制作精美、展示性强				
	课上汇报	能代表小组，语言简洁流畅、自信大方地进行汇报，或进行补充性发言				
		能与小组同学配合默契地进行配合讲解，内容讲解无科学性错误、逻辑清晰				
		汇报方式多样化（实验、表演等）				
		能与他人互动，调动同学的学习积极性				
		有自己的理解，不照本宣科				
学习组	课上表现	认真倾听，用心观察，适当记录				
		能与汇报组同学积极展开互动				
		积极思考，能提出新的问题或自己的见解				

量表 3："经纬奖牌"设计创意评价表

1. "经纬奖牌"设计
   (1) 元素丰富，体现经纬文化、体育精神等
   (2) 选择材料依据论述简洁清晰
   (3) 美观、大方、具有应用价值
2. 最终评价方法
   (1) 展板展示
   (2) 年级同学、教师投票
   (3) 最终评出一等奖 1 名，二等奖 2 名，三等奖 6 名，推荐给学校

七、单元作业设计

课时	作业内容或知识点	目的
1	(1) 结合今天所学知识，完善你所选择奖牌材料依据的思维导图。 (2) 谈一谈你对金属这类物质在研究方法上与氧气、二氧化碳研究的相同点与不同点。 (2) 查阅篆刻的方法，想一想若让你篆刻奖牌，你要考虑金属的哪些性质？回顾所学的与金属有关的知识，选择你的方法。	(1) 通过修改材料选择依据的思维导图，完善学生对材料选择角度的认识。 (2) 完善研究物质的认识角度，巩固学生对于一类物质性质研究思路的认识。 (3) 复习巩固已有的金属的化学性质，为下一节课做铺垫。同时通过查阅资料进行传统文化教育。

课时	作业内容或知识点	目的
2	（1）以铁为例，总结金属的化学性质。 （2）练习题（选择、填空）。 （3）记忆金属活动性顺序表。 （4）选择奖牌篆刻的方法，并说明理由。	（1）能熟练书写典型物质的相关性质的化学方程式，并准确表述现象。 （2）能利用金属活动性顺序判断反应的发生，利用反应规律书写陌生反应的方程式，推理现象。 （3）能设计实验证明金属活动性的强弱。 （4）能应用习得的知识解决实际问题，体会学习的价值。
3	（1）家庭实验：设计实验，证明铁生锈的条件，通过照片或视频记录实验过程，并完成实验报告。 （2）练习题（选择、填空）。 （3）完成"经纶奖牌"的设计，并从多角度进行意义解读，并谈一谈你在完成这一任务过程中的收获。	（1）能用控制变量的思想设计对比实验，证明自己的猜想与假设，体会科学探究的一般思路。 （2）复习巩固金属冶炼、锈蚀与防护等知识。 （3）能综合应用所学的知识解决实际问题，感悟化学原理在生产生活中的广泛应用，体会化学学科的社会价值，增强学好化学、提升生活质量、造福人类的社会责任感。

八、单元教学反思

本教学设计有如下特点。

1. 注重真实问题情景的创设

通过"经纶奖牌"设计这一真实情景引入，不仅激发学生的探究兴趣，也能有效地帮助学生感悟化学原理在生产生活中的广泛应用，体会化学学科的社会价值，增强学好化学、提升生活质量、造福人类的社会责任感。

2. "学习任务"的设计注重证据推理和科学素养的提升

本单元通过奖牌材料选择及其依据，展开对金属物理性质、化学性质、冶炼、制作四个大任务的研究，完成从宏观现象到微观本质的探寻，逐步建立起一类物质研究要寻找共性以及差异性的认识角度。在此过程中，通过交流、讨论、分享、设计、评价、实验等多种活动，重视对学生证据推理意识的培养，承载了丰富的化学学科核心素养发展价值。

3. 注重"教、学、评"一体化

本单元通过小组讨论、班级交流、同学评价、个人完善等方式外显学生的思路，为学生的互学、互评提供宽泛的学习空间。教师设计了多种表现形式任务，将学生的学习过程显性化，以便及时对学生的学习状态作出诊断，提供即时点评，发挥了化学日常学习评价的诊断与发展的功能。

第五章　高中化学必修课程单元整体教学案例

案例一　物质的量

福建省厦门第二中学　刘茜茜

一、教学单元规划

单元名称	物质的量
单元性质	新授课
内容选择	"物质的量"是化学计量的核心概念，是沟通宏观和微观世界的重要桥梁。本单元以"物质的量"为中心，以可燃冰以及测定水体中还原性污染物为线索，认识阿伏伽德罗常数、微粒个数、摩尔质量、质量、气体摩尔体积、气体体积、物质的量浓度、溶液体积等物理量之间的密切联系，帮助学生建立一个全新的定量分析系统。同时，在该定量表征系统的基础上，学习从微观角度认识物质、对化学反应进行计量分析以及一定物质的量浓度溶液的配制。

二、单元教材教法分析

单元的地位和作用及与其他单元的联系	物质的量的概念体系贯穿于整个高中化学的教学内容中，是中学化学学习中非常重要的基础知识。它可将肉眼和仪器难以观测与称量的微观粒子与可观测、称量的宏观物理量联系起来，对化学研究有不可取代的作用，同时，它作为一种新的度量工具，也为定量研究物质组成和化学变化提供了新的角度。 在学生认识了分子、原子的基础上，利用"物质的量及其概念体系"可对这些微观粒子进行化学计算；还可用于以后学习的氧化还原反应中得失电子数目、化学反应速率、化学平衡常数、化学方程式等的计算，以及确定物质组成及其化学式等，是一个重要的核心工具。

单元知识结构与学科核心素养	本单元知识结构是以物质的量为核心概念，摩尔质量、浓度、阿伏伽德罗常数等为次要概念，以及主次概念之间的相互联系共同构成，其与学科核心素养两个方面综合梳理分别如下图5-1-1、5-1-2所示。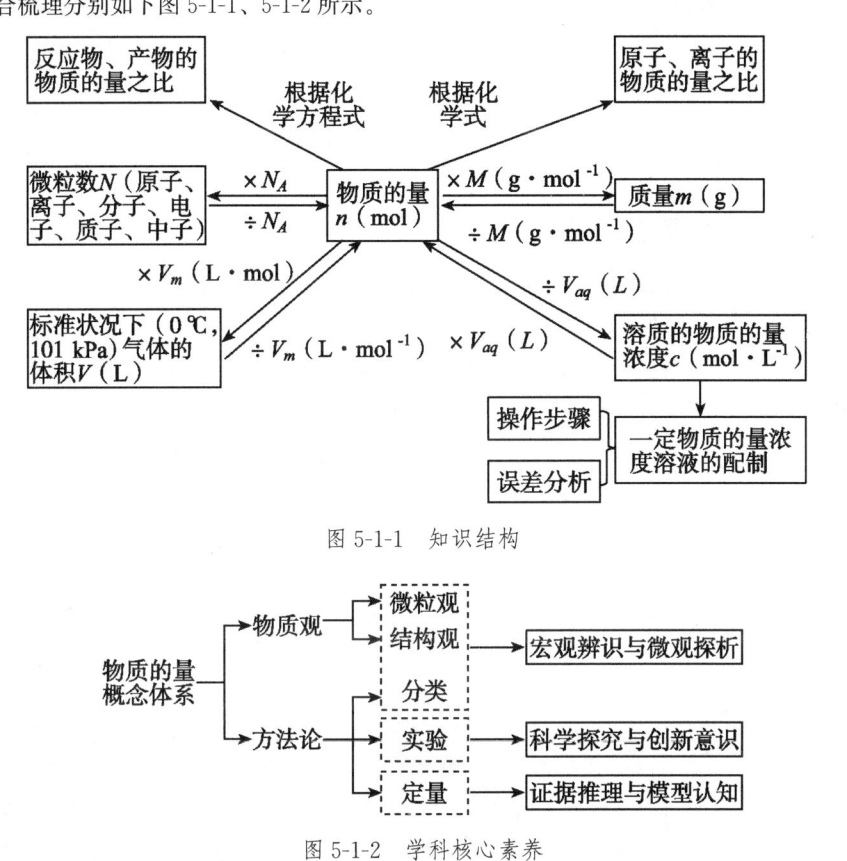图 5-1-1　知识结构 图 5-1-2　学科核心素养

三、教学起点分析

教学起点	相应的策略
已有相关知识经验：具备如分子、原子等微观粒子的观念，对抽象事物具有一定的想象和思考能力，但逻辑思维模型建构仍需要有感性经验的支持。	单元整体教学采用类比迁移的方法，从宏观到微观，从新能源"可燃冰"出发来认识微观粒子的定量世界，让学生通过同化与顺应的方式吸收新的知识和概念，促进学生对抽象概念的理解，提高学生宏观辨识与微观探析的素养。
前概念：能从溶质的质量分数角度认识溶液组成。	由生活中"饮用矿泉水"标签引导学生从新的角度认识溶液，利用所学新知，解决在测定水体中还原性污染物需要用到的"100 mL 0.200 mol·L^{-1} Na$_2$C$_2$O$_4$溶液"的配制问题，设计实验方案，经历实验探究的学习过程，启迪高级思维。

续表

教学起点	相应的策略
可能存在的学习困难：对物质的微观组成理解有困难，不知道物质是由分子、原子还是离子构成的。无法理解繁多的新概念、概念间的相互关系及计算公式的使用情境。	利用学生熟悉的物质、化学方程式，精心设计问题情境，采用问题驱动策略引导学生自主建构出计算关系的模型，促进学生理解物质的量相关概念，培养思维、推理以及解决问题的能力，提高学生证据推理与模型认知素养。

四、单元教学目标设计

单元目标	课时	课时目标
建立从宏微结合的角度研究物质组成及转化的定量表征系统。 1. 能基于物质的量认识物质组成及其化学变化，运用物质的量、摩尔质量、气体摩尔体积、物质的量浓度之间的相互关系进行简单计算。 2. 能依据实验目的设计解决简单问题的实验方案；能运用实验基本操作实施实验方案，能观察并如实记录实验现象和数据，进行分析和推理，对实验过程与结果进行总结和反思。	1	1.1 理解物质的量、阿伏伽德罗常数、摩尔、摩尔质量的概念，并能用它们之间的关系进行简单计算。 1.2 通过类比、迁移的方法理解概念，根据数据推理出物质的量与质量的关系，提高数据分析能力，提升证据推理素养。 1.3 通过从宏观认识物质过渡到以微观视角定量认识物质，提升宏观辨识与微观探析素养。
	2	2.1 理解气体摩尔体积的概念和阿伏加德罗定律，并能进行气体摩尔体积的简单判断和计算。 2.2 经历探究影响物质体积大小因素的过程，提高数据分析能力、合作学习能力、逻辑思维能力。 2.3 通过数据的处理与分析，经历发现学习的过程，养成严谨务实、循序渐进探索真理的科学态度，提高证据推理与科学探究两方面的学科素养。
	3	3.1 掌握用物质的量浓度来表示溶液的组成，建构物质的量、摩尔质量、阿伏伽德罗常数、气体摩尔体积、物质的量浓度等各物理量之间的计算关系模型，学会用物质的量进行有关化学反应的简单计算。 3.2 引导学生对熟悉的问题进行分析，通过探究活动学会建立数学模型，培养解决实际问题的能力。 3.3 通过数据处理、模型建构，促进学生理解物质的量相关概念，培养微观角度定量认识物质的思维模式，提高学生证据推理与模型认知素养。
	4	4.1 通过"配制 100 mL 0.200 mol·L^{-1} $Na_2C_2O_4$ 溶液"的实验探究，学会依据实验目的设计解决简单问题的实验方案，选择实验仪器，规范实验操作，能观察并如实记录实验现象和数据，进行分析和推理，能对实验方案进行评价。 4.2 通过实验过程，培养学生实验设计和动手实践能力。 4.3 经过根据问题设计解决方案并操作、评价，感受高阶思维过程，提高科学探究与创新意识素养。

五、单元学习活动设计

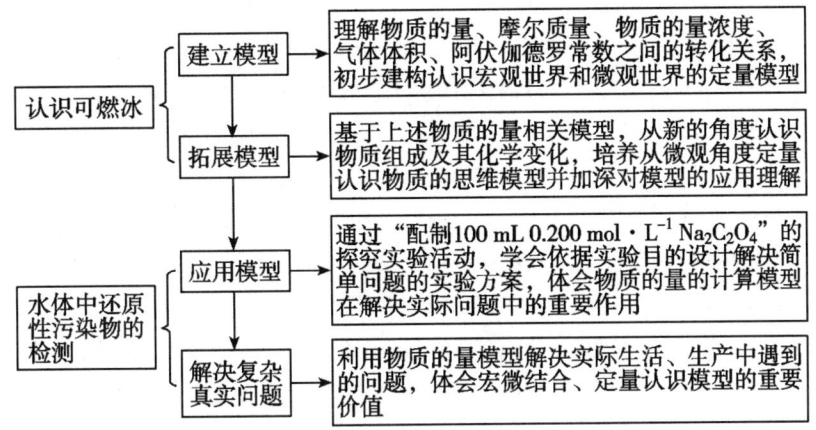

图 5-1-3

单元	课时	问题	任务与活动
单元大情境：认识可燃冰及水体中还原性污染物的检测。单元大问题：n、m、N_A、N、c_B、V、V_m 之间有怎样的转化关系？如何应用这种关系来解决实际的定量问题？	课时1：物质的量及其单位——摩尔、摩尔质量。情境：可燃冰的开发。问题：物质的量、质量、微粒个数之间的关系如何？	问题1.1 长度、质量分别是用什么来衡量的？原子、分子等微观粒子的多少用什么来计量的？它与原子、分子等微粒的个数之间有什么关系？ 问题1.2 1 mol H_2O 含有多少个水分子？多少个氢原子？多少个氧原子？氢原子的物质的量是多少 mol？氧原子呢？如果是 2 mol H_2O 上述问题的答案分别是多少呢？ 问题1.3 课本 P23 表 1-3-1 中，1 mol 物质的质量在数值上有什么特点？ 问题1.4 我国南海勘探目标区内预测可燃冰储量约为 194 亿立方米，这是目前世界上已发现可燃冰地区中饱和度最高的地方。可燃冰是一种重要的新能源，它是在高压低温环境下 CH_4 分子与 H_2O 分子形成的一种类似于冰的物质。若可燃冰的化学式为 $CH_4 \cdot 8H_2O$，那么开采出 1000 g 的可燃冰可以得到多少个 CH_4 分子？这些 CH_4 的质量是多少？	任务与活动1.1 通过类比迁移、阅读理解引入新的计量单位——摩尔，新的物理量——物质的量。 任务与活动1.2 通过已知事物认识陌生事物，促进对新概念的理解。引导学生自己总结出计算公式，建构 N 与 n 之间的计算模型。 任务与活动1.3 通过数据处理推理出 n 与 m 的关系。 任务与活动1.4 通过问题的解决，建构出 n、m、N_A 之间的关系图。

续表

单元	课时	问题	任务与活动
	课时2：气体摩尔体积。 情境：可燃冰的使用。 问题：气体摩尔体积与物质的量之间的关系如何？	问题2.1 观察两个大小不同的气球，并结合生活中的经验，思考并尝试回答以下问题：①哪个气球内含有的气体分子数更多？②气体体积与其分子数有什么关系？③影响气体体积的因素还有哪些？如何影响的？ 问题2.2 如何通过设计实验验证上述猜想？ 问题2.3 阅读课本P23"交流研讨"表1-3-1，思考讨论在相同的温度和压强下，1 mol不同气体的体积在数值上有什么特点？ 问题2.4 标准状况下22.4 L O_2 的物质的量为多少 mol？0.5 mol H_2 在标准状况下的体积为多少 L？ 问题2.5 若25 ℃、101 kPa下气体的摩尔体积是24.5 L·mol^{-1}，那么开采出1000 g的可燃冰在常温常压下释放出的 CH_4 的体积是多少？	任务与活动2.1 通过思考与猜想得出影响气体体积的因素。 任务与活动2.2 设计实验验证气体体积与温度、压强、气体分子数目有关，并发现具体的规律。 任务与活动2.3 通过对数据的分析，得出气体摩尔体积的概念。 任务与活动2.4 通过练习，加强对新概念和新公式的理解与应用。 任务与活动2.5 加深对气体摩尔体积的理解，并建立 V、n、m、N 之间的转化模型。
	课时3：物质的量浓度。 情境：水体中还原性污染物的检测。 问题：如何利用 $Na_2C_2O_4$ 溶液测定 $KMnO_4$ 的物质的量？	问题3.1 观察"饮用矿泉水"瓶上的标签，找出各组分使用的单位，该单位的含义是什么？ 问题3.2 根据对以上数据的理解，能否给出物质的量浓度的定义及计算公式？与课本上的定义及公式是否有出入？哪一种表述更科学严谨？ 问题3.3 100 mL 0.200 mol·L^{-1} $Na_2C_2O_4$ 溶液中含有的 $Na_2C_2O_4$ 物质的量是多少？质量是多少？ 问题3.4 测定水体中还原性污染物时，加入了0.100 mol·L^{-1} $KMnO_4$ 溶液10.00 mL，在一定条件下充分反应后，再用0.200 mol·L^{-1} 的 $Na_2C_2O_4$ 溶液测定过量的 $KMnO_4$，共消耗该 $Na_2C_2O_4$ 溶液11.00 mL。若发生的反应为 $2KMnO_4 + 5Na_2C_2O_4 + 8H_2SO_4 = 2MnSO_4 + 10CO_2\uparrow + 8H_2O$，则与 $Na_2C_2O_4$ 反应的 $KMnO_4$ 的物质的量是多少？生成的 CO_2 在标况下的体积是多少？	任务与活动3.1 通过实例尽可能表述出物质的量浓度的含义。 任务与活动3.2 根据对数据的理解给出定义及公式，再与标准对比，加深对概念的理解。 任务与活动3.3 通过练习，加强对新概念和新公式的理解与应用，并建立 c_B、n、m 之间的联系。 任务与活动3.4 归纳总结各物理量之间的转化关系，并基于物质的量认识物质组成与化学变化，形成以物质的量为中心的定量分析视角，体验在化学计量中引入物质的量的重要意义。

续表

单元	课时	问题	任务与活动
	课时 4：配制一定物质的量浓度的溶液。情境：水体中还原性污染物的检测。问题：如何用 $Na_2C_2O_4$ 固体配制 100 mL 0.200 mol·L^{-1} $Na_2C_2O_4$ 溶液？	问题 4.1 100 mL 0.200 mol·L^{-1} $Na_2C_2O_4$ 溶液中的 100 mL 指的是什么体积？如何准确确定该体积？ 问题 4.2 如何正确使用容量瓶？ 问题 4.3 具体的实验步骤如何？ 问题 4.4 分组实际操作，配制出所需溶液。 问题 4.5 为什么要用蒸馏水洗涤烧杯内壁和玻璃棒 2~3 次，并将洗涤液也都注入容量瓶？如果烧杯中的溶液转移到容量瓶时不慎洒到容量瓶外，最后配成的溶液中溶质的实际浓度比所要求的偏大还是偏小？如果定容时水加多了，用胶头滴管将多余的液体吸出，对配成溶液的浓度有无影响？如果在定容时，仰视或者俯视容量瓶上的刻度线，最后配成的溶液的实际浓度比所要求的浓度是偏大还是偏小？你在操作中还遇到了哪些可能对实验结果有影响的操作？	任务与活动 4.1 明确 100 mL 为溶液的体积，而不是水的体积。通过阅读课本知道需要选择 100 mL 容量瓶。 任务与活动 4.2 阅读课本 P26 "方法导引"，学习容量瓶的使用。 任务与活动 4.3 小组讨论出具体的实验方案。 任务与活动 4.4 实际操作配制一定物质的量浓度溶液。 任务与活动 4.5 对实验结果进行评价，建立从 n 和 V 两个角度进行实验结果评价的思维模型。

六、单元"教、学、评"一体化

课时	目标	任务与活动	评价方法
课时 1	1.2、1.3、1.4	1.2、1.3、1.4	学生用黑板或多媒体展示自己的计算模型及关系图，生生互评、教师反馈。
课时 2	2.1、2.3、2.4	2.1、2.3、2.4	学生回答问题，教师分析反馈。
	2.2	2.2	小组合作展示实验方案，小组互评、教师反馈。
	2.5	2.5	学生用黑板或多媒体展示自己的计算模型及关系图，生生互评、教师反馈。
课时 3	3.1、3.2	3.1、3.2	学生回答问题，教师分析反馈。
	3.3、3.4	3.3、3.4	学生用黑板或多媒体展示自己的计算过程及关系图，生生互评、教师反馈。
课时 4	4.1、4.2、4.3	4.1、4.2、4.3	学生合作学习、展示实验方案，小组互评、教师分析。
	4.4	4.4	学生操作，教师巡视、反馈。
	4.5	4.5	学生回答问题，教师分析反馈。

七、单元作业设计

本作业设计围绕"物质的量及其概念体系"进行设计。设计目标包括能基于物质的量从微观角度认识物质的组成及物质的化学变化,并能运用物质的量、摩尔质量、气体摩尔体积、物质的量浓度之间的相互关系进行简单计算,提升运用溶质的质量分数和溶质的物质的量浓度定量认识物质的组成及物质的化学变化的能力。包括 4 份课时作业和 1 份单元作业。课时作业主要是对核心概念、核心公式进行递进式训练,熟练新的定量分析系统,逐步提高从微观角度定量认识物质的能力,以达到单元作业的检测要求。单元作业旨在帮助学生提高利用物质的量模型解决真实问题的能力,感受宏微结合、定量认识模型的重要价值,并将这一学科素养转化为解决问题的思路和能力。

八、单元教学反思

本单元教学设计主要根据教材的编写顺序,通过"联想·质疑"引出"物质的量"的重要意义,对于物质的量的概念进行淡化处理,重点是引导学生理解它的含义,建立物质的量与微粒个数之间的关联。对于摩尔质量、气体摩尔体积、物质的量浓度等物理量,在教学中也更多的是引导学生从概念出发,建构它们之间的转化关系。最后通过让学生配制一定物质的量浓度的溶液,体会新学习的物理量的重要价值。

在教学过程中发现,学生对物质的量的认识容易出现偏差,总是认为"摩尔"才是物理量。其次学生的微粒观薄弱,无法根据物质的化学式准确地判断出其微粒构成。另外由于本单元的计算量大,对学生的抽象思维、定量思维、逻辑推理能力要求较高,所以对于每个课时中新知的理解和接受往往需要 2 个课时才能保证大部分学生能较好地理解和应用。

总之,在高一的新授课课堂教学中,既需要教师深入挖掘知识的生长点和创新点,搭建理解的阶梯,引导学生自主探索和构建知识体系,也需要教师给足学生时间,去进行课下和课上的吸收、消化、纠正偏差,这样才能真正落实和促进学生化学学科核心素养的发展。

案例二　离子反应

福建省同安第一中学　苏文塔、彭玉群

一、教学单元规划

"离子反应"是高中化学的重要原理知识,内容包括电解质和非电解质、强电解质和弱电解质、离子反应概念、离子检验以及离子方程式的书写技能等。这部分内容贯穿整个高中化学学习,对于元素及其化合物、溶液离子反应与平衡的学习有着重要指导作用。其在必修一教材中的编排位置:苏教版相关的内容分散于专题 1、专题 2;人教版在第一章

第二节；鲁科版在第二章第二节。《普通高中化学课程标准》和 2019 版高中化学新教材（鲁科版、人教版）对"离子反应"的内容编排对比如下表所示。

课程标准及不同版本教材（2019 版）中"离子反应"的内容编排

课程标准要求	人教版	鲁科版
2.3 电离与离子反应 认识酸、碱、盐等电解质在水溶液中或熔融状态下能发生电离。通过实验事实认识离子反应及其发生的条件，了解常见离子的检验方法。	第一章 物质及其变化 第二节 离子反应 一、电解质的电离 二、离子反应	第 2 章 元素与物质世界 第 2 节 电解质的电离 离子反应 一、电解质的电离 二、离子反应 1. 离子反应的含义 2. 离子方程式 3. 离子反应的利用

《普通高中化学课程标准》对离子反应单独列有条目要求。鲁科版、人教版两种教材中"离子反应"均作为一个重要知识以节标题形式出现，均以电解质的电离、电解质在水溶液中的反应为基础进行展开。由此可见，离子反应可以作为一个教学单元处理。同时，离子反应将引导学生从微观角度认识化学反应，促使学生关注化学变化的微观过程，思考化学变化的本质原因，扩展了学生对化学反应的认识角度。因此，站在课程价值的角度，依据化学学科知识的逻辑结构和学生认知顺序，建构"离子反应"教学单元是合理的。

结合必修课程设计以素养导向为目标的"离子反应"单元教学，将知识整合，把单元教学内容作为体现宏观辨识与微观探析这一核心素养的素材。单元设计中突出学生对实验现象（或数据）的宏观辨析，以及对电解质的电离和溶液中离子反应的微观过程的探析，建立如何用符号表征电离和离子反应过程的认识方式，以凸显化学学科更好地认识世界、改造世界的价值导向。引导教师站在课程价值的高度思考为何而教，教什么，怎么教，引导学生思考为何要学，学什么，怎么学，学得怎样。

二、单元教材教法分析

1. 单元教学课程标准要求

化学课程标准在"主题 2：常见的无机物及其应用"中指出：认识酸、碱、盐等电解质在水溶液中或熔融状态下能发生电离。通过实验事实认识离子反应及其发生的条件，了解常见离子的检验方法。能利用典型代表物的性质和反应，设计常见物质制备、分离、提纯、检验等简单任务的方案。

初中教材弱化了"酸、碱、盐"知识的系统性。学生在初中化学学习中，对"酸、碱、盐"部分的知识是以零散的识记为主，初步知道"酸、碱、盐"的概念，无相关通性的知识储备。初中学生知道"解离"却并不知道离子在溶液中的行为。

在必修一中，教材从微观角度引领学生认识离子反应，主要涉及两组概念。第一组概念，电解质（强/弱电解质）、非电解质，从物质分类角度进行拓展。第二组概念，离子反应，从微观角度认识化学反应，促使学生关注化学变化的微观过程，思考化学变化的本质原因。从教材的体系看，"离子反应"是高中化学的重要原理知识，贯穿整个高中化学学习，在中学化学的学习中起承上启下的作用。"承上"是指本节内容引入了离子反应的概念，又进一步研究了酸碱盐在水溶液中的反应特点和规律，是初中溶液导电性实验、酸碱盐电离知识的延续和深化。"启下"是指本节内容是学生后面学习电解质溶液理论知识的基础，对溶液中进行的氧化还原反应、弱电解质的电离、盐类的水解反应、重要元素及其化合物等多方面知识的学习起到铺砖引路的作用。从研究方法看，它是研究化学反应分类方法的补充以及从本质分析化学反应的必备技能，是中学生学习化学、从事化学专业的知识和能力的重点。

结合必修课程建构以素养导向为目标的"离子反应"教学单元，其关键性的知识是电离、电解质和非电解质、强/弱电解质、离子反应等概念的建立，以宏观辨识、微观探析、符号表征为主要逻辑线索及认识层次，然后再按图 5-2-1 的方式整合知识，设计情境线索、知识线索、能力线索等，其整体构思如下。

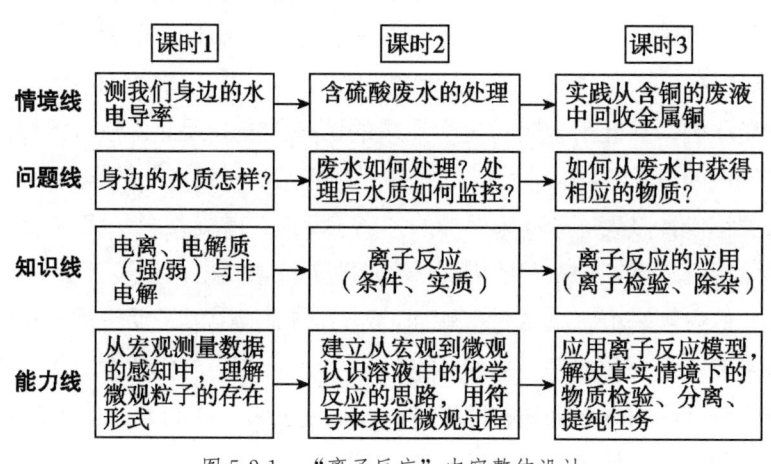

图 5-2-1 "离子反应"内容整体设计

2. 单元知识与学科核心素养

离子反应作为中学重要的原理知识，是发展学生"宏观辨识与微观探析"素养非常好的素材，因此，单元整体设计的素养导向就是突出宏观、微观、符号三重表征。其他素养维度也会有所体现，但显然是有主次之分的。如在核心概念的建立过程中，让学生收集实验证据（数据），设计实验来证据推理，并运用已建立的认知模型解决实际问题，涉及证据推理与模型认知这一核心素养维度。

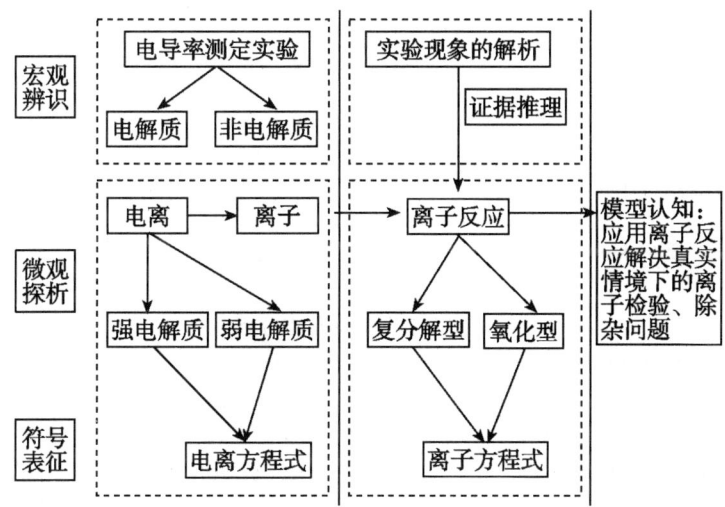

图 5-2-2 "离子反应"知识结构与学科核心素养

3. 选择合适的教学方法

基于上述分析,本单元内容涉及宏观和微观,重点在于离子反应模型的建构与使用,该内容与生产生活联系紧密,基于建模教学的实际需要,可在实验探究教学法、微观模拟、情景教学法等教学方法中进行选择和适当组合。

三、单元教学目标设计

1. 单元及课时目标

因为电离、电解质、强/弱电解质是高中化学重要且抽象的概念,学生掌握这些概念对后续元素化合物、溶液中化学平衡的学习都有重要意义,也是学生建立宏观辨识与微观探析、证据推理与模型认知素养的重要内容。所以本单元的目标就是要完成以上内容的学习和思维建构,重点是如何为后面的学习打下三重表征的基础。

"离子反应"单元目标及课时目标

单元名称:基于宏微结合导向下的"离子反应"		
单元目标	课时	课时教学目标
1. 建立从宏观到微观认识溶液中的化学反应的思路和方法,会用符号来表征微观过程。 2. 应用离子反应模型,解决真实情境下的物质检验、分离、提纯任务。体会到化学学科发展对人类的重大意义。	1	1.1 从宏观测量数据的感知中,理解微观粒子的存在形式。 1.2 会用符号表征电离过程。
	2	2.1 从宏观反应现象感知中,结合课时1中微观粒子在水中的存在形式,认识离子反应。 2.2 从微观理解粒子间的相互作用,并会用符号表征离子反应过程。
	3	3.1 基于课时1和2建构的思路,解决真实情境下的离子检验、除杂问题。

2. 单元重点

建立从宏观到微观认识溶液中的化学反应的思路和方法，会用符号来表征微观过程。

3. 单元难点

从实验中进行证据推理得出离子反应的本质，建立认知素养。

四、教学起点分析

"离子反应"教学起点分析

教学起点	相应的利用策略
已有相关知识经验：1. 初中学生对"酸、碱、盐"部分的知识是以零散的识记为主，初步知道"酸、碱、盐"的概念。 2. 学生知道"解离"却并不知道离子在溶液中的行为。	1. 从学生天天接触的"水"这一主题出发，以"身边的水质怎样、废水如何处理、处理后质量怎样"这一大情境展开，激发学生对化学反应新认识角度的学习热情和求知欲。 2. 设计实验探究演绎出"电解质、强/弱电解质、离子反应"的概念，学习电解质分类方法，探究溶液中离子反应的实质。建立从微观角度分析物质在水溶液中存在的微粒形式及其相互作用的程序和思路。
前概念：对"结构决定性质"的认识只停留在表面，习惯从宏观现象分析化学变化，并没有从物质作用的本质分析化学反应。	利用实验探究及现代教育技术，从实验现象（或数据）的宏观辨析，到微观角度分析物质在水溶液中存在的微粒形式及其相互作用，发展学生"宏观辨识与微观探析"素养。
可能的学习困难：对于微观粒子的存在形式、相互间如何作用，肉眼看不见，较为抽象，学生有畏难情绪。 学生在初中已经有了探究的经历，但探究的质和量都不够，自主学习的能力不是很强。	1. 利用现代教育技术，展示形象、直观的模拟动画，化静为动，微观模拟微粒在溶液中的存在形式，微粒间如何相互作用，提高微观探析能力。 2. 开展以化学实验为主的多种探究活动；探究溶液中离子反应的实质及发生条件，发展提高学生的探究水平和自主学习的能力。

五、单元学习活动设计

基于宏微结合导向下的"离子反应"，将情境、知识、评价、素养整合，围绕学生天天接触的"水"这一主题，从"水有很好的溶解能力，使水成为很好的反应介质，但也使得水易受到污染"这一情境主题出发，以"身边的水质怎样、测测身边的水、废水如何处理、处理后水质如何检测监控，如何利用离子反应从废水中回收相应的物质"为情境线索，贯穿学习电离、电解质、强/弱电解质、离子反应、离子检验等关键性知识，以宏观辨识、微观探析、符号表征为主要逻辑线索及认识层次，过程中同时结合实验探究、证据推理、模型认知为主要核心素养及认识思路和方式，将离子反应教学单元活动分解为3个任务主题，其整体构思如下。

1. 单元学习线索

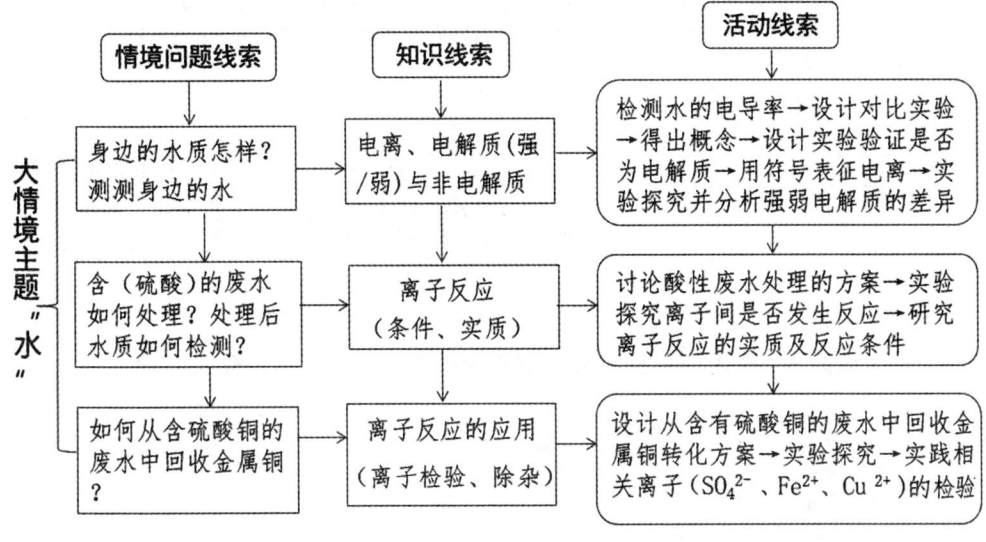

图 5-2-3

2. 课时学习活动设计

基于对离子反应单元的总体认识，设计如下的课时学习活动。

单元名称：基于宏微结合导向下的"离子反应"		
单元学习活动目标	课时学习活动目标	
建立从宏观到微观分析溶液中的化学反应的思路和方法。	第1课时	实验探究演绎出电解质和非电解质的概念，学习电解质分类方法。
	第2课时	宏观数据感知，到微观离子间的作用分析，到能用离子符号进行表征。（宏观辨识与微观探析素养的建构）
	第3课时	用离子反应模型，解决真实问题。（模型认知）

课时1 电离、电解质和非电解质、强/弱电解质

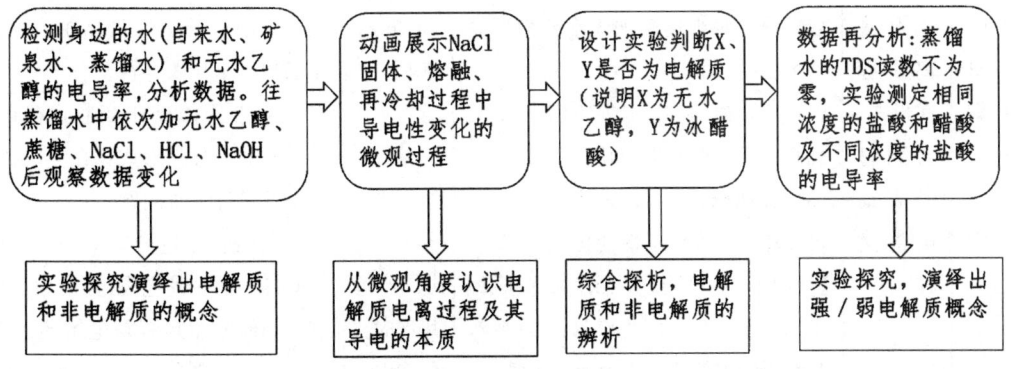

图 5-2-4

课时 2　离子反应及其应用

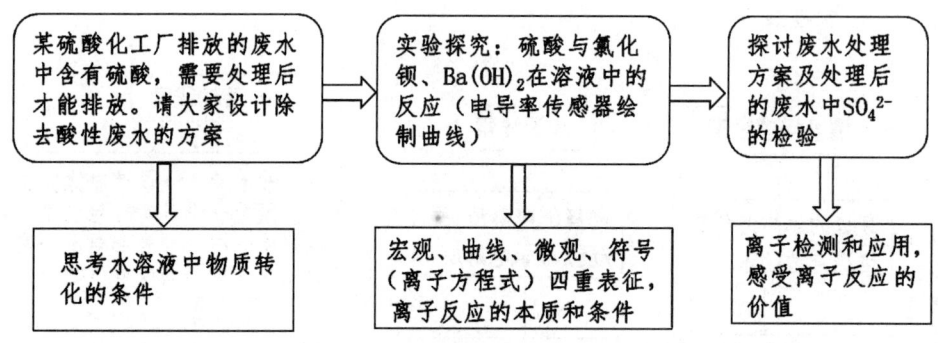

图 5-2-5

课时 3　应用离子反应解决真实情境下的离子检验、除杂问题

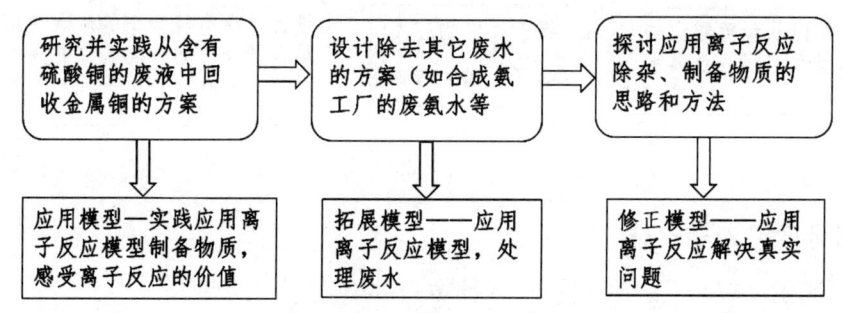

图 5-2-6

3. 教学过程设计

课时	素养	学习活动与任务	知识	问题与评价
课时1 电离、电解质和非电解质、强/弱电解质	宏观辨识与微观探析（宏观数据感知到微观离子存在形式，再到符号表征电离过程）	【活动1.1：测测身边的水】用TDS检测笔检测身边的水样：河水、矿泉水、蒸馏水、无水乙醇，记录数据并分析。 【活动1.2：推理设计实验】 （1）蒸馏水中逐渐加无水乙醇后观察数据变化。 （2）蒸馏水中加 NaCl、HCl、NaOH后观察数据变化。 （3）看视频：NaCl 在固体、熔融、再冷却过程中导电性变化。 【活动1.3：测测是什么】提供两种未知溶液X、Y，请设计实验判断其是否为电解质（X为无水乙醇，	电离 电解质与非电解质 综合运用课时1的知识	（1）为什么河水的读数比矿泉水大，无水乙醇最小？ （2）怎么设计实验证明某个化合物在水中电离还是不电离。（从宏观层面设计评价问题） （3）乙醇以什么形式存在？溶于水后以什么形式存在？ （4）NaCl 固体以什么形式存在？溶于水后以什么形式存在？（从微观层面设计评价问题） （5）如何表达 NaCl、HCl 和 NaOH在水中的电离过程？ （6）如何才能判断是电解质或非电解质？需要做什么（或哪一些）

续表

课时	素养	学习活动与任务	知识	问题与评价
		Y为冰醋酸)。 【活动1.4：数据再分析】 (1) 活动1.1数据再分析。 (2) 在活动1.3中10 mL Y液体（冰醋酸）中逐滴加水观察数据变化。 (3) 设计多种方案证明Y液体是弱电解质（注意：测等体积、等浓度的盐酸、醋酸的TDS数值，并测pH，与相同活泼金属反应看速率等）。	强电解质和弱电解质	实验来证明？（诊断学生宏微辨识水平层次差异，并促进其水平的发展） (7) 水质检测中为什么蒸馏水的TDS读数不为零？为什么读数比矿泉水小很多？由此推测水的存在形式是什么？如何用符号来表达弱电解质的电离过程？ (8) 如何从数据中分析醋酸是弱电解质还是强电解质？你如何设计实验证明？
课时2 离子反应及其应用	宏观辨识与微观探析（直接或间接的宏观现象到微粒间的相互作用到符号表征离子反应）	【活动2.1】在化工、金属加工、硫酸工业、制碱等工业生产中经常会产生大量的酸性或碱性废水，需要处理后才能排放。若某化工厂排放的废水主要为硫酸，讨论除去酸性废水的方案，并说明思路。 【活动2.2】实验探究离子反应的本质。 实验1：硫酸中加碳酸钠溶液。 实验2：碳酸钙颗粒加少量水，再加硫酸。 实验3：硫酸中滴加氯化钡。 实验4：硫酸中滴加NaOH。 实验5：氢氧化钡与硫酸在水溶液中的反应（电导率传感器采集数据，绘制曲线）。 观察现象（宏观辨识）→分析数据、曲线（微观探析）→书写离子方程式（符号表征）。 【活动2.3】处理后的废水中SO_4^{2-}如何检验？	离子反应及其应用	(1) 分析盐酸、碳酸钠、NaOH、碳酸钙在水中分别存在哪些离子？离子如何产生？怎么表示？主要以什么形式存在？（从微观角度评价强、弱电解质的理解水平） (2) 溶液混合后哪些离子起作用了？如何判断？ (3) 实验4有没有现象？是否反应？如何设计实验证明？ (4) 反应前后离子数目怎么变化？如何使离子数目减少？ (5) 离子反应的本质是什么？离子反应发生的条件有哪些？ (6) 如何证明实验2中的Na^+和Cl^-没有参与反应？ (7) 上述过程中是什么离子在反应？什么离子不参与反应？ (8) 总结书写离子反应的思考程序。

续表

课时	素养	学习活动与任务	知识	问题与评价
课时3 应用离子反应解决真实情境下的离子检验、除杂问题	模型认知、社会责任（应用离子反应模型，解决真实问题，体会到化学的社会价值和社会责任）	【情境】根据离子反应实质，研究处理以下不同类型的废水（酸性、碱性、含重金属离子等）。 【活动3.1】某工厂欲从含有硫酸铜的废液中回收金属铜，请同学设计方案，交流评价方案，实验探究。 废液 →加入过量A 操作I→ 固体/液体 →加入过量B 操作II→ Cu/液体 →操作III→ $FeSO_4$晶体 【活动3.2：实验探究】学生实践从含有硫酸铜的溶液中回收金属铜并检验滤液中的各种离子（SO_4^{2-}、Fe^{3+}、Cu^{2+}）。 【活动3.3】思考以下废水如何处理，写出相应的离子方程式。 （1）合成氨工厂的废氨水如何处理？（可以用稀硫酸处理，可用于制备氮肥，请写出离子方程式） （2）造纸、医药等会产生大量的醋酸废水，可加入白云石（$MgCO_3 \cdot CaCO_3$）粉末除去，写出相应的离子方程式。	应用离子反应模型解决生活、生产中的真实问题	（1）溶液中存在哪些微粒？如何使离子数目减少？ （2）从含有硫酸铜的废液中回收的金属铜中是否含有铁单质，如何检验？如何从滤液制得副产品绿矾？ （3）如何处理酸性或碱性废水？ （4）应用离子反应模型，除杂、制备物质的一般思路是什么？

六、单元"教、学、评"一体化

教学和学习活动中，围绕情境、知识、评价、素养的整合统一。在具体的学习环节中，围绕情境性问题链和环节性的评价任务，不断引导学生深入思考，评价学生的学习进程和水平，评价学生的思考程序和认识方式、角度，从而体现教、学、评的一体化。"离子反应"单元素养导向、情境、问题、任务与活动、评价如下。

课时	目标	活动与任务	评价方法
课时1	1.1	1.1 1.2 1.3 1.4	设计实验方案验证预测，观察实验，准确描述实验现象，以交流与讨论的方式，从微观视角分析宏观现象的成因，诊断学生对电解质和非电解质、强/弱电解质概念的理解情况，又直指其在水中主要存在形式这一关键性思考。
	1.2	1.2	从微观视角分析宏观现象的成因，学会用符号表征电离过程。诊断学生微观探析水平差异。

课时	目标	活动与任务	评价方法
课时 2	2.1	2.1 2.2	围绕学生在实验中的宏观描述、设计实验的水平差异,诊断学生宏观辨识离子反应的水平差异。
	2.2	2.2 2.3	从学生运用符号表征离子相互作用反应的水平差异来诊断学生宏微结合素养。
课时 3	3.1	3.1 3.2 3.3	通过讨论交流、证据推理、实验探究来解决真实情境下的离子检验、除杂问题,诊断学生从微观认识离子间是否作用的素养水平,以此深化离子反应知识在培养学生核心素养方面的突出作用。

七、单元作业设计

本单元通过对离子反应的学习,继续发展"科学探究与创新意识""科学态度与社会责任"素养,重点促进"宏观辨识与微观探析""变化观念与平衡思想""证据推理与模型认知"素养的发展。

	核心素养发展重点	学业要求
宏观辨识与微观探析	从宏观现象、数据感知到微观离子间的作用分析。	1. 体会实验、分类、模型等方法在化学科学研究中的应用。
变化观念与平衡思想	了解可以从不同角度对化学反应进行分类;知道离子反应的实质是离子浓度减少,可以通过离子反应实现物质转化。	2. 理解电解质的概念,能运用分类思想对化合物进行再分类,能运用符号表示电解质的电离。
证据推理与模型认知	能从物质及其变化的事实中提取证据,建构分析溶液中化学反应的思路和方法,为研究元素化合物的性质提供新的视角,初步建立基于物质类别和离子反应角度认识物质性质及变化的思维模型。	3. 能从物质的类别、离子性质的角度,依据离子反应原理,设计实验进行初步验证,并能分析、揭示有关实验现象。 4. 能应用离子反应模型,解决真实情境下的物质检验、分离、提纯任务。

八、单元教学反思

整个单元教学围绕学生天天接触的"水"这一主题,以"身边的水质怎样、测测身边的水、废水如何处理、处理后水质如何检测监控、利用离子反应从废水中回收相应的物质"为情境线索展开,贯穿电离、电解质、强/弱电解质、离子反应、离子检验等关键性知识,开展以化学实验为主的多个探究活动,增加体验性和实践性。如用电导率传感测氢氧化钡与硫酸在水溶液中反应过程中电导率数据的变化并绘制曲线,让学生从微观视角分析反应的实质,先明确溶液中存在的微粒及比例,再判断哪些离子发生了反应,最后写出离子方程式。实现宏观、曲线、微观、符号(离子方程式)四重表征,建立从微观角度分析物质在水溶液中存在的微粒形式及其相互作用的程序和思路。教学中以宏观辨识、微观探析、符号表征为主要逻辑线索及认识层次,同时结合实验探究、证据推理、模型认知为认识思路和方式,以此深化离子反应知识在培养学生核心素养方面的突出作用。

案例三 氧化还原反应

福建省厦门第一中学 杨伏勇

一、教学单元规划

氧化还原反应是化学学科的核心概念之一,在初中阶段学生对化学反应的认识是以四大基本反应类型为基础的,这种认识方式基于对化学反应中物质组成的分析,是对化学反应的表层分析。而氧化还原反应是从电子转移角度认识化学反应,是对化学反应本质的关注,基于此将氧化还原反应设置成为一个教学单元,可以转变学生对化学反应的认识角度,从表层到本质,实现学生认识上的飞跃。其次,《普通高中化学课程标准》对氧化还原反应单独列有条目,要求"根据实验事实了解氧化还原反应的本质是电子的转移,举例说明生产、生活中常见的氧化还原反应。"参阅相关教材,"氧化还原"均作为一个重要知识以节标题形式出现,由此可见,氧化还原反应可以作为一个教学单元处理。另外,从与生产生活实际联系角度看,氧化还原概念与化学电池、金属腐蚀、电解电镀、环境保护等诸多问题相关联,而从学科发展看,氧化还原又是电化学的核心知识,所以无论学生将来如何发展,都应该具备从氧化还原角度认识化学反应的知识和能力。把氧化还原知识作为一个教学单元,建构和完善氧化还原反应模型的主题是合理的。

二、单元教材教法分析

课程标准中在"主题2:常见的无机物及其应用"中指出:认识有化合价变化的反应是氧化还原反应,了解氧化还原反应的本质是电子的转移,知道常见的氧化剂和还原剂。能从物质类别和元素价态的角度,依据复分解反应和氧化还原反应原理,预测物质的化学性质和变化,设计实验进行初步验证,并能分析、解释有关实验现象。

在初中阶段,学生已经从得氧、失氧的观点(即物质组成方面)认识了氧化反应、还原反应,强调的是这两个概念的对立性;继而又以CO还原CuO为例,说明了氧化反应、还原反应的统一性,充实了概念的内涵。

在必修一中,教材从微观角度引领学生认识氧化还原反应,理解氧化还原反应的本质是电子的转移或电子对的偏移,并且该本质可以通过元素化合价的变化表现出来,在学习过程中了解氧化和还原这两个过程是同时进行的,由此形成从微观角度认识氧化还原反应的思维方式。初中阶段要求学生能够从宏观角度出发,根据反应物和生成物的类型,将化学反应分为四种基本反应类型,而在高中阶段则要求学生从得失电子的微观角度出发,对反应类型进行分类，同时引导学生将氧化还原反应与四种基本反应联系起来，掌握一种新的分类方法并体会这种分类方法的简便性，有助于学生完善原有的认知结构，促进分类思想的发展。在学生掌握氧化还原反应的本质是得失电子的基础上，进一步丰富学生的知识体系，要求学生掌握氧化还原反应中的几对概念，即氧化剂和还原剂、氧化性和还原性、被氧化和被还原、氧化产物和还原产物，并了解几对概念之间是相互依存、对立统一的关系，帮助学生树立辩证统一的科学世界观。学生不仅能从电子转移的角度认识氧化剂和还原剂，还能判断物质是否具有氧化性或还原性，并且能够熟练运用氧化还原反应理论模型去认识物质和反应。

氧化还原反应作为中学的核心概念，基于认识的发展，学生需要构建相关模型如下。

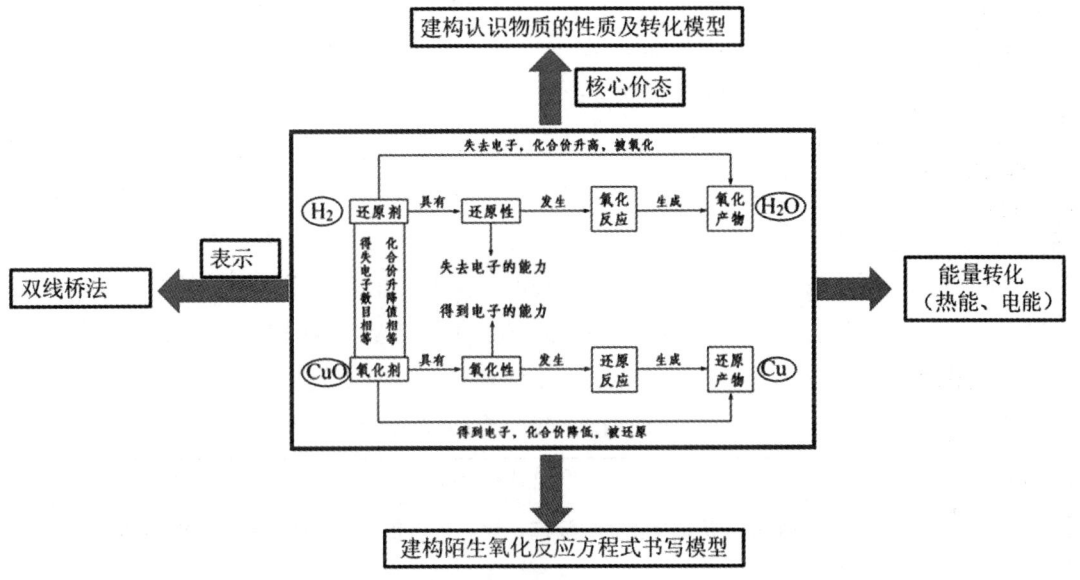

图 5-3-1 氧化还原反应总体认识模型

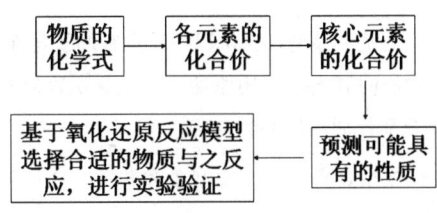

图 5-3-2 认识物质氧化还原性质的方法模型

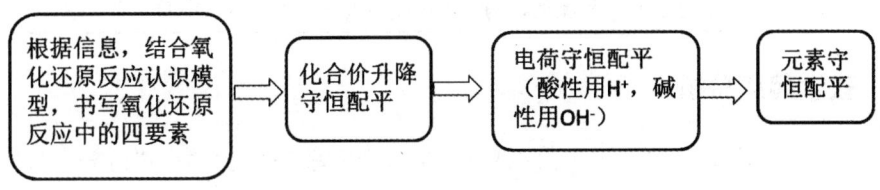

图 5-3-3 书写陌生情景氧化还原反应方程式的方法模型

基于上述分析，本单元内容涉及宏观和微观，重点在于氧化还原反应模型的建构与使用，该内容与生产生活联系非常紧密，基于建模教学的实际需要，可在实验法、微观模拟、情景教学法、实验探究教学法等教学方法中进行选择和适当组合。

三、单元教学目标设计

高中化学氧化还原反应部分的教学涉及三组概念。第一组概念是氧化还原反应，学生从得失电子角度认识化学反应，扩展了学生对化学反应的认识角度，促使学生关注化学变化的微观过程，思考化学变化的本质原因。第二组概念是氧化剂和还原剂，这是物质分类角度的拓展，这种分类可以大大拓宽学生认识化学反应的数量，为后续的元素化合物学习奠定基础。第三组概念是氧化性和还原性，这组概念在教材中没有被处理为概念形式，它是前两组概念学习中必然关联的内容，学习这部分内容后，学生应该意识到在研究物质性质时，氧化性和还原性是非常重要的研究内容。

基于以上分析，我们将氧化还原反应单元的教学目标确定为：从电子得失角度认识氧化还原反应，掌握元素化合价与物质氧化性、还原性间的关系，建构氧化还原反应的认识模型，能利用双线桥来表示氧化还原反应，并能运用氧化还原反应的认识模型去推测典型氧化剂、还原剂间的反应关系，感受化学反应的规律性，增强化学学习的信心。建立研究物质的"氧化还原反应模型"，并能够从微观角度对反应进行认识，培育"模型认知、宏观辨识与微观探析"等核心素养，其中"模型认知"是本单元教学重点培育的素养。

基于对氧化还原反应单元的总体认识，我们将该单元教学确定为四课时。

课时	课时教学目标
1	1.1 从电子得失的角度认识氧化还原反应，建立认识化学反应的新视角，能够和基本反应类型进行区分。 1.2 建立氧化剂和还原剂、氧化产物和还原产物的概念，初步建立氧化还原反应的认识模型，并能够运用双线桥来表示氧化还原反应。
2	2.1 基于氧化还原反应的基本模型，去认识物质具有的氧化性和还原性。 2.2 能设计方案研究物质的氧化性或还原性，建立认识物质和物质性质的新视角，初步建立从化合价角度预测物质性质的思路和方法。
3	3.1 应用氧化还原反应模型，研究物质的制备和转化，认识氧化还原反应在物质转化和能量转化方面的重要应用。 3.2 能够运用氧化还原反应模型书写陌生氧化还原反应方程式，并进行简单的计算。
4	4.1 基于对氧化还原反应模型的建构，运用模型去解决生产生活中的真实问题。

四、教学起点分析

"氧化还原反应"的内容，建立在初中化学"四种基本反应类型""得氧和失氧认识氧化还原反应"的教学基础上，对于"氧化还原反应"的教学起点分析如下表。

教学起点	相应的利用策略
已有相关知识经验：1. 能够判断一些元素的化合价。 2. 能够从宏观角度出发，根据反应物和生成物的类型将化学反应分为四种基本反应类型。 3. 能够从得氧和失氧角度初步认识一些简单的氧化还原反应。	1. 基于化合价去认识氧化还原反应的特征，并探究其实质。 2. 引领学生从宏观走向微观，去认识氧化还原反应的本质。 3. 基于得氧和失氧去分析其本质特点，加深对氧化还原反应本质的认识。
可能存在的学习困难：从微观上对氧化还原反应的本质的认识存在抽象性，对氧化还原反应的相关概念理解不清。	通过实验来引导学生对氧化还原反应中电子转移的认识，基于电子得失引领学生对相关概念进行一体化认识。

五、单元学习活动设计

学习活动设计是对教学目标的具体阐释和实现教学目标的必要保障。单元教学活动设计分为两个层面：一是单元活动设计，解决学生在整个教学单元中的学习活动线索；二是课时活动设计，遵循单元活动设计，确定每个课时中学生具体的活动任务。

基于前面对单元教学目标的要求，我们对氧化还原反应教学单元作了如下教学活动设计。

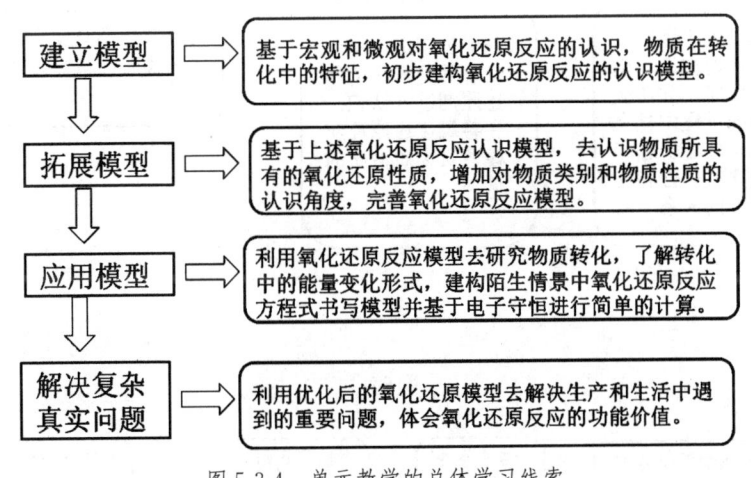

图 5-3-4　单元教学的总体学习线索

基于对氧化还原反应单元教学的总体学习线索，开展对各课时学习活动的设计。

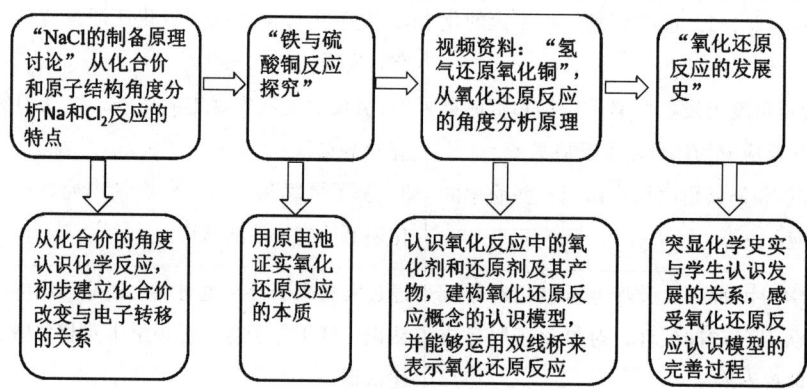

图 5-3-5

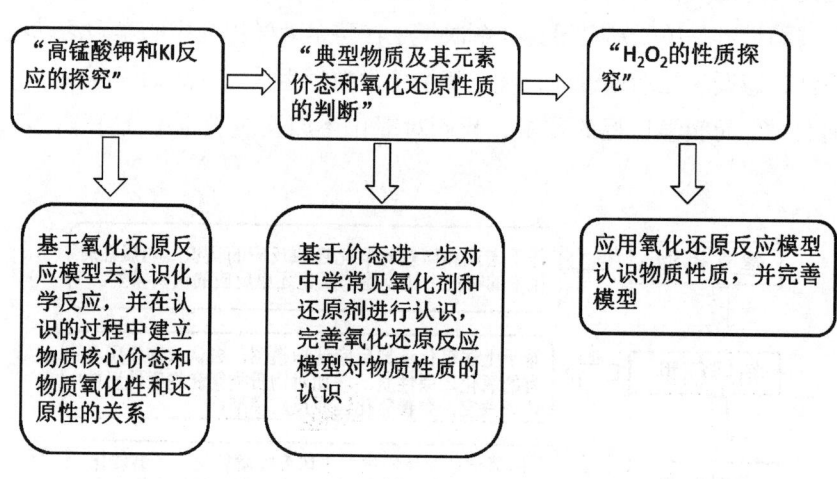

图 5-3-6

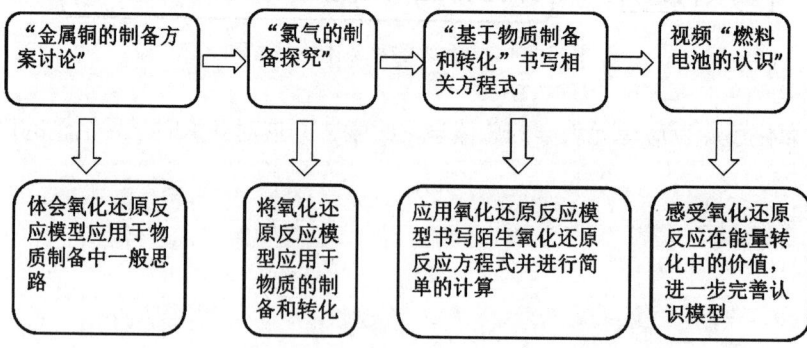

图 5-3-7

课时 4

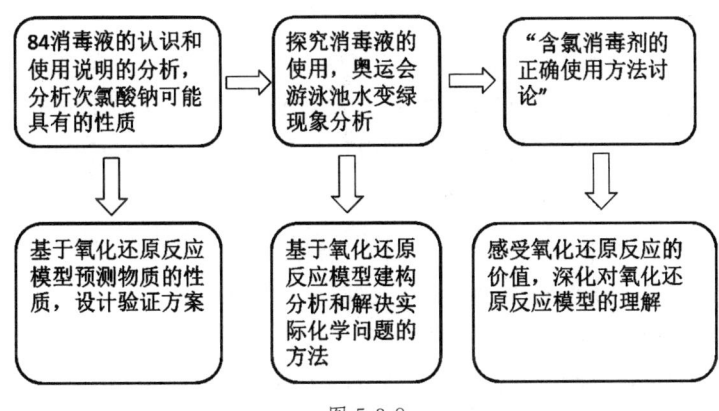

图 5-3-8

六、单元"教、学、评"一体化

课时	目标	活动与任务	评价方法
课时 1	1.1	NaCl 制备原理,化合价的变化与原子结构分析;铁与 $CuSO_4$ 溶液反应探究。	学生分组讨论交流,诊断和发展学生从宏观到微观认识氧化还原反应本质。
	1.2	氢气还原氧化铜实验原理的分析;氧化还原反应的发展史。	学生能够应用氧化还原的基本知识来建构氧化还原反应的认识模型,并基于完善化学模型,提升学生的模型建构能力。
课时 2	2.1	$KMnO_4$ 和 KI 实验原理分析;基于核心元素价态分析物质氧化和还原性质。	学生能够应用课时 1 建构的模型去认识氧化还原反应,建立核心价态和物质氧化还原性的关系,建构从元素价态认识物质性质的视角,促进学生对物质性质的认识发展。
	2.2	H_2O_2 的性质探究。	能够应用氧化还原反应模型去设计方案探究物质的性质,并进一步完善认识模型。
课时 3	3.1	金属铜的制备方案讨论;氯气的制备方案探究。	能够应用氧化还原反应模型去设计方案进行物质的制备和转化,提升模型的应用能力。
	3.2	基于物质转化书写陌生方程式。	基于氧化还原反应的认识模型,建构陌生氧化反应方程式的书写模型。
课时 4	4.1	分析 NaClO 的性质;探究消毒液的正确使用方法。	基于氧化还原反应模型解决复杂真实问题,提升学生应用模型分析问题和解决问题的能力。

七、单元教学反思

"氧化还原反应"的单元教学，以学生已有的认知起点为出发点，以模型认知作为学生核心素养的主要培育方向，通过4个课时引领学生建构氧化还原反应的认识模型，在活动中不断地应用模型、完善模型，最后利用模型去解决真实的复杂问题。教学中由于学生的知识和能力水平差异，课时的时间安排需要在教学中进行适当的优化。

学生对化学问题分析角度的多少，是影响其化学素养高低的重要因素。本单元教学设计始终定位于利用氧化还原模型发展学生对物质和化学反应的认识，并利用模型去解决真实问题，在问题解决的过程中得到能力的提升和核心素养的培育。本单元重点提升模型认知在学习中的功能价值，并为后续学生利用氧化还原反应模型建构价类二维模型认识物质性质打下坚实的基础。

案例四　铁及其化合物

福建省厦门第二中学　阮雪丹

一、教学单元规划

1. 教学单元规划

"常见的无机物及其应用"是高中化学课程的一个重要主题。"铁及其化合物"是元素化合物部分的核心内容，其内容知识点多、难度大，对其学习应该从物质类别和核心元素化合价的角度实现物质转化，形成认识物质性质的两个角度，进而建构研究物质性质的类价二维分析模型，为非金属及其化合物的学习奠定基础。

单元整体教学往往围绕一个主题进行研究学习，突出内容和过程的联系性和整体性，"铁及其化合物"作为一个教学单元，教学视野应该从单课时的微观范畴转向更为宽阔的单元宏观范畴，设置有思维梯度的学习任

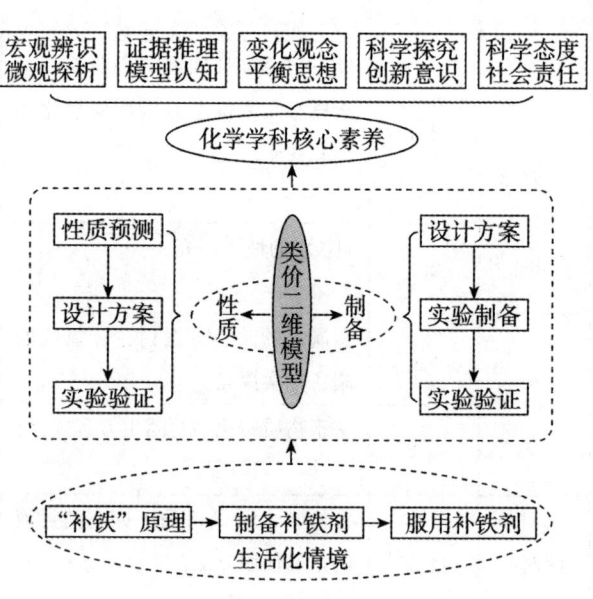

图 5-4-1　"铁及其化合物"教学单元规划模型图

务，通过注重学科核心素养培养的阶段性和层次性，可持续地发展学生的学科核心素养。"铁及其化合物"教学单元规划模型见图 5-4-1。

2. 教学单元课时划分

"铁及其化合物"涉及的内容主要有铁单质、铁的氧化物和氢氧化物、铁盐和亚铁盐、铁及其化合物的相互转化。该部分内容的学习对象是高一学生，他们刚刚系统接触过氧化还原反应的特征和实质，初步建立起氧化剂和还原剂的概念。本节内容学习的侧重点是运用氧化还原反应的理论探究铁及其化合物的氧化性和还原性，另外作为元素化合物的核心内容之一，通过"铁及其化合物"的学习，实现"价态"和"类别"思维的有效融合，提炼出"类价二维思维"程序，为后续硫元素、氮元素的元素化合物的学习搭建出基本的、流畅的思维路线。

将"铁及其化合物"划分为有内在逻辑关系的 3 个课时（如下表所示）：第 1 课时是类价二维分析模型的初步建构，第 2 课时是将科学探究与类价思维进行有效融合，第 3 课时将类价二维模型和科学探究应用于真实问题的解决。3 个课时围绕素养目标层层递进，逐步深入。

"铁及其化合物"教学单元课时划分

课时	内容	重难点
课时 1	建构铁及其化合物的类价二维图。	类价二维分析模型的优化。
课时 2	实验制备 $FeSO_4$。	1. 制备 $FeSO_4$ 的实验方案设计及科学探究。 2. 类价二维模型的应用及思维模型建构。
课时 3	铁及其化合物的应用。	利用类价二维思维模型解决真实问题。

二、单元教学目标设计

1. 教学单元总目标

"铁及其化合物"教学单元总目标

课程标准	教学单元总目标
认识元素可以组成不同种类的物质，根据物质的组成和性质可以对物质进行分类；同类物质具有相似的性质，一定条件下各类物质可以相互转化；认识元素在物质中可以具有不同价态，可通过氧化还原反应实现含有不同价态同种元素的物质的相互转化；了解物质在生产、生活中的应用；了解通过化学反应可以探索物质性质、实现物质转化。	了解铁及其化合物的物理性质和化学性质；建构铁及其化合物的类价二维思维模型；从复分解反应、氧化还原反应原理分析铁及其化合物的相互转化；运用模型、关系图解释化学问题；在制备 $FeSO_4$、检验 $FeSO_4$、补铁剂与茶水、维生素 C 的创新实验中体会科学探究的基本思路和方法；了解铁及其化合物的重要应用，知道铁元素与人体的关系，感受化学的学科价值，建构学科价值观。

2. 教学单元课时目标

"铁及其化合物"教学单元课时目标

课时	课时目标	评价目标
课时1：建构铁及其化合物的类价二维图	1.1 能够从元素化合价、物质类别两个角度对铁及其化合物进行分类。 1.2 能够从复分解反应、氧化还原反应原理来预测铁及其化合物的化学性质，了解铁及其化合物的相互转化过程。 1.3 初步建构铁及其化合物的类价二维分析模型。	1. 通过学生对铁及其化合物的类价二维图的建构，诊断学生是否形成研究物质性质的两个角度。 2. 通过对铁及其化合物相互转化关系的讨论和点评，诊断并发展学生对物质及其转化思路的认识水平。
课时2：实验制备$FeSO_4$	2.1 根据类价二维分析模型来预测Fe^{3+}和Fe^{2+}的化学性质，了解Fe^{3+}和Fe^{2+}相互转化所需条件。 2.2 在制备$FeSO_4$的实验探究中体会科学探究的基本思路和方法，形成科学探究的基本思维程序。 2.3 利用类价二维模型归纳物质性质预测、实验制备的一般思路，建构研究物质性质的思维模型。	通过对制备$FeSO_4$的实验设计方案的交流与点评，发展学生设计物质性质的实验探究的水平。
课时3：铁及其化合物的应用	3.1 能利用类价二维分析模型来解决补铁剂的真实问题。 3.2 通过补铁剂与浓茶水、维生素C的创新性实验探究，培养创新意识，感受Fe^{3+}和Fe^{2+}相互转化的真实过程。 3.3 通过补铁剂的真实问题解决，知道铁元素与人体的紧密联系，感受化学的真实价值，建构化学价值观。	通过对饮用补铁剂相关注意事项的讨论和点评，诊断并发展学生解决实际问题的能力水平及对化学价值的认识水平。

三、教学起点分析

"铁及其化合物"单元教学起点分析

教学起点	教学策略
已有知识基础：初中所学的含铁元素的物质，如Fe、Fe_2O_3、Fe_3O_4、$FeCl_3$、$FeSO_4$等，知道铁与氧气、酸、硫酸铜反应，CO可还原Fe_2O_3，硫酸可除铁锈（Fe_2O_3）。	单元教学起始阶段可设计相应的教学情境，如分析"铁锅补铁"原理涉及的化学反应，激活学生头脑中已有的相关知识。
前概念：发生复分解反应的条件，元素化合价有变化的反应称为氧化还原反应。	引导学生从复分解反应、氧化还原反应原理来梳理铁及其化合物相互转化的关系。
可能的学习困难：建构铁及其化合物的类价二维分析模型并加以应用。	引导学生建构铁及其化合物的类价二维坐标图，并从铁元素的化合价和物质类别两个维度来分析预测铁及其化合物的相互转化关系。

四、单元学习活动设计

根据教学单元的构建、教学起点的分析，以生活中较为常见的"补铁剂"作为该教学单元的"大情境"，以解决从更为全面、本质的角度认识物质性质问题以及物质之间的化学反应。"铁及其化合物"教学单元3个课时的教学情境、问题、活动、思维进阶设计详见图5-4-2。

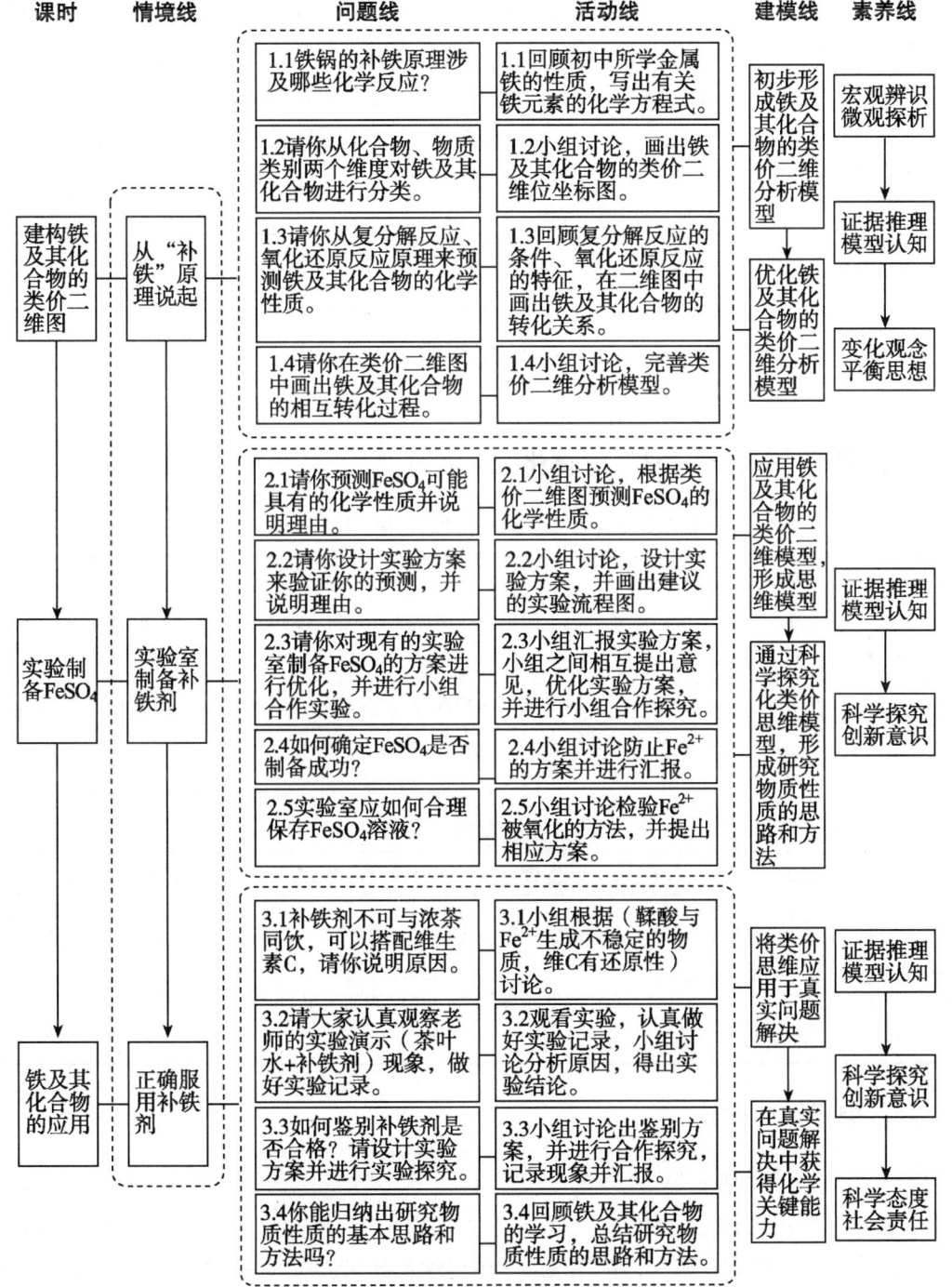

图5-4-2 "铁及其化合物"单元教学情境、问题、活动、思维进阶设计

第1课时以民间补铁妙方"铁锅补铁"的情境引发问题1.1，唤起学生已有认知中关于铁及其化合物的相关知识，进而通过问题1.2引导学生从核心元素化合价和物质类别两个维度来对他们认知的铁及其化合物进行二维分类，紧接着问题1.3是在类价二维图的基础上引导学生通过复分解反应、氧化还原反应原理来预测铁及其化合物的相互转化过程，优化类价二维模型。

第2课时是在第1课时学生已初步建构的类价二维分析模型的基础上，以"实验制备补铁剂"为情境，通过问题2.1促进学生利用该模型来预测$FeSO_4$的性质，这一过程实现了将类价二维分析模型转化为学生的思维模型，在问题2.2和2.3中进一步引导学生设计制备$FeSO_4$的实验方案并进行实验探究，这是通过科学探究来强化类价思维模型，并在实验探究中感受到研究物质性质的一般思路和方法。

第3课时则是在第1课时和第2课时的基础上进行深化，是在真实情境中迁移应用前面所学知识。以"正确服用补铁剂"为情境，从生活常识切入问题3.1，并通过问题3.2的解决给予学生恰当的脚手架，再让学生完成问题3.3来设计实验检验补铁剂是否合格，最后是对"铁及其化合物"整个教学单元的教学重难点进行总结，提炼出研究物质性质的基本思路和方法。

五、单元"教、学、评"一体化

"铁及其化合物"教学单元"教、学、评"一体化

课时	目标	活动	评价方法
课时1	1.1 1.2	1.2	学生用黑板或多媒体展示自己的类价二维图，同学互评，老师反馈。
	1.3 1.4	1.3	小组代表回答铁及其化合物的化学性质，小组讨论，老师总结反馈。
课时2	2.1 2.2	2.2	学生设计制备$FeSO_4$的实验方案并讨论优化方案，小组互评，老师分析反馈。
	2.3	2.3	学生进行小组实验探究，得出实验结论，老师分析反馈。
课时3	3.1 3.2	3.3	学生小组合作展示思路和方法，小组互评，老师分析反馈。
	3.3	3.4	学生回答问题，并建构研究物质性质的基本思维模型，老师反馈。

六、单元作业设计

本单元作业设计围绕"铁及其化合物"进行，知识点涵盖铁、铁的氧化物、铁的氢氧化物、铁盐和亚铁盐的物理性质和化学性质（氧化性和还原性）、实验室制备亚铁盐的方案、铁盐和亚铁盐的相互转化，旨在帮助学生对铁及其化合物的性质及它们之间的相互转化过程建立科学辩证的认识，引导学生从价态（铁元素）、物质类别（含有铁元素的物质）

角度构建铁及其化合物的转化关系。整份单元作业设计由3份课时作业和1份单元评价作业组成。课时作业以探究补铁剂的"补铁"原理为线索，从"补铁"原理、实验室制备补铁剂、正确服用补铁剂三个情境出发，围绕铁盐和亚铁盐的氧化性和还原性、制备亚铁盐等核心知识设计习题，促使学生逐步构建类价二维分析模型，并将其应用于陌生情境中的真实问题的解决，同时形成科学探究的基本思维程序。课时作业对核心知识进行拆解与组合，对关键能力的训练逐步进阶，对逻辑思维进行提升，使学生逐步达到单元评价作业的检测要求。

七、单元教学反思

一个有效的单元教学设计不是教材中内容的简单重复和堆砌，而是围绕一个主题由浅入深、层层递进的推进，发展学生的高阶思维，优化学生的认知结构。基于类价二维模型的单元教学设计，要凸显认识角度对学习的指导作用，将氧化还原和物质分类等核心概念融合于二维模型，并将其内化为学生分析和解决元素化合物问题的认识角度。在教学活动设计中，要关注认识模型与学科能力要素的紧密联系，设计具有进阶性的情境路线和具有梯度感的模型建构路线。同时在真实情境中创设实验探究活动，引导学生利用认识模型分析和解决陌生复杂情境中的真实问题。

"铁及其化合物"单元的教学打破了传统教学的习惯，真正实现了从单课时教学走向单元教学。这样的设计避免了传统课时教学中知识点的孤立学习和机械学习，有利于教学过程的设计和实施，提高了教学质量和效率。本单元以真实的生活情境"补铁剂"为背景，围绕类价二维分析模型展开铁及其化合物的性质和转化关系的学习。本单元重在引导学生从核心元素化合价和物质类别的角度认识和应用氧化还原反应原理和复分解反应实现物质转化，促进学生形成认识物质性质的角度，全面提升学生的化学学科核心素养，为下一步关于硫、氮元素化合物的学习奠定了思维基础。

案例五　硫的转化

福建省厦门第二中学　宫春艳

一、教学单元规划

1. 内容选择

元素化合物知识作为中学化学内容的重要组成部分，在学生化学学习中占有重要地位，"硫及其化合物"又是元素化合物知识体系中非常重要的部分。通过研究硫的单质及化合物的性质和用途，可以使我们从物质类别和元素价态的视角认识物质间的转化关系，深化对物质及其变化多样性的认识。利用氧化还原反应实现不同价态硫元素的转化，既使上一章节的氧化还原反应知识得到应用，又锻炼了利用已学知识解决实际问题的能力。基于此将"硫的转化"设置成为一个教学单元，从物质类别、元素价态的角度，依据复分解反应和氧化还原反应原理，预测硫及其化合物的化学性质及相互转化关系，设计实验进行验证。建立"物质转化"模型，形成利用已学知识解决实际问题的化学思维。

2. 课时安排与知识结构

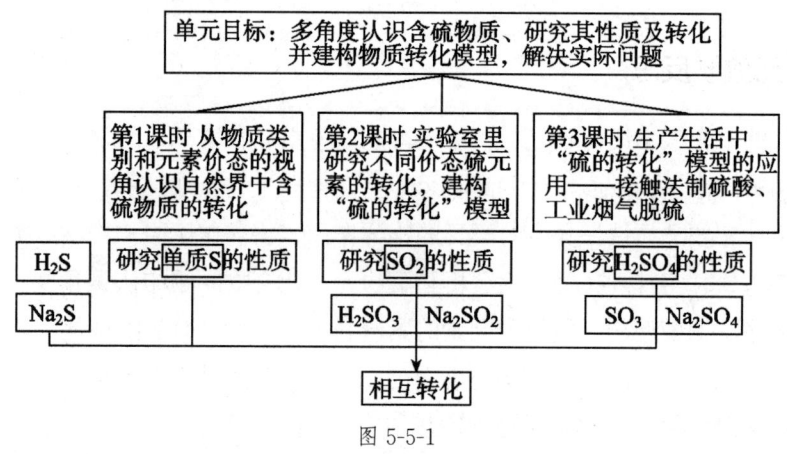

图 5-5-1

二、单元教材教法分析

《普通高中化学课程标准》"主题2常见无机物及其应用"中关于元素与物质的内容标准如下：认识元素可以组成不同种类的物质，根据物质的组成和性质可以对物质进行分类；一定条件下各类物质可以相互转化；认识元素在物质中可以具有不同价态，可通过氧化还原反应实现含有不同价态同种元素的物质的相互转化。要结合真实情境中的应用实例或通过实验探究，了解氯、氮、硫及其重要化合物的主要性质，认识这些物质在生产中的应用和对生态环境的影响。

在鲁科版必修第一册"硫的转化"这一节内容涉及硫元素的相关知识和概念，包括硫的各种重要化合物的相关性质和反应现象，硫的不同化合物的用途，氧化还原反应可以实现不同价态硫元素的转化。教材已经呈现了物质之间相互转化的基本思想以及研究或学习方法，从无机物性质研究的两个视角（物质类别和核心元素价态）认识物质转化所遵循的规律，建构"物质转化"的基本观念。通过介绍自然界中不同价态硫元素之间的转化形式，学生初步形成不同价态元素之间可以转化的意识，在转化链上找出自然界中含有硫元素的物质，自主设计价类二维图，从物质类别和化合价的角度，预测硫的单质及化合物的性质，设计实验进行验证，分析、解释现象，得出结论。在以上知识支持下，实现试验室研究不同价态硫元素之间的转化，这一重要内容是对硫和常见硫化合物知识的一次归纳和整理，初步形成不同价态硫元素相互转化的知识网络关系，深化对物质及其变化多样性的认识。

在教学中，元素及其化合物知识是通过研究各类物质的性质及相互反应关系提升到研究它们之间相互转化的意义，为工业生产和生态保护方面解决实际问题做知识铺垫与思维培养。

三、教学起点分析

"硫的转化"位于必修第一册第三章第二节，学生在研究金属钠、非金属氯的性质之后，基本掌握了研究物质性质的方法与程序，在氧化还原反应知识的基础上，单质铁、二价铁与三价铁元素之间的转化对氧化还原反应的再度应用，使得学生对氧化还原反应和物质转化的理解进一步加深。通过之前元素及其化合物学习过程中进行的实验探究活动，学生的实验探究能力已经发展到一定水平，具备了基于物质类别通性和价态转化角度来学习元素化合物的基础。因此，本单元的探究设计的关键在于基于猜想假设后的证据探寻。但同时学生的实验探究水平又参差不齐，体现在面对任务时，对待问题的认识方式和解决问题的能力水平的差异，例如，在利用已有经验来预测未知物质的性质时，预测结果和预测依据方面表现出逻辑水平和思维水平的差异。因此本单元教学的重要任务是以硫元素为例，帮助学生对现有知识进行系统化整合，进一步形成基于物质类别通性和核心元素价态变化的角度自主认识硫及其化合物性质及相互转化关系的思路。

教学起点	相应的利用策略
已有相关知识经验：氧化还原反应中元素化合价变化规律；物质类别与通性；不同价态铁元素的转化的原理与表征。	设计相应的教学情境，如自然界中不同价态硫元素的转化，完成价类二维图，激活已有经验，实现氧化还原反应的进一步应用与不同价态元素之间的转化的知识迁移。
已有相关学习方法与能力：研究物质性质的方法与程序；实验探究能力已经发展到一定水平。	针对"硫的转化"主要物质的性质研究，启动研究物质性质的方法与程序，猜想假设后以实验探究的方式进行证据探寻，进一步提升实验探究能力。
可能的学习困难：物质之间的转化思路不清晰。	以"实验室硫的转化"为背景，对知识进行系统化整合，形成基于物质类别通性和核心元素价态变化的角度的物质转化模型。

四、单元教学目标设计

单元目标	课时目标	重点	难点
多角度认识含硫物质及其性质与转化，并建构物质转化模型，解决实际问题。 ①依据物质类别和元素价态列举硫元素的典型代表物。	1.1 通过自然界中不同价态硫元素的转化认识自然界中含硫物质，能列举硫元素的典型代表物的物质类别和元素价态，设计硫及其化合物的价类二维图。 1.2 从硫转化的视角认识核心代表物单质硫，按照研究物质性质的方法与程序研究其性质，设计实验验证，提高实验探究能力和动手操作能力。	硫单质的物理和化学性质；运用价类二维思想建立元素及其化合物之间的联系。	运用价类二维思想建立元素及其化合物之间的联系。

续表

单元目标	课时目标	重点	难点
②从物质类别和元素价态的角度，依据复分解反应和氧化还原反应原理，预测硫、二氧化硫和硫酸的化学性质与变化，设计实验进行初步验证，并分析、解释有关实验现象。 ③从物质类别和元素价态变化的视角说明含硫物质的转化路径，建构含硫物质转化模型，并能应用物质转化模型解决实际问题。	2.1 了解酸雨的形成与危害。 2.2 能从物质类别、元素价态的角度，依据复分解反应和氧化还原反应原理，预测二氧化硫的化学性质及变化，设计实验进行初步验证，并能分析、解释有关实验现象。 2.3 依据氧化还原反应原理，挑选合适的氧化剂和还原剂，应用物质转化模型，设计实验室不同价态硫元素的转化，并进行实验验证，分析解释实验现象，得出结论；会书写相关反应的化学方程式和离子方程式。 2.4 正确看待二氧化硫等化学物质的两面性，体会科学是把双刃剑的深刻含义。	二氧化硫的物理和化学性质；研究二氧化硫性质的方法与程序。含硫物质的转化方法与转化模型的建构；硫的转化涉及的方程式书写。	含硫物质的转化方法与转化模型的建构；硫的转化涉及的方程式书写。
	3.1 以工业制硫酸为例，能从物质类别和元素价态变化两个角度说明含硫物质的转化路径。 3.2 预测硫酸的化学性质及变化，设计实验进行初步验证，并能分析、解释有关实验现象。 3.3 通过对接触法制硫酸中的一些化学方法的讨论分析，体验设计合理的化学方法对可持续发展的重要意义，发展创新意识，培养社会责任感。运用物质转化模型去解决生产生活和环境保护中的真实问题，例如工业处理废气、工业烟气脱硫。	含硫物质转化模型的应用；硫酸的化学性质研究；工业烟气脱硫。	接触法制硫酸原理；运用物质转化模型实现工业烟气脱硫。

五、单元学习活动设计

1. 教学思路设计

基于 STSE 教育理念的"硫的转化"单元学习活动设计思路如下：STSE 情境为引，凸显要解决的单元大问题，以问题的解决为驱动，在一个个活动中完成一个个任务，问题解决过程中获得知识，提升素养。该设计选取真实的生活情境素材，素材不仅承载着基本的化学知识，而且与我们所处的自然环境、社会和生产生活密切相关。从火山喷发引发的自然现象到硫元素相关物质在自然界中的存在、性质与转化，从化石燃料煤燃烧引起的环境问题到二氧化硫性质研究，以及如何通过物质转化从源头上消除二氧化硫的影响，继而通过实验探究——实验室不同价态硫元素之间的转化——建构"硫的转化"模型。从古埃及人用硫黄燃烧生成二氧化硫来漂白衣物,到现在不法商贩利用硫黄熏制木耳以及做食品添加剂,从古今情境中凸显二氧化硫的性质以及用途,同时引导学生辩证地看待二氧化硫的功与过,渗透辩证的哲学观念。从硫酸工业的演变和接触法制硫酸到"硫的转化"模型的应用,体会模型工具在解决实际生产生活问题中的关键作用。在以上知识和模型建构基础之上解决本单元大问题:如何实现工业烟气脱硫?在整个单元教学过程中引导学生将所学知识与当今科学、技术、社会、环境相联系,关注科技进步带来社会发展同时引发的环境问题,让学生真实地感受到掌握化学知识、提升化学素养,不仅能看到事物真相还能解决实际问题,体会分析问题和解决问题过程中带来的成就感。

单元教学的总体设计思路如图 5-5-2 所示。

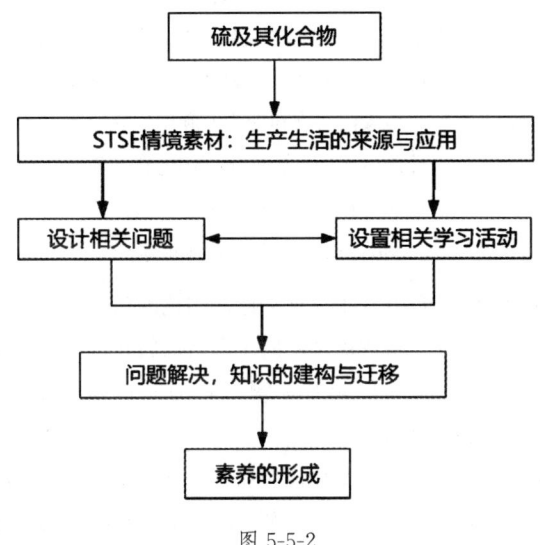

图 5-5-2

2. 教学过程设计

单元	课时	问题	任务与活动
大情境:化石燃料煤燃烧产生的环境问题——酸雨。 大问题:如何利用物质之间的转化解决酸雨问题,实现工业烟气脱硫?	课时1:从物质类别和元素价态的视角认识自然界中含硫物质及其转化;研究硫单质的性质。 情境:地狱之口——印尼宜珍火山喷发后的蓝色火焰与pH仅为0.5的酸性火山湖。	问题1.1 火山喷发产生的刺激性气味的气体是什么?火山口的硫单质是如何产生的?海洋中的含硫离子、空气中的含硫气体与陆地上的含硫矿物是如何转化的? 问题1.2 你能从物质类别和元素价态的视角认识自然界中"硫的转化"吗? 问题1.3 如何预测并验证火山口的黄色物质——硫黄的性质?	1.1 火山喷发涉及的含硫元素物质之间的转化。 1.2 列举硫元素的典型代表物的物质类别和元素价态,设计硫及其化合物的价类二维图。 1.3 利用研究物质性质的方法与程序研究硫单质的性质。

续表

单元	课时	问题	任务与活动
	课时 2：实验室里研究不同价态硫元素的转化；二氧化硫的性质研究。情境：燃煤烟气对空气的污染问题。四千年前，古埃及人用硫黄燃烧生成二氧化硫来漂白衣物，现在市场商贩利用二氧化硫漂白木耳。	问题 2.1 酸雨的罪魁祸首是谁？酸雨是如何形成的？对环境有哪些危害？ 问题 2.2 如何从物质转化的角度消除二氧化硫的影响？你能预测并验证二氧化硫的性质吗？ 问题 2.3 在探究二氧化硫性质的过程中，你能否找到探究不同价态硫元素之间相互转化的思路？ 问题 2.4 如何看待古代人利用二氧化硫漂白衣物和现代人利用二氧化硫漂白木耳？二氧化硫作为食品添加剂与它的哪个性质有关？食品添加剂的身份是否与其毒性相悖？	2.1 探讨酸雨的形成与危害。 2.2 利用研究物质性质的方法与程序研究二氧化硫的性质，在实验探究过程中感受含硫物质的转化，并用方程式表示。 2.3 利用氧化还原反应的原理与规律，探究不同价态硫元素之间相互转化的思路，建立不同价态元素相互转化的模型。 2.4 基于二氧化硫的漂白性质以及食品添加剂的身份，探讨它的功与过。
	课时 3：生产生活中"硫的转化"模型的应用—接触法制硫酸、工业烟气脱硫；硫酸性质的研究。情境："工业之母"硫酸工业生产的演变；接触法制硫酸；工业烟气脱硫。	问题 3.1 根据接触法制硫酸的生产流程以及不同价态硫的转化模型，你能否推测出它的原理是什么？ 问题 3.2 你能预测并验证"工业之母"硫酸（浓硫酸）的性质吗？ 问题 3.3 从绿色化学的角度分析接触法制硫酸产生的三废——废气、废液、废渣——该如何处理？	3.1 应用"硫的转化"模型研究还原接触法制硫酸的物质转化关系，并用化学方程式表示。 3.2 利用研究物质性质的方法与程序研究硫酸（浓硫酸）的性质。 3.3 利用物质转化模型找到合适的工业上烟气脱硫的方法。

七、单元学习活动与评价

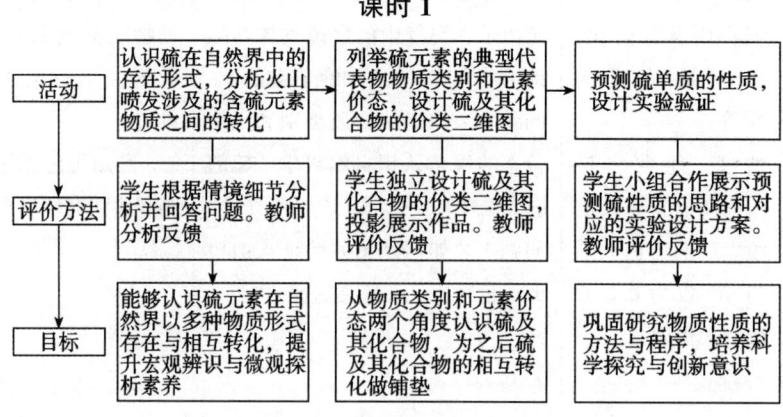

图 5-5-3

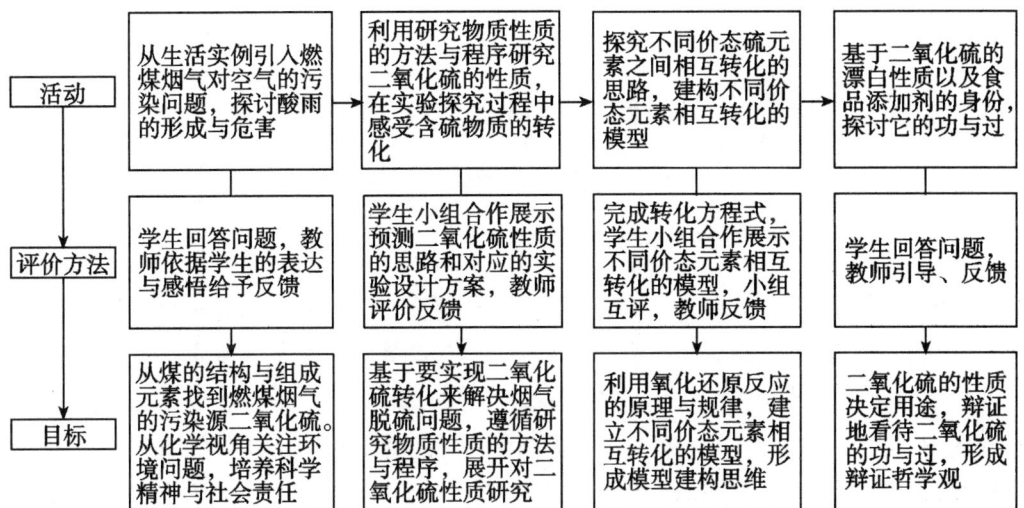

图 5-5-4

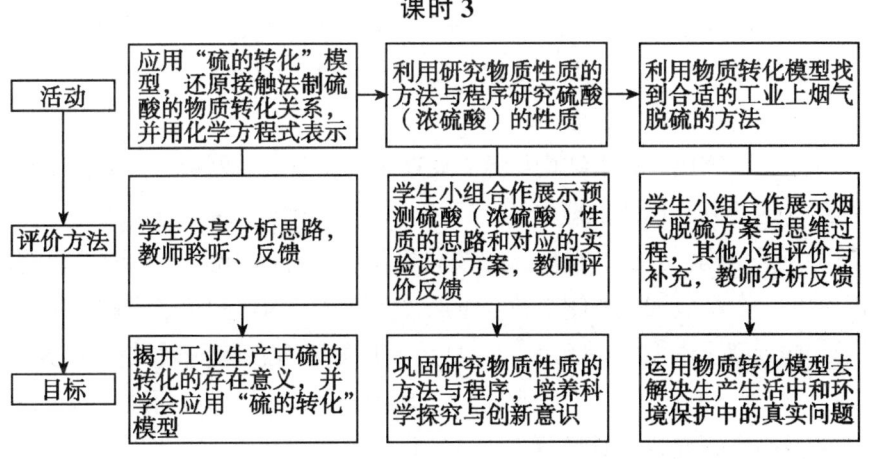

图 5-5-5

八、单元教学反思

本单元设计以化石燃料煤燃烧产生的环境问题这一真实情境为引，凸显要解决的单元大问题，即利用物质之间的转化解决酸雨问题，实现工业烟气脱硫。以问题的解决为驱动，本单元设计通过氧化还原反应实现含有不同价态硫元素的物质之间的转化和通过非氧化还原反应实现含有相同价态硫元素的转化，两条线索帮助学生在头脑中建构硫及其化合物的价类二维图模型，为解决实际问题做好知识与思维铺垫。在一个个活动中完成一个个任务，在掌握了硫、二氧化硫、硫酸的性质的同时，也实现了"硫的转化"模型的应用，体会模型工具在解决实际生产生活问题的关键作用。在问题解决过程中获得知识，提升素养。本单元在实际教学中应给予学生充分的交流讨论、小组合作、课堂展示和科学探究机会，因此在时间的调配与对学生的评价上要做好预设，同时注重课堂生成。

案例六　原子结构　元素周期律

福建省厦门第一中学　钱微达　田宇　谢琼　杨琳琳　于海江

《普通高中化学课程标准》中强调："教师在组织教学内容时应高度重视化学知识的结构化设计，充分认识知识结构化对于学生化学学科核心素养发展的重要性，尤其是应有目的、有计划地进行'认识思路'和'核心观念'的结构化设计，逐步提升学生的化学知识结构化水平，发展化学学科核心素养。"从中我们可以看出知识结构化的重要性。在传统的课程编排和教学设计中，知识与知识间的连贯性不强，学生对单个知识内容的掌握比较熟练，但是对知识体系的把握不够。而高中化学知识点非常抽象，逻辑性较强，对学生的思维有着极高的要求。因此在教学设计的过程，要注重结构化的设计，而单元的整体设计能从更高、更全面的角度对其进行加工和设计。区别于传统的课时教学设计，单元教学能够对知识体系有较为完整的认识，对教学策略、教学目标有更明朗的认识，对教学课时的安排更有计划；对于学生认知模型的构建、知识体系的拓展以及自学能力有很大帮助，学生在化学学习当中的压力也会适当减轻。

在高中化学必修模块，原子结构与元素周期律的知识内容复杂、抽象，简单的课时教学不利于学生对这部分知识的梳理和灵活运用。并且课标要求："能利用元素在元素周期表中的位置和原子结构，分析、预测、比较元素及其化合物的性质。"而单元整体教学在该知识内容的加工上更能细化和侧重教学重点并保证教学内容的正确实施。基于此我们设计了"原子结构 元素周期律"单元教学，从单元规划建议、单元教材教法分析、单元目标设计、单元学习活动设计、单元作业设计、单元评价设计几个方面进行探讨，期望对一线教育工作者及教育研究者有所帮助。

一、教学单元规划

化学单元规划是在对化学课程标准、教材等进行深入解读和剖析后，根据对教学内容的准确理解及学生的情况和特点，对教学内容进行分析，形成具有特定主题的单元系列，并以单元为整体，针对单元教学目标，设计单元教学过程和方法，形成单元教学评价模式的过程。

单元规划的一般流程如下图5-6-1。

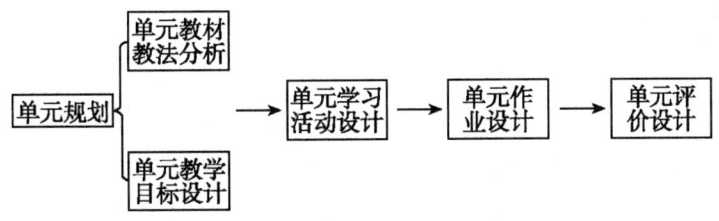

图 5-6-1 单元规划的一般流程

结构与性质是化学学科的核心观念，是高一学生学习结构化学的重要内容。初中阶段学生对原子结构和元素性质的认识往往停留在表层分析，没能深入到原子结构层次的探索。而原子结构与元素周期律这部分内容是从原子结构角度认识并预测未知元素的性质和用途，是对元素周期律本质的关注，基于此将原子结构与元素周期律设置成为一个教学单元，可以转变学生对元素的认知角度，从表层到本质，实现学生化学认知水平的飞跃。此外，从认知思路的结构化角度来看，这一部分内容还具有较强的关联性和结构性，将其设置为单元教学有利于学生从整体上理解和把握学习内容，为选修部分的原子结构与物质性质的学习打下良好的基础。

在本单元整体教学设计中，以进阶的教学方式将知识体系构建起来，帮助学生逐渐地搭建知识框架。此外，本单元中要充分发展"宏观辨识与微观探析"这一核心素养，一方面重视化学知识的结构化设计，另一方面强调学科观念、方法、态度目标的达成与知识技能学习的统一性，选择发展学生学科观念、方法、态度的有效途径、方法和策略进行单元设计。

在整个单元教学进行结束后，设计针对整个单元学习情况的单元作业和单元评价，旨在对本单元的核心内容进行强化巩固，并对单元教学的效果加以考查和反思。

二、单元教材教法分析

化学单元教材教法分析的依据是课程标准、教材和学生学情。单元教材教法分析关系到教学计划与目标的制订，更关系到教学目标的达成、教育目的的实现。教材教法分析的主要任务包括深入解读课程标准、单元教材分析、单元教法分析和学情分析等。

单元教材分析法的一般流程如下图 5-6-2。

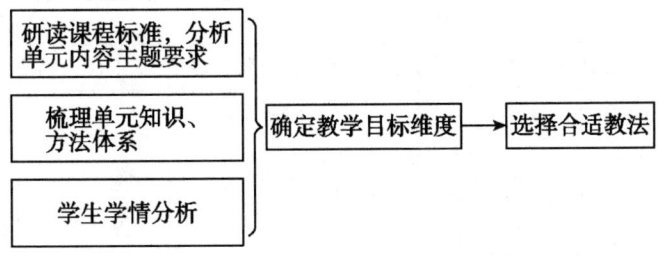

图 5-6-2 单元教材分析法的一般流程

1. 课程标准研读

原子结构与元素周期律在教材中以一个章节的形式出现，此部分知识内容是结构与性质关系的基本呈现，充分反映了"结构决定性质，性质反映结构"的核心思想，是宏观辨识与微观探析思维方式的具体表现形式。因此在组织单元教学内容时，应侧重于引导学生从化学学科知识向化学学科核心素养的转化，而内容的结构化则是实现这种转化的关键。

教师在组织教学内容时应高度重视化学知识的结构化设计，充分认识知识结构化对于学生化学学科核心素养发展的重要性，尤其是应有目的、有计划地进行"认识思路"和"核心观念"的结构化设计，逐步提高学生的化学知识结构化水平，发展化学学科核心素养。

2. 学情分析

通过初中阶段的学习，学生已经通过代表物和物质分类的学习，了解了简单的物质分类，并对物质的性质有了一定的认识，形成了最初的元素观，但这种元素观是不完善的，仅停留在金属和非金属元素的区分以及对单质和化合物的粗浅认知等层面上。在高中阶段深入了解了元素及其化合物知识后，急切需要将原有的知识体系进行梳理和完善。

3. 知识体系

高中必修模块的原子结构与元素周期律内容便是基于原子结构层面，从原子序数、结构、核外电子排布等角度对元素性质加以解释，这部分要求学生能够对之前所积累的知识内容进行结构化整合，并通过对原子结构排布规律的分析归纳，解释元素性质递变的规律性。在此过程中，学生需要通过对元素"位""构""性"三者关系的模型构建，进一步概括出"结构决定性质，性质反映结构"这一化学学科的统摄性观念。此外，对元素性质的预测也是一大难点，教学中应有意识地通过情境创设，建立起模型与具体物质之间的联系，使学生充分认识到化学学科的意义和价值。

在选修模块，则是从微观角度对以上模型加以补充，因此在学生的认知结构上，原子结构与元素周期表模型的建立是按层次递进和发展的。

学生对元素与物质观念建立的过程如下表。

学生对元素与物质观念建立的过程

学习阶段	知识储备	认知观念
初中	代表物质的性质，物质组成，简单物质的分类	基于代表物对性质的判断
	原子结构，元素种类的认识，代表纯净物（金属、非金属、氧化物、酸、碱、盐）的性质	从元素角度对物质进行分类
高中必修模块	代表元素及其化合物知识，原子结构，原子序数，核外电子排布，元素性质	在原子结构层面认识元素性质
	元素周期表，元素周期律	基于位、构、性角度认识元素及物质性质

续表

学习阶段	知识储备	认知观念
高中选修模块	原子结构，物质性质	从微观角度对结构和性质关系进行深化

4. 教材分析

单元教学中侧重引导学生从微观角度出发，深入了解原子结构与元素性质的关系，建立起结构决定性质的核心概念，并根据原子结构推测和解释个别元素性质，初步建立原子结构与元素原子的电子得失能力的模型。在元素周期律的基础上引导学生认识元素周期表及其结构和同周期、同主族的元素的递变规律，细化元素周期律，同时建立元素在元素周期表中的位置、结构和性质的关系，构建"位""构""性"模型；基于元素周期表认识同周期元素性质的递变规律，研究同主族元素的性质，将元素周

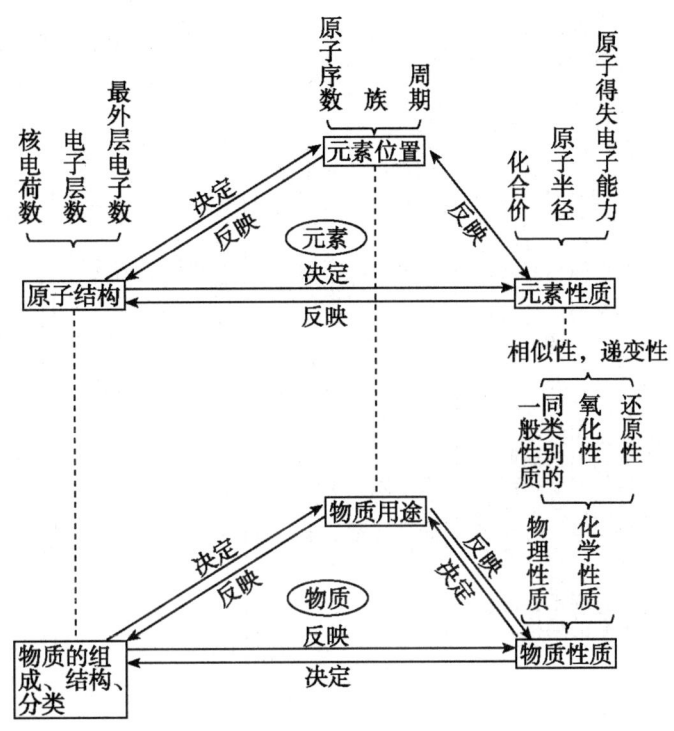

图 5-6-3 原子结构与元素周期律完整结构模型

期表与物质世界建立联系，在"价类"二维结构的基础上从元素角度认识物质，并能够根据模型尝试推测陌生元素及其化合物的性质。最后就社会资源利用方面对元素递变规律加深认识，知道元素周期表的应用价值，感受化学学科的实用性。

原子结构与元素周期律完整结构模型如图 5-6-3。

通过以上的分析，本单元以物质的结构与性质为核心内容，以认知模型的逐步建构和完善为主线，培养化学学科核心素养，因此在实际的教学过程中，主要采用不断完善学生认知发展的方式进行教学安排，更好地从知识本源出发落实素养目标。

三、单元教学目标设计

通过对"原子结构 元素周期律"的单元规划和教材教法分析，确定本单元教学共划分为 5 个课时，在不同课时采取不同的方式组织教学，保证教学方式多样化同时，最大限度发挥每种教学方式的优点。现将单元教学目标呈现如下图 5-6-4 所示。

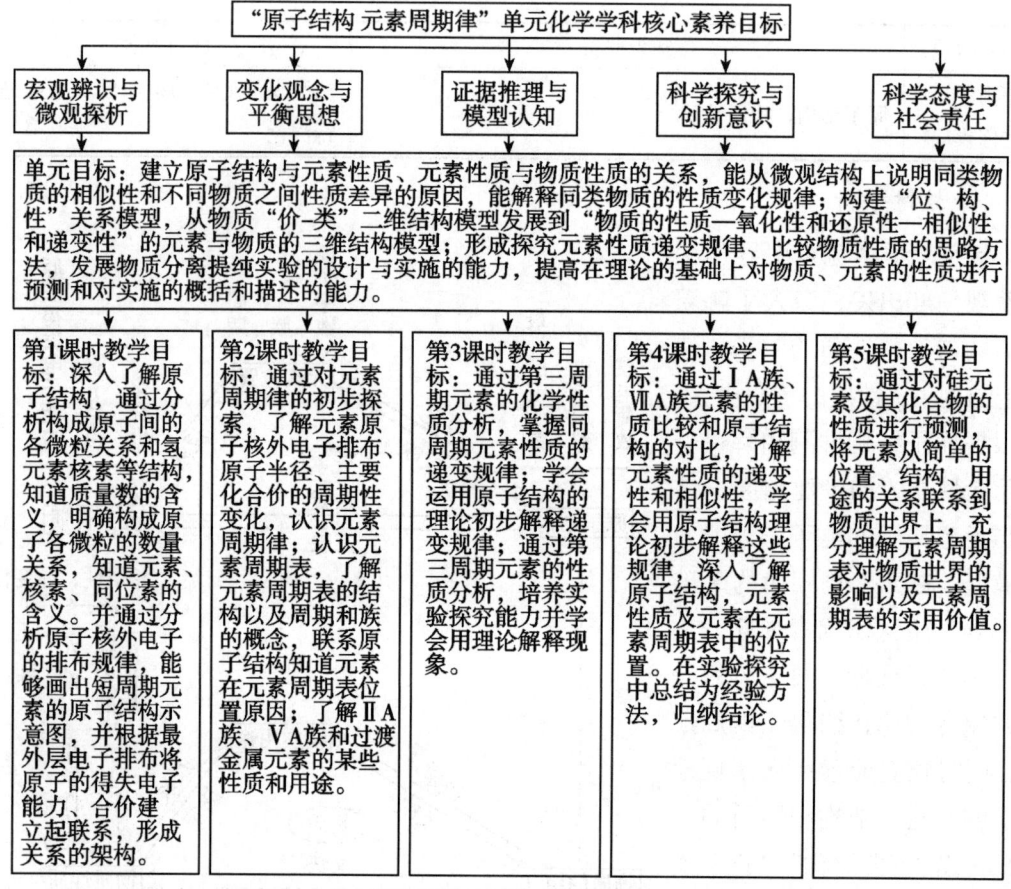

图 5-6-4 "原子结构 元素周期律"单元教学目标

四、单元学习活动设计

学习活动是对教学目标实现的具体环节和重要保障。在单元教学过程中，分为两部分：单元活动设计和课时活动设计。单元活动设计在整体的角度为学习提供线索；课时活动设计在遵循单元活动设计的前提下，细化教学目标，确定每一节课的内容。因此需要从宏观角度对单元进行整体的设计，这是单元教学设计的总体框架；而具体的课时设计，则是从微观角度具体剖析设计环节，将教学任务和教学目标付诸实践，所以在单元教学设计过程中，需要宏观微观相结合。

1. 单元活动设计

根据单元教学目标的要求，采用模型建构的方式，以认知模型的构建和发展为主线，逐渐从微观到宏观，从纵向到横向将知识内容以认知模型的方式表现出来，设计单元教学活动，如下表。

单元整体教学活动

阶段	学生活动	活动预期	认知目标
第一阶段：原子"结构—性质"的关系	深入了解原子结构及其电子的排布规律	分析微观结构对元素性质的影响	建立原子结构与元素性质（元素得失电子能力）的关系
第二阶段：元素周期律，元素周期表	寻找原子间的结构与性质的变化规律，认识元素周期表	了解原子结构，元素性质的变化规律和特点	建立"位、构、性"认知模型
第三阶段：元素周期表的递变规律	从物质角度，分析比较第三周期元素原子递变规律	从原子结构和元素周期律解释元素的递变性	建立原子结构—物质性质—元素性质（递变性）的关系
第四阶段：元素周期表与元素性质特点	从物质角度，分析对比第ⅠA族和第ⅦA族元素原子性质的相似性和递变性	从原子结构和元素周期律解释元素的相似性、递变性	建立原子结构—物质性质—元素性质（递变性、相似性）的关系
第五阶段：元素与物质世界的联系	预测硅及其化合物的性质	从元素递变规律角度分析元素与物质的性质关系	建立原子结构—元素周期表的位置—元素性质—物质性质的整体认知模型

在单元教学活动设计中，采用模型逐步建立并完善的思路，深入理解元素与物质的联系，从简单的原子结构，逐步深入到物质世界，体会"结构决定性质，性质决定用途"。从而将抽象思维模型化、形象化，帮助学生深入理解化学核心概念的同时，将繁多复杂的知识概念构建起知识体系，深入内化知识内容。

2. 课时活动设计

在课时设计上，作为单元教学的具体实施环节，则需要逐步细化教学目标及具体教学内容，在知识模型构建的过程中提供知识内容，以阶段性的方式，层层深入，逐步为整体模型的搭建提供基础，不断积累，帮助学生将知识内容逐步整合，在教学过程中不断渗透教学策略和学习方法，帮助学生掌握正确的学习方法。在整个单元的课时安排上，采用五课时完成本单元的教学内容。

根据知识的内在逻辑关系以及学生的认知规律，本教学单元的学习路径为建立原子结构模型→原子结构与元素性质之间的关系→元素周期律和元素周期表→元素周期表的应用。根据学习路径形成结构化的教学内容。课时内容的划分应当关注两大模型的建构，即"位—构—性"关系的思维模型，以及"物质结构、性质与用途关系"的三维模型，如下图所示。

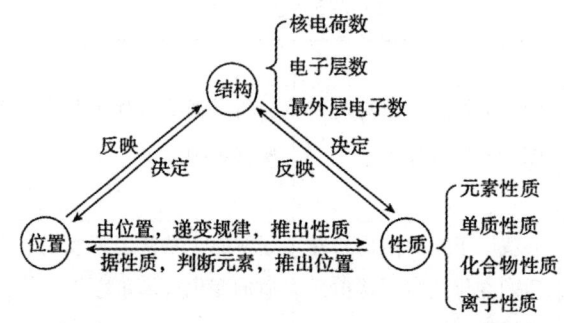

图 5-6-5 "位—构—性"关系的思维模型

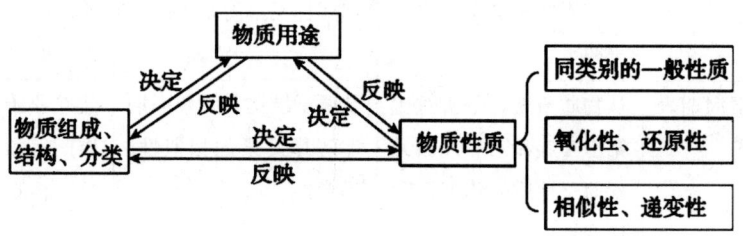

图 5-6-6 物质结构、性质与用途关系

如何帮助学生构建分析模型是选择教学策略的核心问题，考虑模型与概念的关系以及学生的认知规律，本单元教学设计分为 5 个课时，每个课时采用不同的教学策略。例如课时 1 建立原子结构与元素性质的关系，使"原子结构"知识在学生认知中发挥应有的功能重点，确立"位—构—性"认知模型中"构""性"要素。课时 2 完善"位—构—性"模型的认知功能，使学生能基于模型进行推理论证。课时 3 和课时 4 通过对同主族和同周期元素性质的相似性和递变性的分析，厘清元素性质的内涵，区分元素性质与物质性质，构建从元素性质过渡到物质性质的推理路径。课时 5 通过对陌生元素性质的预测和认识，实现"学习—理解"到"应用—实践"再到"迁移—创新"的学习进阶的有效设计，实现从知识向能力素养的转化。

第 1 课时 原子"结构—性质"关系模型的建立

本节课从复习原子结构引入，根据数据分析原子结构中各微粒的数量关系，使学生初步建立原子结构模型。通过分析原子内核外电子排布情况与化合价的关系，建立原子结构和元素性质之间的关系。通过实验比较钠、镁、钾元素得失电子能力，并推测硫和氯元素的原子得电子能力，进一步探寻原子结构对化学性质的影响，初步建立原子结构和元素性质之间的架构关系。教学活动流程图如图 5-6-7 所示。

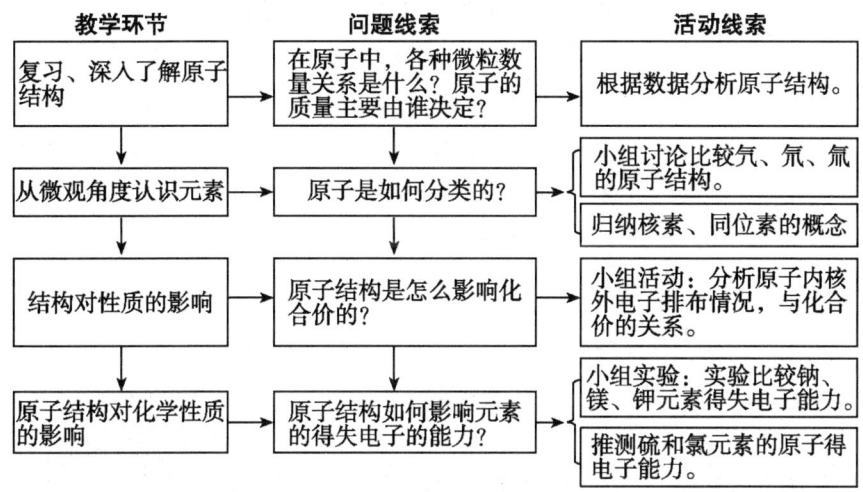

图 5-6-7　第 1 课时教学设计流程图

第 2 课时　元素周期表和元素周期律

本节课是学生在第 1 课时建立的原子结构和元素性质之间关系模型的基础上进一步的完善。本节课学生通过对元素周期律的初步探索，了解元素原子核外电子排布、原子半径、主要化合价的周期性变化，使学生形成系统的知识结构是本节的教学难点。化学教学内容是培养学生化学学科核心素养的载体。提高教学的有效性，不在于占据更多的教学内容，而在于如何开发已有教学材料的价值。本节课重视学生对真实问题的体验和解决，解决三个层层递进的问题："元素周期表中的元素是如何排列的？元素和元素之间有何种关系？""元素周期表的结构特点是什么？原子结构与元素在元素周期表的位置有什么关系？""元素周期表内，元素与元素的性质是否有联系？"将教学情境与学生课堂活动深度融合起来，贯穿整堂课的教学，让学生在真实的探究活动中解决上述三个真实问题，在这一过程中不仅使学生获得有关"元素周期表和元素周期律"的知识，更培养了学生的科学探究能力，从而促进学生解决复杂问题能力的提升。教学流程图如图 5-6-8 所示。

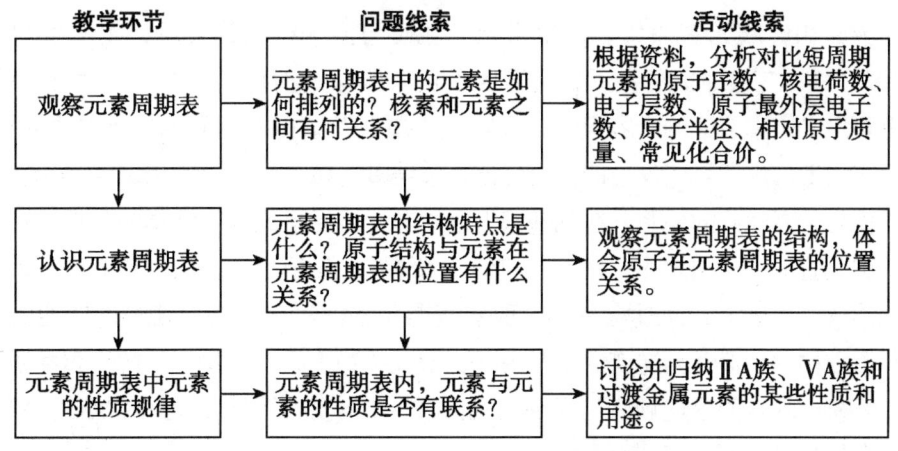

图 5-6-8　第 2 课时教学设计流程图

第3课时　同周期元素性质的递变规律

在已经学习了原子结构、元素周期律、元素周期表和大量元素化合物等知识之后，本课时通过探究第三周期元素原子得失电子能力的递变规律，使学生对同周期元素性质的递变规律得以理解和掌握，并以"门捷列夫对镓元素的预言"为教学情境，重视学生对真实问题的体验和解决，采取"一条主线，三个问题"的教学流程，解决四个层层递进的问题："门捷列夫编的元素周期表，对元素性质预测是否准确？理论依据是什么？""第三周期元素原子的失电子能力和原子结构有什么关系？""第三周期元素原子的得电子能力和原子结构有什么关系？""其他周期的元素，是否也有这样的递变规律？"

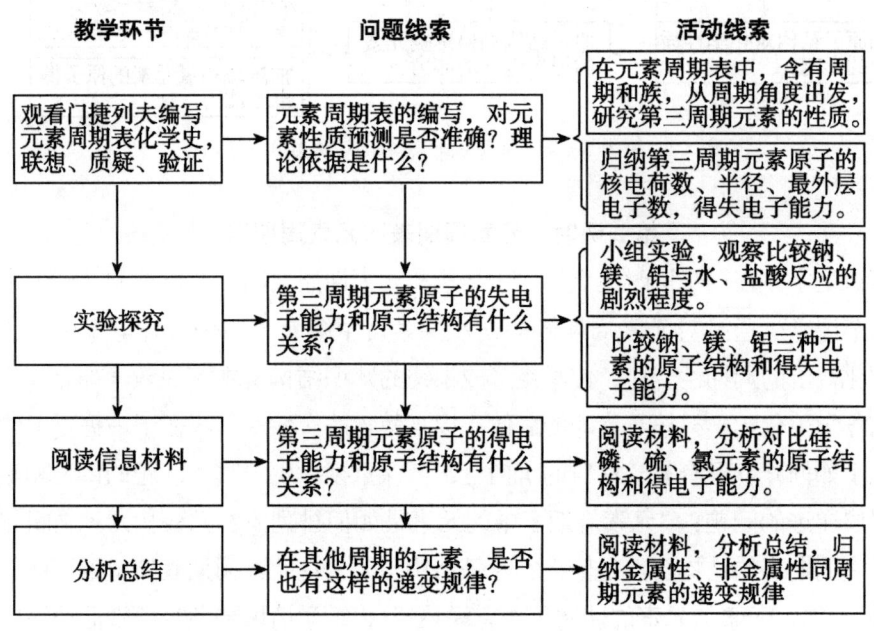

图 5-6-9　第3课时教学设计流程图

第4课时　同主族元素性质的递变规律

这节课学生在掌握同周期元素性质递变规律以及金属性和非金属性判断依据的基础上，以碱金属和卤族元素为代表，学习元素性质与原子结构的关系，使学生初步认识"位""构""性"三者之间的关系，对学生形成"结构决定性质"这一化学学科统摄性观念具有重要意义。本节课的内容组织首先对碱金属原子结构的相似性与递变性进行分析，结合碱金属元素与水和氧气反应的实验现象，总结碱金属元素性质的相似性与递变性，形成原子结构与元素性质的关系，在此基础上通过对卤族元素的原子结构的分析，对性质进行预测并实验验证、总结规律，呈现"归纳—演绎"的科学思维方法。整节课的教学在对原子结构的认识基础上，通过观察实验现象获得元素性质存在相似性与递变性的实验事实，与原子结构的相似性与递变性相互关联，形成"基于原子结构—分析元素性质"的认识思路，将核心内容的呈现顺序与呈现方式以及深广度进行调整，培养"结构决定性质"的核心观念。教学流程如下图 5-6-10。

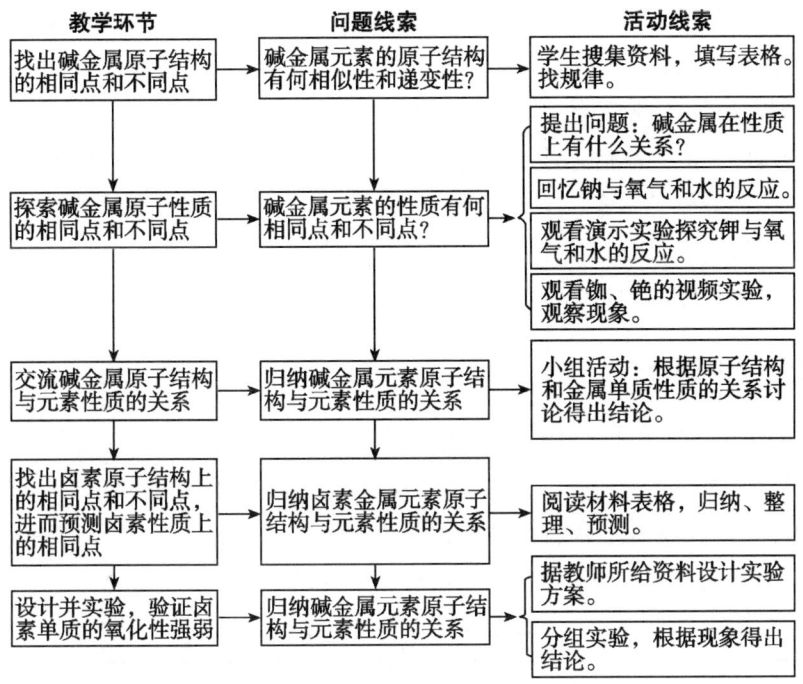

图 5-6-10　第 4 课时教学设计流程图

第 5 课时　预测硅及其化合物的性质

本节课通过对硅元素及其化合物的性质进行预测，将元素从简单的位置、结构、用途的关系联系到物质世界上，充分理解元素周期表对物质世界的影响以及元素周期表的实用价值。在本节课的教学设计中，围绕硅及其化合物的结构，结合硅元素在元素周期表中的位置，预测硅及其化合物的性质和用途。在此情况下完全建立起元素和物质的知识结构体系。

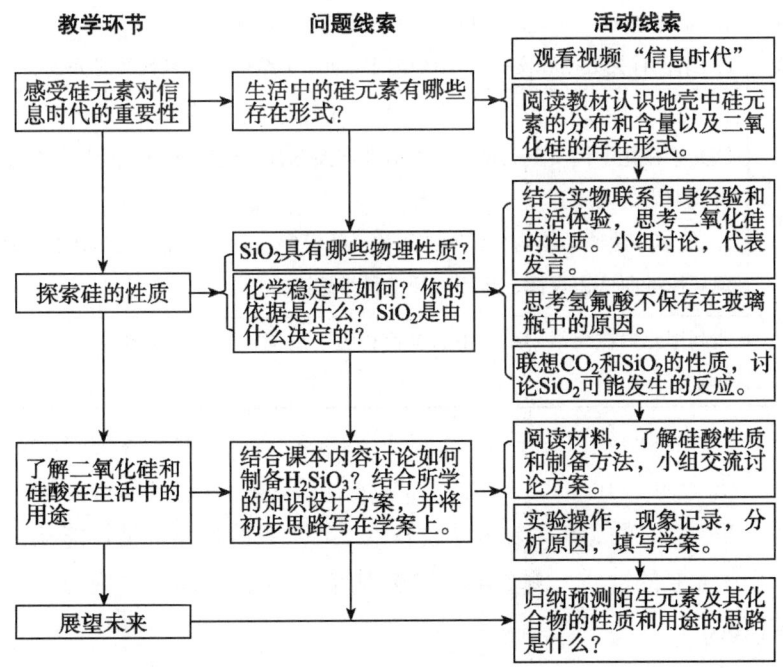

图 5-6-11　第 5 课时教学设计流程图

在单元的收尾阶段，可利用微项目的实践环节让学生体会理论指导实践的学科特点，并在实验探究过程中认识到资源利用的重要性，培养学生的创新意识，从化学角度分析资源到产品的转化途径，对资源的开发利用进行评价。

最后结合本单元的教学目标、课标要求、学生学情等，针对认知模型构建过程中出现的问题和不足，设计单元作业。单元作业的设计和实施，影响到整个单元的教学效果和学生未来知识体系的发展，因此在整个单元的教学活动中，单元作业是单元教学整体效果的考察和学生核心素养发展的重要一环。

五、单元评价设计

《普通高中化学课程标准》中强调实施"教、学、评"一体化，有效开展化学学习评价。化学学习评价的方法有很多，各有优缺点，教师应该从操作层面掌握化学学习评价的方法，结合课程目标和要求，以评价内容为载体和媒介，真正将化学学习评价落到实处。

对本主题中的五个课时分别设置评价目标，如下表所示。

单元课时目标与评价目标

课时目标	评价目标
原子"结构—性质"关系模型的建立	通过对原子结构的分析，知道元素、核素的含义，了解核外电子的排布。诊断并发展学生对原子结构的认识和认识思路的结构化水平。（物质水平、元素水平、微粒水平）
元素周期表和元素周期律	1. 能掌握元素周期表的基本结构。 2. 构建不同元素的核电荷数、原子半径、电子层数、最外层电子数、化合价等变量随原子序数变化的趋势关系模型。
同周期元素性质的递变规律	1. 掌握金属性、非金属性的递变规律和判断依据。 2. 结合有关数据和实验事实认识同周期原子结构和元素性质之间的关系。
同主族元素性质的递变规律	1. 通过实验和事实，建立原子结构与元素性质之间的关系，认识原子结构相似的一族元素在化学性质上表现出的相似性和递变性。能够从原子结构的角度初步认识元素周期表的实质。 2. 能够构建原子结构与元素性质关系的模型，并能用此模型解释有关现象。学会发现规律进而认识规律、运用规律的科学思维方法。
预测硅及其化合物的性质	能利用元素在元素周期表中的位置和原子结构，分析、预测、比较硅及其化合物的性质。

"原子结构 元素周期律"的单元评价，根据教学设计，考虑各种评价方式，最终选择纸笔测验方式进行相应的评价，设置具有真实情境的综合性、开放性问题，从而检验学生在学完主题全部内容之后，是否建立了位构性三者关系的视角，是否能从原子结构和元素位置分析和预测元素的性质，测查学生"宏观辨识与微观探析""模型认知"等学科核心素养的达成情况。

六、单元教学反思

本单元教学设计以素养为本，一方面帮助学生深入挖掘和理解"结构决定性质"的化学核心思想；另一方面围绕学科核心知识，结合生产实践创设进阶式问题情境，开展丰富的学生活动，使学生体会到化学学科的实用价值和深远影响，并有效落实"证据推理和模型认知"的化学学科核心素养；最后结合学生实际，关注个体体验，通过"学习理解""应用实践""迁移创新"三个层次的作业训练，对核心知识进行拆解与重组，检测评价学习效果，促使学生的关键能力逐步提升。

值得注意的是，本单元设计理论性较强，教学难度应由浅入深，通过数据和实验事实的分析，循序渐进地推动学生的思考进程，激发学生自主学习的兴趣，逐步建立起"位""构""性"三位一体的化学认知模型，增强学生运用化学知识解决实际问题的能力。

案例七　化学反应的利用

福建省同安第一中学　沈晓翠

一、教学单元规划

"化学反应的利用"基于鲁科版化学必修二（2020版）"第二章化学反应的利用"进行改编，以人们利用化学反应的两大抓手——物质制备与能量使用为框架，涉及化学键的种类与形成、物质制备的一般方法、化学反应的快慢与限度、化学反应的能量变化等重要知识点，是化学反应原理的重要基石。

在初中阶段学生对化学反应的认识主要停留在以下层次：①化学反应的本质是有物质生成，多种多样的化学反应可以生成不同的物质；②燃烧是剧烈的发光发热的氧化反应，并由此对化学反应中的能量变化有较为感性的体验。本单元的内容从化学键的角度切入化学反应中的能量变化，并将物质（气体）制备的一般方法、化学反应的快慢与限度、化学能和热能、电能的相互转化统筹到物质制备与能量使用两大板块中，让学生学会通过化学反应制备物质并利用化学反应为生产生活提供能量。

《普通高中化学课程标准》中关于"核心素养4科学探究与创新意识"的要求是"能发现和提出有探究价值的问题；能从问题和假设出发，依据探究目的，设计探究方案，运用化学实验、调查等方法进行实验探究"；关于"核心素养2变化观念与平衡思想"的要求是"认识化学变化的本质是有新物质生成，并伴有能量的转化；认识化学变化有一定限度、速率，是可以调控的。能多角度、动态地分析化学变化，运用化学反应原理解决简单的实际问题。"核心素养旨在培养学生能够适应终身发展和社会发展的必备品格和关键能力，而化学核心素养的最终目标在于培养学生学会发现问题、运用化学知识解决实际问题并造福生产生活。"化学反应的利用"作为一个单元可提供一种应用模型供学生参考，在利用化学知识解决问题时更有章可循、有法可依。

以上，把"化学反应的利用"作为一个教学单元是合理且非常有意义的。

二、单元教材教法分析

1. 课程标准要求

《普通高中化学课程标准》中"主题3：物质结构基础及化学反应规律"中指出："认识构成物质的微粒之间存在相互作用，结合经典实例认识共价键和离子键的形成，建立化学键概念。知道分子存在一定的空间结构。认识化学键的断裂和形成是化学反应中物质变化的实质及能量变化的主要原因。""体会从限度和快慢两个方面去认识和调控化学反应的重要性。了解可逆反应的含义，知道可逆反应在一定条件下能达到化学平衡。认识化学变化是有条件的，学会运用变量控制方法研究化学反应，了解控制反应条件在生产和科学研究中的作用。""知道化学反应可以实现化学能与其他能量形式的转化，以原电池为例认识化学能可以转化为电能，从氧化还原反应的角度初步认识原电池的工作原理，体会提高燃料的燃烧效率、开发高能清洁燃料和研制新型电池的重要性。""学习运用变量控制方法研究化学反应，了解控制反应条件在生产和科学研究中的作用。"

"主题5：化学与社会发展"中指出："认识化学科学与技术的不断创新和发展是解决人类社会发展中遇到的问题、实现可持续发展的有效途径。结合实例认识化学原理、化工技术对于节能环保、清洁生产、清洁能源等产业发展的重要性。"

2. 教材分析与学情分析

在初中阶段，学生已经知道有新物质生成的反应是化学变化，化学反应遵循质量守恒定律，并且通过对燃烧的基本条件（三要素）的认识，学生认识到燃烧是剧烈的发光发热的氧化反应，对化学反应中的能量变化有较为感性的体验。本单元结合学生的已有认知，先明确化学反应利用的两个抓手——物质制备与能量使用，再以具体的单元任务（如消毒水的制备）作为大情境建立化学反应利用的思维模型，引导学生建构物质制备的一般流程，并从化学反应的限度、化学反应速率对物质制备途径进行选择，对制备过程进行调控。此外，从能量角度引导学生认识化学反应的本质是旧化学键断裂和新化学键生成，化学键的破坏与生成导致物质能量的变化。在认识化学反应中能量变化的本质后，引导学生认识化学能变化的主要形式：热能和电能等，并初步掌握化学能、热能、电能三者之间的转化。

初中阶段要求学生能够从宏观角度出发，根据反应物和生成物的类型将化学反应分为四种基本反应类型，而在高中阶段则要求学生从能量角度出发对反应类型进行分类，同时引导学生体会这种分类方法在生产生活应用时的简便性，有助于学生完善原有的认知结构，促进分类思想的发展。在学生掌握这种分类方法之外，要进一步完善学生对化学反应原理的认知，这要求学生掌握化学反应的利用这一主题中的几个重要知识：吸热反应与放热反应、化学反应速率与限度、物质的制备与能量的使用等。这几个知识点要求学生除对化学反应与能量变化的感性认知之外，还要学会从能量的角度去揭示化学反应的本质，并通过对化学反应的限度和速率的认识，初步学会选择和调控化学反应并运用于生产生活。

3. 化学反应的利用总体认识模型

"化学反应的利用"作为培养学生变化观念与平衡思想、科学探究与创新意识核心素养的重要内容，基于认识的发展，学生需要构建相关模型如下。

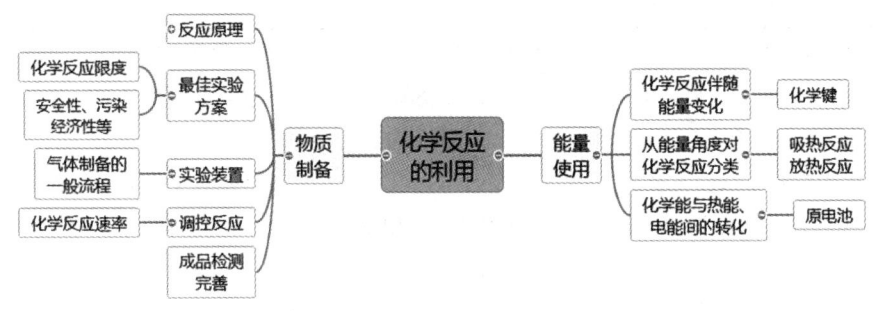

图 5-7-1

认识化学反应的利用的方法模型如下图。

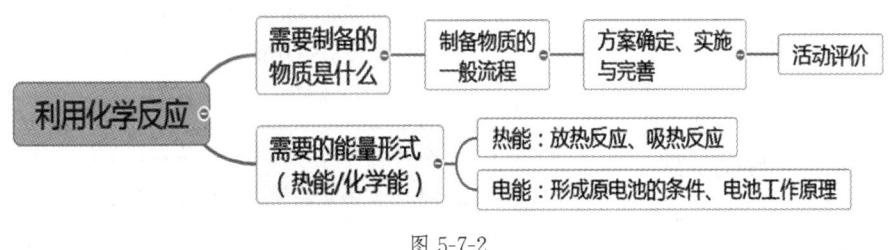

图 5-7-2

4. 教法分析

基于上述分析，本单元内容涉及变化观念和平衡思想的内容，重点在于建立"化学反应的利用"相关模型，该内容与生产生活联系非常紧密，基于建模教学的实际需要，可在实验法、情景教学法、实验探究教学法等教学方法中进行选择和适当组合。

三、单元教学目标设计

高中"化学反应的利用"部分的教学涉及三大内容：①化学反应的利用，包括物质的制备与能量的使用。学生从以往感性认知中初步对化学反应利用的两大方向有模糊的认知，在此基础上以消毒水制备这一大主题，结合物质制备和能量应用两大讨论点，强化了学生对化学反应利用模型的认知，促使学生学会应用化学解决生活实际问题，不断发展解决问题的能力，并获得自信感与学科效能感。②利用化学反应制备物质的一般流程：利用价类二维和氧化还原反应确定可能的制备途径——结合化学反应限度、实验安全性、经济型、环保性和可操作性等因素挑选最佳方案——进行实验并进行结果分析——调控化学反应速率、修改实验装置等操作优化实验——得出产品。③化学反应遵循能量守恒定律，其能量变化与化学键的断裂生成有关；化学能的主要转化形式为热能、电能，并且三者之间可以相互转化。

基于以上分析，我们将"化学反应的利用"单元教学目标确定为：以真实问题情境为基础，立足课堂，促进"变化观念与平衡思想、证据推理与模型认知、实验探究与创新意识、科学态度与社会责任"学科核心素养的养成，其中"变化观念与平衡思想、实验探究与创新意识"是本单元的培育重点，我们将该单元教学确定为 5 个课时。

单元目标	课时	课时教学目标
1. 学会运用价类二维思想和氧化还原知识，预测物质的合成路线，并能综合分析热力学和安全性、经济性、可操作性等方面，选择物质合成的路线。 2. 建立气体制备的一般模型，并以此拓展至物质制备的一般思路。感受化学反应中的能量变化及其对生产生活的重要性。 3. 从微观角度认识化学反应伴随能量变化的根本原因。认识化学键，学会利用常见的吸热反应、放热反应对物质制备的反应条件进行简化。 4. 对比分析物质的实验室制法和工业制法的不同。借由电解饱和食盐水的实验，完善化学反应的能量转化系统——化学能与电能之间的双向转化。 5. 完善化学反应的应用模型：物质制备（制备原理、方案选择、产品优化与改进）与能量变化（反应条件的选择，化学能与热能、电能之间的转化）。	1	1.1 初步学会结合氧化还原反应与价类二维图提出物质制备的可能途径。 1.2 了解化学反应限度基本含义，初步认识外界因素对化学反应限度的影响。 1.3 能综合实验安全性、经济性、可操作性、污染性等因素选择最佳实验方案。
	2	2.1 掌握气体制备的一般流程，能自主选择完整有效的实验装置。 2.2 初步了解热能转化为化学能在生产生活的应用。 2.3 认识化学反应遵循能量守恒定律，了解化学键含义及其与化学反应能量变化的关系。
	3	3.1 了解化学键的形成过程，认识化学反应伴随能量的变化的根本原因是化学键的断裂与生成。 3.2 学会依据能量对化学反应进行分类，认识常见的吸热反应和放热反应。 3.3 学会利用常见的吸热、放热反应，应用于物质的制备、实际生产生活中。
	4	4.1 了解工业制法与实验室制法的不同。 4.2 初步了解电能转化为化学能在生产生活的应用。 4.3 初步认识化学反应速率的定义及其影响因素。 4.4 利用动力学相关知识尝试调控氯气制备反应的快慢。
	5	5.1 了解化学能转化为电能的装置，认识电池的工作原理与形成条件。 5.2 初步学会利用化学能转化为电能应用于物质制备、实际生产生活中。 5.3 完善化学反应的应用模型，并对身边某一物质的制备提出实验方案。

四、教学起点分析

"化学反应的利用"基于鲁科版化学必修二（2020版）第2章"第3节化学反应的利用"，对于"化学反应的利用"教学起点分析如下表所示。

教学起点	相应的利用策略
已有的相关知识： 1. 初中阶段，学生已认识到化学反应中分子破裂为原子，原子重新排列为新分子。 2. 必修一中，学生对氯气的性质、消毒水的制备和使用原理有一定认知基础。 3. 研究方法上，学生对价类二维图这种思维工具有一定了解，学会运用价类二维图对元素的常见物质进行归类。	1. 基于必修一中氯气与消毒水的学习基础，选择消毒水的制备作为单元任务可以降低学生的认知壁垒，激发学生兴趣，提高学生的参与度。 2. 认识化学反应中的能量变化时，可从初中的化学反应微观本质入手，引入化学键的概念，并通过破坏分子（化学键）吸收能量，形成新分子（化学键）放出能量，引导学生从宏观的物质能量过渡到能量变化的微观探析中。 3. 在提出物质制备的途径时，原料的选择可通过价类二维罗列相关物质，引导学生在关注价类二维的物质分类时，从价态转化的角度提出物质制备的可能途径，可帮助学生更好更深层次地运用价类二维图。
可能的学习困难： 1. "消毒水的制备"作为一个工程问题，对学生的认知水平和思维水平要求较高，学生可能有畏难情绪。 2. 对"价类二维"的应用停留在静态的分类上，还未能运用"价类二维"对元素及其化合物之间的转化有动态认识。 3. 对化学反应的利用停留在物质观的角度，未能从能量的角度认识化学反应对人类生产生活的作用。	将消毒水的制备归咎于氯气的制备，通过熟悉的价类二维对含氯物质进行罗列，并引导学生从价态角度对制备途径进行猜想。 单元的工程任务贯穿始终，在第2、4课时中分别穿插实验室分组实验和家庭小实验，让学生动手参与实际问题。此外，在制得简易消毒水后让学生参考实际产品为自己制得的消毒水制作产品说明书。通过动手实践、小组互助、课堂展示与分享，降低学生对工程问题的畏难情绪，同时将他们牢牢抓在课堂之中，在探究中感受快乐，在动手实践的快乐中，亲身体会化学对生产生活的重大作用，并以此建立化学反应的应用模型——物质制备与能量转化。

五、单元学习活动设计

1. 教学内容设计

化学反应应用模型对化学教学与学生发展的意义有两点：①利用化学反应制备某一物质的一般流程若能在教学中落实，则能转化为科学探究、工业流程、有机合成等内容的方法；更是让学生在学习化学后将知识运用于生活有章可循，是发展其科学探究、社会责任等核心素养的重要组成。②能量转化是学生认识化学反应另一重要维度，从化学键的角度认识化学反应的物质和能量转化，发展学生宏微观；建立化学能与热能、电能之间的转化与计算模型是学生利用化学反应造福生产生活的重要组成，更是选修阶段热力学、动力学学习的重要基础。

2. 教学过程的设计

单元	课时	问题	任务与活动
单元大任务：疫情当前，如何利用已有条件制备一瓶消毒水？ 单元大问题：如何利用化学反应造福生产生活？如何利用化学反应制备某一物质？化学反应中为何总伴随能量变化？如何将化学能转化为我们需要的能量形式（热能、电能）？	课时1：物质制备的反应原理。情境：疫情已成为全球人民关心的首要问题，消毒水的使用量激增。问题：疫情当前，如何在实验室制备消毒水？其反应原理是什么？	1.1 化学反应对人类生产生活的改变：物质与能量。 1.2 消毒水制备原理是什么？ 1.3 制备氯气的反应途径有哪些？ 1.4 如何选择适合实验室制法的最佳途径？	1.1 列举生活中经常使用的化学反应，并归纳人类对化学反应的利用主要包含了物质和能量两大部分。 1.2 回顾消毒水的制备与使用，将消毒水的制备关键物质缩小在氯气。 1.3 根据价类二维罗列常见的含氯物质，在教师引导下关注价类二维图中的价态变化，结合氧化还原知识设计制备氯气的可能途径。 1.4 结合实验室制备条件与制备要求，选择纯度较高、药品较为廉价的反应。
	课时2：气体制备的一般流程：从 HCl 到 Cl_2。情境：实验室制备 Cl_2，进而制备消毒水。问题：如何在实验室制得纯度较高的氯气？气体制备的一般流程是什么？	1.1 二氧化锰和浓盐酸制备氯气的发生装置是怎样的？ 1.2 制得的氯气是否纯净？如何改进装置？ 1.3 气体制备的一般流程是什么？ 1.4 实验中如果没有加热条件，反应是否能较快发生？ 1.5 为什么有一些反应需要加热才能发生？化学反应是否常伴随能量的变化？	1.1 根据药品和反应条件搭建氯气实验室制法的发生装置。 1.2 根据氯气的性质选择除杂、尾气处理装置。 1.3 归纳气体制备的一般流程，搭建完整的装置后制得一瓶较为纯净的氯气。 1.4 对比实验，观察如果没有加热条件，浓盐酸和二氧化锰的反应快慢如何。 1.5 对比现象，发现有些反应需要热引发，有些不用，感悟化学反应中的能量变化并引发思考。 1.6 对生活中常见的放热反应进行了解。 1.7 ［课后］以"自嗨锅"为例，完成一份市场上"自热包"成分种类调查表。
	课时3：化学反应中的能量变化。情境：上节课实验过程中的遗留问题引发新知学习。	1.1 化学能与热能的转化：吸热反应与放热反应。 1.2 常见的吸热反应和放热反应有哪些？ 1.3 化学反应能量变化的根本原因是什么？	1.1 小组分享"自嗨锅"中自热包的成分种类调查情况。 1.2 从宏观角度解析吸热反应和放热反应：反应物和生成物具有的能量不同。 1.3 列举常见的吸热、放热反应，并进行分类归纳。 1.4 以 $MnCl_2$、HCl 为例，认识离子键、

续表

单元	课时	问题	任务与活动
	问题：为什么化学反应总伴随能量变化？化学反应条件与吸热、放热反应是否有必然联系？	1.4 化学反应条件与吸热和放热反应是否有必然联系？ 1.5 能否不用燃烧反应，提供氯气实验室制法所需要的加热条件？	共价键的形成过程，并结合电子式书写认识不同种类化学键的形成。 1.5 回顾初中学习的化学变化中的微粒变化，从化学键的角度认识化学反应的根本原因。 1.6 选择替代燃烧反应的反应热源，提供实验室制备氯气所需要的加热条件。
	课时4：氯气的工业制法。 情境：工业大生产背景下，消毒水制备的成本要求较低。 问题：氯气（消毒水）的实验室制法是什么？	1.1 工业化大生产条件下，如何控制生产成本，制备消毒水？ 1.2 如何以 NaCl 为原料制消毒水？ 1.3 电解池基本原理与电极反应。 1.4 为什么有的同学在家自制消毒水时产生的氯气较少，如何改进实验？	1.1［课前］家庭材料制作简易消毒水，完成一份实验报告。 1.2 根据家庭小实验画出电解饱和食盐水的装置图。 1.3 认识电解池的基本构造，初步掌握电极方程式的书写。 1.4 小组讨论，对电解饱和食盐水过程中出现的氯气较少的情况进行讨论。 1.5 对家庭自制消毒水的实验进行改进：反应物浓度、装置。 1.6 自制消毒水的产品说明书，并展示分享。
	课时5：化学反应的利用：化学能转化为电能。 情境：电解使用的电池是如何将化学能转化为电能的？ 问题：电池的基本构造与原理。	1.1 电能提供了工业制氯气所需的能量，电池是如何储存电能的？ 1.2 什么样的反应可以用来制作电池？ 1.3 生活中如何自制简易电池？ 1.4 电池优化：燃料电池。 1.5 总结：化学反应的应用模型，提炼如何应用化学反应制备新物质，提供人类所需要的能量。	1.1 以铜锌原电池为例，认识电池的基本构造与原理。 1.2 小组为单位讨论电池的化学反应类型。 1.3 自制水果电池，探究不同水果制得电池差异，完成一份实验报告。 1.4 认识燃料电池的基本构造与反应原理，对电池性能的评价标准进行讨论。 1.5 总结与建构：对本单元制消毒水的过程进行回顾，并建构化学反应应用的一般模型。

3. 学习活动设计

学习活动设计是对教学目标的具体阐释和实现教学目标的必要保障。单元教学活动设计分为两个层面：一是单元活动设计，解决学生在整个教学单元中的学习活动线索。二是课时活动设计，遵循单元活动设计，确定每个课时中学生具体的活动任务。

基于前面对单元教学目标的分析，我们对"化学反应的利用"教学单元作了教学活动设计，单元教学的总体学习线索如下。

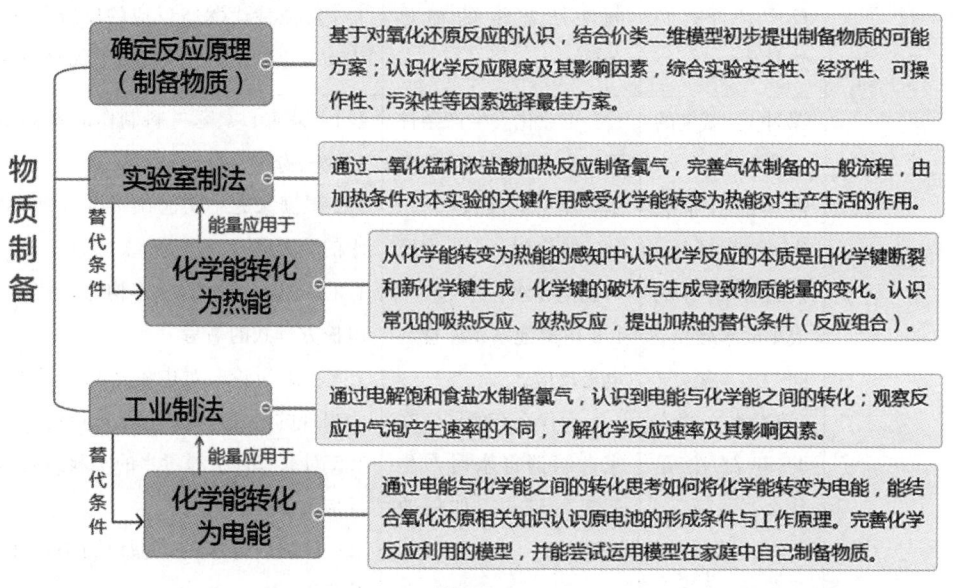

图 5-7-3

基于对"化学反应的利用"单元教学的总体学习线索，开展各课时学习活动设计。

课时 1　确定物质制备的反应原理

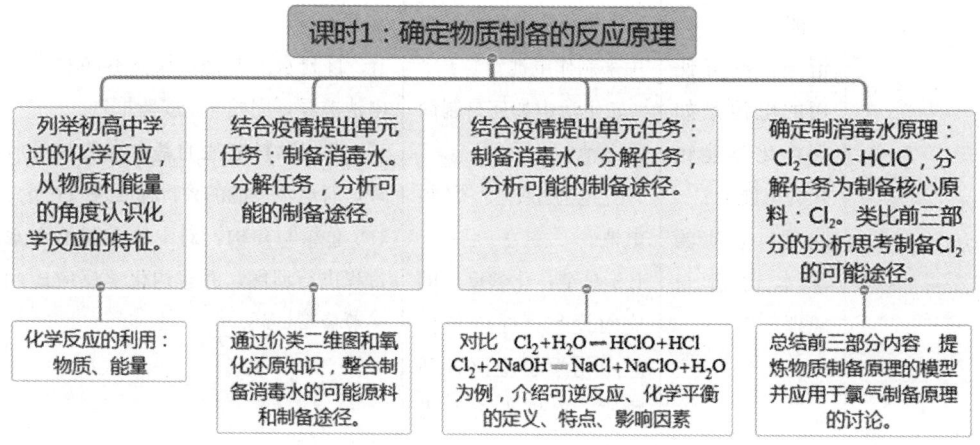

图 5-7-4

课时 2　以 HCl 为原料制备消毒水

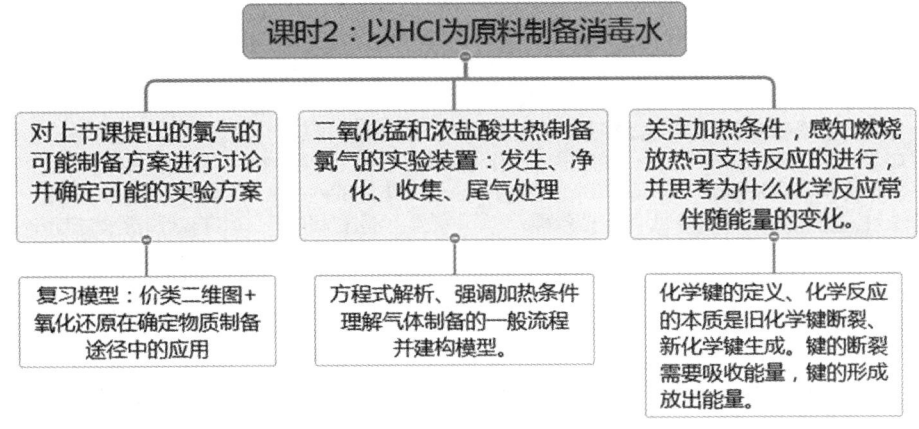

图 5-7-5

课时 3　以 HCl 为原料制备消毒水·能量驱动

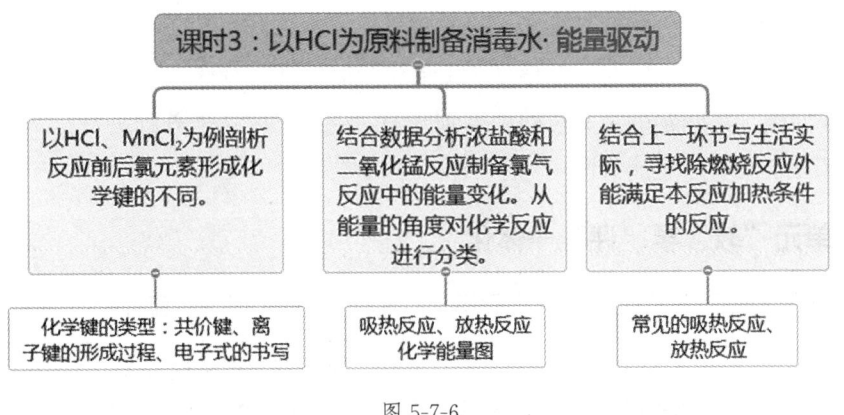

图 5-7-6

课时 4　以 NaCl 为原料制备消毒水

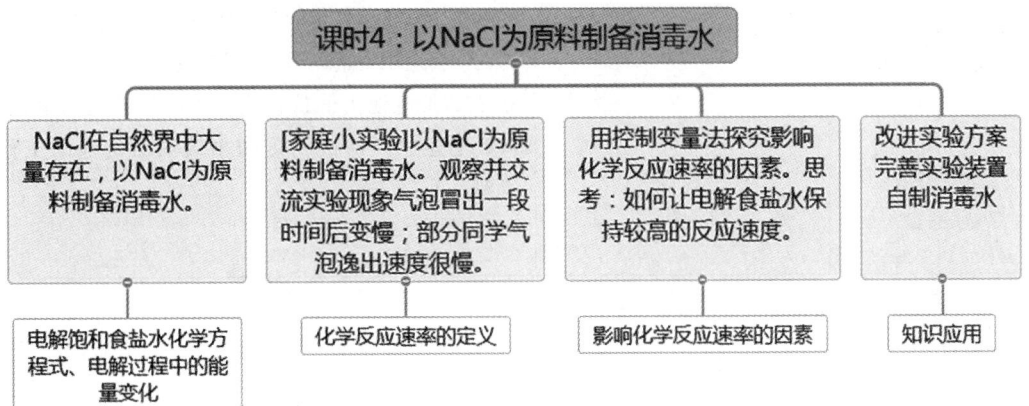

图 5-7-7

课时 5　以 NaCl 为原料制备消毒水·能量驱动

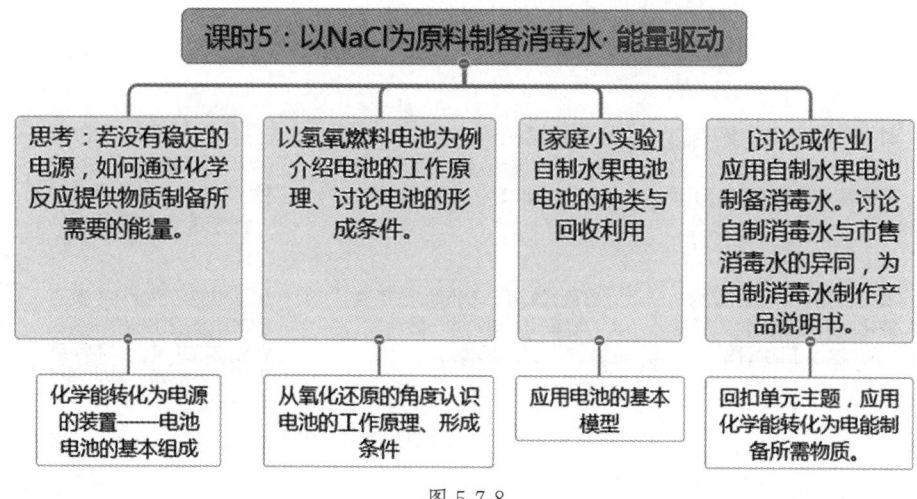

图 5-7-8

学生对化学问题分析角度的多少，是影响其化学素养高低的重要因素。本单元教学设计始终定位于"化学反应的利用"模型，发展学生对物质和化学反应的认识，并利用模型去解决真实问题，在问题解决的过程中得到能力的提升和核心素养的培育，本单元重点提升模型认知在学习中的功能价值。

六、单元"教、学、评"一体化

评价类型	评价形式	评价内容	评价标准
量性评价	纸笔测验	化学键的种类与形成、物质制备的一般方法、化学反应的快慢与限度、化学反应的能量变化等。	1. 认识构成物质的微粒之间存在相互作用，结合经典实例认识共价键和离子键的形成，建立化学键的概念。 2. 了解可逆反应的含义，知道可逆反应在一定条件下能达到化学平衡状态。认识化学变化是有条件的，学会运用变量控制方法研究化学反应。 3. 能以原电池为例认识化学能可以转化为电能，从氧化还原反应的角度初步认识原电池的工作原理。

续表

评价类型	评价形式	评价内容	评价标准
质性评价	研讨评定	1. "自热包"成分种类调查表评价。 2. 家庭自制消毒水装置讨论与实验报告。 3. 水果电池装置讨论与实验报告。	1. 能通过互联网、书籍、杂志等方式理解、获取、利用信息，并对信息进行分析、评价和决策。 2. 能举出化学能转化为电能的实例，能辨识简单原电池的构成要素，并能分析简单原电池的工作原理。 3. 能分析、解释原电池和电解池的工作原理，能设计简单的原电池和电解池。
	表现展示评定	自制消毒水成果展示、消毒水产品说明书设计与展示。	4. 能运用所学的化学知识和方法解决生产、生活中简单的化学问题。 5. 对化学实验探究产生兴趣，自主发现问题并利用化学原理解决实际问题。 6. 通过小组作品的自我展示和互评学会表达自己和评价他人的观点，学会合作与相互学习。

七、单元作业设计

本单元通过对化学反应的利用的学习，以真实问题情境为基础，立足课堂促进"变化观念与平衡思想、证据推理与模型认知、实验探究与创新意识、科学态度与社会责任"学科核心素养的养成。

核心素养发展重点		学业要求
变化观念与平衡思想	了解可以从不同角度对化学反应进行分类。 了解化学反应是有限度的，化学反应速率与反应物性质、温度、压强、催化剂等因素相关。 能尝试从化学反应限度的角度对物质制备的途径进行选择，能利用化学反应速率的影响因素调控化学反应或者对实验现象进行解释。	1. 体会实验、分类、模型等方法在化学科学研究中的应用。 2. 能从化学反应限度和快慢的角度解释生产、生活中简单的化学现象。 3. 能描述化学平衡状态，判断化学反应是否达到平衡。 4. 能运用变量控制的方法探究化学反应速率的影响因素，能初步解释化学实验和化工生产中反应条件的选择问题。
证据推理与模型认知	能从物质及其变化的事实中提取证据，初步建立化学反应制备物质、进行能量供给的认知模型，构建制备物质的一般思维模型。	5. 能举出化学能转化为电能的实例，能辨识简单原电池的构成要素，并能分析简单原电池的工作原理。 6. 能辨识化学反应中的能量转化形式，能解释化学反应中能量变化的本质。

核心素养发展重点	学业要求
实验探究与创新意识	认识科学探究是进行科学解释和发现、创造和应用的科学实践活动；能发现和提出有探究价值的问题；能从问题和假设出发，依据探究目的，设计探究方案，运用化学实验、调查等方法进行实验探究；勤于实践，善于合作，敢于质疑，勇于创新。	7. 能分析、解释原电池和电解池的工作原理，能设计简单的原电池和电解池。 8. 能主动运用所学的化学知识和方法解决生产、生活中简单的化学问题。

八、单元教学反思

本单元结合国际形势，以"疫情需要批量制备大量的消毒水"作为单元大任务，引导学生运用所学知识解决实际问题，并建立化学反应应用的一般模型：制备物质的一般流程（价类二维预测反应途径→根据需求选择最佳方案→确定并完善反应装置→产物测定→产品优化）、化学反应中的能量利用（常为化学能与热能、电能间的相互转化）。

通过本单元的学习，学生的物质观和能量观更全面，并且在单元大任务下多次的小组合作讨论、动手实验、家庭实践活动中，其"实验探究与创新意识""科学精神与社会责任"等化学学科核心素养得到了很好的培养。

案例八　化学反应快慢和限度

厦门双十中学　　刘妍

一、教学单元规划

"化学反应快慢和限度"位于鲁科版必修二第 2 章第 3 节，是高中化学的核心内容之一，同时也是人们实现对化学反应的调控的重要视角和方向。研究一个化学反应，往往需要关注以下两个方面的问题：一是反应的趋势和限度，二是反应的快慢和机理。这两个方向既有区别，又有联系，前者属于化学热力学范畴，后者属于化学动力学范畴。而对于一个化学反应能否应用于生产实际，则必须将二者综合起来考虑，缺一不可。另一方面，从学生化学学科核心素养的培育出发，考虑到若想真正实现"素养落地"，教师必须要能够从高处俯瞰学科知识体系，提升教学设计的站位，变关注"零碎知识点"为关注"大单元设计"。因此，决定在"化学反应快慢和限度"这一部分内容的复习中，整合为单元教学，在教学中通过引导学生利用所学知识对生活中的实际问题进行综合分析及解释，促使学生认识化学反应的两个重要视角，感知对化学反应条件的控制，以落实"变化观念与平衡思想""证据推理与模型认知""科学态度与社会责任"等化学学科核心素养。

《普通高中化学课程标准》和2019版高中化学新教材（鲁科版、人教版）对"化学反应快慢和限度"的内容编排对比如下表所示。

课程标准及不同版本教材（2019版）中"化学反应快慢和限度"的内容编排

课程标准相关要求	鲁科版	人教版
主题3：物质结构基础与化学反应规律 3.1 化学反应的限度和快慢 体会从限度和快慢两个方面去认识和调控化学反应的重要性。了解可逆反应的含义，知道可逆反应在一定条件下能达到化学平衡。知道化学反应平均速率的表示方法，通过实验探究影响化学反应速率的因素。认识化学变化是有条件的，学习运用变量控制方法研究化学反应，了解控制反应条件在生产和科学研究中的应用。	第2章 化学键 化学反应规律 第3节 化学反应的快慢和限度 一、化学反应的快慢 二、化学反应的限度 1. 可逆反应 2. 化学平衡 微项目 研究车用燃料及安全气囊——利用化学反应解决实际问题	第二章 化学反应与能量 第三节 化学反应速率和限度 一、化学反应的速率 二、化学反应的限度 三、化学反应条件的控制

二、单元教材教法分析

本单元内容共包含三个问题：化学反应速率、限度和调控。前两个问题是化学基本原理，后一个问题是原理的应用。考虑到通过初中和高中的化学学习，学生对化学反应速率与反应条件相关，改变反应条件（如使用催化剂）可调控反应速率等知识已有所了解，因此无论是鲁科版教材还是人教版教材，在教材内容上均采用新旧兼容、详略有别的方式进行编排。对于化学反应速率的认识，重点在于对化学反应速率影响因素的探究学习。对于化学反应限度的认识，只停留在基本的介绍化学平衡状态的层面。对于化学反应条件的控制，则是通过利用学生熟悉的生活实例加以教学，旨在培养学生相关意识的形成，从而完成速率和限度的统一。

从教学内容的组织上看，人教版教材主要是从牛奶变质、爆炸等生活实例出发，让学生认识到化学反应是有快慢之分的，再通过实验探究影响化学反应速率的因素，通过可逆反应探究化学平衡状态，最终通过学生熟悉的"高炉炼铁""合成氨"等工业生产实例帮助学生初步认识化学反应的调控。鲁科版教材则是从硫酸工业出发，引入化学反应速率并探究影响因素，再从反应限度角度认识化学平衡状态，最后用"微项目——研究车用燃料及安全气囊"，将整章知识统一起来，培养学生利用化学反应解决实际问题的能力。

必修阶段的化学反应快慢和限度是建立在学生学习了化学反应与能量、物质结构、元素周期律等知识的基础上，是学生第一次从反应原理角度认识化学反应。而本节课的教学定位是复习课，更重要的是学生通过复习课的提升，应该能够将知识进行整体性建构，在解决陌生复杂问题时候能够调用自己已有的知识和能力。因此，在教学方法的选择上，不应该仅仅是知识点的简单罗列或者某个题目的讲解，而应该是一个真实的、陌生的、与生产生活相关的实际问题的解决。新版鲁科版教材的微项目——研究车用燃料及安全气囊，提供了很好的教学素材和案例分享，故本节复习课以此素材为背景，组织教学，意图促使学生在解决问题过程中，发展综合运用知识解决问题的能力。

三、单元教学目标设计

本次微项目以"汽车中的化学"为情境素材，是一个离学生生活很近，能够激发学生探究欲望的学习背景。汽车所用的材料、动力来源、尾气处理、安全问题等都与化学有关，既包括物质变化，又包括能量变化，以及对化学反应的调控。以汽车为主题，主要包括对"汽车动力来源——燃料的探究、汽车安全问题——安全气囊的探究"两个部分，共分为两个课时来解决。课堂主要基于小组合作学习、小组展示、组间交流的方式展开。课时1首先利用研究车用燃料的几个相关问题的探讨，引导学生建立如何利用化学反应指导生产实践的认识模型。课时2通过安全气囊相关问题进行研讨，让学生应用这一认识模型进行分析，凸显解决真实问题时应该自主调用的与化学反应相关的认识（包括物质变化、能量变化、反应调控），外显真实问题的解决思路，充分培养学生的变化观念与平衡思想、证据推理与模型认知的素养。

基于此，形成本单元的单元目标和课时目标，如下表所示。

"化学反应快慢和限度"单元目标和课时目标

单元目标	课时	课时教学目标
了解汽车燃料，尝试选择、优化车用燃料，建立化学反应中物质变化与能量变化的关联，初步形成利用化学反应中的物质变化和能量变化指导生产实践的基本思路。 通过设计安全气囊，初步形成从化学反应中的物质变化、能量变化及反应速率的视角科学解决问题的思路。	1	1.1 通过分析庚烷燃烧过程中能量变化的原因，探寻燃烧反应中能量变化的实质。 1.2 结合可燃物发生燃烧反应的能量变化图，从能量变化的角度确定车用燃料选择时的两个二级角度：输出热量多少、可燃物达到燃点所需能量。 1.3 从物质变化角度考虑车用燃料的选择，并将能量变化角度与物质变化角度综合起来，概括梳理，建立认知模型。 1.4 通过对三元催化剂的介绍分析，从速率和限度角度调控化学反应，处理汽车尾气。
	2	2.1 通过介绍安全气囊的工作原理，结合安全气囊的需求，思考气体发生器中的物质应该具有哪些性质，并找到符合要求的物质。 2.2 思考叠氮化钠作为气体发生剂的优缺点，综合物质变化、能量变化的视角选择物质，趋利避害，设计反应解决问题。

四、教学起点分析

"化学反应快慢和限度"复习课的内容,建立在必修 2 中该部分内容的教学基础上,对"化学反应快慢和限度"复习课教学起点的分析如下表。

"化学反应快慢和限度"复习课教学起点分析

教学起点	相应教学策略
已有相关知识经验:元素性质、各元素物质性质转化关系、化学反应热效应、能量转化、化学能与热能的关系、反应速率、可逆反应、化学反应的限度。	在问题解决过程中,逐步调动学生对原有知识的复习梳理,按照对化学反应研究的真实认识视角,穿针引线,将知识按照前后逻辑关系串联起来,形成结构化的认识,逐步形成解决问题的思维方法模型。
前概念:对化学反应中物质变化、能量变化以及化学反应的调控认识过于孤立。	在真实问题情境中,发展学生综合运用该部分化学知识,解决生产实践中的实际问题的能力,达到能够调用所学知识解决真实的实际问题。
可能存在的障碍:对汽车中的化学问题有畏难情绪;难以调用所学知识解决实际问题;缺乏对生产实践中实际问题的认识视角。	明确解决的问题和本节课的目标;将问题解构成不同的小问题,逐一突破,提供部分资料和信息图标,给予信息支撑;不断梳理分析思路,建构思维模型。

五、单元学习活动设计

1. 教学内容划分

本次单元教学设计主要是从物质变化、能量变化、反应调控三个角度去认识化学反应,主要内容是将学生的认识视角整合起来,建立模型,拓展学生对化学反应的认识,具体表现为:①丰富学生对化学反应的认识角度,增加能量变化与转化、快慢、限度等认识反应的新角度;②发展学生对化学反应的认识深度,理解化学反应中的物质变化、能量变化的实质;③建构化学反应认识模型(如图 5-8-1 所示),并能应用认识模型分析解决真实问题。在先前的学习中学生已经对化学反应中的物质变化、能量变化、速率与限度等相应认识角度进行了分别学习,对各自的基本知识和内容实质进行了学习,但是对于如何综合利用这些知识解决实际问题,建立对化学反应研究的认识模型还无从下手。因此,本次"以汽车中的化学"为情境素材,在教学中引导学生循序渐进地解决汽车中真实的实际问题,从而帮助学生完成模型的建构,并能利用模型来解决实际问题。

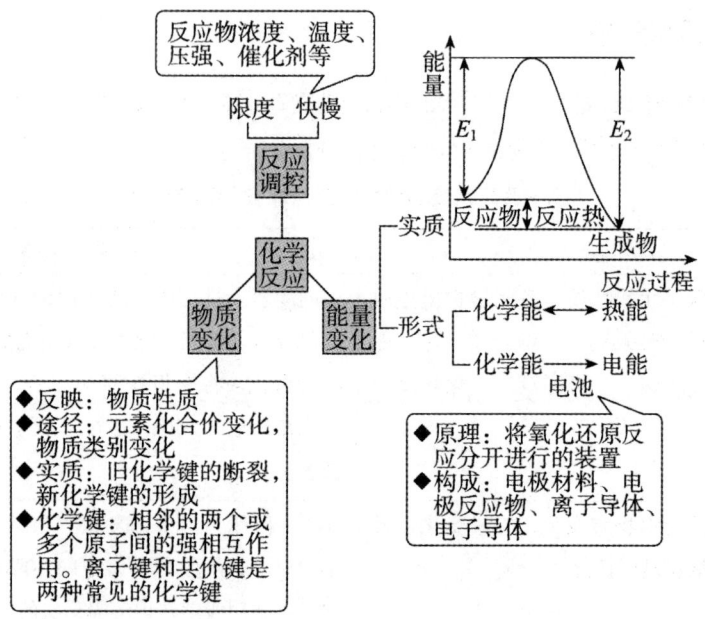

图 5-8-1 本单元知识逻辑体系

课时 1：对汽车动力来源——燃料的探究。首先利用研究车用燃料的几个相关问题的探讨，引导学生建立如何利用化学反应指导生产实践的认识模型，主要分为两个层次：一是从燃烧反应能量变化的角度选择燃料；二是综合环境、成本等因素，从燃烧反应物质变化的角度选择燃料。在从能量变化的角度选择燃料时，既要从燃烧反应总能量变化的角度考虑，尽可能选择放热多的反应；也要从过程中能量变化的角度考虑，选择断裂化学键所需能量适中的反应。

课时 2：对汽车安全问题——安全气囊的探究。首先，从安全气囊的功能需求出发，考虑选择的反应应该具备"能快速释放大量无毒、无味气体"的特点。然后，进一步提供资料：目前安全气囊中常用的主气体发生剂是叠氮化钠，该物质的特点是"在受到撞击时，能够快速释放出大量的氮气，同时产生金属钠，并释放大量的热"。从实用性的角度不难发现，叠氮化钠作为气体发生剂的优缺点：优点是受撞击时释放大量的无毒、无味气体——氮气，可以满足安全气囊的功能需求；缺点是生成活泼金属钠，并释放大量的热，会对人员造成二次伤害。如何趋利避害呢？显然，除了叠氮化钠外，还需要选择能吸收热量且不产生有害物质、能与金属钠反应且不产生有害产物的物质做助剂。因此，安全气囊的气体发生剂中，除了叠氮化钠外，还需要选择三氧化二铁、硝酸铵等物质。

2. 教学过程设计

"化学反应快慢和限度"教学情境、问题、任务与活动设计

单元	课时	问题	任务与活动
单元大背景：汽车中的化学，研究车用燃料及安全气囊。 单元大问题：探究汽车燃料的选择问题；探究汽车安全气囊。	课时1：对汽车动力来源——燃料的探究。 情境：汽车中的燃料。 问题：车用燃料如何选择？	问题1.1 燃烧过程中发生能量变化的本质原因是什么？ 问题1.2 从能量变化角度选择车用燃料。 问题1.3 从物质变化角度选择车用燃料。 问题1.4 如何处理汽车尾气？	任务1.1 以庚烷为原料，思考燃烧过程中能量变化的本质原因。 任务1.2 以热值数据及反应物达燃点所需的能量进行车用燃料的选择。 任务1.3 面对环保及可持续发展问题，结合物质变化，思考对车用燃料的新要求。 任务1.4 介绍三元催化器工作原理，从速率调控角度分析尾气中有害气体产生原因。并试图从调控化学反应速率角度解决这一问题。
	课时2：对汽车安全问题——安全气囊的探究。 情境：汽车中的安全气囊。 问题：如何选择汽车安全气囊中的气体发生剂？	问题2.1 结合安全气囊需求，思考气体发生剂的选择视角。 问题2.2 叠氮化钠作为安全气囊的优缺点是什么？ 问题2.3 综合物质变化、能量变化，思考如何选择物质，设计反应来作为气体发生剂？	任务2.1 畅所欲言，思考气体发生剂的选择视角，如反应需产生气体，反应需较稳定，但撞击能够引发反应等。 任务2.2 介绍叠氮化钠，思考叠氮化钠作为安全气囊的优缺点。 任务2.3 综合物质变化、能量变化，思考如何选择物质，设计反应作为气体发生剂，如对于叠氮化钠分解产生的钠怎么处理等问题。

3. 学习活动设计

本单元教学设计的目的不是具体的知识，而是能够运用所学知识综合解决实际问题。研究车用燃料及安全气囊能够帮助学生建构所学知识，为形成解决实际问题的思路和视角搭建支架，课时1中对车用燃料的选择是"建模过程"，而课时2对安全气囊的设计是"用模过程"，整体上两个课时的活动任务设计如下。

课时 1　对汽车动力来源——燃料的探究

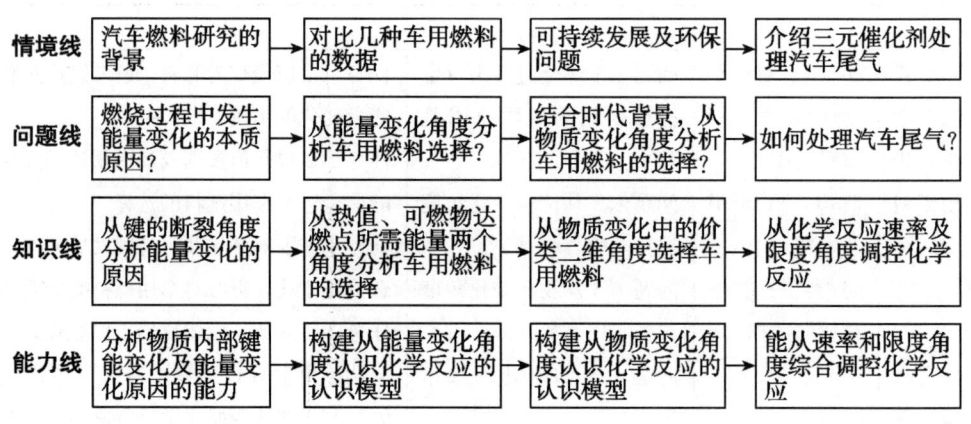

图 5-8-2

课时 2　对汽车安全问题——安全气囊的探究

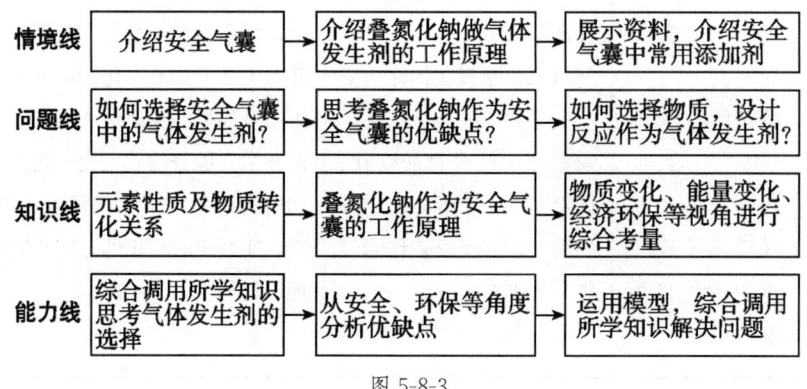

图 5-8-3

六、单元"教、学、评"一体化

课时	目标	活动与任务	评价方法
课时 1	1.1	1.1	学生能够从化学键的角度分析化学反应中能量变化的本质原因。
	1.2	1.2 1.3	学生能够综合调用所学知识，从能量变化、物质变化的视角对车用燃料选择的相关问题进行分析。
	1.3	1.4	学生能够从速率和限度角度调控化学反应，思考汽车尾气的处理问题。
课时 2	2.1	2.1	学生能够调用所学知识，从物质变化、能量变化、速率调控、经济、安全环保等角度思考汽车中安全气囊的选择问题。
	2.2	2.2 2.3	学生能够结合叠氮化钠的工作原理，分析其优缺点，并能利用所学知识，趋利避害，优化对安全气囊中气体发生剂的选择。

七、单元作业设计

本作业设计围绕"化学反应速率与限度"复习课进行设计，单元教学设计内容以"汽车中的化学"为主题，主要包括化学反应中的物质变化、能量变化、速率与限度问题等知识，意在辅助学生综合调用所学知识调控化学反应，建立思维模型，最终能够解决生活实践中的实际问题。整份作业由2份课时作业、1份单元评价作业组成。课时作业对核心知识进行拆解与组合，对关键能力的训练逐步进阶，对逻辑思维进行提升，使学生逐步达到单元评价作业的检测要求。单元评价作业旨在帮助学生建构解决实际问题的解决思路模型，如对车用燃料、电池选择、速率与平衡对化学反应的调控等问题的综合思考，意图通过本单元的学习与训练，加深学生对本章内容的理解，并发展学生"宏观辨识与微观探析、证据推理与模型认知、科学态度与社会责任"等化学学科核心素养。

八、单元教学反思

本单元将化学反应快慢和限度的复习整合成大的单元教学设计，在教学中，运用已有的知识解决生活中所遇到的实际问题，引导学生积极参与到问题解决的实践中，在解决问题的过程中充分提升学生的能力和素养。以"汽车中的化学"为情境素材，在教学中通过任务为驱动，活动为载体，帮助学生以专业的化学视角深入对真实复杂的生产实践问题中去，促进学生积极主动地深度思考，巧妙地引领学生在一次次知识经验的唤醒、激活、积累、提升中，完成知识的拓展应用、能力提升、素养落实，促成真实学习的真正发生。

案例九 有机物官能团转化

厦门外国语学校   曾 虹   何佳岱

一、教学单元规划

有机化学是化学专业的一门重要的专业基础课程，是研究有机化合物的来源、制备、结构、性质、应用以及有关理论的科学，也是高中化学的重要组成部分。乙醇作为生产生活中最常见的有机物，在有机化学中具有重要的研究意义。以乙醇为主要成分的酒，作为人们经常接触到的一类饮品，它的制造工艺及其在人体中的代谢历程将引起学生浓厚的兴趣。在以酒为中心话题展开的单元中，涉及以有机氧化还原反应为主的官能团转化和简单的有机合成话题，而氧化还原反应是化学学科核心概念之一，不同于电化学中的概念，有机氧化还原反应中，电子转移并不实际发生，它的特征是常伴有官能团的转化。所以，以酒的制造及其在人体中的代谢历程为例，初探有机物官能团转化模型，将其设置成为一个教学单元，可以激发学生的学习兴趣，转变学生对有机化学中的氧化还原反应的认识角度，从生活经验到化学本质，实现学生认识上的飞跃。其次，有机物官能团的相互转化，《普通高中化学课程标准》对此单独列有条目要求："认识官能团与有机化合物特征性质的关系，认识同一分子中官能团之间存在相互影响，认识在一定条件下官能团可以相互转化。"由此可见，以酒的制造及其在人体中的代谢历程为例，构建醇、醛、羧酸、酯之间的官能团转化模型可以作为一个教学单元处理。

另外，从与生产生活实际联系角度看，有机物与衣食住行、医疗保健、工农业生产及能源材料和科学技术等诸多领域相关联，而从学科发展看，以氧化还原反应为主的有机物的官能团转化和合成又是有机化学的核心知识，所以无论学生将来如何发展，都应该具备从官能团角度认识有机化学反应的知识和能力，把酒的制造及其在人体中的代谢历程作为一个教学单元，建构和完善有机物官能团转化模型的主题是合理的。

本单元的整体规划如下图 5-9-1。

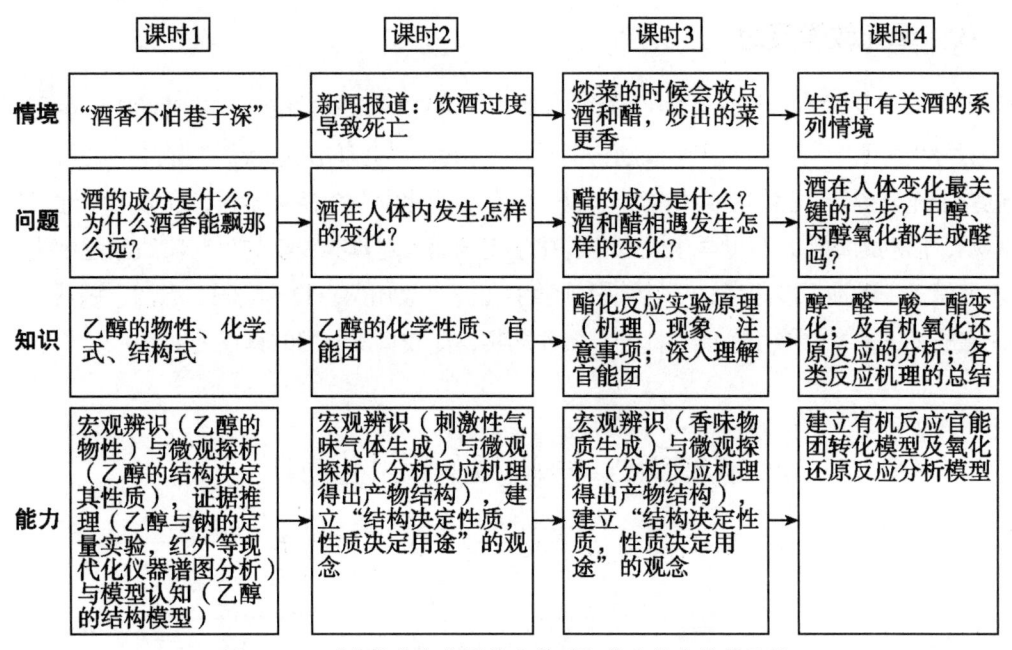

图 5-9-1 "有机物官能团转化模型"单元整体教学设计

二、单元教材教法分析

《普通高中化学课程标准》在必修课程"主题 4：简单的有机化合物及其应用"中指出：以乙醇、乙酸、乙酸乙酯为例认识有机化合物中的官能团。结合典型实例认识官能团与性质的关系，知道氧化、加成、取代、聚合等有机反应类型。知道有机化合物之间在一定条件下是可以转化的。

在初中阶段，学生已经简单认识了有机物，积累了一些有机常识，为高中有机化学的学习奠定了基础。而生活中的直接经验，让学生对于乙醇、乙醛、乙酸和乙酸乙酯的部分性质的学习更加熟练和有据可循。在前面几节认识有机化合物、从化石燃料获取有机化合物等内容的学习中，学生已经初步认识了有机化合物的分子结构决定于原子间的连接顺序、成键方式和空间排布，知道红外、核磁等现代仪器分析方法在有机化合物分子结构测定中的应用，对有机物的成键规律和官能团有了一定的认知，初步建立了有机化学中的"结构决定性质，性质反映结构""性质决定用途"等学科观念，对有机物的组成结构特征和性质有了初步的认识和理解。

在本单元的学习中，学生要认识羟基、醛基、羧基、酯基等新的官能团，从官能团的视角认识有机化合物的分类，并应用自身的生活经验和知识储备，熟练掌握乙醇、乙醛、乙酸和乙酸乙酯的性质。在此基础上，进一步认识到官能团与有机物性质之间的重要关系，初步建立从结构角度认识有机物性质的模式，体验形成"组成—结构—性质—用途"研究，突出模型、实验等方法。以酒的制造及其在人体中的代谢过程为一个整体进行教学，目的是将乙醇、乙醛、乙酸和乙酸乙酯的转化层层递进，构建一个系统的关于醇、醛、羧酸、酯的知识网络，让学生熟悉常见官能团之间的转化路线，抓住"有机物的结构决定性质"这一中心思想，结合"结构决定性质"这一普遍性的规律，提高学生的高阶思维能力，提升学生学习认知能力，形成研究有机物的一般方法，通过生活经验和探究验证，形成一定的分析问题、解决问题的能力，培养思维的连续性和严谨性。在教学时要在学科思想方法层面上深挖，从多角度（生活、生产、能源、社会等）体现学科知识的社会价值，帮助学生进一步体会"结构决定性质，性质反映结构"的观念，强化变化观念和模型认知，树立绿色化学理念等等。

有机物的官能团转化作为中学必修有机化学的核心概念，基于认识的发展，学生需要构建相关模型如图5-9-2、5-9-3、5-9-4。

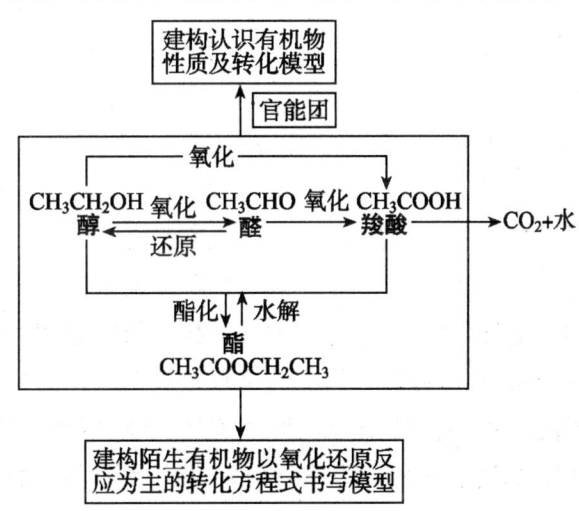

图 5-9-2　有机物官能团转化总体认识模型

图 5-9-3　认识有机物性质及转化模型

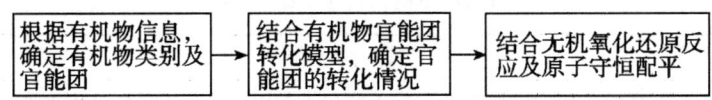

图 5-9-4　书写陌生情境有机物以氧化还原反应为主的转化方程式的模型

基于上述分析，本单元内容涉及宏观和微观，重点在于以有机氧化还原反应为主的官能团的转化模型的建构与使用，该内容与生产生活联系非常紧密，基于建模教学的实际需要，可在实验法、模型法、微观模拟、问题教学法、情景教学法、探究教学法等教学方法中进行选择和适当组合。

三、单元教学目标设计

在本单元中涉及的有机物的转化反应主要研究的是有机氧化反应，高中必修有机氧化反应主要涉及以下三组情形：第一组情况，与氧气发生的反应。学生从开始学习化学就一直在接触物质与氧气的反应，这部分内容学生比较熟悉，处理起来得心应手，只要明确有机物与氧气反应后的产物，进行准确配平即可。第二组情况，与强氧化剂发生的反应。这类反应要求学生对物质的氧化性有比较深刻的理解，能将官能团与氧化性强弱和化学稳定性联系起来，对反应能否发生和反应产物有所把握，进而向物质分类角度拓展，这种归类或紧扣官能团的方法可以大大拓宽学生认识物质的数量。第三组情况，催化氧化。这种情况学生没有现行的知识储备，但它是第一组情况抽离出的一种特殊情况，对于乙醇内容的学习来说是一个关键知识。学生在学习这部分内容时，要能理解反应的断键位点和反应机理，对于学好有机化学来说是关键一步。

基于以上分析，我们将以酒的制造及其在人体内的代谢过程为例的以有机氧化反应为主的官能团转化模型建构的单元教学目标确定为：①认识乙醇、乙醛、乙酸、乙酸乙酯的结构和官能团。②结合生活经验和知识基础，认识乙醇、乙醛、乙酸、乙酸乙酯的物理性质，掌握乙醇、乙醛、乙酸、乙酸乙酯的化学性质及重要的有机反应，能进行合理猜想后设计实验，并能依据实验现象验证物质结构，发展"证据推理"学科素养。③建构羟基、醛基、羧基、酯基官能团的相互转化模型和醇、醛、羧酸的有机氧化反应模型，能运用模型预测陌生有机物的化学性质，从宏观和微观相结合的视角分析与解决实际问题，发展"宏观辨识与微观探析""模型认知"学科素养。④认识有机物之间能形成相互联系的统一整体，感受化学反应的规律性，增强化学学习的信心，以及分析、推理、归纳等学习能力，形成分类、类比等学科思想和严谨认真的求实态度，发展"科学态度与社会责任"学科素养。

基于对"有机物官能团转化"单元的总体认识，我们将该单元主体教学确定为4课时，其课时目标如下表。

"有机物官能团转化"课时目标

课时	课时教学目标
1	课程标准：1.1 搭建乙醇的球棍模型，与乙烷和水做比较，认识乙醇的物理性质和化学性质。 1.2 认识乙醇的官能团——羟基的主要性质，知道氧化反应的概念及有机化合物之间在一定条件下是可以转化的，感受乙醇在生活中的广泛应用。 核心素养：1.3 宏观辨识与微观探析：能从元素和原子、分子水平认识乙醇的组成、结构、性

续表

课时	课时教学目标
	质和变化,形成"结构决定性质"的观念。能从宏观和微观相结合的视角分析乙醇的性质和用途。 1.4 证据推理与模型认知:能设计实验验证乙醇的结构,并能依据乙醇的组成、结构,进一步预测乙醇的化学性质,并设计实验进行验证,并能分析解释有关实验现象。 1.5 科学探究与创新意识:实验探究乙醇与钠的反应,理解乙醇与氧气反应的现象和应用。 1.6 科学态度与社会责任:认识化学科学的发展对人类生活的影响和积极作用,实现生活行为的转变。
2	课程标准:2.1 掌握官能团羟基的存在所决定的乙醇的化学性质,理解催化氧化反应的概念和反应机理,能正确书写其化学反应方程式。 2.2 知道乙醇的氧化反应在酒驾检测方向上的应用。 2.3 认识乙醛的组成、结构、官能团——醛基,以及简单的物理性质和化学性质。 核心素养:2.4 宏观辨识与微观探析:能从官能团转化和碳骨架的构建角度认识乙醇的催化氧化反应,强化"结构决定性质"这一化学学科的统摄性观念。能从宏观和微观相结合的视角分析乙醇的催化氧化反应机理和用途。 2.5 证据推理与模型认知:能依据乙醇的组成、结构,分析解释有关实验现象,并能根据实验现象认识反应机理。 2.6 科学探究与创新意识:实验探究乙醇与氧气的催化氧化反应,理解氧化反应的概念。
3	课程标准:3.1 搭建乙酸的球棍模型,与乙醇和水对比,认识乙酸的物理性质和化学性质。 3.2 认识乙酸的官能团——羧基的主要性质,知道酯化反应的原理。 3.3 学习乙酸乙酯的官能团——酯基,知道酯类物质的结构和存在。 核心素养:3.4 宏观辨识与微观探析:能从元素和原子、分子水平认识乙酸的组成、结构、性质和变化,形成"结构决定性质"的学科思维方法。能从宏观和微观相结合的视角分析乙酸的性质和用途。 3.5 证据推理与模型认知:能依据乙酸的组成、结构,预测乙酸的化学性质,并设计实验进行验证,并能分析揭示有关实验现象。 3.6 科学探究与创新意识:通过实验探究乙酸的酸性、乙酸与乙醇的酯化反应,理解酯化反应的概念。
4	课程标准:4.1 理解有机物的"结构决定性质,性质反映结构"这一化学学科的统摄性观念,认识到官能团是决定有机物化学性质的原子或原子团。 4.2 构建有机物以有机氧化还原反应为主的官能团的转化模型。 4.3 能灵活运用模型认识陌生有机物的结构和性质,并能进行简单的有机合成。 核心素养:4.4 宏观辨识与微观探析:能从官能团转化和碳骨架构建的角度认识陌生有机物的组成、结构、性质和变化,形成"结构决定性质"的学科思维方法。能从宏观和微观相结合的视角分析物质的性质和用途并能灵活运用。 4.5 证据推理与模型认知:能依据陌生物质的组成、结构,预测其化学性质,能分析揭示有关实验现象。 4.6 科学态度与社会责任:能认识到化学学习的规律性,形成类比、分类等学科思想并活学活用。

四、教学起点分析

教学起点	相应的利用策略
1. 初中阶段学习化石燃料的利用、食物中的有机物等模块，简单认识了有机物，积累了一些有机常识。	1. 应用学生已有的知识创设情境，建立新旧知识的联系，激发学生对醇等有机物的新认识角度和学习热情。
2. 生活中的直接经验，让学生对于乙醇、乙醛、乙酸和乙酸乙酯有所了解。	2. 应用学生已有的生活经验创设情境，提出问题，激发学生求知欲。

五、单元学习活动设计

学习活动设计是对教学目标的具体阐释和实现教学目标的必要保障。单元教学活动设计分为两个层面：一是单元活动设计，解决学生在整个教学单元中的学习活动线索；二是课时活动设计，遵循单元活动设计，确定每个课时中学生具体的活动任务。

1. 单元活动设计

基于前面对单元教学目标的分析，我们对以酒的制造及其在人体中的代谢历程为例的"有机物官能团转化"教学单元作了如下教学活动设计。

单元教学的总体学习线索如下。

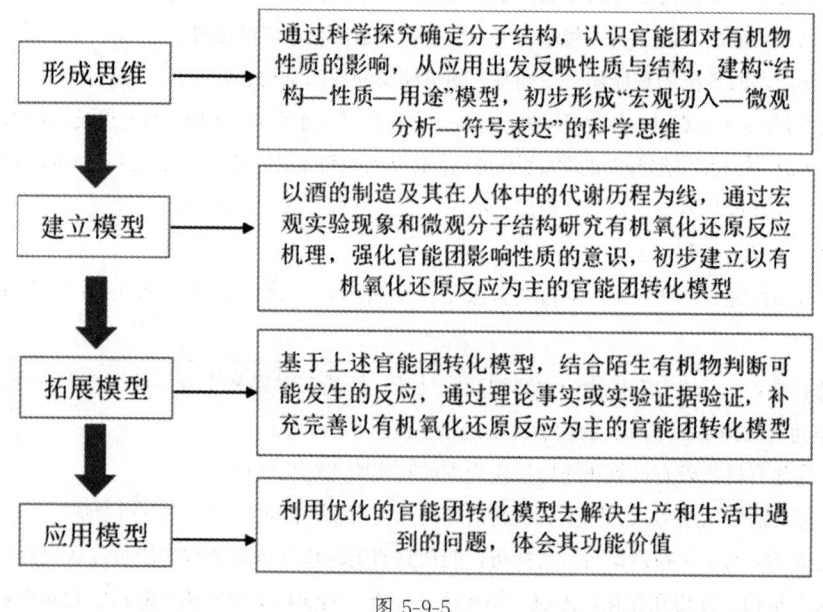

图 5-9-5

2. 教学过程设计

单元	课时	问题	任务与活动
单元大背景：酒在人体内的转化过程。 单元大问题：酒在人体内是如何转化的？为什么有的人喝酒容易醉？酒驾如何检测？炒菜时为什么要加一些醋和酒？	课时1：乙醇的分子结构及性质应用。 情境：五粮春酒广告中酿酒工艺的片段，酒在人体内转化过程视频。 问题：乙醇微观结构是怎样的？有什么性质？	问题1.1 类比乙烷，乙醇可能有哪些分子结构？ 问题1.2 怎么设计实验证明乙醇的结构？ 问题1.3 生活中乙醇存在于哪里？	任务1.1 团结协作搭建乙醇的球棍模型。 任务1.2 设计实验证明乙醇结构。 任务1.3 学生实验并从定性定量角度认识乙醇结构。再了解测定有机物结构的仪器。 任务1.4 了解身边的乙醇，并获知其性质
	课时2：乙醇的重要性质。 情境：酒在人体内转化过程视频，云南工匠打造银器视频，酒驾检验视频，乙醇、乙醛、乙酸的燃烧热表。 问题：是什么让人醉啦？	问题2.1 工匠让银器变光亮用的是不是酸呢？ 问题2.2 催化氧化反应的机理是什么？ 问题2.3 酒驾的检验原理是什么？ 问题2.4 喝酒为什么会醉？ 问题2.5 乙醇、乙醛、乙酸的燃烧热为什么会依次递减？	任务2.1 学生进行乙醇的催化氧化实验，并验证产物。 任务2.2 小组讨论，乙醇催化氧化微观反应机理。 任务2.3 学生进行乙醇与酸性高锰酸钾、酸性重铬酸钾模拟酒驾检测仪的实验。 任务2.4 小组讨论：反应条件对反应产物的影响。
	课时3：认识乙酸的结构和性质。 情境：介绍醋的来源。 问题：醋具有怎样的结构性质？为什么做饭放料酒和醋会更可口？	问题3.1 "醋"字的写法有什么渊源？ 问题3.2 家庭用具中的水垢如何除去？ 问题3.3 为什么花朵蔬果会有香味？ 问题3.4 为什么做饭放料酒和醋会更可口？ 问题3.5 酯化反应的机理是什么？	任务3.1 学生搭建乙酸球棍模型。 任务3.2 小组讨论推测：乙酸的化学性质。 任务3.3 学生实验：乙酸与乙醇酯化反应，讨论实验注意事项。 任务3.4 学生讨论：酯化反应机理。
	课时4：官能团模型建构与完善。 情境：工业乙酸生产方法，乳酸发酵。 问题：工业如何制乙醇？乳酸在人体内如何产生？	问题4.1 工业乙酸的乙醇乙醛法蕴含了怎样的合成路线？ 问题4.2 异丙醇、叔丁醇能否发生催化氧化反应？ 问题4.3 乳酸发酵，官能团发生什么变化？	任务4.1 学生思考工业乙酸的合成路线，设计框图或思维导图。 任务4.2 自主逻辑推演和小组交流。 任务4.3 尝试运用官能团转化模型写出丙酸法的合成路线、乳酸发酵的反应机理等。

3. 学习活动设计

基于单元教学的总体学习线索，开展对各课时学习活动的设计。

课时 1　乙醇的分子结构及性质应用

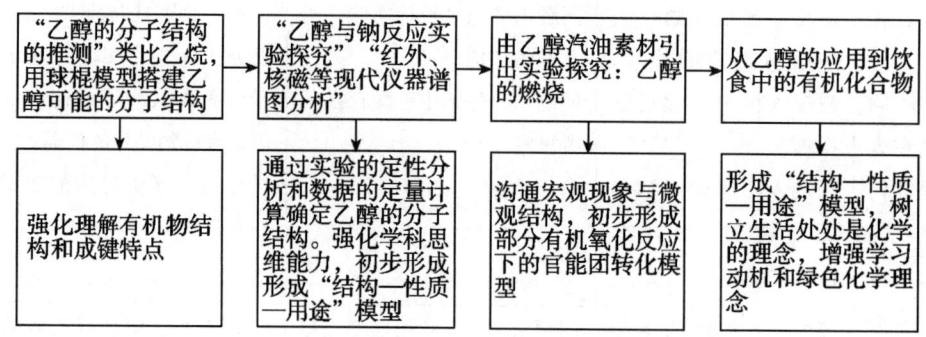

图 5-9-6

课时 2　乙醇的重要性质

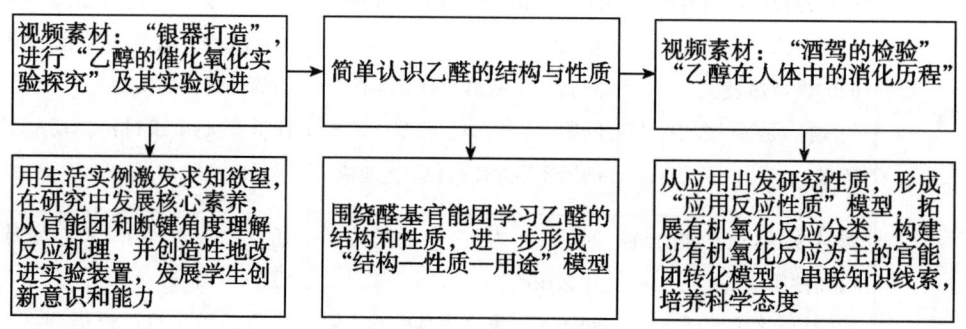

图 5-9-7

课时 3　认识乙酸的结构和性质

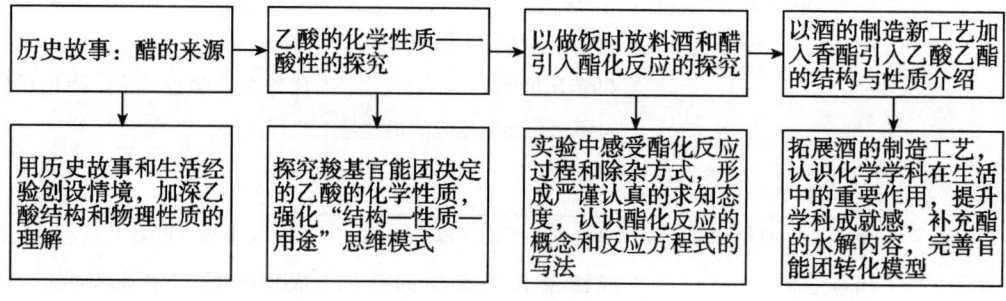

图 5-9-8

课时4 官能团模型建构与完善

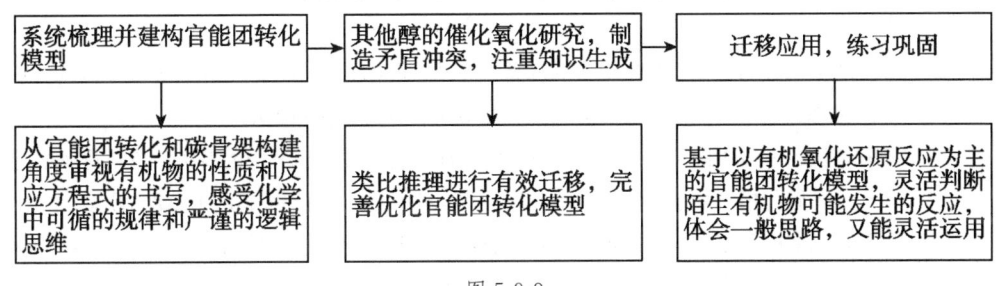

图 5-9-9

六、单元"教、学、评"一体化

"有机物官能团转化模型单元"教、学、评一体化

课时	目标	活动与任务	评价方法
课时1	1.3 1.4 1.5	任务1.1 任务1.2 任务1.3	诊断并发展学生"宏观现象—微观本质—符号表征"的化学思维和关键能力；诊断并发展学生对推断有机物结构思路的结构化水平（定性水平和定量水平，实验水平和现代仪器水平）；诊断学生设计实验，改进实验水平；诊断并发展学生对"结构—性质—用途"认识思路的结构化水平。
课时2	2.4 2.5 2.6	任务2.1 任务2.2 任务2.4	诊断并发展学生实验探究及改进的水平和创新力；诊断并发展学生对"有机化合物官能团决定性质"的学科思想的认识水平；诊断并发展学生对物质变化的条件和规律的认识水平。
课时3	3.4 3.5 3.6	任务3.1 任务3.2	诊断并发展学生"宏观现象—微观本质—符号表征"的化学思维和关键能力；诊断并发展学生对"结构—性质—用途"的学科思维的运用水平；诊断并发展学生对"有机化合物官能团决定性质"的学科思想的认识进阶。
课时4	4.4 4.5 4.6	任务4.1 任务4.2 任务4.3	诊断并发展学生的模型理解和运用能力；诊断并发展学生对醇类物质的催化氧化反应本质的认识（物质水平、化学键水平）；诊断并发展学生解决实际问题的能力水平（孤立水平、系统水平）。

七、单元作业设计

类型	作业目标描述
课时1	能运用类比、推测等思维并从定性、定量两个角度设计实验探究乙醇结构，结构化理解这一逻辑线，能从微观角度认识乙醇的分子结构特征。 了解乙醇的物理性质并能举例说明，能描述乙醇的化学性质及相应性质实验的现象，能书写相关的反应式，知道官能团的概念，理解官能团与物质分类、性质的联系。 初步建立官能团转化模型，并能从有机反应类型和官能团转化两个角度认识乙醇性质和化学反应。

续表

类型	作业目标描述
课时2	能描述乙醇的催化氧化反应实验现象，并从乙醇的官能团和成键特点等微观角度分析反应机理和实质，能书写反应方程式，能对实验进行创新和优化。 知道酒在人体中的代谢历程，并能从官能团转化角度分析其中的有机反应，进一步建立官能团转化模型，丰富对有机氧化反应的认识，体会有机物转化的规律与联系。 认识乙醛的分子结构和官能团，理解官能团与物质分类和性质的联系，深化"结构决定性质，性质决定用途"的学科思想，体会有机物转化的规律与联系。
课时3	能准确认识乙酸的分子结构和官能团，能根据官能团决定有机物性质的思维模式，结合生活体验，设计实验探究得出乙酸的物理性质和化学性质。 建立官能团与有机化合物分类和性质的认知模型，建构完成有机官能团转化模型。 认识酯类物质的官能团和用途，能融化学于生活中，认识性质与用途关系，感悟有机化学在生活中的应用。
课时4	能全面认识物质结构，深入认识反应机理，运用框图或思维导图补充完善官能团转化模型。 能整合典型有机物相关知识并分析有关实际问题，能在复杂的化学问题情境中进行迁移，推测同类或含同种官能团的有机物的相关性质，进行现象分析和证据推理。 建立宏微结合的学科思维方式，能熟练实践官能团转化模型，分析、解释或者解决生产生活实际中复杂的化学问题，在问题解决中深化对模型的价值的认识。

八、单元教学反思

本单元设计以整体4个课时完成一个目标：建立有机物官能团转化模型。在每一节的教学中都在引导学生完善、形成这个模型，避免了传统教学目标的随意性和零散性。让学生在潜移默化中，逐渐提升形成有机物官能团转化模型，通过应用模型解决实际问题，加深巩固模型，为模型的迁移应用打好坚实的基础。

每一节都以真实情境中的问题引入，引导学生通过解决真实情境中的问题来学习必备知识，并学习应用必备知识、分析复杂的问题情境，用对立统一思想解决实际问题。学生有兴趣，老师教学也有乐趣，让教学变成一件大家都开心的事。

个别课时，出现真实情境过多，学生讨论很开心，但教学重点不够突出，导致热热闹闹上课，效果却不尽如人意情况。很多真实情境，只作为情境引入，里面蕴含的原理不是一两节课能够解决的。这在以后教学中要注意。

演示实验现象明显，但学生观察效果仍不满意。一个班级50来人，我们已经想尽办法，改进实验，投影实验，但效果都不够好，导致学生演示实验看热闹，没有达到真正目的。这是希望今后能解决的。

第六章　高中"化学反应原理"单元整体教学案例

案例一　化学反应的热效应

顺德区华侨中学　邵嘉旭

一、教学单元规划

"化学反应的热效应"是高中化学学科核心概念类主题中的重要组成部分，在化学反应过程中释放或吸收热量在生产、生活和科学研究中应用广泛。温·哈伦在《科学教育的原则和大概念》中提到，化学核心概念是人们在探究物质及其变化本质的过程中所形成的高度抽象的思维产物，它具有统领具体概念和事实概念的作用。在本单元中，化学反应的热效应、化学反应的内能变化与焓变、反应焓变的计算、反应热的测定存在明显的递进关系，也是从宏观引入转向微观分析，再转向符号表达，最后实验验证。

《普通高中化学课程标准》与2019版的人教版、鲁科版教材对"化学反应的热效应"这一单元的内容编排如下表。

课程标准及不同版本教材（2019版）中"化学反应的热效应"的内容编排

课程标准内容要求	课程标准学业要求	鲁科版	人教版
1.1 体系与能量 认识化学能可以与热能、电能等其他形式能量之间相互转化，能量的转化遵循能量守恒定律。知道内能是体系内物质的各种能量的总和，受温度、压强、物质的聚集状态的影响。 1.2 化学反应与热能 认识化学能与热能的相互转化，恒温恒压条件下化学反应的反应热可以用焓变表示，了解盖斯定律及其简单应用。	1. 能辨识化学反应中的能量转化形式，能解释化学反应中能量变化的本质。 2. 能进行反应焓变的简单计算，能用热化学方程式表示反应中的能量变化，能运用反应焓变合理选择和利用化学反应。 3. 能举例说明化学在解决能源危机中的重要作用，能分析能源的利用对自然环境和社会发展的影响。能综合考虑化学变化中的物质变化和能量变化来分析、解决实际问题，如煤炭的综合利用、新型电池的开发等。	第1章 化学反应与能量变化 第1节 化学反应的热效应 一、化学反应的反应热 二、化学反应的内能变化与焓变 三、反应焓变的计算	第一章 化学反应的热效应 第一节 反应热 一、反应热　焓变 1. 反应热及其测定 2. 反应热与焓变 二、热化学方程式 三、燃烧热 第二节 反应热的计算 一、盖斯定律 二、反应热的计算

两种教材对"化学反应的热效应"单元构建上，均以化学反应热与焓变、化学反应热的相关计算为基础展开。整个单元围绕化学反应过程中热量的变化，与后续化学能与电能的转化有较强关联性，通过"化学反应的热效应"这一单元的学习，不仅可以让学生进行简单的反应热的计算，同时引导学生深刻领会化学反应中伴随的能量变化为社会及生产带来的实际价值，同时还可以借助调控条件控制化学反应的能量变化来满足人们生产生活的需要。由此，将"化学反应的热效应"设置为单元整体教学对象是合理的。

二、单元教学课时划分

2019版鲁科版教材的编排更贴近课程标准中提到的内容要求"知道内能是体系内物质的各种能量的总和，受温度、压强、物质的聚集状态的影响"，以及在教学策略中提出的"发展学生基于内能的变化认识物质所具有的能量和化学反应中能量变化的本质，体会引入焓变概念的价值"。在必修模块，从定性的角度讨论化学能与热能的转化，而选择性必修模块则要定量表示、计算化学反应的热量变化。

基于真实情境，以"航天领域"实例作为大素材，将教学内容划分为三个课时。第1课时以化学史的开端——人类对火的使用到现代自发热火锅的使用理解反应热、内能与焓变等相关概念，实现从宏观到微观的跨越，再从火箭推进剂的选择、发展到"天问一号"的顺利升空，体会火箭推进剂作为火箭的"心脏"，学习热化学方程式的实际含义，实现从微观到符号的转变。第2课时以盖斯定律的发展史引申到中国载人探月工程的实际问题，体会热化学方程式的另一含义：测定未知反应的反应热、涉及的反应路径，计算难以测定反应的反应热。并从可持续发展的角度及能量守恒定律的角度对未来能源的选择提出相关问题，感受化学作为自然学科的独特魅力。第3课时以实验为依托，学习中和热、燃烧热的定义，并通过学生实验测定中和反应的反应热，学会简单的误差分析，优化中和热测定装置。

"化学反应的热效应"教学课时划分

课时	重难点
课时1 化学反应的反应热与焓变	1.1 理解焓变的影响因素 1.2 学会书写热化学方程式并明确热化学方程式的相关含义
课时2 反应焓变的计算	2.1 利用热化学方程式进行相关反应热的计算
课时3 反应热的测定	3.1 理解中和热、燃烧热的定义 3.2 中和热的测定原理、方法及优化

三、单元教学目标设计

1. 教学单元总目标

通过反应热定义的学习，了解反应热效应的定量描述与反应条件有关；通过反应焓变定义的学习，了解反应热和反应焓变的关系；通过热化学方程式的学习，了解热化学方程式的意义；通过盖斯定律求算反应焓变，了解反应焓变与变化途径无关，仅仅与状态有关；了解能源在人类生存、发展中的作用，了解化学在解决能源危机中的重要作用；通过对燃烧热和中和热定义的学习，了解反应热测定的一般方法及注意事项；通过分组实验对中和反应的反应热进行测定，学会数据的收集及处理；通过学生计算的结果与已知中和热数据的对比，进行误差分析，中和热的测定作为高中阶段第一个定量测定的实验，需要多次测定取平均值（去掉误差较大的数据），体会严谨的科学探究精神在自然学科中的重要作用，获得实验成功的成就感。

2. 教学单元课时目标

"化学反应的热效应"教学单元课时目标

课时	课时目标	评价目标
课时1 化学反应的反应热、内能变化与焓变	1.1 能辨识并定量描述化学反应中的能量转化形式。 1.2 能解释化学变化中能量变化的本质。 1.3 能正确书写热化学方程式并描述其意义。	1. 通过对已知生活情境的微观角度讨论及点评，诊断并发展学生对微观本质的认识水平。 2. 通过对热化学方程式的书写和点评，诊断并发展学生对热化学方程式的意义的认知。
课时2 反应焓变的计算	2.1 能理解盖斯定律并运用盖斯定律进行有关反应焓变的计算。 2.2 能运用反应的焓变合理选择和利用化学反应。	通过学生对盖斯定律的应用，诊断并发展学生解决实际问题的能力水平。
课时3 反应热的测定	3.1 能理解中和热和燃烧热的定义，并学会书写中和热和燃烧热的热化学方程式。 3.2 动手操作中和热反应的测定。	通过对数据的收集及计算，对实验改造的交流点评，发展学生自主构建定量实验设计模型的水平。

四、教学起点分析

教学起点	教学策略
知识基础：初中阶段学生已经知道物质发生化学变化时都伴随着能量变化。在必修课程中，学生已经认识物质具有能量，认识吸热、放热反应，了解化学反应体系能量改变与化学键的断裂和形成有关。	单元教学起始阶段可设计相应的教学情境，如从已知药品［CaO、水、$Ba(OH)_2$、NH_4Cl］中分组实验设计发热包和冷敷包，对吸热、放热反应进行感性认知。
前概念：根据实验现象归类吸热、放热反应，区分体系与环境。	以甲烷燃烧的实例让学生能从体系、环境的视角系统分析物质变化中的能量转化。

续表

教学起点	教学策略
可能的学习困难：对于状态函数的理解；盖斯定律的应用。	引导学生建构能量守恒观，用图示的方法总结归纳影响焓变的因素，建立调控能量变化的模型。通过理论计算萨巴蒂尔（Sabatier）反应的热效应来体会盖斯定律的独特之美。

五、单元学习活动设计

根据教学单元的构建、教学起点的分析，基于"天问一号的顺利升空"及"中国载人探月工程"的真实情境，解决本单元从宏观到微观再到符号的跨越。"化学反应的热效应"教学单元 3 个课时的教学情境、问题、活动、思维进阶设计如下所示。

课时 1 化学反应的反应热、内能变化与焓变

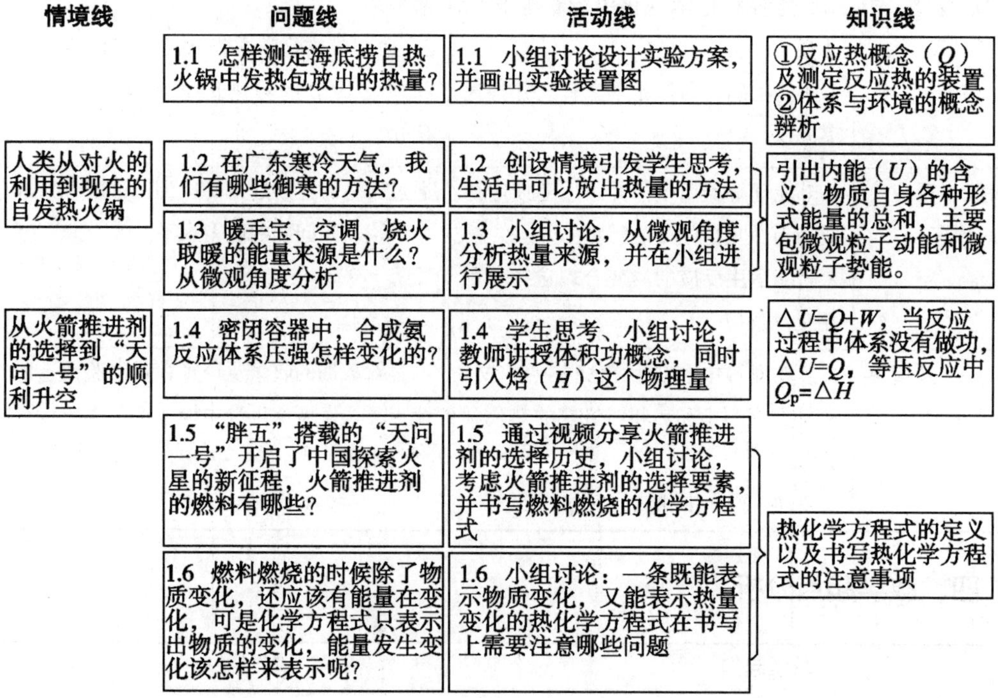

情境线	问题线	活动线	知识线
人类从对火的利用到现在的自发热火锅	1.1 怎样测定海底捞自热火锅中发热包放出的热量？	1.1 小组讨论设计实验方案，并画出实验装置图	①反应热概念（Q）及测定反应热的装置 ②体系与环境的概念辨析
	1.2 在广东寒冷天气，我们有哪些御寒的方法？	1.2 创设情境引发学生思考，生活中可以放出热量的方法	引出内能（U）的含义：物质自身各种形式能量的总和，主要包微观粒子动能和微观粒子势能。
	1.3 暖手宝、空调、烧火取暖的能量来源是什么？从微观角度分析	1.3 小组讨论，从微观角度分析热量来源，并在小组进行展示	
从火箭推进剂的选择到"天问一号"的顺利升空	1.4 密闭容器中，合成氨反应体系压强怎样变化的？	1.4 学生思考、小组讨论，教师讲授体积功概念，同时引入焓（H）这个物理量	$\Delta U=Q+W$，当反应过程中体系没有做功，$\Delta U=Q$，等压反应中 $Q_p=\Delta H$
	1.5 "胖五"搭载的"天问一号"开启了中国探索火星的新征程，火箭推进剂的燃料有哪些？	1.5 通过视频分享火箭推进剂的选择历史，小组讨论，考虑火箭推进剂的选择要素，并书写燃料燃烧的化学方程式	热化学方程式的定义以及书写热化学方程式的注意事项
	1.6 燃料燃烧的时候除了物质变化，还应该有能量在变化，可是化学方程式只表示出物质的变化，能量发生变化该怎样来表示呢？	1.6 小组讨论：一条既能表示物质变化，又能表示热量变化的热化学方程式在书写上需要注意哪些问题	

图 6-1-1

第 1 课时，从人类对火的使用谈起，在讲述人类对火的使用到第二次工业革命中蒸汽机的使用时，抛出问题，如为什么火能促进一些反应的发生？为什么有些反应释放能量，有些反应却是吸收能量？能量的多少与什么有关？能量从何而来，又去向何方？一系列问题引起学生的思考与兴趣，通过近年大火的自热火锅引发问题 1.1，学生设计实验方案，进而教师讲解反应热的定义及测定反应热的实验装置。通过广东寒冷冬天的御寒方法，引发问题 1.2、1.3，引导学生从微观角度思考问题，解释内能的含义及影响因素，并通过问

题 1.4 讨论密闭容器中的合成氨反应体系压强的变化，解释焓变的定义。通过视频分享火箭推进剂的选择历史，讨论火箭燃料的选择要素，引发问题 1.5、1.6，解释热化学方程式的实际意义及书写注意事项。

课时 2　反应焓变的计算

情境线	问题线	活动线	知识线
盖斯定律的发现史	2.1 碳单质在氧气中的不完全燃烧，生成一氧化碳的反应热怎样测定？将想法画成图示	2.1 创设情境，小组讨论在工业中的实际问题，引发学生思考，并小组展示，教师点评	盖斯定律：对于一个化学反应，无论是一步还是分几步完成，其反应的焓变都是一样的。
	2.2 长时间太空飞行，除了需要选择合适的火箭推进剂之外，还需要解决哪些实际问题？	2.2 小组讨论思考结合微项目活动2，讨论载人航天器氧气再生方法	盖斯定律的应用，可以利用已知反应的焓变求未知反应的焓变。目标化学反应的焓变是已知化学反应焓变的代数和。
中国载人探月计划的实际问题（从燃料选择到助燃剂选择再到调控推力）	2.3 【燃料选择】嫦娥三号所用到的燃料是联氨（肼），与上节课提到的"天问一号"使用的氢气作为燃料有何区别？你会如何选择？	2.3 小组讨论思考两个化学反应的热效应，同时从其他角度思考	热值：指某种燃料完全燃烧放出的热量与其质量之比，是一种物质特定的性质。热值反映了燃料燃烧特性，即不同燃料在燃烧过程中化学能转化为热能的本领大小。
未来能源	2.4 【助燃剂选择】嫦娥三号所用到的燃料是联氨（肼），但助燃剂选择四氧化二氮而非氧气的原因是什么？	2.4 给出资料，发散学生思维，引导学生从热值、助燃剂体积、环保、体积功等其他角度进行评价	航天工程师通过改变助燃剂，改变化学键的种类，事先调控能量变化的目的。当燃料确定就只能通过改变助燃剂。
	2.5 【调控推力】胖五的升空，标志着我国已经研制出以液氢、液氧为推进剂的环保燃料。怎样可以在不影响燃料和助燃剂的前提下提高推力？	2.5 给出资料，引发学生思考，通过改变温度，改变状态，提高单位时间内燃料所放出的热量	在真实的情境中，燃料先雾化、再汽化，实现获取更大推力。
	2.6 根据能量守恒定律，燃料通过燃烧反应将化学能等量地转变成热能或者其他形式的能。既然能量守恒，那为什么要节约能源？	2.6 营造知识冲突，小组讨论思考节约能源的实际意义	感受自然学科的无穷魅力和重要价值，深切地体会到人类生存与自然发展的辩证关系。

图 6-1-2

第 2 课时是第 1 课时的延伸，热化学方程式的意义之一是测定未知反应的反应热，通过碳的不完全燃烧引出问题 2.1，计算无法通过实验测定的反应热。回到航天情境，通过中国载人探月工程中的实际问题，结合微项目 2，引入萨巴蒂尔反应，再次强化盖斯定律的应用及实际意义。通过"嫦娥三号"的燃料和助燃剂性质及选择入手，引出问题 2.3、2.4，提出热值的含义，同时体会在确定燃料和助燃剂的前提下如何提高单位时间内燃料放出的热量，提出问题 2.5，引发学生对航天领域化学反应过程中热量的利用及调控能量方法的思考。最后在能量守恒的大前提下，引入冲突性的问题 2.6，使学生感受自然学科的无穷魅力和重要价值，升华"化学反应的热效应"单元的主题。

课时 3 反应热的测定

情境线	问题线	活动线	知识线
法国科学家贝特罗1881年利用自己发明的弹式量热计测出了中和热	3.1 中和热的测定是依据什么原理设计出来的？	3.1 创设情境，引发学生思考，小组讨论。教师引导分析	高中阶段无法直接测定热能，只能通过$Q=cm\Delta T$，间接测量反应温度，同时强调中和热的定义
	3.2 通过温度变化测定热能，那么需要注意什么？该怎样设计实验？	3.2 小组讨论，设计实验，并小组展示，教师点评	温度作为中和热主要误差因素，减少热量损失成了重要影响因素
测定物质中和热实验	3.3 根据实验方案，分组实验，做好实验数据记录	3.3 小组合作，认真做好实验记录，并进行计算，与理论值进行误差分析，并小组展示	定量实验需要多次平行实验取平均值，并舍去误差较大的数据。误差主要来自于保温措施不够好、数据测定不准确、温度计量程不合适等
测定物质燃烧热（了解）	3.4 通过哪些方法可以改进实验？	3.4 小组讨论，对已知实验装置进行改造，设计新的实验方案	用保温杯代替烧杯，更精密的仪器，引入氧弹量热计，简单介绍燃烧热的测定，建立定量实验设计模型

图 6-1-3

第3课时是实验课，学生课前已经了解中和热的定义，实验开始前，提出问题3.1，回归课本本身，高中阶段无法定量测定热量变化，利用初中所学物理公式$Q=cm\Delta t$，引出问题3.2，明确温度是测定中和热的重要数据。为减少实验误差，实验装置的设计引出问题3.3，通过实验，学生计算中和热的结果存在或多或少的误差，引导学生分析，引出问题3.4。学生通过梳理建构定量实验模型：明确实验目的→思考计算方法→确定要测量的数据→设计实验装置和操作步骤→实验获得数据→分析、处理数据→计算出结果→误差分析→发现问题、改进实验→探寻最佳方案。学生通过热能和温度的数学模型，建立"量"的意识，并努力追求准确的实验结果，体现科学精神。作为课外拓展，教师在课程最后回到本单元的大情境，如何测定燃料燃烧放出的热量，简单介绍燃烧热的测定方法（氧弹量热计）。

六、单元"教、学、评"一体化

课时	目标	活动	评价方法
课时1	1.1	1.1	学生通过设计反应热测定的装置，用黑板或多媒体展示，同学互评，教师反馈。
	1.2 1.3 1.4	1.2 1.3	小组代表回答冬天御寒的方法，小组讨论刚刚提到的御寒方法中的微观含义，教师总结反馈。
	1.5 1.6	1.5 1.6	学生能准确书写热化学方程式，并通过分析与交流能解释热化学方程式与普通方程式的区别及热化学方程式的实际意义，教师反馈。

续表

课时	目标	活动	评价方法
课时2	2.1 2.2	2.1 2.2	学生设计测定 $C(s)+\frac{1}{2}O_2(g)=\!=\!=CO(g)$ 反应的焓变值，教师与学生分享盖斯定律的实际意义。
	2.3 2.4	2.3 2.4	学生根据已知信息进行小组讨论，得出化学反应的热效应在实际生产中的应用，教师分析反馈。升华"化学反应的热效应"单元的主题。
课时3	3.1	3.1	学生根据预习知识及初中所学，教师与学生分享中和热测定的原理。
	3.2 3.3	3.2 3.3	学生通过明确减少热量损失是实验成功的关键，进而设计中和热反应的实验装置，通过学生分组实验，相关数据采集及计算，小组代表分享实验结果及误差由来，教师给予反馈。
	3.4	3.4	学生通过本节课的整体思路，勾勒定量实验的探究模型，教师给予适当指引，总结模型。

七、单元教学反思

1. 进阶式课堂促进化学学科核心素养的养成

奥苏贝尔的"有意义学习理论"认为："通常，由于概念自身有其赖以形成的途径，所以不可避免的是，要习得特定的概念，就需要有丰富的相关经验背景。"本单元采用航空大背景，分步构建，逐级完善，开设进阶式的"化学反应中的热效应"的单元教学，从宏观现象探究微观本质，利用符号表达，进而通过实验验证，并通过盖斯定律走向生产生活实际，计算反应热。

2. 以生为本，翻转课堂

本节课的单元教学问题线采用教师提问，学生讨论思考展示，虽然锻炼了学生的口头表达能力，但学生主动性不足，依旧是跟着老师一步步走。层次好的学校，可以由老师创设与本节课相关的问题情境，由学生思考提出有价值的问题供全班同学参与讨论，进而提高学生的质疑能力。

案例二 电能转化为化学能——电解

顺德区均安中学 高 超

一、教学单元规划

电解理论是化学反应与能量变化章节中的重要组成部分，也是高中化学的一个重要理论，是实现物质转化和能量转化的重要途径。本节内容包括认识电解装置和原理，知道电解在能量转化、物质制备、提纯、金属冶炼等生产生活中的应用，各内容之间都有密切联系，教学过程中需要选择合适素材进行整体设计，形成完整认识体系。《普通高中化学课程标准》和 2019 版高中化学新教材（鲁科版、人教版）对"电解"的内容编排分析对比如下表所示。

课程标准及不同版本教材中"电解"的内容编排

课程标准相关要求	鲁科版	人教版
内容要求：认识化学能和电能相互转化的实际意义及其重要应用；了解电解池的工作原理，认识电解在实现物质转化和存储能量中的具体应用。 学业要求：能分析、解释电解池的工作原理，设计简单的电解池。	第 1 章 化学反应与能量转化 第 3 节 电能转化为化学能——电解 一、电解的原理 二、电解原理的应用 1. 电解食盐水制备烧碱、氢气和氯气 2. 铜的电解精炼 3. 电镀	第四章 化学反应与电能 第二节 电解池 一、电解原理 二、电解原理的应用 1. 电解饱和食盐水 2. 电镀 3. 电冶金

两个版本的教材都是以"电解理论"为核心，从电解的装置、原理、应用三个角度进行深度认识和学习，内容安排紧凑，知识逻辑结构清楚，自成一个完整的知识体系。从下层的装置结构，到中间电解原理，最后走向上层的电解应用，是一个自下而上的单元整体模块，因此电解理论采用单元整体教学既是教材编排思路的体现，又契合学习者的认知规律。

二、单元教材教法分析

鲁科版和人教版教材在编排逻辑上基本一致，都是循着"装置—原理—应用"的逻辑结构去安排教学素材，但在具体素材和内容呈现方面仍有区别。人教版选择以水溶液体系氯化铜的电解为例进行电解装置和原理的认识，水溶液体系电解装置代表性强，实验操作简单，易于进行演示实验或分组实验。鲁科版在素材选取方面显得更加细腻，以电解熔融氯化钠为例，无溶剂体系下的电解过程，离子种类单一，更利于向学生揭示电解的基本原理，建立电解分析模型。鲁科版在教学素材的呈现上，首先是无溶剂体系下电解熔融氯化钠，继而发展到水溶剂体系下电解氯化钠，进而上升到工业体系下电解氯化钠，从简单模型逐步进阶到真实情境，认识逐步升华，学科素养逐步落实。

基于新课标要求和培养学科素养需要，笔者采用单元整体教学设计，根据学生已有知识和思维起点，将电解理论的必备知识进行整合，引导学生从装置和原理两个维度建构认知模型，在建构模型的过程中，注重培养学生有序认知和关联分析的能力，突破常规教学中教师难教、学生难懂的尴尬局面。

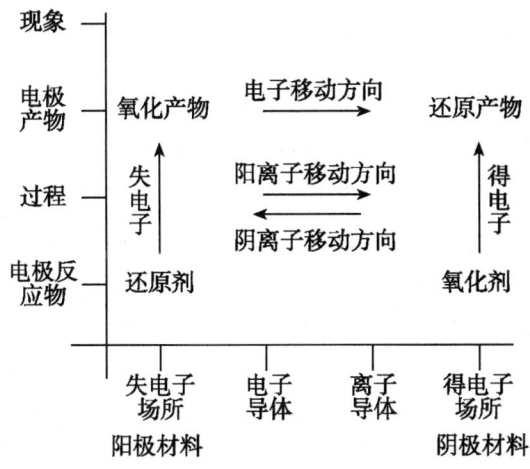

图 6-2-1　电解原理基本认知模型

在具体课时安排上,"电解"单元分三课时进行,电解认知模型的建构是基础,是学生分析和解决电解问题的重要工具,因此将电解模型的建构安排在第一课时。其次,第二课时是基于学生对电解理论有了初步认知后,引导学生分析电解在真实情境下的应用原理,实现从理论认知到实际应用的跨越。最后,第三课时是学生能理解和运用电解理论的前提下展开探究性学习,深化学生对电解的认识,培养学生设计和评价的高阶思维能力。

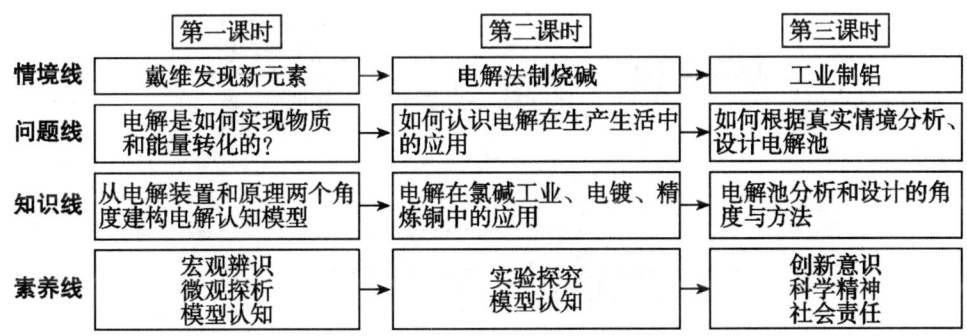

图 6-2-2　"电解"单元教学设计

三、单元教学目标设计

从课程标准对电解的要求来看,主要包括了解电解的基本原理,知道电解在能量和物质转化方面的重要意义,并能结合理论分析、解释电解池的工作原理,设计简单的电解池,基于此,将本单元的单元目标和课时教学目标设计如下表。

"电解"单元目标和课时教学目标

单元目标	课时	课时教学目标
1. 初步建构电解认知模型，知道从装置和原理两个角度分析电解工作原理。 2. 进一步完善电解认知模型，并能运用认知模型分析真实情境中的电解工作原理，体会到电解技术在生产生活中的巨大应用价值。 3. 了解电解池设计和分析评价的一般方法，培养学生创新意识，激发社会责任感，为设计出更优良的新型电池而努力。	1	1.1 基于熔融氯化钠的电解体系，分析电解池的四要素，明确四要素在电解工作中的作用和变化。 1.2 初步建构电解认知模型，并不断完善模型，从而深化自己对电解工作原理的认识。
	2	2.1 了解电解池阴阳两极放电顺序，并能根据放电情况和溶液情况分析和预测实验现象。 2.2 尝试运用电解认知模型分析氯碱工业装置和工作原理，体会化学技术在生产中的真实应用价值。
	3	3.1 了解电解池设计和分析评价的一般方法，会根据已知信息设计简单的电解池。 3.2 了解新型可充电电池的基本现状，培养学生创新意识，激发社会责任感。

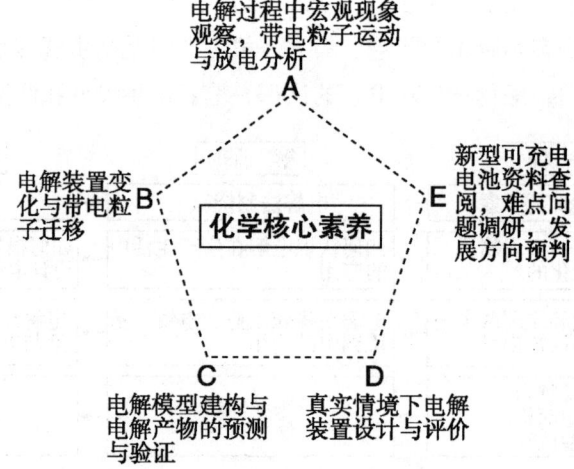

学科核心素养目标：A. 宏观辨识与微观探析；B. 变化观念与平衡思想；C. 证据推理与模型认知；D. 科学探究与创新意识；E. 科学态度与社会责任。

图 6-2-3　化学学科核心素养与课堂行为关系图

四、教学起点分析

"电解"的内容，建立在"化学反应中能量转化""原电池"的教学基础上，对于"电解"教学起点分析如下表。

"电解"教学起点分析

教学起点	相应的利用策略
已有相关知识经验：电解水知识，氧化还原理论，常见离子的氧化性与还原性，基本的电学知识。	从电解熔融氯化钠体系中分析阴阳两极的反应过程和现象，引导学生从氧化性和还原性的角度认识两极的放电现象。
前概念：电解质电离理论，原电池的工作原理。	明确电解质的电离是电解的前提，电解池和原电池工作原理有一定的相似之处，但两者在物质转化和能量转化方面有明显区别。
可能的学习困难：混淆电解质电离和电解过程，阴阳两极的反应和现象。	逐步引导学生有序地认识电解原理，根据电解的工作原理，建立一个逐步完善的电解认知模型。

五、单元学习活动设计

1. 教学内容划分

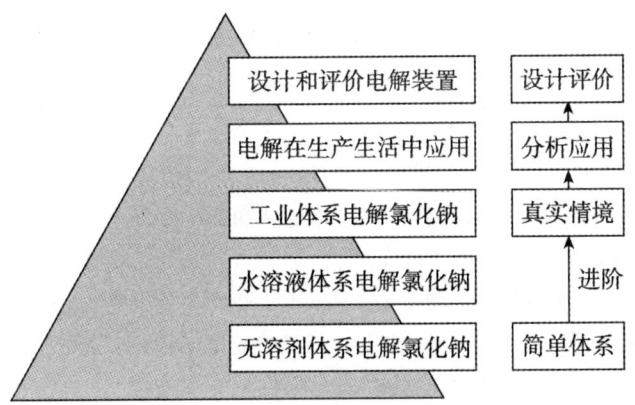

图 6-2-4 "电解"单元整体教学设计逻辑结构图

2. 教学过程设计

"电解"教学情境、问题、任务与活动的设计

单元	课时	问题	任务与活动
单元大背景：金属冶炼。	课时1：电解工作原理。 情境：揭秘戴维发现新元素。 问题：电解是如何实现物质转化和能量转化的？	问题1.1 电解熔融氯化钠的装置要素有哪些？有哪些变化过程和现象？ 问题1.2 电解装置和变化过程有什么关联，能否用二维图表示出来？ 问题1.3 对比电解氯化钠	任务1.1 从装置示意图分析电解装置的构成部分；从宏观和微观角度分析电解过程中的变化过程和现象，小组讨论、汇总结论。 任务1.2 分析变化与装置间的联系，尝试建构电解认知模型。 任务1.3 对比两个实验的差异，运用

续表

单元	课时	问题	任务与活动
单元大问题：电解是如何实现物质转化和能量转化的？电解技术在生产生活中有哪些应用？		溶液，产物与现象为什么不同？ 问题1.4 总结电解氯化钠中物质和能量的具体变化，并书写反应式。	电解模型分析产物和现象不同的原因，小组讨论交流。 任务1.4 书写电极反应式和电解方程式，体会电解在物质转化和能量转化过程中的重要作用。
	课时2：电解的应用。 情境：电解法制烧碱。 问题：如何认识电解在生产生活中的应用？	问题2.1 直接电解食盐水能得到纯净氢氧化钠吗？如何验证你的结论。 问题2.2 氯碱工业是如何得到纯净的氯气、氢气、氢氧化钠的？ 问题2.3 电解技术是如何实现精炼铜和电镀的？ 问题2.4 电解技术在生产生活中还有哪些应用？举例说明。	任务2.1 讨论可能存在的杂质，分析杂质产生的原因，并设计简单实验验证。 任务2.2 对比分析反应物加入方式、反应场所、离子交换膜、产物分离等对产物和现象的影响，进一步完善电解认知模型。 任务2.3 运用电解认知模型分析精炼铜和电镀原理，并从电极材料、离子导体完善电解认知模型。 任务2.4 列举电解的应用，体会到电解技术的巨大价值。
	课时3：电解池的设计和评价。 情境：工业制铝。 问题：如何根据真实情境设计和分析电解池？	问题3.1 如何设计制备金属铝的电解装置？ 问题3.2 如何评价电解铝装置的优劣？ 问题3.3 查阅资料，小组分享并讨论，新型可充电池发展方向有哪些？	任务3.1 依据电解工作原理设计电解法制备铝装置。 任务3.2 从装置条件、能耗、物质转化、环境影响、生产效能等多角度评价电解法制铝装置。 任务3.3 查找并分析资料，预测未来新型可充电电池发展方向。

3. 学习活动设计

课时1 电解工作原理

主题：围绕电解是如何实现物质转化和能量转化展开讨论

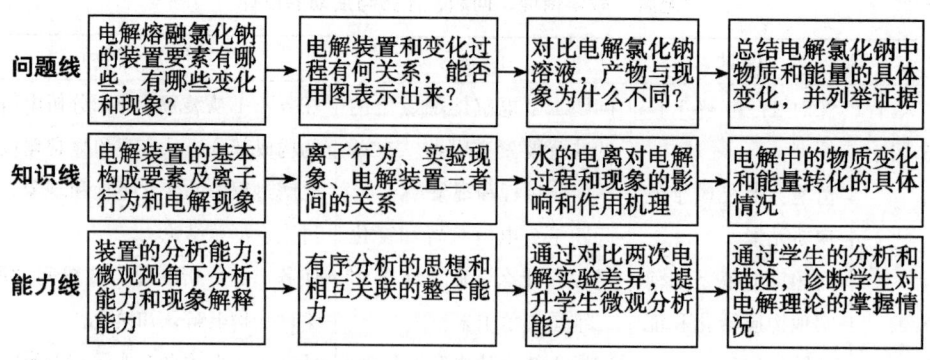

图 6-2-5

课时 2 电解的应用

主题：围绕电解技术在氯碱工业中的应用展开讨论

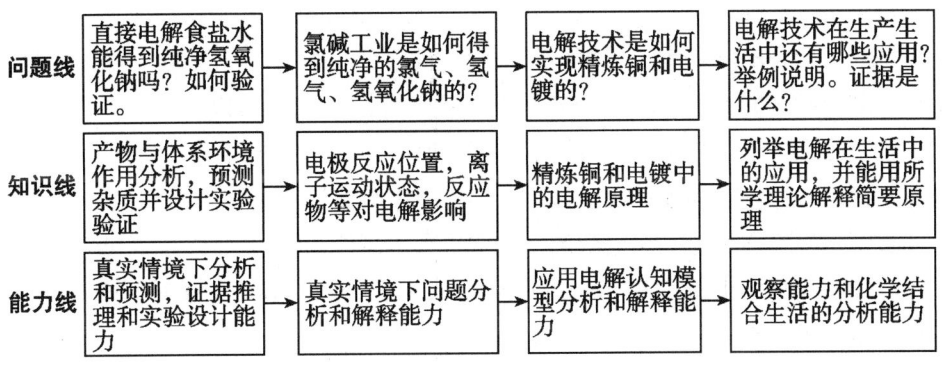

图 6-2-6

课时 3 电解池的设计和评价

主题：围绕如何根据真实情境设计和分析电解池展开讨论

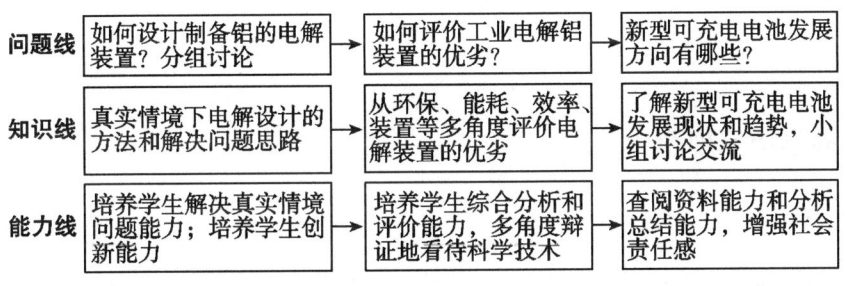

图 6-2-7

六、单元"教、学、评"一体化

课时	目标	活动与任务	评价方法
课时 1	1.2	1.1 1.2 1.3	学生描述装置和现象，并分析微观变化过程，小组讨论分析后构建基本分析模型；初步了解电解在物质转化和能量转化方面的作用。
课时 2	2.2	2.1 2.3 2.4	运用电解认知模型分析氯碱工业原理，分析离子交换膜作用和产物分离方法，学会应用电解技术解决实际问题。
课时 3	3.1 3.2	3.1 3.2 3.3	能根据电解原理和实际需求设计简单电解池，知道电解池评价的一般方法，了解新型可充电电池进展。

七、单元教学反思

建构模型是深化理论认知的重要途径，能提高学生分析的完整性、有序性、关联性。建构电解认知模型，能帮助学生完整地分析装置各部分的作用，有序地认识电解过程中的各种变化，并将静态的装置和动态的原理联系起来，形成系统认知。

情境进阶是思维进阶是载体，合适的梯度能有效减少思维的障碍，帮助学生实现理论的简单认知到综合运用。从简单离子体系开始构建电解认知模型，更能帮助学生抓住电解本质，通过情境进阶逐步提高对电解的认知水平和运用能力。

问题驱动是引起学生深度思考和推进课堂的重要动力。高质量的问题能激发学生兴趣，提高学生的思维水平，同时也极大提升课堂效率。

案例三 原电池

顺德区伦教中学 严玉华

一、教学单元规划

1. 教材分析

"原电池"是化学学科重要的理论性知识，是学生认识化学反应与能量变化的载体和范例，对学生学习电化学相关知识以及提升学生对化学学科社会价值的认识有非常重要的意义。从《普通高中化学课程标准》对选择性必修课程模块1化学反应原理"主题1.3化学反应与电能"的相关要求（如下表）可以看出，从氧化还原角度分析、解释原电池的工作原理，从实际生活角度去认识原电池，从能源应用和社会价值角度体会化学电池的创新，这些都是"原电池"主题教学的核心。对比人教版和鲁科版两个版本的教材中关于"原电池"的内容编排，可以看到两个版本的编排是基本相同的，第一节都是以锌铜双液原电池为例介绍原电池的基本工作原理，第二节依次介绍锌锰干电池、铅蓄电池和燃料电池的工作原理、性能及应用。仔细分析教材内容的编排顺序，不难发现，它们之间是存在逻辑递进关系的。从锌铜原电池到氢氧燃料电池正好体现了原电池技术上更新换代的情境进阶，也体现了原电池装置模型的认知进阶，如在锌铜原电池装置中强调电极材料必须是两种活泼性不同的金属，且原电池的本质是负极与电解质溶液之间的氧化还原反应，而氢氧燃料电池装置中却强调电极材料不同于电极反应物，且电极不与电解质溶液反应。另外，还体现了从简单原电池工作原理的分析到解决复杂电源相关问题的思维进阶。

课程标准及不同版本教材（2019版）中"原电池"的内容编排

课程标准相关要求	人教版	鲁科版
内容要求： 认识化学能与电能相互转化的实际意义及其重要应用。了解原电池及常见化学电源的工作原理。 学业要求： 能分析、解释原电池的工作原理，能设计简单的原电池。能列举常见的化学电源，并能利用相关信息分析化学电源的工作原理。能综合考虑化学变化中的物质变化和能量变化来分析、解决实际问题，如新型电池的开发。	第四章 化学反应与电能 第一节 原电池 一、原电池的工作原理 二、化学电源 1. 一次电池 2. 二次电池 3. 燃料电池	第1章 化学反应与能量转化 第2节 化学能转化为电能 ——电池 一、原电池的工作原理 二、化学电源 1. 锌锰干电池 2. 铅蓄电池 3. 燃料电池

2. 教学单元课时划分

基于以上教材分析，在本单元整体教学设计时，拟引入"原电池发展史"作为线索，按"伏打电池→丹尼尔电池→干电池→蓄电池→燃料电池"五个历史情境展开教学设计。

原电池的发展史其实就是人类为更好地满足自身需求不断研究改进电池的过程，体现了社会"按需设计"的科学发展本质。原电池发展的前期，科学家伏打制造出第一个电池，但这种电池的电流电压不稳定、效率低，不具实用性。1836年英国人丹尼尔发明了双液电池，解决了上述问题并能用于早期的铁路照明，成为史上第一个实用电池。因为丹尼尔电池存在携带不方便和漏液等问题，所以到了原电池发展的中期，英国人赫勒森把电解液改为糊状，发明了最早的干电池并得到了广泛使用。为解决干电池只能一次性使用的问题，并提高电池使用时间和效率，1889年普朗克研究发明了铅蓄电池，铅蓄电池因可以反复使用，电压稳定，方便安全等优点，广泛用于汽车的供电系统。这些电池的问世彻底改变了人类的生活。到了21世纪，为解决铅蓄电池存在的缺点，如比能量低、笨重、寿命短、铅污染等，科学家不断改进，发明了新型的绿色高效电池——燃料电池。其中氢氧燃料电池因其比能量高，运输成本低，生成的水可作为航天员的饮用水，所以被用于载人航天器的化学电源。随着科学技术的发展，各种新型电池层出不穷，逐渐提升了人类的生活品质，如新型锂离子电池既能大大提高汽车的续航能力，又能使电子产品体积越来越小。

因此，本教学设计以原电池发展史为横轴，人类生活的进步为纵轴，从原电池发展前期——原电池从实验模型转化为实用电源，原电池发展中期——原电池"按需设计"改变人类生活，现代新型电源提升人类生活品质等三个情境出发，将教学内容划分为3个课时（如图6-3-1所示）。先后围绕简单原电池的本质及工作原理、常见生活电源和氢氧燃料电池等新型电池的结构、工作原理及性能优劣等核心知识设计教学。力求使学生在科学发展史的情境中学习，逐步感受到化学学科发展对人类生活品质提升的重大意义，同时形成科学辩证思维，让学生感悟任何新事物的诞生必定是人类社会发展到一定阶段时的产物，一定体现了"按需设计"的科学发展理念,体现了化学史的人文教育价值——科学发展观。

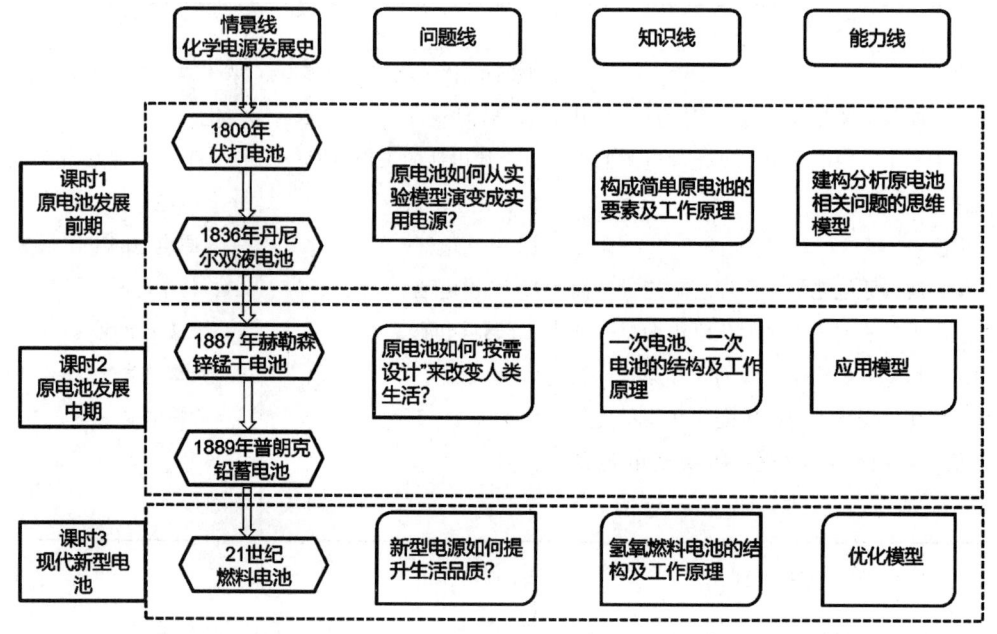

图 6-3-1 "原电池"单元教学设计

二、单元教学目标设计

"原电池"单元教学目标设计

单元目标	课时	课时教学目标
1. 建立分析、解释原电池工作原理的思维模型,并能用于解决实际问题。 2. 能够设计简单的原电池。 3. 能列举常见的化学电源,并能利用相关信息分析化学电源的工作原理。 4. 能够列举原电池更新换代对社会发展的重大意义。	1	1.1 通过对锌铜双液原电池工作原理的分析,建构分析原电池相关问题的思路与方法。 1.2 通过自主设计原电池活动,了解原电池的本质及其构成要素。
	2	2.1 了解常见化学电源的结构,会书写几种常见化学电源的电极反应式和电池反应方程式。 2.2 通过对常见化学电源组成、结构和工作原理的分析对比研究,认识不同电池的优点和缺陷,探索改良化学电源的方法。 2.3 在对常见化学电源组成结构的分析研究过程中,感悟化学电源对科学技术和人类社会文明起到的重大作用,感悟人类"按需设计"的科学发展理念。
	3	3.1 通过对氢氧燃料电池结构和工作原理的分析,优化分析原电池相关问题的思维模型。 3.2 通过设计简单燃料电池及改进电池装置实验,培养学生动手操作能力及科学创新精神。 3.3 通过展望新型电池的开发方向,形成绿色应用的意识,增强社会责任感。

三、教学起点分析

"原电池"单元教学起点分析

教学起点	教学策略
已有相关知识经验：必修一学习了氧化还原反应，必修二学习了单液原电池的工作原理并初步了解了常见的化学电源。	单元教学起始阶段展示伏打电池的模型和常见电源的相关图片，激活学生头脑中已有的相关知识。
前概念：构成原电池的两极必须是两种活泼性不同的金属或者正极是能导电的非金属材料，负极材料失电子发生氧化反应。	这个概念在必修一的学习是常用概念，但在选择性必修模块中却是不全面的，可通过对氢氧燃料电池的构造及工作原理分析来激发认知冲突，进行概念转变教学。
可能的学习困难：对电池的认识停留在理论模型层面，对复杂的实际问题难以抽提出简单的模型；对电解原理的认识不足，分析二次电池的充电过程可能面临困难。	先深入分析熟悉的锌锰干电池和铅蓄电池的工作原理，帮助学生建立分析原电池体系的基本思路，再迁移应用到陌生电池体系，巩固分析化学电源问题的思路和方法，提高对陌生电化学问题的分析能力。 可展示二次电池充放电的动画模拟视频，让学生直观感受充电和放电时电子的转移方向及物质之间的转化。

四、单元学习活动设计

1. 教学内容划分

从教学内容上，首先通过史料引导，在原电池发展的前期其实是原电池的实验模型研究过程，帮助学生建立简单原电池的认知模型，了解原电池的本质、构成要素及工作原理。其次，引导学生了解原电池中期的发展是原电池"按需设计"满足人类生产生活而快速发展的阶段，干电池、蓄电池就是那个时代发展的产物，并引导学生应用上述思维模型来分析复杂的生活电源。最后，以氢氧燃料电池为代表介绍新型化学电源，通过燃料电池结构和工作原理的特殊性引导学生优化分析原电池相关问题的思维模型。另外，让学生课后查阅资料关注新型电池的发展方向，感受到化学学科发展对人类生活品质提升的重大意义，培养社会责任感，树立可持续发展观。

以发展史为线索的原电池知识内容教学框架如下图。

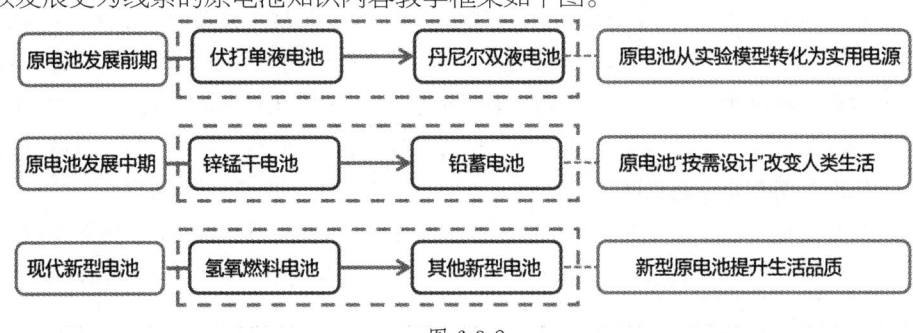

图 6-3-2

2. 教学过程设计

"原电池"教学情境、问题、任务与活动设计

单元	课时	问题	任务与活动
单元大情境：原电池的发展史。单元大问题：原电池如何从实验模型演变成实用电源？原电池如何"按需设计"来改变人类生活？新型电源如何提升生活品质？	课时1：原电池的工作原理。情景：原电池如何从实验模型演变成实用电源？问题：如何分析简单原电池的工作原理？	1.1 你能书写出伏打电池的电极反应式并分析其存在的不足吗？ 1.2 丹尼尔电池为什么能成为实用电源，其优点是什么？ 1.3 原电池的本质及构成要素是什么？ 1.4 能否根据下列反应：$Zn+2AgNO_3 = Zn(NO_3)_2 + 2Ag$ 设计成一个原电池？画出装置图并写出电极反应式。	1.1 根据已学知识书写单液电池电极反应式，并分析其不足。 1.2 根据史料信息分析丹尼尔双液电池的优点。 1.3 组装实验并分析实验结果，明确原电池的构成要素、本质及工作原理。 1.4 自主设计简单原电池，建构分析原电池问题的思路与方法。
	课时2：常见的生活电源。情景：原电池如何"按需设计"来改变人类生活？问题：如何分析常见生活电源的工作原理及性能优劣？	2.1 赫勒森从哪些方面改良原电池使它变得实用？其工作原理是什么？能否写出电极反应式？ 2.2 碱性锌锰干电池是从哪个角度进行改良？其工作原理及优点是什么？ 2.3 铅蓄电池是如何实现充放电循环的？ 2.4 铅蓄电池是如何改良以获得理想电压的？其缺点是什么？	2.1 阅读教材资料分析锌锰干电池的内部结构变化，明确其工作原理。 2.2 对比碱性锌锰干电池与普通锌锰干电池的结构变化，明确离子导体对电池性能的影响及电池性能优劣比较的标准。 2.3 通过观看铅蓄电池工作原理的视频，了解其构造，理解其工作原理，书写电极反应式。 2.4 查阅资料，了解电极材料数目增加对电池性能的影响。关注铅蓄电池的缺点及造成的铅污染问题。
	课时3：现代新型电池。情景：新型电源如何提升生活品质？问题：氢氧燃料电池的工作原理及新型电池的发展方向是什么？	3.1 氢氧燃料电池为什么能作为登月飞船的供电系统？其构造及工作原理是什么？ 3.2 如何设计实验制作一个简单的氢氧燃料电池？ 3.3 如何改进电池装置使电极反应物不断供应，延长电池的供电时间？ 3.4 新型电池的发展方向是什么？	3.1 从文献与史料中获取关键有效信息，明确氢氧燃料电池能作为登月飞船的供电系统的原因，了解其构造与工作原理。 3.2 通过实验设计与分析，明确电极材料与电极反应物的区别，掌握不同介质下燃料电池电极反应式书写的规律。 3.3 实验组装燃料电池与电解水相循环系统，培养科学创新精神。 3.4 关注科技前沿，了解新型电池的性能及应用，感受化学学科的价值。

本单元三个课时的教学均以原电池的发展史对人类社会发展的贡献为真实情境，从单元"大问题"到"课时"再到"课中问题"，层层递进，实现情境、知识和能力培养的进阶，有效搭建单元整体教学结构框架，将原电池的工作原理分析透彻，并迁移到复杂的真实情境中，帮助学生自主建构分析陌生电池体系的思维模型，实现核心素养上的提升。

3. 学习活动设计

课时1 原电池的工作原理

主题：原电池如何从实验模型演变成实用电源

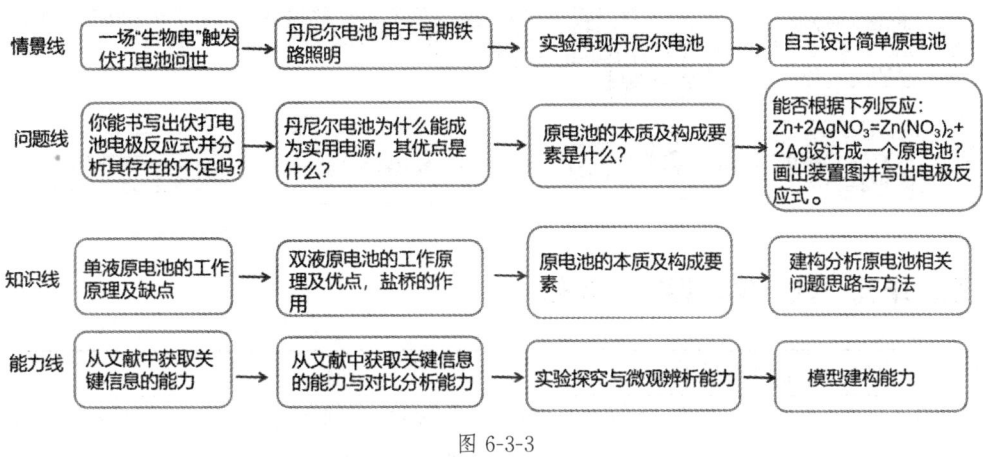

图 6-3-3

课时2 常见的生活电源

主题：原电池如何"按需设计"来改变人类生活

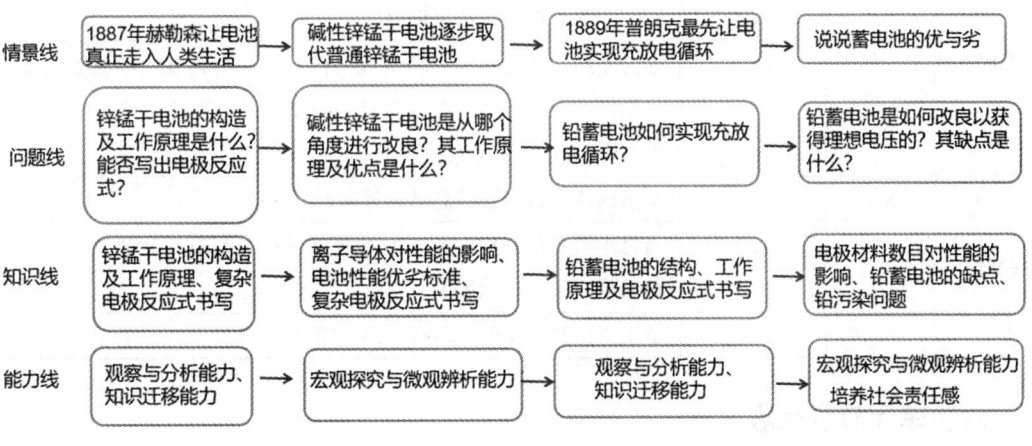

图 6-3-4

课时 3　现代新型电池

主题：新型电源如何提升生活品质

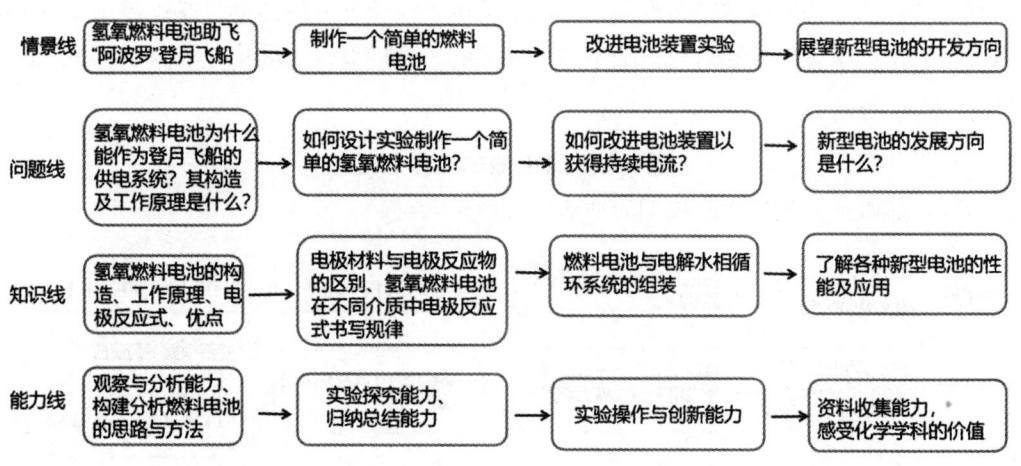

图 6-3-5

五、单元"教、学、评"一体化

课时	目标	活动与任务	评价方法
课时 1	1.1	1.3	学生动手组装实验，观察对比实验结果，以交流讨论的方式，从微观视角分析宏观现象的原因。
	1.2	1.4	学生能自主设计原电池，能画出装置示意图及正确书写电极反应式，小组互评，教师点评反馈。
课时 2	2.1	2.1 2.3	学生能分析锌锰电池及铅蓄电池的工作原理及正确书写电极反应式，小组互评，教师反馈点评。
	2.2 2.3	2.2 2.4	通过小组讨论能找到每种电源结构上改良的角度，能明确电池性能提高与离子导体或电极材料的改变有关，能说出电源性能优劣的判断标准。
课时 3	3.1	3.1	小组讨论，自己思考总结，教师点评反馈。
	3.2	3.2 3.3	通过小组合作制作燃料电池并能进行实验创新改良装置，交流讨论结果，教师反馈评价。
	3.3	3.4	学生举出具体实例，教师点评反馈。

六、单元教学反思

"原电池"单元的教学打破了传统教学的习惯，真正实现了从单课时教学走向单元教学。这样的设计避免了传统单课时教学中知识点的孤立学习和机械学习，有利于教学过程的设计和实施，提高了教学质量和效率。本单元重在引导学生通过简单双液原电池工作原理建构分析原电池相关问题的思维模型，再应用模型去分析常见生活电源的工作原理，最后通过氢氧燃料电池的构造及工作原理分析进行模型优化，培养了学生"思维建模—应用模型—优化模型"的学习进阶，全面提升学生的化学学科核心素养。为下一步学习电解池及电化学相关问题奠定了思维基础。

案例四　化学反应的方向

佛山市顺德区乐从中学　梁灶琼

一、教学单元规划

"化学反应的方向"是高中化学选择性必修1《化学反应原理》的内容，主要讲述用焓变与熵变作为化学反应进行方向的判据。本单元内容介绍了焓判据、熵判据及自由能（$\Delta G = \Delta H - T\Delta S$）知识，有一定难度。将2019版人教版和鲁科版高中化学新教材进行对比，可以发现：在编排顺序上，人教版将该单元安排在本章的最后一节，而鲁科版放在本章第一节。两个版本的教科书设计所列举的实例都是从学生的实际生活经验出发，或者是立足学生已经熟练掌握的化学知识，有利于学生将新的知识吸纳到原有认知框架中。人教版教材将本单元内容安排在学生学习了化学反应及其能量变化、化学反应速率、化学平衡之后，以知识介绍的方式呈现出来，让学生了解决定反应进行方向的因素不是单一的焓变，熵变也是决定因素之一。鲁科版教材是先让学生了解决定反应进行的方向的因素，再学习化学反应速率和化学平衡等。相对而言，人教版的编排顺序更符合学生的认知逻辑顺序。

《普通高中化学课程标准》对本单元的内容要求：知道化学反应是有方向的，知道化学反应的方向与反应的焓变和熵变有关。能用焓变和熵变说明化学反应的方向，对生产、生活和自然界中的有关化学变化现象进行合理的解释。主要着眼于拓展学生对化学反应基本原理的认识，为可能的后续学习以及提高科学素养提供教学上的素材。本单元知识在学业水平中，并没有作考查要求。

本单元内容分为三部分：第一，以学生熟悉的自发进行的氢气的燃烧、金属的置换等放热反应为例，介绍化学反应有能量降低的自发倾向——焓判据，然后又以学生已经学习的$Ba(OH)_2 \cdot 8H_2O$和NH_4Cl为例，反应虽然是吸热反应，但是也能够自发进行；第二，以火柴的混乱等生活现象为例，说明混乱度增加是自然界的普遍规律，也是化学反应自发进行的另一种倾向——熵判据，接着又以氢氧化亚铁氧化成氢氧化铁为例，反应是熵减但也能够自发进行；第三，叙述说明单独运用上述判据中的任一种，都可能出现错误，都是不全面的。正确判断反应进行的方向，需要综合考虑以上两个判据，并简单地在科学视野中介绍自由能判据的结论性内容，特别为有兴趣的同学准备。

二、单元教材教法分析

"化学反应的方向"是高中化学选择性必修《化学反应原理》中的一个比较抽象的主

题，内容不多，知识点较少，在高考中单独考查判断化学反应方向的题目不多，主要考查形式是选择题中的一个选项。学生已经详细学习了"化学反应的热效应"，初步学习了"化学反应快慢和反应限度"，具备了一定的化学反应原理的相关知识，同时已经学习和掌握了一定的物理和化学知识，只要采用正确合理的教学策略和学习策略，学生就能理解、掌握本节的内容。尤其值得注意的是本单元涉及"熵"的概念，这是一个新的物理量，学生首次接触，因此在教学中通过引入实际生活中相应的现象，为学生提供认知的感性材料，以利于学生对熵变和熵增原理进行常规探讨，并为学生充分发展思维能力和交流能力创造空间。

"化学反应的方向"涉及的内容主要有焓判据、熵判据和自由能、复合判据等，重点是焓变对化学反应自发过程的影响，教学难点是熵变对化学反应自发过程的影响。本单元设计时应注意及时创设问题情景，引导学生对实验现象进行分析，同时利用这些富于启发性的问题，活跃学生思维，学会或增强分析总结问题的能力。

"化学反应的方向"的单元整体教学线索如下图所示。

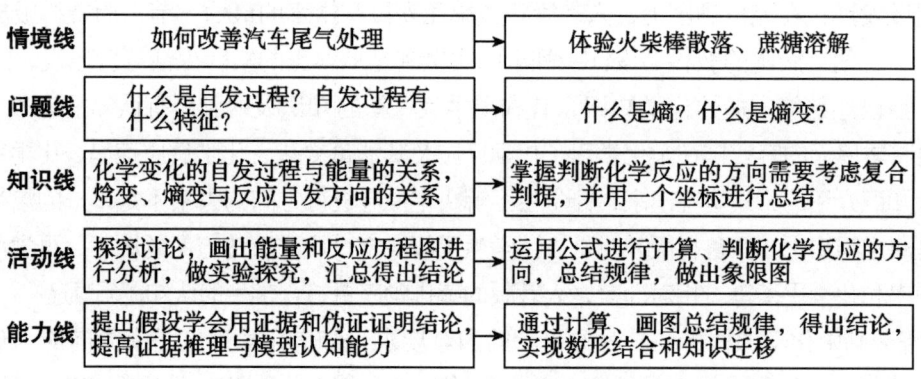

图 6-4-1 "化学反应的方向"单元教学设计

三、单元教学目标设计

1. 教学单元总目标

课程标准	教学单元总目标
知道化学反应是有方向的，知道化学反应的方向与反应的焓变和熵变有关。能用焓变和熵变说明化学反应的方向，对生产、生活和自然界中的有关化学变化现象进行合理的解释。	知道 $\Delta H<0$ 有利于化学反应的自发进行，但不是判断反应自发进行的唯一标志。知道 $\Delta S>0$ 有利于化学反应的自发进行，但不是判断反应自发进行的唯一标志。知道化学反应是否自发，同时取决于 ΔH 和 ΔS 两个因素的影响。体验"化学实验"活动过程，在活动中观察、描述、分析、推理和判断现象与结论。了解科学探究方法中的重要手段，逐步形成从科学原理的角度认识身边事物和变化的世界观。基于"熵增原理"的类比，体验环境保护与低碳生活的重要性和迫切性。

2. 教学单元课时目标

将"化学反应的方向"划分为 2 个课时（如下表所示），第 1 课时是反应焓变、熵变和反应方向，第 2 课时是判断化学反应能自发进行的依据。2 个课时围绕素养目标层层递进，逐步深入。

课时	课时目标	评价目标
课时1 反应焓变、熵变和反应方向	1.1 通过列举与生活有关的物理自发过程和化学自发反应的学习，能够区分自发过程和自发反应。 1.2 理解放热反应有利于化学反应的自发进行，但 $\Delta H<0$ 不是判断反应自发的唯一标志。 1.3 通过生活实例理解什么是熵、熵变，并总结出规律。 1.4 理解混乱度增加有利于化学反应的自发进行，但不是判断反应自发的唯一标志。	利用推理和归纳的分析方法，结合自主学习与探究学习，了解焓变对化学反应自发过程的影响。 利用归纳和演绎的分析方法，利用常见的化学反应和物理变化，学习熵变对化学反应自发过程的影响。
课时2 判断化学反应能自发进行的依据	2.1 知道化学反应是否自发，同时取决于 ΔH 和 ΔS 两个因素的影响。 2.2 了解科学探究方法中的重要手段，逐步形成从科学原理的角度认识身边事物和变化的世界观。	学会用复合判据来判断化学反应的方向。

四、教学起点分析

教学起点	教学策略
知识基础：吸热反应、放热反应、焓变的计算、自发过程、自发反应。	单元教学起始阶段可设计相应的教学情境，如分析"汽车尾气处理"原理设计的化学反应，激活学生头脑中已有的相关知识。
前概念：化学反应的发生总是伴随着能量的变化，化学反应是发生在特定条件下的。	引导学生从放热反应、熵增反应原理来归纳总结出判断化学反应方向的复合判据。
可能的学习困难：初次接触熵变，理解熵变和复合判据。	引导学生以"化学反应自发过程的判据（即焓变与熵变的影响）"为线索，力求在探究中将科学本质的"可证伪性"，以及科学研究中"证明"与"证伪"方法的使用展现给学生，提高学生的科学素养。

五、单元学习活动设计

1. 教学过程设计

根据教学单元的构建、教学起点的分析，以生活中较为常见的"汽车尾气处理"作为该教学单元的"大情境",以解决从更为全面、本质的角度认识化学反应的方向如何判断。"化学反应的方向"教学单元 2 个课时的教学情境、问题、思维进阶设计如下。

单元	课时	问题线	活动线
单元大背景：化学反应的方向。单元大问题：化学反应的方向和焓变、熵变的关系是什么？如何用自由能判断化学反应进行的方向？	课时1：反应焓变、熵变和反应方向。情境：汽车尾气处理的反应能否自发进行？问题：焓变、熵变与化学反应的方向有什么关系？	1.1 给出问题：汽车尾气处理问题，引入单元，化学反应为什么能够自发进行？ 1.2 焓变与化学反应方向的关系是什么？论证所有的放热反应是否能够自发进行？ 1.3 熵变与化学反应方向的关系是什么？论证所有的熵增反应是否能够自发进行？ 1.4 回归问题：汽车尾气处理的反应，是否能够自发进行？	1.1 归纳自发过程和自发反应，得出它们的定义和特征。 1.2 从能量的角度分析自发过程的特征，并画出能量和反应过程图像进行分析。 1.3 做实验探究，举出生活实例或已学化学知识，汇总得出结论。 1.4 运用知识，解答问题。
	课时2：判断化学反应能自发进行的依据。情境：化学反应能否自发进行？问题：焓变、熵变如何共同影响化学反应的方向？	2.1 什么是自由能？公式是什么？ 2.2 运用公式进行计算、判断化学反应的方向。 2.3 通过一个坐标展示图，对本节内容进行总结。	2.1 自主学习找出自由能的定义、公式。 2.2 运用公式进行计算、判断化学反应的方向。 2.3 总结规律，做出象限图。

2. 学习活动设计

课时1　反应焓变、熵变和反应方向

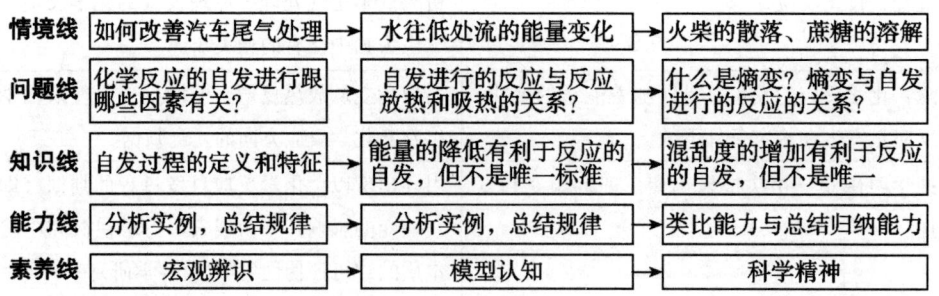

图 6-4-2

课时 2　判断化学反应能自发进行的依据

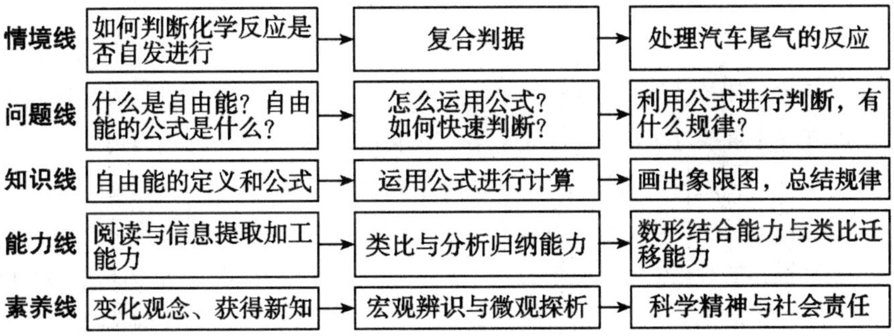

情境线	如何判断化学反应是否自发进行	→	复合判据	→	处理汽车尾气的反应
问题线	什么是自由能？自由能的公式是什么？	→	怎么运用公式？如何快速判断？	→	利用公式进行判断，有什么规律？
知识线	自由能的定义和公式	→	运用公式进行计算	→	画出象限图，总结规律
能力线	阅读与信息提取加工能力	→	类比与分析归纳能力	→	数形结合能力与类比迁移能力
素养线	变化观念、获得新知	→	宏观辨识与微观探析	→	科学精神与社会责任

图 6-4-3

六、单元教学反思

学生大部分已初步养成了科学探究的学习习惯，具备了进行科学探究的基本能力。如果通过直观生动的实验来学习，学生在学习过程中更能够留下深刻的印象，得出的结论也更具有说服力。但是学生还不能独立完成问题的探究，特别是像本单元知识具有一定的抽象性，学生仍然需要教师进行必要的指导和解疑。因此在教学时要注意直观性和适当的情境创设，引导学生对实验现象进行分析，同时利用这些富于启发性的问题，活跃学生思维，学会或增强分析总结问题的能力。

案例五　化学反应速率

佛山市顺德区乐从中学　马恒春

一、教学单元规划

"化学反应速率"是高中化学选择性必修《化学反应原理》的一个重要主题，其与化学平衡、化学反应进行的方向共同构成化学动力学与化学热力学的完整体系。不同的教材中，对于化学反应速率内容的编排顺序和思路也有不同，2019 版人教版和鲁科版高中化学新教材中，"化学反应速率"的内容编排对比如下表所示。

课程标准	人教版	鲁科版
内容要求： 知道化学反应速率的表示方法，了解测定化学反应速率的简单方法。通过实验探究，了解温度、浓度、压强和催化剂对化学反应速率的影响。知道化学反应是有历程的，认识基元反应活化能对化学反应速率的影响。	第二章 化学反应速率与化学平衡 第一节 化学反应速率 一、化学反应速率 二、影响化学反应速率的因素	第2章 化学反应的方向、限度与速率 第1节 化学反应的方向 第2节 化学反应的限度 第3节 化学反应的速率 一、化学反应是有历程的

续表

课程标准	人教版	鲁科版
学业要求： 能进行化学反应速率的简单计算，能通过实验探究分析不同组分浓度改变对化学反应速率的影响，能用一定的理论模型说明外界条件改变对化学反应速率的影响。能运用温度、浓度、压强和催化剂对化学反应速率的影响规律解释生产、生活、实验室中的实际问题，能讨论化学反应条件的选择和优化。	三、活化能 第二节 化学平衡 第三节 化学反应的方向 第四节 化学反应的调控	二、化学反应速率 三、浓度对化学反应速率的影响 四、温度对化学反应速率的影响 五、催化剂对化学反应速率的影响 第4节 化学反应条件的优化——工业合成氨

通过对比可以发现，人教版教材是将化学反应速率的内容放在了最前面，这样做的好处是在接下来学习化学平衡的内容时，可以从化学反应速率的角度来分析外界条件的改变对于平衡的影响，让学生的思维理解更加多元化。内容顺序上，本节由三个板块构成：首先，承接了必修中的化学反应速率的定性内容，从化学反应速率的表示方法和计算方法入手，给出化学反应速率的定义和简单的计算方法。接着通过实验探究设计，分析浓度、温度、催化剂等因素对于反应速率的影响，并借助实验体现了化学反应速率的测定方法。最后，介绍了有效碰撞理论，通过有效碰撞模型解释了温度、浓度和催化剂等因素对化学反应速率造成影响的原因。整体设计与课程标准较为吻合，突出了通过实验探究学习知识的方法，符合新课标中"通过实验探究，了解温度、浓度、压强和催化剂对化学反应速率的影响"的要求。

鲁科版教材的编排是将化学反应速率放在了化学反应的方向和限度的后面，这样在学习前面化学平衡的影响因素的内容时，就只能通过 Q_c 的变化与 K 的比较这一个角度去理解，相比之下，个人认为在学生认知角度与认知逻辑的顺序上，可能还是人教版更为适合。内容顺序上，首先介绍的是基元反应理论，然后通过实验探究引出了化学反应速率的定义和不同的表示方法，比起人教版直接给出在形式和认知分析层面更有创新。在接下来分析影响化学反应速率的因素上，主要是通过表格数据，从数学的角度推导，介绍了反应进度、反应速率的测定方法、速率常数、阿伦尼乌斯方程、过渡态理论等内容，知识上很有深度，将不少高考题中会以信息给予形式提供的大学教材中的知识都呈现了出来，对于一些基础较好的学生学习会比较有利。

由以上分析，"化学反应速率"这一章节中，两种教材的设计各有特点，且都围绕化学反应速率的概念与表达、化学反应速率的影响因素、简单的化学反应理论模型三个方面展开。三个方面相互联系，彼此之间的相关度比较大，且具有一定的进阶性。因此，将"化学反应速率"设置为单元整体教学对象是合理的。可以将两种教材中的优点加以整合，取长补短，通过情境贯穿整个单元，提炼成为单元整体教学设计。

二、单元教材教法分析

从学生认知规律的角度分析，由于在必修中学生已经接触过化学反应速率的基本概念，已经对于化学反应的快慢有了一个感性的认识，因此对于化学反应速率的概念无需再做过度强化。学生相对较为陌生的是化学反应速率的表示方法，在这一点上鲁科版教材的处理更具有创新性，采用了一个真实的化学反应——镁与不同浓度的硫酸反应，引导学生去思考在这个情境下，我们可以通过哪些量的变化来表示这个反应的速率，说明了在单位时间内，物质的量、物质的量浓度、气体的体积等可供测定的物理量变化，都是可以表征化学反应速率大小的，思维广度比较大。在此基础上，本单元教学设计中再增加创设了生活中旋转木马这一学生较为熟悉的生活情境，借以帮助学生理解化学反应速率的表示方法。

接下来，在顺序上，本单元教学设计在鲁科版教材的基础上做出了调整，先介绍基元反应的特点和有效碰撞理论，引出活化能与活化分子的概念，再学习影响化学反应速率的因素，这样设计的好处是可以在学生从实验探究中得出实验事实之后，立即尝试用有效碰撞的相关理论去解释实验事实，符合学生认知的因果规律。

情境的选择上，由于本节内容的学习是由浅入深、由表及里的过程，因此将本单元的大情境设计为从汽车的发展历程出发，类比"化学反应速率"的形成、发展和完善过程，在吸引学生学习兴趣的同时，也让学生体验到研究自然科学规律的逻辑意识。第1课时从物理学中汽车、马车的速率延伸到化学反应速率，理解化学反应速率的概念与意义；第2课时从汽车的各个零部组件类比化学反应的微观实质与具体历程；第3课时深入探究，从汽车的现代技术如高温发动机、涡轮增压技术等探究化学反应速率会受到哪些外界条件的影响。三个课时分别围绕化学反应速率的概念与表达、化学反应速率的内涵理论、化学反应速率的影响因素三个内容展开教学设计，逐步揭开化学反应速率的"真实面纱"。由于内容中涉及一些化学的抽象概念理解，在课时设计中，又围绕学生相对较为熟悉的生活情境如旋转木马、打保龄球、跳高运动、新冠病毒的传播等作为类比，帮助学生更好地理解。

化学反应速率的单元整体教学线索如下图所示。

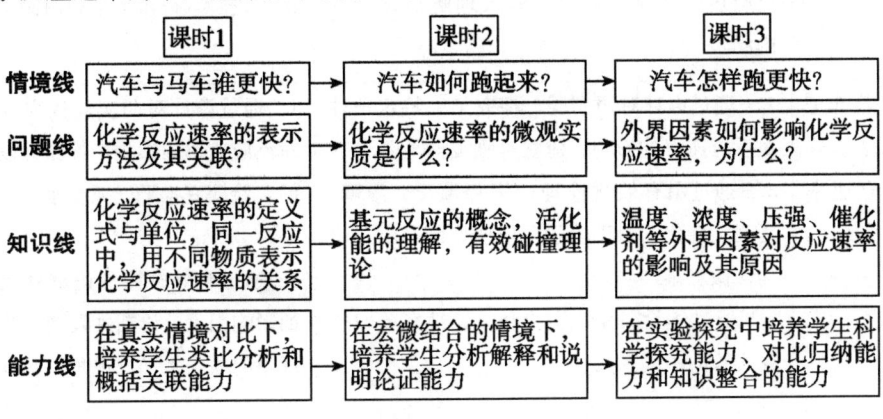

图 6-5-1 "化学反应速率"单元教学设计

三、单元教学目标设计

1. 教学单元目标

能够用具体例子说明化学反应速率的基本概念；理解化学反应速率有多种表示方法；理解化学反应速率可以用不同的物质表示并有一定的关系；能够运用公式进行简单的化学反应速率的计算；能够通过实验探究理解测定反应速率的方法；建构基元反应的模型；了解化学反应的历程和活化能的概念；能用有效碰撞理论解释相关问题；能够说出温度、浓度、压强、催化剂对于化学反应速率的影响，并用有效碰撞理论分析相关原因；能设计实验理解单一变量原则，并验证温度、浓度、压强和催化剂对化学反应速率的影响规律。

2. 教学单元课时目标

课时	课时目标	评价目标
课时1 汽车与马车谁更快？——化学反应速率的概念与表达	1.1 通过物理中的速率类比化学反应具体实例，建立化学反应速率的概念模型。 1.2 通过旋转木马的类比，理解化学反应速率的多种表示方法，理解同一反应中可以用不同的物质表示反应速率并有一定的关系。 1.3 通过运用公式进行简单的化学反应速率的计算，搭建化学反应速率的认知模型。 1.4 通过实验探究体验测定反应速率的方法。 1.5 简单了解瞬时速率与质量作用定律，对下一单元的化学平衡常数做好铺垫。	1. 通过学生对具体化学反应中不同物质的计算，诊断并发展学生对化学反应速率的概念认知与公式运用能力（定性水平与定量水平）。 2. 通过对反应速率的测定探究实验的设计，并结合旋转木马中的角速度、线速度和半径等的对比思考，诊断并发展学生的实验探究水平和类比思维意识。
课时2 汽车怎样跑起来？——活化能与有效碰撞理论	2.1 通过自主阅读，理解基元反应的概念及其特点。 2.2 通过生活中跳高的例子，理解活化能的概念模型。 2.3 通过具体反应的能量图，说明活化能与反应热的区别与联系，深入理解活化能的内涵。	1. 通过对具体反应的反应历程的描述，诊断并发展学生的概念认知（宏观水平与微观水平）。 2. 通过对能量图的分析和简单计算，诊断并发展学生对于化学反应本质的认识进阶（视角水平和内涵水平）。
课时3 汽车怎样跑更快？——化学反应速率的影响因素	3.1 通过设计对照实验，探究某一特定条件对反应速率的影响，建立对照实验模型。 3.2 通过用有效碰撞理论解释温度、浓度、压强、催化剂对于化学反应速率的影响，建构宏微思维。 3.3 通过体验探究性实验和验证性实验，感受实验的不同意义。	1. 通过设计对照实验探究外界因素对反应速率的影响，诊断并发展学生的实验探究水平（孤立水平、系统水平）。 2. 通过有效碰撞理论解释化学反应的影响因素，诊断并发展学生理论与现象的联系水平（视角水平和内涵水平）。

四、教学起点分析

教学起点	教学策略
已有的知识基础：必修中学习过化学反应速率的概念，学生知道化学反应是有快慢的，也知道温度、催化剂等条件能够影响化学反应速率。	课时1对于化学反应速率的基本概念可以无需再重复，直接进入学生较为陌生的化学反应速率的表示方法；课时3则注重实验探究的设计思路，理解对照实验的设计要点。
前概念：反应物总能量与生成物总能量。	课时2中要注意引导学生区分活化能与反应物、生成物总能量的概念，可以通过能量图的绘制，请学生说明每段曲线的意义，用曲线表征的形式强化不同概念的区别与联系。
可能的学习困难：对于化学反应速率的不同表示方法较为抽象，不同物质表示化学反应速率的关系较难理解。	课时1中可以借助"旋转木马"的生活情境来类比突破概念理解，通过角速度与线速度的不同表征速度的方式，类比化学反应速率也可以借助单位时间内不同的物理量变化来表征；通过内外半径不同的两匹马的线速度的关系，引导学生类比同一反应中，不同物质表示化学反应速率的关系。

五、单元学习活动设计

1. 教学内容划分

教学内容上，首先学生需要在必修的基础上，深化对化学反应速率这一核心概念的认知。将必修中学生对于化学反应速率的感性认识上升为理性认识、定量认识、全面认识。因此，课时1主要是解决"是什么"的问题，将化学反应速率这一概念深化。课时中设计了具体的例子和生活中旋转木马的情境，将化学反应速率的概念进行完整化的分析梳理，学生也能辩证地认识到除了教材中的公式和单位之外，还有不同的表示化学反应速率的方法。

在全面认识了化学反应速率的概念的基础上，下一步，就是要宏微结合，深化理解化学反应的实质，进而理解为什么化学反应会有快慢之分。因此，课时2主要是要解决"为什么"的问题。课时设计针对微观角度认识化学反应速率，从基元反应和有效碰撞两个理论概念出发，理解化学反应的微观历程，进而生成活化能的概念，将化学反应的微观历程完整呈现。此处与教材中的顺序有所不同，做出了调整。

最后，在宏观与微观都理解了化学反应速率的基础上，便可以自主设计实验，探究外界条件对于化学反应速率的影响。因此，课时3主要突破的是"如何影响"的问题。其内容重在探究与验证，本课时设计的实验有两种不同的意图，一者为探究性实验，以单一变量原则为核心理念，引导学生形成实验思维，让证据推理与模型认知、科学探究与创新意识的学科核心素养落地；二者为验证性实验，是用课时2所学的有效碰撞理论，去预测可能的结果和影响是什么，再用实验去验证假设的结论，培养科学精神与理论的归纳演绎意识。

整体的知识内容教学框架如下图所示。

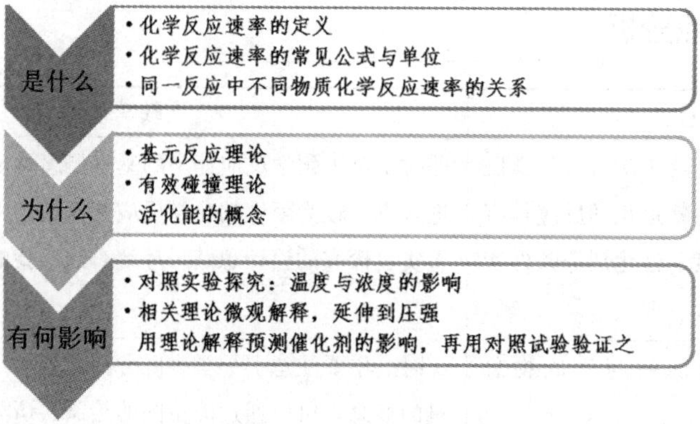

- 是什么
  - 化学反应速率的定义
  - 化学反应速率的常见公式与单位
  - 同一反应中不同物质化学反应速率的关系

- 为什么
  - 基元反应理论
  - 有效碰撞理论
  - 活化能的概念

- 有何影响
  - 对照实验探究：温度与浓度的影响
  - 相关理论微观解释，延伸到压强
  - 用理论解释预测催化剂的影响，再用对照试验验证之

图 6-5-2

2. 教学过程设计

单元	课时	问题	任务与活动
单元大背景：汽车发展的历程。单元大问题：化学反应速率的表示方法及其关联是什么？化学反应速率的微观实质是什么？外界因素如何影响化学反应速率，为什么？	课时1：化学反应速率的概念与表达。情境：汽车的速率测量；游乐场中的旋转木马。问题：我们如何类比旋转木马的旋转速率与化学反应速率？	问题1.1 我们怎样知道汽车和马车谁跑得快？ 问题1.2 化学中常用的化学反应速率的公式和单位是什么？ 问题1.3 同一反应中，用不同的物质表示的化学反应速率是否相同，其意义是什么？ 问题1.4 如何表达化学反应的瞬时速率？	任务1.1 从物理中的速率表示方法出发，类比思考镁与稀硫酸的反应可以如何表示其反应速率。 任务1.2 以合成氨反应为例，利用公式计算理解化学反应速率的常用单位和简单计算方法。 任务1.3 利用任务1.2计算的结果，分析同一反应中用不同的物质表示的化学反应速率之间的关系，再结合旋转木马中不同半径的线速度去理解其意义。 任务1.4 自主阅读所给资料，了解质量作用定律的表达与意义。
	课时2：活化能与有效碰撞理论。情境：以生活中打保龄球作为情境。问题：微粒间是通过怎样的历程发生化学反应的？	问题2.1 基元反应是什么？与化学反应有何关系？ 问题2.2 打保龄球比赛时，要满足什么条件才能命中目标？ 问题2.3 活化能与反应物、生成物的总能量有什么区别和联系？	任务2.1 自主阅读教材内容，突破基元反应的概念。 任务2.2 类比生活中打保龄球的实例，理解有效碰撞的条件，得出活化分子和活化能的概念。 任务2.3 通过化学反应中的能量变化图，进一步理解活化能的概念，分析活化能与反应物总能量、生成物总能量以及反应热之间的关联。画出四者在图中的正确位置。

续表

单元	课时	问题	任务与活动
	课时3：化学反应速率的影响因素。情境：新冠肺炎的传播与防治，汽车高温发动机、涡轮增压。问题：化学反应速率受哪些外界条件的影响？如何影响？为什么？	问题3.1 结合疫情防控情境，说明温度和浓度对化学反应速率有何影响？如何实验验证？ 问题3.2 如何运用有效碰撞理论解释温度和浓度的影响？并借助疫情防控类比为何影响？ 问题3.3 如果病毒变异，传播途径从接触传播变成了水传播、空气传播，有怎样的影响？	任务3.1 小组设计实验，利用提供的试剂，探究温度和浓度对化学反应速率的影响。 任务3.2 运用有效碰撞理论，尝试解释温度和浓度的影响的微观原因，并延伸到压强对于反应速率的影响。同时以新冠疫情的防控作为类比，理解温度、浓度对反应速率的影响。 任务3.3 运用有效碰撞理论，预测催化剂对于反应速率的影响，并设计实验验证你的猜测。

3. 学习活动设计

课时1 化学反应速率的概念与表达

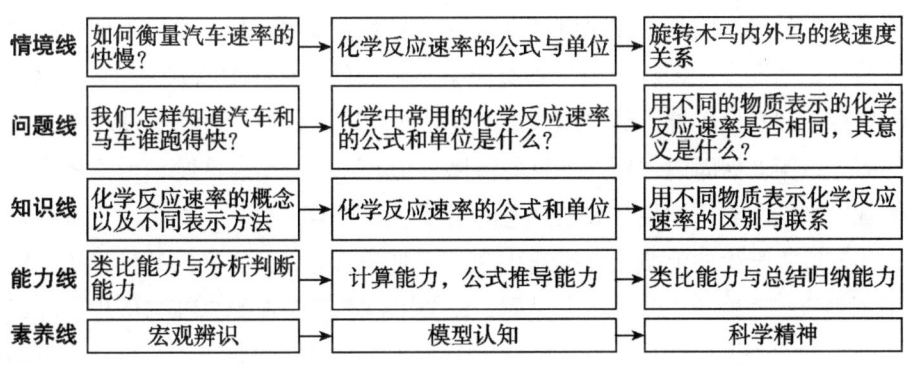

图 6-5-3

课时2 活化能与有效碰撞理论

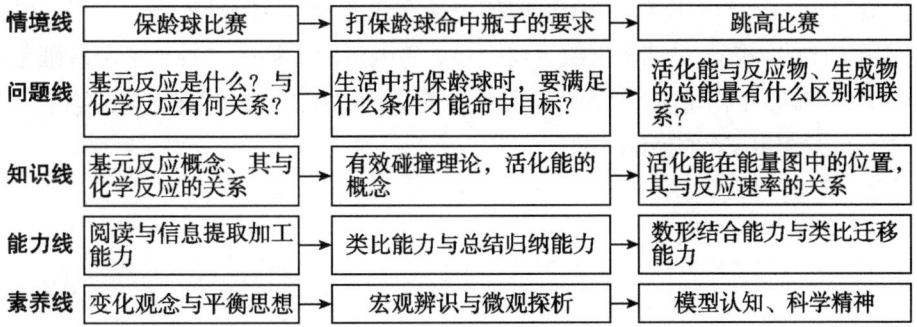

图 6-5-4

课时3 化学反应速率的影响因素

情境线	防控新冠疫情少扎堆——类比浓度；不去高风险区（病毒携带者百分数高）——类比温度	防控新冠疫情减少人员流动（人与人的接触）——类比有效碰撞理论	防控新冠疫情病毒传播方式改变（改变传播路径）——类比催化剂（改变反应路径）
问题线	结合防控疫情情境，说明温度和浓度对化学反应速率有何影响？如何实验验证？	如何运用有效碰撞理论解释温度和浓度的影响？并借助疫情防控类比为何影响？	如果病毒变异，传播途径从接触传播变成了水传播、空气传播，有怎样的影响？
知识线	对照试验单一变量原则	有效碰撞理论，活化分子	催化剂与反应历程，催化剂的使用原则
能力线	实验的设计与探究能力	类比与分析归纳能力	数形结合能力与类比迁移能力
素养线	证据推理与模型认知、科学探究与创新意识	宏观辨识与微观探析	科学精神与社会责任

图 6-5-5

六、单元教学反思

"化学反应速率"单元教学的设计，结合了人教版教材与鲁科版教材的优点，调整了教学内容的顺序，使之符合学生的认知规律，打破了传统教学的习惯，实现了从单课时教学走向整个单元教学。同时，课时设计中以真实的生活情境展开，如第1课时以"旋转木马"情境贯穿，帮助学生理解同一化学反应中不同物质表述化学反应速率的区别与联系；第2课时借助了"打保龄球"的情境，渗透有效碰撞理念，用"跳高"情境帮助学生理解活化能的概念；第3课时以"新冠肺炎的传播与防治"这一热点话题，形象地类比了化学反应中的几大影响因素，学生在非常熟悉的情境中展开类比学习。同时，也围绕物理学中角速度、线速度等学生的前概念理解新概念，体现了学科知识交叉的教学思想。探究过程中，采用了实验—理论—实验的研究过程，体会了科学工作者的思维与历程。在课程设计过程中，紧扣宏观辨识与微观探析、变化观念、证据推理与模型认知、科学探究与创新意识、科学精神等化学学科核心素养，从必备知识、关键能力等多角度引导学生学习，取得了较好的效果。

由于需要为下节学习化学反应限度中的平衡常数这一内容做好铺垫，本单元设计进行了质量作用定律的拓展，对速率常数、反应级数等内容做了补充。对于学习基础相对较薄弱的高中生，理解该内容就有些困难，如何更好地把握知识与难度的处理，给下一节内容做好衔接，是需要思考的问题。

案例六　化学反应的限度

佛山市顺德区乐从中学　郑少鑫

一、教学单元规划

"化学反应的限度"是高中化学选择性必修《化学反应原理》的一个重要主题，其与化学反应速率、化学反应进行的方向共同构成化学动力学与热力学的完整体系。不同版本的教材中，对于化学反应限度内容的编排顺序和思路有些不同，《普通高中化学课程标准》和2019版人教版和鲁科版高中化学新教材中，化学反应限度的章节编排对比如下表所示。

课程标准	人教版	鲁科版
内容要求： 认识化学平衡常数是表征反应限度的物理量，知道化学平衡常数的含义。了解浓度商和化学平衡常数的相对大小与反应方向间的联系。通过实验探究，了解浓度、压强、温度对化学平衡状态的影响。 学业要求： 能书写平衡常数表达式，能进行平衡常数、转化率的简单计算，能利用平衡常数和浓度商的关系判断化学反应是否达到平衡及平衡移动的方向。能运用浓度、压强、温度对化学平衡的影响规律，推测平衡移动方向及浓度、转化率等相关物理量的变化。	第二章 化学反应速率与化学平衡 第一节 化学反应速率 第二节 化学平衡 一、化学平衡状态 二、化学平衡常数 三、影响化学平衡的因素 第三节 化学反应的方向 第四节 化学反应的调控	第2章 化学反应的方向、限度与速率 第1节 化学反应的方向 第2节 化学反应的限度 一、化学平衡常数 二、平衡转化率 三、反应条件对化学平衡的影响 第3节 化学反应的速率 第4节 化学反应条件的优化——工业合成氨

人教版将本节内容分为三部分，首先延续了必修中的可逆反应的定性内容，以工业合成氨这个可逆反应为背景，通过对比正反应和逆反应最终到某个时刻各物质的浓度不再改变，引出化学平衡状态的客观存在及定义。接着提供一组数据，引导学生经历化学平衡常数模型建构的过程，展示了在确定温度的可逆反应中，按照不同比例投料发生反应，达到平衡时浓度商是相等的，引出化学平衡常数的概念，然后进一步学习化学平衡常数的意义，列出三段式进行平衡转化率、平衡浓度等物理量的计算。最后通过分组实验探究，演绎推理出浓度、温度、压强对化学平衡状态的影响，经历勒夏特列原理的模型构建过程。整体设计与课程标准较为吻合，突出了通过实验探究学习知识的方法，符合新课标中"通过实验探究，了解浓度、压强、温度对化学平衡状态的影响"的要求。

鲁科版也将本节内容分为三部分，一开始直接学习化学平衡常数，通过对给出的实验数据进行计算、对比，得出可以利用化学平衡常数来表示一定温度下某个具体反应的限度的结论。同时重点强调化学平衡常数与化学方程式的系数是一一对应的，对化学平衡状态概念则进行简化处理，与人教版一开始就学习化学平衡状态的侧重点有所不同。接着要求学生结合数据，列三段式进行化学平衡常数和化学平衡转化率的相关计算，对比分析总结出提高某一反应物转化率的措施。再接下来分析影响化学平衡的因素，通过实验分别研究浓度、温度、压强对化学平衡的影响，通过实验现象进行演绎推理，掌握这些因素对化学平衡的影响规律，利用生活中的实例如"用高压氧舱救治一氧化碳中毒者"帮助学生更好地理解压强对化学平衡的影响。

通过对比可以发现，鲁科版教材的编排是将化学反应的限度放在了化学反应的速率前面，学生可以通过浓度商 Q 与平衡常数 K 的大小关系来分析学习化学平衡状态的影响因素，符合课标"能利用平衡常数和浓度商的关系判断化学反应是否达到平衡及平衡移动的方向"的要求，但没法利用正逆反应速率的大小关系结合 v—t 图像进行多角度理解。而人教版教材是将化学平衡的内容放在了化学反应速率之后，这样做的好处是在后续学习化学平衡的内容时，可以形成分析思路：从 $v_正$ 与 $v_逆$ 相等时建立平衡，再到 $v_正$ 与 $v_逆$ 不相等时打破平衡使平衡发生移动，最后建立新的平衡，这是落实"变化观念与平衡思想"核心素养的体现，也为后面学习电离平衡、水解平衡、沉淀溶解平衡建立理解模型。

由以上分析，化学反应的限度这一章节中，两种教材的设计各有特点，且都涉及化学平衡状态、化学平衡常数的概念及计算、化学平衡的影响因素这三个方面。三个方面相互联系，彼此之间的相关度比较大，因此，将"化学反应的限度"设置为单元整体教学对象是合理的。可以将两种教材中的优点加以整合，进行单元整体教学设计。

二、单元教材教法分析

课程标准关于这节内容的教学策略建议：引导学生经历化学平衡常数模型建构的过程，结合具体实例，促使学生体会化学平衡常数在判断平衡状态、反应方向，分析预测平衡移动方向等方面的功能价值。纯粹的知识性教学难以体现科学知识的价值和意义，化学平衡常数是科学家在大量实验和数学分析的基础上形成的质量作用定律的自然推论，其意义极为重大。选择引入化学史作为情境，古德贝格和瓦格在 300 个实验的基础上提出"质量作用定律"，范特霍夫在吉布斯工作的基础上提出"范特霍夫等温方程及推论"，勒夏特列提出的平衡移动的经验规则"勒夏特列原理"等。虽然化学史的相关理论内容较为复杂，但教师可以选取一部分简单知识作为课前阅读资料，让学生经历化学平衡常数模型的建构过程，体会科学研究的艰辛，激发学生的科研热情，落实科学精神与社会责任的核心素养。

在内容顺序的编排上，2019 版人教版和鲁科版教材编排思路有所不同。一方面，人教版先学化学反应速率再学习化学平衡，鲁科版刚好相反，而化学平衡的建构和移动需要从化学反应速率的角度进行分析；另一方面，鲁科版将化学平衡状态的特征弱化处理，单独将平衡转化率设计为一个课时的内容。其实可以将转化率的计算、三段式的学习融入化学反应速率单元的学习，这样平衡转化率的计算不用单独占用一个课时。

因此人教版的编排顺序更符合学情。基于人教版教材的内容排布顺序,先探究化学平衡状态及其特征,再探究化学平衡常数概念、意义和应用,最后探究影响化学反应平衡的因素,同时融入鲁科版中强调化学平衡常数的意义、平衡常数与方程式的对应关系、用高压氧舱救治一氧化碳病人等内容,整合两本教材的资源优势,更加符合学生认知规律。

由于本单元内容的学习是由浅入深、由表及里的过程,因此将本单元的学习大情境设计为"对一氧化碳中毒的认识、诊断、救治",包括一氧化碳中毒能不能救治、一氧化碳中毒如何判断病情、一氧化碳中毒怎样治疗,吸引学生学习兴趣的同时,也让学生体验到自然科学规律的逻辑意识。单元共设计3个课时,分别围绕化学平衡状态的概念与特征、化学平衡常数及应用、化学平衡的影响因素三个内容展开教学设计,逐步揭开化学反应限度的真实面纱。

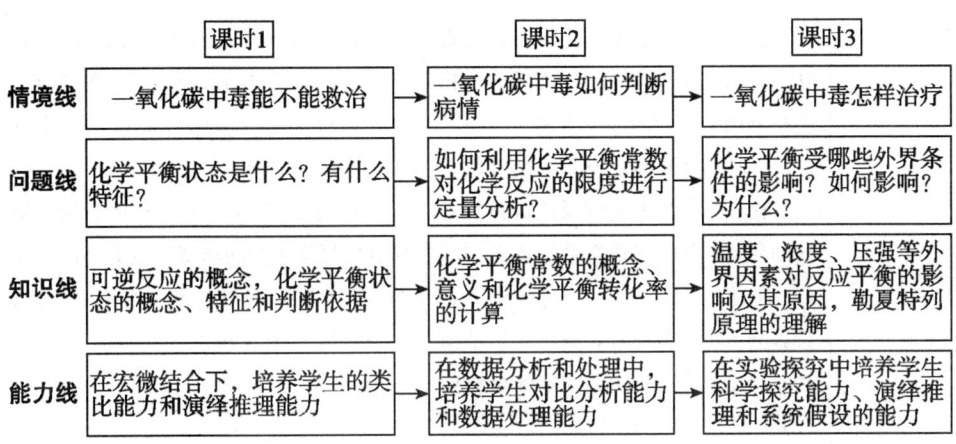

图 6-6-1 "化学反应的限度"单元教学设计

三、单元教学目标设计

1. 教学单元总目标

第一,进一步建立和完善运用类比的方法,迁移探讨化学问题,形成能基于宏观和微观结合,认识和探究化学概念的思维;第二,通过阅读化学史和数据探究,进一步认识到实验和理论对化学发展的重要作用,加深对科学本质的认识,感悟化学学科价值;第三,基于实验事实,综合实验结论,归纳勒夏特列原理,发展模型辨识和模型应用的能力。

2. 教学单元课时目标

课时	课时目标	评价目标
课时1 一氧化碳中毒能不能救治——化学平衡状态的概念与特征	1.1 通过 $FeCl_3$ 和 KI 的反应认识可逆反应的宏观存在及概念。 1.2 通过化学史"质量作用定律""游泳池液面不变",建立化学平衡状态的概念模型,用数形结合的思想建	1. 通过探讨可逆反应和化学平衡状态的过程,诊断并发展学生探究化学概念的思维水平(基于经验、基于概念理解)。 2. 通过化学反应速率解释化学平衡的建立过程,探讨化学平衡状态的微观表征,诊断

续表

课时	课时目标	评价目标
	构 v—t 图像、n—t 图像并解释化学平衡状态；认识化学平衡状态的判断依据。 1.3 通过实例，解释生产、生活中与化学平衡相关的简单问题。	并发展学生对化学平衡建立的认识思路结构化水平（视角水平、内涵水平）。 3. 通过"一氧化碳中毒能不能救治"的探讨过程，诊断并发展学生问题解决能力（简单化学问题、简单实际问题）。
课时2 一氧化碳中毒如何判断病情——化学平衡常数及其应用	2.1 通过化学史"质量作用定律"和课本自主阅读、计算、比较，经历化学平衡常数的概念的建构过程。 2.2 通过化学史"范特霍夫等温方程"的介绍，结合不同化学方程表达式的对比，理解化学平衡常数的相关影响因素和使用注意事项。 2.3 通过浓度商 Q 与化学平衡常数 K 的对比，掌握判断化学反应进行的方向和程度，体会平衡常数的意义。 2.4 通过具体例子"一氧化碳中毒是否影响智力"的计算，进行化学平衡常数、平衡转化率等相关物理量的计算。	1. 通过化学史和分析数据，探讨化学平衡常数的概念和影响因素，诊断并发展学生探究概念的思维水平（基于概念理解、实验与推理）。 2. 由反应方向和程度的分析，诊断并发展学生对化学反应的认识角度（单角度、多角度）和对化学反应的探究水平（定性、定量、定性与定量结合）。 3. 通过平衡常数、平衡转化率的计算，诊断并发展学生的问题解决能力（简单实际问题、综合实际问题）和化学价值认识水平（学科价值、社会价值）。
课时3 一氧化碳中毒怎样治疗——化学平衡的影响因素	3.1 通过设计对照实验，探究浓度对 $K_2Cr_2O_7$ 平衡、温度对 NO_2 和 N_2O_4 反应的影响。 3.2 通过用化学平衡常数 K 与浓度商 Q 之间关系，v—t 图像分析正逆反应速率的变化，深入理解化学平衡移动的原因，归纳勒夏特列原理，构建思维模型。 3.3 通过勒夏特列原理，预测和分析压强对化学平衡移动的影响，发展模型辨识和模型应用能力。认识化学平衡移动原理在生产、生活中的应用和价值，增强社会责任感。	1. 通过设计对照实验探究浓度、温度对化学平衡的影响，诊断并发展学生的实验探究水平（孤立水平、系统水平）。 2. 通过基于实验探究总结平衡移动的分析思路，归纳勒夏特列原理，诊断并发展学生的思路结构化水平（视角水平和内涵水平）。 3. 通过预测并用生活应用实例验证压强对化学平衡的影响，诊断并发展学生问题的解决能力（简单化学问题、简单实际问题）和化学价值认识水平（学科价值、社会价值）。

四、教学起点分析

教学起点	教学策略
知识基础：必修中接触过可逆反应、化学平衡状态，学生知道有些化学反应是不能完全进行的，知道浓度、温度、压强对化学反应速率有影响。	课时1对于可逆反应的基本概念的理解可以简单带过；课时2引入"化学史"帮助学生理解化学平衡常数的概念和意义；课时3则要注重实验现象背后的原理分析，借助浓度、温度、压强对化学反应速率的影响，演绎推理化学平衡及其移动机理。
前概念：可逆反应、正反应速率、逆反应速率。	化学平衡研究的对象都是可逆反应，课时2和3通过分析正反应速率和逆反应速率的关系，判断分析化学平衡状态、化学平衡的移动方向，形成思维模型。
可能的学习困难：化学平衡是动态平衡的理解比较抽象；解释平衡移动的原理难度较大；勒夏特列原理比较抽象。	课时1中可以借助"游泳池中液面不变"来帮助理解化学平衡是动态平衡的特征；课时2和3可以借助化学平衡常数 K 与浓度商 Q 之间关系和 v—t 图像这两种途径来帮助理解化学平衡的移动原理和移动方向的判断。

五、单元学习活动设计

1. 教学内容划分

教学内容上，首先学生需要在认识可逆反应的基础上，进一步学习化学平衡状态的概念和特征。将必修中对可逆反应的感性认识上升为理性认识、定量认识、全面认识，层层递进，因此按照化学平衡状态、化学平衡常数、化学平衡的影响因素的顺序将本单元设计为3个课时。

课时1是"化学平衡状态"，主要是对化学平衡进行定性、宏观认识。首先以 $FeCl_3$ 和 KI 的反应引出可逆反应，然后通过化学史"质量作用定律""游泳池液面不变"为情境，建立化学平衡状态的概念模型，用数形结合的思想建构 v—t 图像、n—t 图像并解释化学平衡状态，认识化学平衡状态的判断依据；最后用所学的化学平衡的知识解释"一氧化碳中毒能不能救治"的困境，理解认识化学平衡的意义。

课时2是"化学平衡常数"，主要是对化学平衡进行定量、微观认识，要解决化学反应的限度是多少的问题。借助化学史"质量作用定律"和教材中的实验数据，引导学生经历化学平衡常数模型建构的过程。然后阅读化学史"范特霍夫等温方程及推论"，顺其自然地引出化学平衡常数只与温度相关，通过同一反应、不同系数方程式的化学平衡常数表达式的对比、浓度商与平衡常数的对比，明确化学平衡常数的意义和应用。在实际例子"一氧化碳中毒是否影响智力"中，让学生掌握应用化学平衡常数对可逆反应进行定量分析的能力，体现宏观辨识与微观探析的核心素养，理解化学平衡常数的学科价值与应用价值。

课时 3 是"化学平衡的影响因素",在宏观与微观都理解了化学平衡的基础上,下一步,就是要宏微结合,进行实验探究外界条件对于化学平衡的影响。因此,课时 3 主要突破的是"如何影响"的问题,其内容重在探究与验证。本课时设计的实验有两种不同的意图,一是为探究性实验,以单一变量原则为核心理念,引导学生形成实验思维,让证据推理与模型认知、实验探究与创新意识的学科核心素养落地;二是验证性实验,用前面归纳出的"勒夏特列原理"去预测改变压强可能导致的结果和影响是什么,再用生活中的实例"高压氧舱救治 CO 中毒病人"去验证假设的结论,培养演绎推理和系统假设的能力。

整体的知识内容教学框架如下图所示。

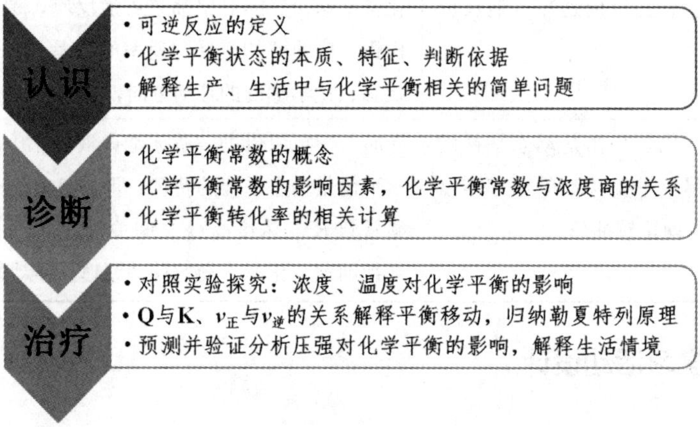

- 认识
  - 可逆反应的定义
  - 化学平衡状态的本质、特征、判断依据
  - 解释生产、生活中与化学平衡相关的简单问题

- 诊断
  - 化学平衡常数的概念
  - 化学平衡常数的影响因素,化学平衡常数与浓度商的关系
  - 化学平衡转化率的相关计算

- 治疗
  - 对照实验探究:浓度、温度对化学平衡的影响
  - Q 与 K、$v_正$ 与 $v_逆$ 的关系解释平衡移动,归纳勒夏特列原理
  - 预测并验证分析压强对化学平衡的影响,解释生活情境

图 6-6-2

2. 教学过程设计

单元	课时	问题	任务与活动
单元大背景:对一氧化碳中毒的认识、诊断、救治。单元大问题:化学反应的限度是什么?化学反应的限度是多少?化学反应的限度怎么改变?	课时 1:化学平衡状态的概念与特征。情境:一氧化碳中毒能不能救治、质量作用定律、游泳池液面不变。问题:化学平衡状态是什么?有什么特征?	问题 1.1 可逆反应是什么? 问题 1.2 化学平衡状态建立的本质和特征是什么? 问题 1.3 一氧化碳中毒能不能救治?原因是什么?	任务 1.1 将 $FeCl_3$ 和 KI 按 1:2 混合后充分反应,加 CCl_4 进行萃取,再向上层清液中滴加 KSCN 溶液,观察现象。 任务 1.2 以化学史"质量作用定律""游泳池液面不变"为情境,分析化学平衡状态的本质和特征,并用 $v—t$ 图像、$n—t$ 图像解释化学平衡状态,认识化学平衡状态的判断依据。 任务 1.3 解释和解决生产生活中与化学平衡状态有关的简单化学问题。

续表

单元	课时	问题	任务与活动
	课时2：化学平衡常数的概念及应用。 情境：质量作用定律、范特霍夫等温方程及推论、一氧化碳中毒如何判断病情。 问题：如何利用化学平衡常数对化学反应的限度进行定量分析？	问题2.1 化学平衡常数的概念和表达式是什么？ 问题2.2 化学平衡常数的影响因素及与方程式的对应关系是什么？如何分析化学反应的方向？ 问题2.3 已知 HbCO 的浓度达到 HbO_2 浓度的0.02倍，会使人智力受损，如何利用化学平衡常数，计算 CO 与 O_2 的浓度比与是否智力受损之间的关系，进行化学平衡的相关计算。	任务2.1 通过化学史"质量作用定律"结合教材提供的数据，经历"化学平衡常数"的模型构建过程，理解其概念。 任务2.2 通过化学史"范特霍夫等温方程及推论"和数据了解化学平衡常数与温度的关系；对比不同系数方程式的化学平衡常数表达式，明确化学平衡常数的意义，理解浓度商 Q 与化学平衡常数 K 的关系，并能据此判断化学反应的方向。 任务2.3 运用化学平衡常数，进行化学平衡的相关计算。
	课时3：化学平衡的影响因素。 情境：高压氧舱救治一氧化碳中毒人员。 问题：化学平衡受哪些外界条件的影响？如何影响？为什么？	问题3.1 如何设计实验探究浓度、温度对化学平衡的影响？ 问题3.2 如何运用浓度商 Q 与平衡常数 K 的关系、正逆反应速率的关系解释化学平衡的移动原理并归纳出勒夏特列原理？ 问题3.3 利用勒夏特列原理预测压强怎么影响化学平衡的移动？如何证明预测？	任务3.1 分组实验，利用提供的试剂，探究改变溶液酸碱性对 $Cr_2O_7^{2-} + H_2O \rightleftharpoons 2CrO_4^{2-} + 2H^+$ 平衡的影响，探究温度对 $2NO_2 \rightleftharpoons N_2O_4$ 平衡的影响。 任务3.2 运用浓度商 Q 与平衡常数 K 的关系、正逆反应速率的关系解释化学平衡的移动原理，归纳出勒夏特列原理，建立平衡移动认识模型。 任务3.3 用"勒夏特列原理"预测压强对化学平衡的影响，用可乐开瓶现象验证压强对 $CO_2 + H_2O \rightleftharpoons H_2CO_3$ 可逆反应的影响，用其结论解释高压氧舱救治一氧化碳中毒人员的原理。

3. 学习活动设计

课时 1　化学平衡状态的概念与特征

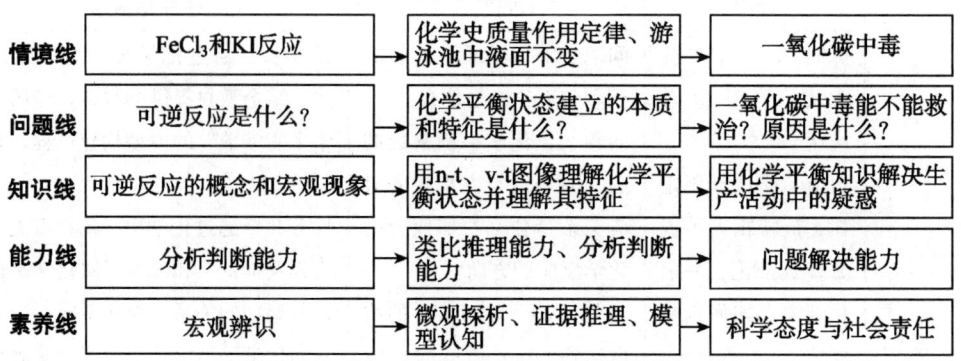

图 6-6-3

课时 2　化学平衡常数的概念及应用

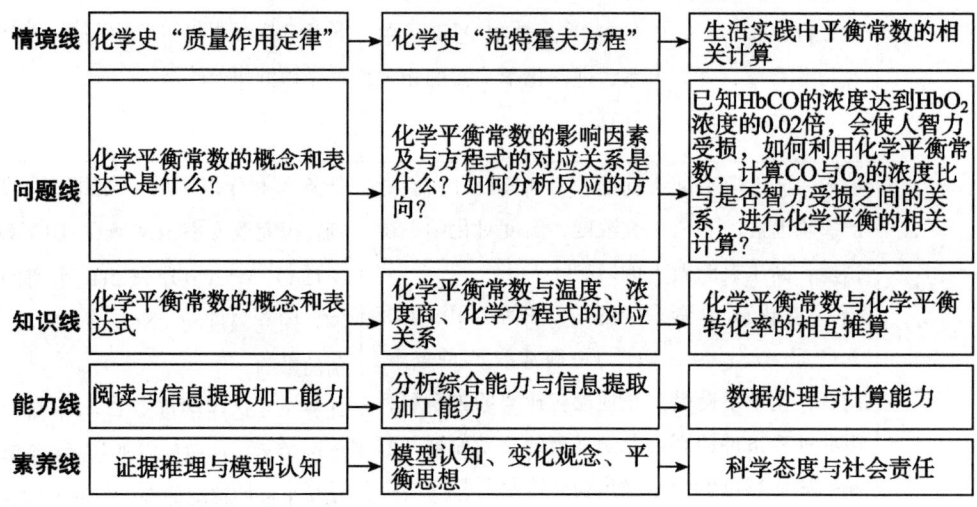

图 6-6-4

课时 3　化学平衡的影响因素

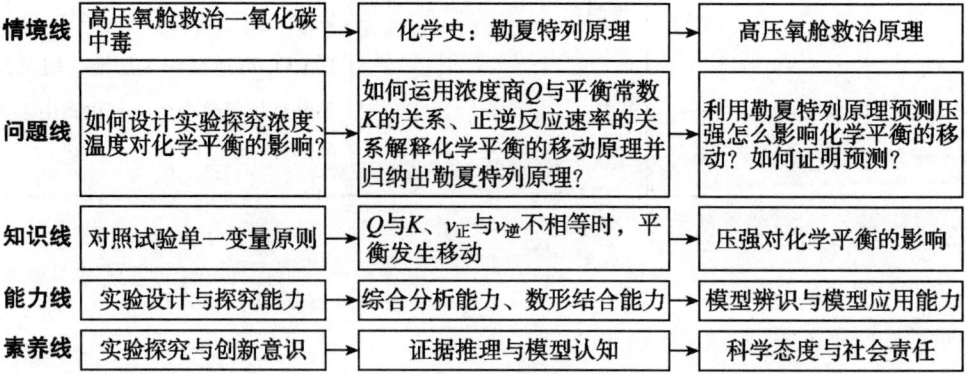

图 6-6-5

六、单元教学反思

"化学反应的限度"的单元整体教学设计,以人教版的内容排布顺序为基准,加入部分鲁科版的内容,整合了人教版教材与鲁科版教材的优点,实现了从单课时教学走向整个单元教学的进步。同时,课时设计中应用化学史"质量作用定律""范特霍夫等温方程及推论""勒夏特列原理"和生活情境"游泳池水面不变""可乐开瓶""对一氧化碳中毒的认识、诊断、救治"等,通过了解化学史中科学家的研究成果和学生非常熟悉的实例展开学习,自然地把化学平衡常数这个抽象概念建构起来。探究过程中,采用了"经验—理论—实验"的研究过程,体会了科学工作者的思维与历程。在课程设计过程中,紧扣宏观辨识与微观探析、变化观念与平衡思想、证据推理与模型认知、科学探究与创新意识、科学精神与社会责任等化学学科核心素养,从必备知识、关键能力等多角度引导学生学习,取得了较好的效果。

在实践过程中,教师要注意把握化学史"质量作用定律"和"范特霍夫等温方程及推论"的拓展程度,因为所涉及的内容复杂且难度较高,个别学生会因为对知识深挖而产生困惑,教师要适当的简化处理,告诉学生更多的具体知识以后到大学才学。有学习力的学生可以引导他们课外阅读一些大学教材,激发学生的学习内驱力。

案例七 化学反应条件的优化

佛山市顺德区杏坛中学 白柳 梁佩文

一、教学单元规划

"化学反应条件的优化"是高中化学选择性必修《化学反应原理》的一个重要主题,是对化学反应速率、化学平衡、化学反应进行的方向的理论知识的实际应用,同时也是知识的升华。不同的教材中,对于"化学反应条件的优化"内容的编排顺序和思路也有不同,2019版人教版和鲁科版高中化学新教材中,"化学反应条件的优化"的内容编排对比如下表所示。

对比可知,在内容编排上,旧人教版没有这一节内容,而两种新教材都有这一节内容,说明新课程标准重视对理论知识的实际应用,两种新教材对于"化学反应条件的优化"单元构建上,均以工业合成氨为情景素材,从反应限度和反应速率两方面对合成氨的反应条件进行讨论,介绍化学条件的优化,是对前三章理论知识的实际应用,同时也是知识的升华,让学生知道在实际工业生产中,不能只想着高转化率或高反应速率,而应将转化率、反应速率、设备条件、工业效益等诸方面综合考虑,选择最优条件,一般以较大速率获取适当转化率为基准。有利于学生从中获得更多将理论实施于生产与生活里的能力。

课程标准及新教材中"化学反应条件的优化"的内容编排对比表

课程标准	人教版	鲁科版
内容要求： 认识化学反应速率和化学平衡的综合调控在生产、生活和科学研究中的重要作用。知道催化剂可以改变反应历程，对调控化学反应速率具有重要意义。 学业要求： 能运用温度、浓度、压强和催化剂对化学反应速率的影响规律解释生产、生活、实验室中的实际问题，能讨论化学反应条件的选择和优化。 能运用浓度、压强、温度对化学平衡的影响规律，推测平衡移动方向及浓度、转化率等相关物理量的变化，能讨论化学反应条件的选择和优化。 针对典型案例，能从限度、速率等角度对化学反应和化工生产条件进行综合分析。	第二章 化学反应速率与化学平衡 第一节 化学反应速率 第二节 化学平衡 第三节 化学反应的方向 第四节 化学反应的调控 一、压强 二、温度 三、催化剂	第2章 化学反应的方向、限度与速率 第1节 化学反应的方向 第2节 化学反应的限度 第3节 化学反应的速率 第4节 化学反应条件的优化——工业合成氨 一、合成氨反应的限度 二、合成氨反应的速率 三、合成氨生产的适宜条件

  人教版教材在内容编排上，首先通过"思考与讨论"栏目对合成氨的反应条件在反应速率和平衡两方面进行原理分析和数据分析，使学生对前面讲过的基本原理进行回顾，然后提出：在实际生产中到底选择哪些适宜的条件呢？接下来通过压强、温度、催化剂三方面来讨论。在实际生产中需要结合设备条件、安全操作、经济成本等情况，综合考虑影响化学反应速率和化学平衡的因素，寻找一个适宜的生产条件。最后，通过"科学·技术·社会"栏目中"合成氨——实验室研究与工业化生产"内容来拓展学生的科学视野。

  鲁科版教材从三部分开展教学。首先从"联想·质疑"栏目提出"看起来十分简单的化学反应，为什么合成氨的工业化生产会经历如此漫长的发展过程？合成氨厂为什么需要那么庞大而复杂的生产设备和特殊的生产条件呢？"引起学生的思考。然后从合成氨反应的限度和反应速率两方面来选择合成氨的反应条件。在第一部分合成氨反应的限度中，通过"交流·研讨"让学生从反应方向和化学平衡来分析合成氨反应。在第二部分合成氨反应的速率中，通过"交流·研讨"栏目从速率方程讨论浓度和催化剂对合成氨反应的影响，接着通过"化学与技术"栏目"工业合成氨的催化历程"，从微观上说明合成氨的反应机理。最后，在第三部分合成氨生产的适宜条件中，总结在选择合成氨生产的条件时，应综合考虑理论和实际，同时，提出合成氨课题研究的方向和合成氨的生产流程。

二、单元教材教法分析

  课程标准给出这节内容的教学策略建议："结合生产实例，组织学生开展关于反应条件的选择与优化的讨论，促使学生形成从限度、速率、能耗等多角度综合调控化学反应的基本思路，发展学生'绿色化学'的观念和辩证思维的能力。"

工业合成氨的发明过程，包含着化学家伟大的创造和光辉的科学思想，体现了当时科学家和企业家的远见和激情。英国物理学家克鲁克斯，率先发出"向空气要氮肥"的号召。哈伯在实验室摸索出合成氨的条件，使它具有了工业化的价值，赢得1918年诺贝尔化学奖；化学家兼工程师博施带领他的团队解决了廉价催化剂和耐高温高压的设备问题，开创了工业合成氨的时代，荣获1931年诺贝尔化学奖；来自哈伯研究所的化学教授埃特尔对工业合成氨的机理进行了实证研究，最终登上了2007年诺贝尔化学奖领奖台。这三位德国化学家对合成氨的研究先后持续了一个世纪，从实验室到工业化，由宏观到微观，体现了奋力攻坚的勇气和高度创新的精神，对学生有很好的示范引领作用。因此，本节课以三项诺贝尔化学奖为主线，开展"化学反应条件的优化——工业合成氨"的教学，课时规划如图6-7-1所示。

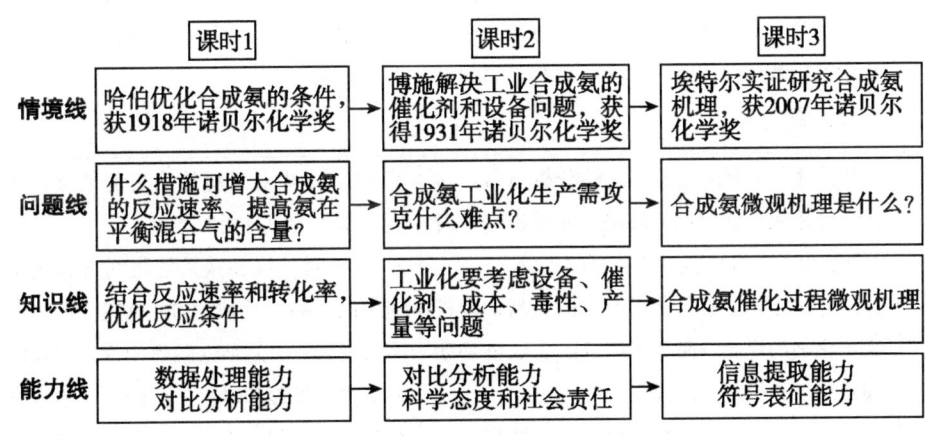

图6-7-1 "化学反应条件的优化"课时规划

三、单元教学目标设计

1. 教学单元总目标

能够分析合成氨的反应特点，能从化学反应速率和平衡角度讨论合成氨的适宜条件；解释或解决生产、生活中与化学相关的一些实际问题。认识催化剂的研制对促进化学工业发展的重大意义；学会赏析科学家所做出的创新与努力；能结合生产情境体验实际生产的选择和理论分析的差异；了解合成氨的微观机理；认识合成氨在社会经济可持续发展、提高生活质量等方面的重要贡献；利用化学实验史实引导学生了解化学原理的形成和发展，认识实验在化学科学发展中的重要作用；通过哈勃、博施、埃特尔三位诺贝尔奖获得者在合成氨上的贡献，渗透化工生产发展史，培养学生的技术素养；深刻认识化工与化学是不断发展的，过程中充满艰辛与挑战；形成可持续发展的观念与思想。

2. 教学单元课时目标

"化学反应条件的优化"的课时目标和评价目标

课时	课时目标	评价目标
课时1 实验室合成氨的条件选择	1.1 通过分析合成氨反应在常温下能否正向自发，能从反应方向分析化学变化。 1.2 通过分析合成氨反应，能从调控反应速率、提高平衡转化率等方面综合分析反应条件，提出控制反应条件的措施。 1.3 通过分析合成氨反应条件的优化，体会化学反应焓变、熵变、化学平衡和速率相关知识的应用价值，形成从物质转化以及反应方向、限度、快慢等多个角度综合分析问题的基本思路。 1.4 通过对克鲁克斯和哈伯研究过程的学习，认识化学平衡移动原理的应用和价值，体会化学家的智慧，体会化学学科思想，增强社会责任感。	1. 通过学生对常温合成氨反应能否自发的判断，诊断并发展学生对数据的处理和分析能力。 2. 通过分析提高反应速率的因素和提高氨的含量的因素，诊断并发展学生对速率和平衡移动的认识思路结构化水平（视角水平、内涵水平）。 3. 通过分析合成氨反应条件的优化，诊断并发展学生问题解决能力（简单化学问题、简单实际问题）。 4. 通过对哈伯研究过程的赏析，诊断并发展学生对化学价值的认识水平（学科价值、社会价值）。
课时2 合成氨工业条件的优化	2.1 通过自主阅读素材，能够分析出哈伯实验条件用锇作催化剂的缺陷，能够根据课时1分析出工业合成氨需要解决的问题。 2.2 通过分析博施在合成氨中的创新，赏析铁催化剂的优点，简单了解双层合成塔是如何解决工业投产中高温高压的问题。 2.3 通过阅读博施研究过程的相关数据，使学生理解科研的艰辛，体会科学家的科学精神和探究意识，培养学生的社会责任。	1. 通过学生对素材加工后的汇报，诊断并发展学生的信息提取能力。 2. 通过对比锇和铁系催化剂对合成氨反应速率的影响，及催化剂的制备方法、活性、寿命等特点，总结铁触媒的优点。诊断学生对数据的处理和对比分析能力。通过合成塔模型图解和相关文字了解合成塔的原理，诊断学生从图形中获取信息的能力。 3. 通过对博施研究过程的赏析，诊断并发展学生对化学价值的认识水平。
课时3 合成氨微观机理的研究	3.1 能运用宏观、微观、符号等方式描述、说明物质转化的本质和规律，对物质转化过程进行分析和表征。 3.2 能根据化学反应原理，提出有效控制反应条件的措施。 3.3 能运用所学的化学知识和方法分析讨论生产、生活中简单的化学问题，能主动关心并参与有关的社会性议题的讨论，赞赏化学对人类生活和生产所作的贡献。	1. 通过对具体反应的反应历程的描述，诊断并发展学生的概念认知。 2. 通过对能量图的分析理解决速步，诊断学生是否能够应用反应原理解释或推测实际生产的条件控制。 3. 通过对工业合成氨流程示意图的解析，诊断学生将化学原理与生产相结合的知识整合能力；通过对合成氨现状的材料收集和汇报，诊断并发展学生的信息收集和整合能力。

四、教学起点分析

"化学反应条件的优化"的教学起点分析

教学起点	教学策略
知识基础：知道化学反应的方向与反应的焓变和熵变有关，知道温度、催化剂等条件能够影响化学反应速率，了解浓度、压强、温度对化学平衡状态的影响。	课时 1 通过合成氨反应这个载体，先从焓变和熵变分析反应方向；再从温度、压强、催化剂分析提高反应速率的条件；又从浓度、压强、温度、催化剂分析提高氨的平衡转化率的条件，巩固这些基础知识。
前概念：化学反应速率、化学平衡、熵变、焓变、吉布斯自由能。	通过对合成氨反应条件的优化，引导学生形成从反应的方向、限度、快慢等多个角度综合分析问题的基本思路。
可能的学习困难：综合分析化学原理对化工生产条件的优化能力欠缺。	课时 2 通过化学史，还原当时哈伯和博施合成氨工业化生产面临的困难和解决的方法，引导学生从催化剂的选择、生产设备、成本、循环利用、保护环境等角度来分析生产实际问题。

五、单元学习活动设计

1. 教学内容划分

教学内容上，前面已学习了化学反应方向、平衡常数、影响化学平衡的因素，对化学反应历程、影响化学反应速率因素有了一定的了解。本单元是对前三节内容的应用和升华，针对合成氨的典型案例，从限度、速率等角度对化学反应和化工生产条件进行综合分析。

本单元选择合成氨三次获得诺贝尔奖的高光时刻作为情境主线，按三次的主要成就分为 3 个课时，内容划分如图 6-7-2。

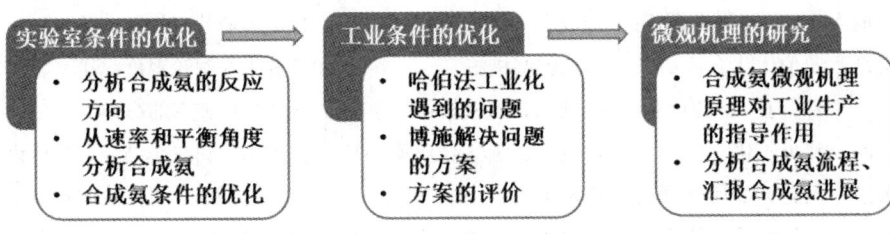

图 6-7-2 "化学反应条件的优化"教学内容划分

课时 1 为实验室合成氨条件的选择。首先提出克鲁克斯"向空气要面包"的历史背景，引导学生从反应方向的角度对常温下合成氨反应的可能性进行探讨。接下来，引导学生从化学反应速率和化学平衡的角度对合成氨反应条件进行选择，在这个过程中通过数据图表，提升学生分析问题的能力，巩固学生从限度、快慢的角度分析化学反应，学生不难得出得到高转化率和高速率所需的条件相互矛盾，需要进行合成氨反应条件的选择和优化。进而设身处地和哈伯一样解决面临的困难，得出合成氨需要高温（满足速率、催化剂活性）、尽可能高的压强（设备所限）以及合适的催化剂。最后总结形成从物质转化以及反应方向、限度、快慢等多个角度综合分析问题的基本思路。

课时 2 主要解决将哈伯合成氨循环专利运用到实际工业生产中的问题，通过分析实验室反应条件工业化过程中遇到的问题，启发学生分析对比实验室反应与工业生产的区别。促使学生综合节约成本、循环利用、保护环境等观念，设计、优化简单的工业流程。在学生提出方案的基础上展示博施的创新，让学生体会平时反应条件所写的高温高压在实际工业化过程中是克服了层层困难才有的结果，催化剂的优化也是经过数千次实验后的选择。有了这种体会，趁热让学生表达出对博施研究过程的赏析，让学生把感悟到的化学核心素养表达出来，增强学生将化学原理应用于生产、生活的意识，提高理论联系实际的能力。

课时 3 主要从微观探析的角度学习合成氨的微观机理，德国化学家埃特尔在哈伯研究所用多谱学技术对合成氨机理进行实证，获得了 2007 年诺贝尔奖，这是合成氨方面获得的第三次诺贝尔奖。由学生在描述合成氨机理的过程中感悟一条方程式机理的复杂性，并用任务二带动学生利用机理分析问题，培养学生的宏微结合分析问题的能力。最后结合合成氨工业流程示意图帮助学生小结这一单元内容，促使学生体会化学服务社会的精神，通过学生汇报课前收集的有关合成氨的研究进展，使学生了解到室温下合成氨也是可行的，电催化合成氨和固氮酶仿生合成氨的出现体现了化学对社会发展的推动，渗透创新意识和科学探究精神，培养学生的社会责任。

2. 教学过程设计

"化学反应条件的优化"的教学过程设计

单元	课时	问题	任务与活动
单元大背景：化学反应条件的优化——合成氨的三次高光时刻。单元大问题：什么措施可增大合成氨的反应速率、提高氨在平衡混合气中的含量？合成氨	课时 1：实验室合成氨的条件选择。情境：克鲁克斯"向空气要氮肥"；哈伯优化合成氨条件，获得 1918 年诺贝尔化学奖。问题：如何选择合成氨的适宜条件？	问题 1.1 常温下，氮气和氢气有可能合成氨气吗？问题 1.2 若想提高氨在平衡混合气中的含量，可以采取哪些措施？问题 1.3 哪些措施能够加快氮气、氢气合成氨的反应速率？问题 1.4 试想一下，在当时的历史条件下，哈伯可能会面临什么困难？	任务 1.1 用焓变和熵变判断化学反应方向。任务 1.2 讨论温度压强等外界条件对化学平衡状态的影响。任务 1.3 讨论温度、压强、催化剂对化学反应速率的影响。任务 1.4 讨论小结综合分析化学反应优化的基本思路：从物质转化以及反应方向、限度、快慢等多个角度。

续表

单元	课时	问题	任务与活动
工业化生产需攻克什么难点？合成氨反应微观机理是什么？	课时2：合成氨工业条件的优化。情境：哈伯的实验室专利要投入生产，可是氨的平衡含量低，工业前景暗淡。问题：如何优化实验室合成氨的条件在工业上使其量产？	问题2.1 若要投入工业生产，需要面临的问题有哪些？ 问题2.2 结合博施获得诺贝尔奖的内容，赏析博施在哈伯的研究基础上做了什么创新？ 问题2.3 博施将合成氨转化为工业生产的研究过程对你有什么启发？	任务2.1 通过素材，讨论分析哈伯合成氨中催化剂锇的缺陷，结合课时1中高温高压条件分析工业生产对设备的要求。 任务2.2 对比铁触媒与锇两种催化剂，分析铁触媒的优势。通过素材简单赏析双层合成塔的特点。体会流程中原料的循环利用和产物的分离带来的工业效益。 任务2.3 利用材料中给出的博施团队多年的研究和6500多次实验2500多次配方这些数据，说出你的感受。
	课时3：合成氨微观机理的研究。情境：德国化学家埃特尔在哈伯研究所用多谱学技术对合成氨机理进行实证，获得了2007年诺贝尔奖。问题：合成氨微观机理是怎样的过程？对工业合成有什么指导作用？	问题3.1 埃特尔研究出合成氨的微观机理有几步？分别是什么？ 问题3.2 研究表明氮的吸附分解为决速步，这对合成氨有什么工业指导作用？ 问题3.3 小结合成氨的工业生产中采取了哪些措施来提高原料利用率、转化率和速率。 问题3.4 目前合成氨的研究有哪些突破？	任务3.1 根据素材中催化合成氨反应过程示意图，描述合成氨的大体过程。 任务3.2 分析能量图，写出决速步方程式，试分析实际生产中原料气N_2与H_2物质的量比为1:2.8，N_2过量的理由。 任务3.3 小组合作，结合合成氨工业流程示意图，小结图中采取哪些措施来提高合成氨的速率、转化率、利用率？你觉得未来合成氨的研究方向是什么？ 任务3.4 小组展示课前收集的室温下合成氨研究进展。

3. 学习活动设计

课时 1　实验室合成氨条件的选择

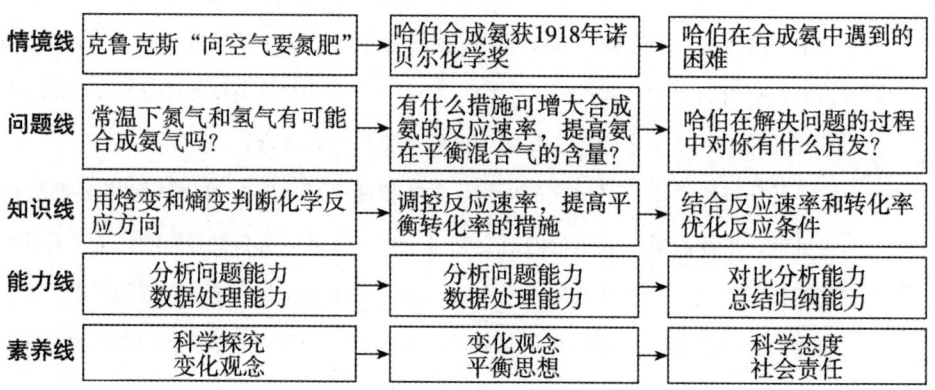

图 6-7-3

课时 2　合成氨工业条件的优化

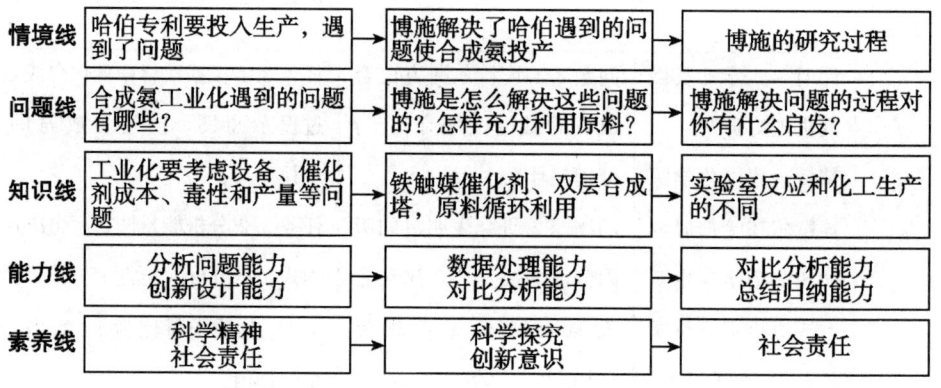

图 6-7-4

课时 3　合成氨微观机理的研究

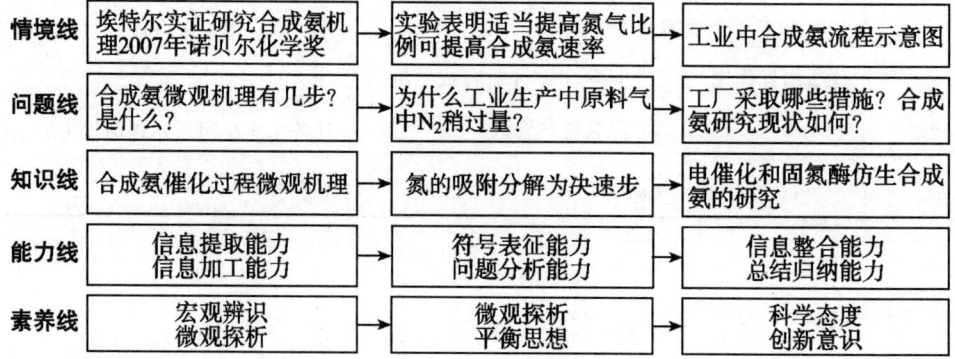

图 6-7-5

六、单元教学反思

本教学设计整合了人教版与鲁科版的教学内容,以合成氨相关的诺贝尔奖作为情境主线,引入三个重要知识点:实验室中对合成氨的调控、工业生产中的调控及合成氨反应机理的研究。这种顺序符合学生的认识逻辑,打破了传统教学的习惯,实现了从单课时教学走向单元整体教学。在课程设计过程中,注重化学学科核心素养的落实,用多形式化的任务帮助学生感受化学反应原理在实验室和化工生产中的重要作用,帮助学生更好地树立社会责任,教学效果良好。

但教学中仍有需要改进的地方,如在"课时3"合成氨微观机理的分析过程中学生因知识储备不足仍需要以老师讲解为主,学生互动较少。"工业合成氨"涉及大量的真实素材,课堂时间紧,学生阅读理解时间有限,可采取课上课下相结合的方式,为学生准备课下阅读材料,介绍合成氨的历史背景、重大意义,我国合成氨的发展状况,使学生对该内容有大体了解。

案例八 化学反应的方向、限度与速率

厦门双十中学 刘 妍

一、教学单元规划

"化学反应的方向、限度与速率"在鲁科版中位于选择性必修1《化学反应原理》的第2章,是高中化学的核心内容之一,同时也是人们实现对化学反应的调控的重要视角和方向。研究一个化学反应,往往需要关注以下两个方面的问题:一是反应的趋势和限度,二是反应的快慢和机理。这两个方向既有区别,又有联系,前者属于化学热力学范畴,后者属于化学动力学范畴。而对于一个化学反应能否运用于生产实际,则必须将二者综合起来考虑,缺一不可。另一方面,从对学生化学学科核心素养的培育出发,考虑到若想真正实现素养落地,教师必须要能够从高处俯瞰学科知识体系,提升教学设计的站位,变关注"零碎知识点"为关注"大单元设计"。因此,"化学反应的方向、限度与速率"这一章内容的复习,整合为单元教学设计,在教学中通过引导学生利用所学知识对贴近科学研究的前沿、应用前景广阔的新问题进行综合分析,并建构出设计和调控化学反应以解决实际问题的思维模型,从而能够真正实现对化学反应的综合调控,以落实"证据推理与模型认知""科学态度与社会责任"等化学学科核心素养。

《普通高中化学课程标准》和2019版高中化学新教材(鲁科版、人教版)对"化学反应的方向、限度与速率"的内容编排对比如下表所示。

课程标准及不同版本教材（2019版）中"化学反应方向、限度与速率"的内容编排

课程标准相关要求	鲁科版	人教版
主题2：化学反应的方向、限度和速率 2.1 化学反应的方向与限度 知道化学反应是有方向的，知道化学反应的方向与反应焓变和熵变有关。认识化学平衡常数是表征反应限度的物理量，知道化学平衡常数的含义。了解浓度商和化学平衡常数的相对大小与反应方向间的联系。通过实验探究，了解浓度、压强、温度对化学平衡状态的影响。 2.2 化学反应速率 知道化学反应速率的表示方法，了解测定化学反应速率的简单方法。通过实验探究，了解温度、浓度、压强和催化剂对化学反应速率的影响。知道化学反应是有历程的，认识基元反应活化能对化学反应速率的影响。 2.3 化学反应的调控 认识化学反应速率和化学平衡的综合调控在生产、生活和科学研究中的重要作用。知道催化剂可以改变反应历程，对调控化学反应速率具有重要意义。	第2章 化学反应的方向、限度与速率 第1节 化学反应的方向 第2节 化学反应的限度 第3节 化学反应的速率 第4节 化学反应条件的优化——工业合成氨	第二章 化学反应速率与化学平衡 第一节 化学反应速率 第二节 化学平衡 第三节 化学反应的方向 第四节 化学反应的调控

二、单元教材教法分析

人教版和鲁科版教材在对这部分内容进行处理时，均是从热力学和动力学两大范畴分开教学，分别认识，然后再通过第4节的对化学反应的调控将二者再整合起来。不同的是，人教版主要是根据学生的已有认知和内容的难易程度，按照"反应速率→反应限度→反应方向→调控"的顺序来进行编排。鲁科版则与课程标准的编排顺序一致，主要是遵循化学研究的一般思路出发，按照"反应方向→反应速率→反应限度"的顺序来进行编排，更加凸显学科本质和学科认识。

通过新旧课程标准对比发现，在2017版课程标准中，该主题外显了方向、限度、速率和调控这四个认识化学反应的角度，同时将反应历程、基元反应、活化能、反应速率和催化剂的作用等联系起来，更加体现学科概念之间的连续性以及学科认识视角的进阶。因此，基于新教材及课程标准结构的变化，首先构建了本单元的知识逻辑体系如图6-8-1所示，再以此为依据，进行单元教学内容的组织。

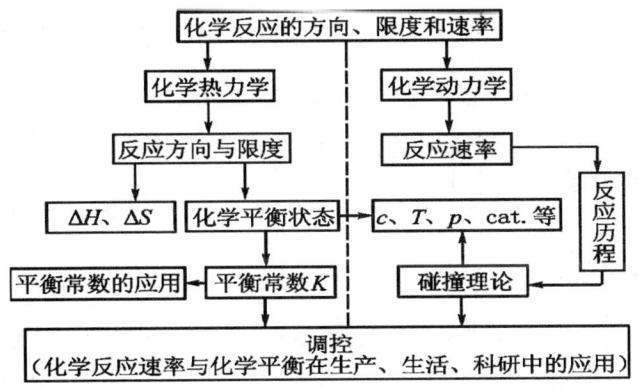

图 6-8-1 本单元知识逻辑体系

而在教学方法的选择上,考虑到该单元的知识逻辑体系始于化学热力学与化学动力学之别,但终于两者之间的联系,即通过在生产、生活、科研等领域的应用将化学反应速率与化学平衡两大理论又联系起来。故在教学中,以陌生的、有价值的化学反应为情境素材,通过结构化教学内容的组织,从而促进学生认识思路的结构化和学科核心观念的结构化,最终促使学生完成从化学学科知识向化学学科核心素养的转化。

三、单元教学目标设计

从学生的认识发展过程来看,本单元教学设计是建立在学生积累了大量的元素化合物的物理性质、化学性质、化学变化中的物质变化等宏观层面的知识后,从微观层面对物质的变化的原理进行研究。主要是为了从方向、限度与速率的角度发展和丰富学生对化学反应的认识,并培养学生从多角度调控化学反应的能力,最终形成调控化学反应的基本思维模型,实现对真实复杂的化学问题的解决。故本次单元教学设计主要包括两个大的方面:一是要梳理化学反应方向、限度与速率的基础知识,明确其内部关系,二是能够利用这三个角度实现对化学反应的调控,解决实际问题。

基于此,本单元的单元目标和课时目标如下表所示。

"化学反应的方向、限度与速率"单元目标和课时目标

单元目标	课时	课时教学目标
1. 通过对以煤炭为原料制取烯烃工艺流程中涉及的反应的选择和条件的分析,体会焓变、熵变、化学平衡和速率相关内容的重要应用价值。 2. 在设计反应、判断方向性和条件选择的活动中,综合利用相关知识解决化学问题,形成解决这类问题的思路方法。	1	1.1 通过对以"煤炭为原料制备合成气反应"的自发性,选择合适的化学反应并确定自发的条件。 1.2 通过分析合成气制备甲醇的可逆反应,思考如何判定反应达平衡状态,以及结合焓变、熵变初步思考反应条件的选择。
	2	2.1 为减少甲醇合成烯烃副产物的生成,提高转化效率,加快反应速率,以工业生产为目标,综合考量反应适宜的条件、催化剂选择等问题。

续表

单元目标	课时	课时教学目标
3. 通过本单元的学习，树立绿色化学理念，认识到化学在生产生活中的重要价值，培养社会责任感。		2.2 归纳总结设计、调控化学反应的一般思路和方法，体会焓变、熵变、化学平衡和速率相关内容的重要应用价值。

四、教学起点分析

"化学反应的方向、限度与速率"复习课的内容，建立在必修2、选修1中该部分内容的教学基础上，对"化学反应的方向、限度与速率复习课"教学起点分析如下表。

"化学反应的方向、限度与速率"复习课教学起点分析

教学起点	相应教学策略
已有相关知识经验：焓变、熵变、复合判据判断反应的自发性；化学反应是有限度的，化学平衡常数，影响因素。化学反应速率，基元反应，速率的影响因素。	在问题解决过程中，逐步调动学生对原有知识的复习梳理，按照对化学反应研究的真实认识视角，穿针引线，将知识按照前后逻辑关系串联起来，形成结构化的认识，逐步形成解决问题的思维方法模型。
前概念：对化学反应方向、限度与速率的认识过于孤立，难以综合分析。	在真实问题情境中，发展学生综合运用该部分化学知识，解决工业生产中的实际问题的能力，达到对化学反应的综合调控。
可能存在的障碍：对陌生情境有畏难情绪；难以对速率与平衡问题进行综合考量；缺乏对工业生产中实际问题的认识视角。	做好情境背景的介绍，明确解决的问题和本节课的目标；提供部分资料信息和图表，给予信息支撑；不断梳理分析思路，建构思维模型。

五、单元学习活动设计

1. 教学内容划分

乙烯、丙烯等烯烃是重要的基础的有机化工原料，其传统生产技术强烈依赖于石油资源，但我国石油资源短缺，对外依存度高，在一定程度上限制了以石化路线生产乙烯和丙烯产品的发展，对我国能源发展战略构成威胁。而煤经甲醇制烯烃是我国发展现代煤化学工业，实现国家石油代替战略的重要途径。故本单元教学设计以该情境背景为素材，引发学生对合成甲醇及烯烃中煤炭的"路径选择、条件选择及优化"等实际问题的思考。

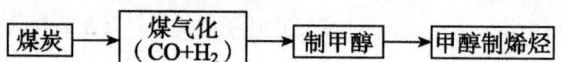

图 6-8-2 煤化工制取烯烃基本路线

从教学内容上看，主要包括两大板块的教学内容：一是从碳出发，结合元素转化关系，以及反应焓变、熵变等反应自发性判断，选择合适的反应合成甲醇；二是从工业生产实际出发,结合温度、浓度、催化剂等对反应速率与平衡的影响,综合选择反应合适的条件,并从"减少甲醇合成烯烃副产物生成"这一角度出发,思考控温问题,并建构解决这类问题的思维模型。

(1) 课时1:合成路线选择。

从煤出发制取甲醇,第一步是要进行煤的气化,获得碳的氧化物做原料气,涉及 CO 和 CO_2 的选择问题,通过分析 C 与 H_2O 反应生成 CO 或 CO_2,以及 C 和 CO_2 生成 CO 这三个反应,发现均为熵增的吸热反应,用 $\Delta H - T\Delta S$ 判断,需高温才可以进行。而通过对 CO、CO_2 到 CH_3OH 反应进行自发性判断后发现,相比用水做氢源,氢气要更为适合。并且该反应为可逆反应,在合成甲醇过程中需要保证氢气的量,而又因为 CO 与 H_2O 反应可生成大量氢气,原料利用率较高,故在对甲醇的合成中,主要选择 $C(s)+H_2O(g) \rightleftharpoons CO(g)+H_2(g)$,$CO(g)+2H_2(g) \rightleftharpoons CH_3OH(g)$ 来合成。

(2) 课时2:反应条件的选择和优化。

本课时主要可以分为理论预测和实验数据分析两个层次。一是根据反应的特点,思考 $CO(g)+2H_2(g) \rightleftharpoons CH_3OH(g)$ 可逆反应达平衡的标志,以及根据平衡、速率以及实际生产条件角度,初步对反应适宜条件进行预测。二是结合实际生产中存在的副产物以及反应速率慢等问题,思考进一步对条件进行优化。

从理论分析角度,学生依据之前所学的内容,从反应限度的热力学角度和反应速率的动力学角度依次梳理出压强、浓度、温度和催化剂等条件对合成甲醇与烯烃主副反应的影响,梳理出反应条件选择的结果。针对 $CO(g)+2H_2(g) \rightleftharpoons CH_3OH(g)$ $\Delta H = -90.8$ kJ·mol^{-1},因反应为气体分子数减少的放热反应,从平衡移动角度来看,低温、高压有利于反应的进行,但若从速率角度考虑,升温、加大浓度更能加快反应速率。

理论分析后,学生根据工业生产中的一些实验数据图表,继续选择与优化反应条件。例如,通过分析 $CO(g)+2H_2(g) \rightleftharpoons CH_3OH(g)$ 反应热与温度压力关系的图表(图6-8-3)发现,当 $T < 300$ ℃时,随着温度的下降,$\alpha \Delta H/\alpha P$(斜率)上升,反应易失控,而压强低,温度高时,ΔH 变化小,除此之外,由于在生产甲醇中存在较多的副反应,且副反应在高温时更加利于自发,所以在实际生产中选择 20 MPa 300—400 ℃反应更加易控。而由于低温造成的反应速率减慢的问题,可通过选择有效催化剂来进行解决。

针对甲醇合成烯烃的过程,在主反应为:$2CH_3OH \rightleftharpoons C_2H_4+2H_2O$,$3CH_3OH \rightleftharpoons C_3H_6+3H_2O$;副反应为:$2CH_3OH \rightleftharpoons CH_3OCH_3+H_2O$。而根据在常压和某催化剂作用下,甲醇的平衡转化率及乙烯、丙烯等物质的选择性(指除了水蒸气以外的产物中乙烯、丙烯等物质的物质的量分数)与反应温度之间的关系图(图6-8-4),发现当温度过低,乙烯的选择性低,且反应速率慢,温度过高时,又存在乙烯的选择性和甲醇的转化率均降低,且有机物容易碳化,催化剂易失去活性,能耗大等问题。综合考虑,选择温度为 550 ℃时,甲醇的转化率和乙烯的选择性均较高。

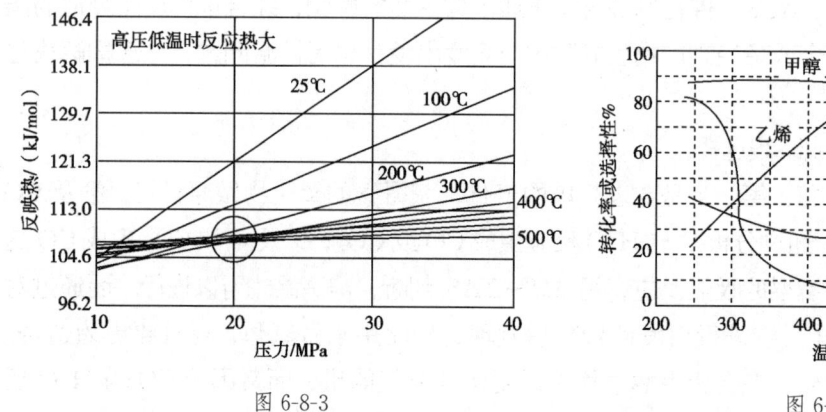

图 6-8-3　　　　　　　　　　图 6-8-4

2. 教学过程设计

"化学反应的方向、限度与速率"教学情境、问题、任务与活动设计

单元	课时	问题	任务与活动
单元大背景：煤化工中，以煤炭为原料，制取烯烃。单元大问题：如何选择合成路线？反应是否可行？如何调控反应？能不能实现工业化？	课时1：合成路线选择。情境：以煤炭为原料制取烯烃。问题：如何以煤炭为原料制取烯烃？	问题1.1 以煤炭为原料制备烯烃的路径怎么选择？问题1.2 所设计的反应能否发生？发生的条件是什么？	任务1.1 根据所给出的可能路径，对反应物、产物进行分析，从焓变、熵变角度分析反应的自发性。任务1.2 通过对比水做氢源与氢气做氢源合成甲醇，反应发生的可能性，确定合成甲醇的氢源。任务1.3 结合氢源的选择，从经济和原料利用率角度综合考虑，确定合成甲醇的碳源。
	课时2：反应条件的选择和优化。情境：以煤炭为原料制取烯烃。问题：反应条件如何选择优化？	问题2.1 反应条件如何选择？问题2.2 反应条件如何优化？问题2.3 调控反应的基本思路模型是什么？	任务2.1 从速率与平衡角度思考用一氧化碳合成甲醇的反应条件的选择，比如：氢碳比、温度、压强、催化剂等角度。任务2.2 结合生产实际数据，甲醇合成烯烃产生副反应等问题，优化反应条件，如催化剂、温度选择。任务2.3 总结调控化学反应的基本思路模型。

3. 学习活动设计

本单元的教学设计是对化学反应的方向、限度与速率内容的整合。在教学过程中以问题为驱动线索，并辅以作为证据支持的图表和实验数据，帮助学生建构对化学反应调控的一般思路模型。特别是对于后期反应条件的优化，从甲醇合成烯烃有副产物出发，利用图表思考对温度的优化以及催化剂的选择问题。两个课时的活动任务设计如下。

课时1　合成路线选择

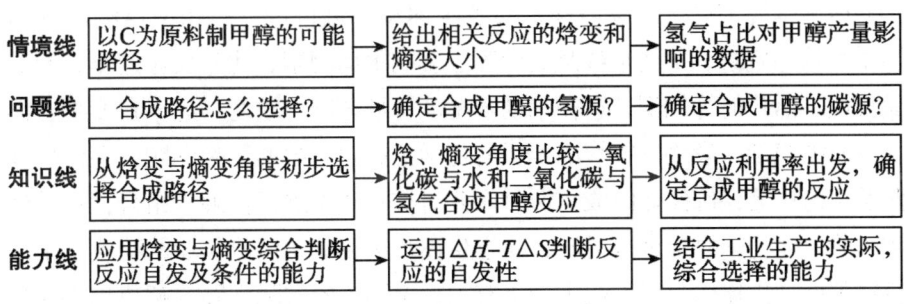

图 6-8-5

课时2　反应条件的选择和优化

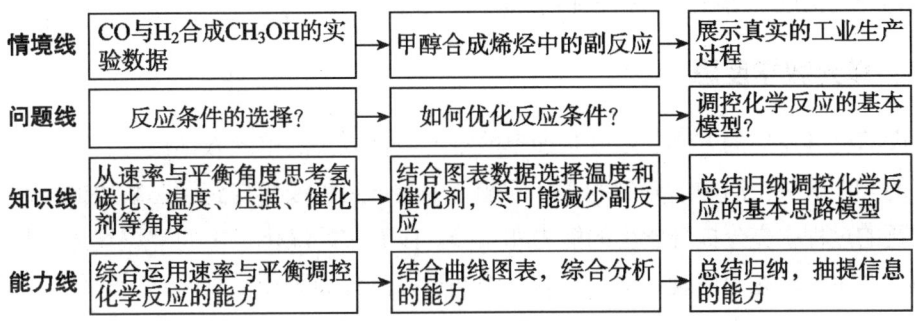

图 6-8-6

六、单元"教、学、评"一体化

课时	目标	活动与任务	评价方法
课时1	1.1	1.1	学生通过分析所给出的可能合成路径，能够书写热化学方程式，猜测反应物及产物的可能性，并能从焓变、熵变角度分析反应发生的可能性。
	1.2	1.2 1.3	学生能够依据 $\Delta H - T\Delta S$ 对比分析反应发生的可能性以及自发的条件。 学生能够从原料利用率、经济成本等角度，综合考虑实际问题，完成由煤炭合成烯烃的路径选择。
课时2	2.1	2.1 2.2	学生能够运用浓度、压强、温度、催化剂等对速率与平衡的影响规律，讨论分析化学反应和化工生产条件及其优化，并能够结合图表信息，找到证据支撑。
	2.2	2.3	学生能够自主建构调控化学反应的基本思路模型，诊断并发展学生解决这类化学问题的思路。

七、单元作业设计

本作业设计围绕"化学反应方向、限度与速率"进行设计。知识点涵盖反应自发判断、化学平衡状态判断、平衡常数及其计算、影响平衡因素、化学反应速率、影响速率因素、基元反应、活化能等知识,意在辅助学生能够从方向、限度与速率角度综合调控化学反应,建立思维模型,最终能够解决一般的化学工业生产中的实际问题。整份作业由2份课时作业及1份单元评价作业组成。课时作业对核心知识进行拆解与组合,对关键能力的训练逐步进阶,对逻辑思维进行提升,使学生逐步达到单元评价作业的检测要求。单元评价作业旨在帮助学生建构分析工业生产中有关反应调控的实际问题的解决思路模型,如对合成氨工业、硫酸工业、固碳项目等问题的综合思考,意图通过本单元的学习与训练,加深学生对本章内容的理解,并发展学生"宏观辨识与微观探析、证据推理与模型认知、科学态度与社会责任"等化学学科核心素养。

八、单元教学反思

本课将化学反应的方向、限度与速率的复习整合成大的单元教学设计,在教学中,运用已有的知识解决生活中所遇到的实际问题,引导学生积极参与到问题解决的实践中,在解决问题的过程中充分提升学生的能力和素养。以真实的煤化工中的"煤炭为原料制备烯烃"的工业生产问题为情境素材,在教学中通过以任务为驱动,以活动为载体,帮助学生以专业的化学视角深入对化学反应调控的工业生产问题中去,促进学生积极主动地深度思考,巧妙地引领学生在一次次知识经验的唤醒与激活、积累与提升中完成了知识的拓展应用、能力的提升、素养的落实,促成了真实学习的真正发生。

案例九 水与水溶液

顺德区罗定邦中学 陈丽娟

一、教学单元规划

单元教学强调教学目标全面性和教学内容及教学过程系统性设计,以提高课时教学效益,增进学生学科体系和学科观念的整体构建。在学习"水与水溶液"这一节时,学生在前面已经学习了化学平衡的相关知识,对平衡的概念已经有了一定的理解,因此可以用化学平衡知识,如化学平衡的建立和平衡移动原理等指导学习。同时也对学习"溶液的pH""盐类的水解"等知识起到理论指导作用。因此,本节是"化学平衡"的延伸、拓展,又是后面"盐类水解"的基础、铺垫。

《普通高中化学课程标准》和2019版高中化学新教材(鲁科版、人教版)对"水与水溶液"的内容编排对比如下表所示。

课程标准及不同版本教材（2019版）中"水与水溶液"的内容编排

课程标准相关要求	鲁科版	人教版
1. 电解质在水溶液中的行为：从电离、离子反应、化学平衡的角度理解电解质水溶液的组成、性质和反应。 2. 电离平衡：理解电解质在水溶液中存有电离平衡，了解电离平衡常数的含义。理解水的电离，了解水的离子积常数，理解溶液的酸碱性及pH，掌握检测溶液pH的方法。	第3章 物质在水溶液中的行为 第1节 水与水溶液 一、水的电离 二、电解质在水溶液中的存在形态 三、水溶液的酸碱性与pH	第三章 水溶液中的离子反应与平衡 第二节 水的电离和溶液的pH 一、水的电离 二、溶液的酸碱性与pH 三、pH的应用

两种教材对"水与水溶液"单元构建上思路相似，先从水的电离出发，讨论水的电离平衡，从而引出溶液酸碱性与pH的关系以及pH的计算。水是生命之源，人们对水的重视程度也越来越高，因此本节内容联系生活，采用角色换位策略，让学生充当"水质检测员""科普小卫士"，将学习任务拆解，分成三个课时进行学习。无论是"矿泉水""纯水"还是"雨水"，水的话题贯穿始终，良好情境的创设激发起学生的好奇心和学习兴趣，为实现课堂的高效性提供帮助。对于水的研究层层递进，从宏观辨识到微观探析再到符号表征，充分体现科学的实验探究和证据推理的化学学科核心素养。

二、单元教材教法分析

从教材内容来看，本节内容安排在弱电解质电离平衡之前，因为"水与水溶液"是建构平衡思想的重要素材。本单元先从水导电的现象让学生了解水存在电离，然后引导学生从多方面探索水的微弱电离与平衡；接着从"碱性水"概念引出pH与[H^+]的关系，将溶液的酸碱性（宏观性质）与水的电离平衡及移动（微观原理）建立联系；最后联系生活实际和应用，上升到对社会责任层面的意识培养，注重"教、学、评"一体化，实现知识素养化。本单元的课时规划如下图所示。

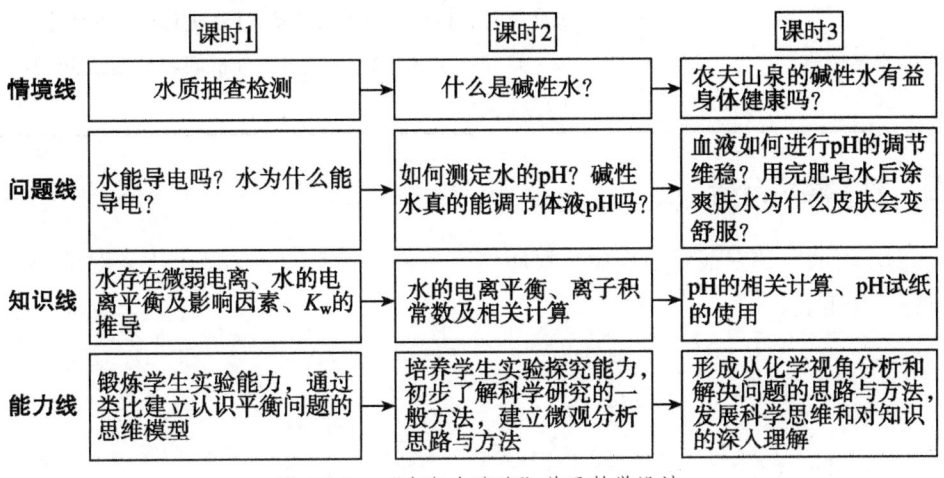

图6-9-1 "水与水溶液"单元教学设计

整个单元设计，紧紧围绕"水的电离平衡"这一核心问题，结合情境素材线索，利用手持技术进行实验探究活动，结合问题线索开展学生活动，在教师的引导下利用平衡移动知识分析水的电离平衡和 K_w 的推导，进阶到学生自主进行实验数据、图像处理，再到能够运用所学解释真实情境下的化学问题。在单元教学活动的实施中发展学生的实验探究、思维建模、数据处理、证据推理等高阶思维。

三、单元教学目标设计

结合学生发展化学学科核心素养的要求，从"宏观辨识与微观探析""变化观念与平衡思想""证据推理与模型认知""科学探究与创新意识""科学态度与社会责任"五个维度确定单元教学目标。

"水与水溶液"单元目标和课时目标

单元目标	课时	课时教学目标
1. 从微观视角理解水的电离平衡；掌握水电离平衡的微观本质。 2. 结合实验现象和数据等证据素材认识电解质在水溶液中的行为；建构认知离子平衡的思维模型并能运用模型解决实际问题。 3. 掌握通过实验证明水溶液中存在离子平衡的方法；体验科学探究的过程，发展辩证统一的系统思维。 4. 在实验数据分析过程中培养一丝不苟的科学精神；认识到水溶液中的离子平衡对社会发展的作用。	1	1.1 理解水的电离，写出水的电离方程式。 1.2 应用勒夏特列原理分析外界条件对水电离平衡移动的影响。 1.3 类比平衡常数，写出水的离子积常数的表达式和影响因素。
	2	2.1 知道 pH 的意义及数学表达式，并掌握测定 pH 的方法。 2.2 学会书写水的电离方程式，理解水的离子积含义。 2.3 应用勒夏特列原理分析外界条件对水电离平衡移动的影响。 2.4 了解溶液的 pH 与 $[H^+]$ 的关系，并能初步应用水的离子积进行简单计算。
	3	3.1 学会用 pH 试纸测定溶液的 pH 值，知道 pH 在生产、生活中的应用。 3.2 能综合运用电离平衡常数、K_w 进行简单的计算。 3.3 培养学生运用化学知识，分析问题和解决问题的综合能力。

四、教学起点分析

"水与水溶液"建立在离子反应、反应速率、化学平衡的教学基础上。对该单元的教学起点分析如下表。

"水与水溶液"教学起点分析

教学起点	教学策略
知识基础：必修一所学的电解质的电离，物质导电的原理。	创设水质不过关的真实情境，让学生通过实验探究知道水存在电离平衡，推导出 K_w 的表达式，继而探究电离平衡的影响因素。然后用什么是碱性水，引入 pH 的测定方法、pH 与温度的关系和 pH 与 $[H^+]$ 的关系。最后以农夫山泉碱性水是否真的有益健康的情境，培养学生分析问题和解决问题的综合能力。
前概念：化学平衡常数、影响平衡移动因素、勒夏特列原理。	引导学生利用平衡移动的原理来分析影响水电离的因素，写出电离平衡常数，引出 K_w。
可能的学习困难：不能将水溶液的酸碱性与水溶液中的 H^+ 和 OH^-、水的电离平衡间建立必然的联系。	利用手持技术让学生知道水的 pH 和水的离子积随温度变化而变化，让学生通过分组讨论、合作探究，分析实验数据和图表，理解温度如何对水的电离产生影响，再去理解 pH 与 $[H^+]$、$[OH^-]$ 的相对关系。

五、单元学习活动设计

1. 教学内容划分

"水与水溶液"单元教学内容计划分为 3 个课时实施：第 1 课时，讲解水的电离，引导学生探索水的微弱电离和水电离平衡的影响因素；第 2 课时，讲解 pH 与 $[H^+]$ 的关系，通过探究实验与化学平衡知识的迁移类比研究 pH 与 $[H^+]$ 的关系，并进行简单的计算；第 3 课时，联系生产生活，讲解 pH 的应用和重要意义，培养学生分析问题和解决问题的综合能力。

2. 教学过程设计

"水与水溶液"教学情境、问题、任务与活动的设计

单元	课时	问题	任务与活动
单元大背景：水的特性与 pH 的关系。单元大问题：溶剂水有什么性质？pH 与 $[H^+]$ 有什么关系？pH 在生活生产中有什么应用？	课时1：水的电离。情境：广东抽查显示一些桶装饮用纯净水不很"纯净"，还有不法商贩收购空瓶，用自来水代替纯净水。请同学们来当小小质检员。问题：水能导电吗？水为什么能导电？	问题1.1 水能导电吗？ 问题1.2 水为什么能导电？常温下水的电离程度有多大？ 问题1.3 水的电离平衡受什么影响？ 问题1.4 如果你是质监部门的检测人员，你如何检测某桶装纯净水是"灌装自来水"还是符合国标的纯净水？	任务1.1 连接小灯泡和蒸馏水，看灯是否亮起，测水的导电性。然后将灯泡换成灵敏电流计，观察实验现象。 任务1.2 小组讨论写出水的电离方程式和平衡常数表达式以及水的离子积常数表达式。并通过常温下，水 pH=7 的信息，计算常温下水的电离程度。 任务1.3 将蒸馏水分别加热，观察灵敏电流计和小灯泡的亮度。 任务1.4 根据所学和提示信息，设计、交流、实践鉴别方案。

续表

单元	课时	问题	任务与活动
			方案：待测液分别滴加 $AgNO_3$ 试液，分别取样滴在玻璃上看水痕，分别取样测导电能力，分别测 pH……
	课时 2：pH 与 $[H^+]$ 和 $[OH^-]$ 的关系。情境：商家们大做文章，富氢水、酸性水、碱性水等概念频出，如农夫山泉宣传碱性水对人体有益。请你化身科普博主，帮助大家解惑。问题：什么是碱性水？怎么测定水的 pH 值，为什么要同时标明温度？	问题 2.1 什么是碱性水？如何测定溶液的酸碱性？问题 2.2 农夫山泉瓶身上标明 pH 时，还带上了温度，为什么？水的 pH 与温度有关吗？问题 2.3 水加热后 pH 发生变化，水的酸碱性发生变化了吗？溶液的酸碱性和 H^+、OH^- 的浓度有什么关系？	任务 2.1 翻阅书本了解 pH 与酸碱度的关系。学习使用 pH 计测量溶液 pH 值。任务 2.2 用酒精灯加热水溶液，连接温度和 pH 传感器，绘制出 pH 随温度变化图像。运用勒夏特列原理，讨论水的离子积如何受温度影响。任务 2.3 小组讨论完成课本 96 页"交流讨论"的计算，并且算出 100 ℃水中 OH^- 的浓度，找出 pH 与 H^+、OH^- 的关系。
	课时 3：pH 的意义和应用。情境：农夫山泉广告中的碱性水真的对健康有帮助吗？问题：外界物质的酸碱性对人体自身调节有影响吗？	问题 3.1 血液里的碳酸如何平衡 pH？弱碱性的水是否真的有利于人体健康？问题 3.2 自然界中也存在碳酸的平衡，25 ℃时，雨水中 $c(H_2CO_3) = 2 \times 10^{-8}$ mol/L，碳酸的 $K = 2.5 \times 10^{-4}$，请计算此时正常雨水的 pH。问题 3.3 为什么洗衣服后手上的皮肤感觉很粗糙，而抹一些护肤品以后就会好多了？问题 3.4 将 pH＝8 的肥皂水稀释 10 倍，是否就能使溶液 pH＝7，是否就不伤手了？	任务 3.1 根据所提供的资料，运用所学，分析碳酸的电离平衡如何维持溶液的 pH 稳定。以此推理，农夫山泉碱性水对人体健康的影响作用。任务 3.2 根据已知信息和运用所学知识进行计算，并小组讨论和展示。任务 3.3 用 pH 试纸测定肥皂水、爽肤水等常见用品的 pH 值。并讨论交流解释生活中的现象。任务 3.4 运用所学知识，思考。

3. 学习活动设计

课时 1　水的电离

主题：围绕纯净水的水质如何检测展开讨论

情境	问题	知识	能力
水质抽查检测	1. 水能导电吗？ 2. 水为什么能导电？ 3. 水的电离平衡受什么影响？ 4. 如何检测纯净水是否合格？	1. 水能微弱电离。 2. 水存在电离平衡和水的离子积推导。 3. 水电离的影响因素。	实验动手能力、利用实验数据解决问题能力、类比迁移能力、实验设计能力。

课时 2　pH 与 $[H^+]$ 和 $[OH^-]$ 的关系

主题：围绕农夫山泉碱性水是否有益健康展开讨论

情境	问题	知识	能力
农夫山泉水大肆宣传碱性水对人体有益。什么是碱性水？怎么测定水的 pH 值？	1. 水加热后 pH 发生变化，水的酸碱性发生变化了吗？ 2. 测 pH 时为什么要注意温度？ 3. 溶液的酸碱性和 H^+、OH^- 的浓度有什么关系？	1. pH 与 $[H^+]$ 的关系。 2. K_w 受温度影响的规律。 3. 利用 K_w 进行简单计算。	实验动手能力、利用实验数据解决问题能力、利用微观图、图像分析问题能力。利用定量计算分析简单生活问题的能力。 利用化学原理为生活服务的能力。

课时 3　pH 的意义和应用

主题：围绕 pH 的意义和应用展开讨论

情境	问题	知识	能力
农夫山泉广告中的碱性水真的对健康有帮助吗？	血液里的碳酸如何平衡 pH？	1. 化学平衡移动。 2. $[H^+]$ 与 pH 的关系。	学生能运用平衡移动原理与规律解释生活问题。学以致用，思维建模。
自然界中也存在碳酸的平衡。	25 ℃时正常雨水的 pH 是多少？	pH 相关的简单计算。	利用定量计算分析简单生活问题的能力。利用化学原理为生活服务的能力。
日常生活中与人体 pH 调节相关的知识介绍。	1. 为什么洗衣服后手上的皮肤感觉很粗糙，而抹一些护肤品以后就会好多了？ 2. 将 pH=8 的肥皂水稀释 10 倍，是否就不伤手了？	1. 生活中 pH 调节在生活生产中的应用。 2. pH 的相关计算。	学生能运用水解的原理与规律解释生活和生产中的应用；利用定量计算分析简单生活问题的能力。

六、单元"教、学、评"一体化

课时	目标	活动与任务	评价方法
课时1	1.1 1.2 1.3 1.4	1.1 1.2 1.3 1.4	学生能够从实验现象推出结论,教师分析总结反馈。 学生能够通过讨论交流得出结果,并运用所学知识进行计算,教师分析总结。 学会根据实验数据进行简单分析,概括得出结论,小组交流,教师分析总结。 学生能运用基本原理设计实验并实施,小组交流,教师分析总结。
课时2	2.1 2.2 2.3	2.1 2.2 2.3	学生初步掌握 pH 计的使用方式,知道 pH 的数学表达式,教师分析反馈。 学生能对实验数据进行简单处理,学会根据实验数据制图并学会图像的简单分析,概括得出结论,小组交流,教师分析总结。 学生利用 K_w 进行简单计算,理解溶液酸碱性的本质及与 pH 值的关系,教师分析总结。
课时3	3.1 3.2 3.3 3.4	3.1 3.2 3.3 3.4	讨论血液中的平衡机制,归纳交流,学以致用,教师分析总结。 学生能运用 K、K_w 和 pH 的数学定义进行相关计算。 学生能熟练使用 pH 试纸测不同物质的酸碱性,教师分析总结。 学生能运用平衡移动的原理、pH 的相关计算原理,推算和解释生活和生产中的应用。

七、单元作业设计

本单元作业设计围绕"水与水溶液"进行。知识点涵盖水的电离、K_w 与 pH 的简单计算,旨在帮助学生理解 pH 与 [H^+] 之间的关系;引导学生利用平衡移动的理论分析水的电离平衡,学会分析真实情境中的平衡现象。

整份单元作业设计由 3 份课时作业组成。课时作业是以真实情境下的水电离现象为命题出发点,结合手持技术进行实验探究,呈现水的电离、K_w 的相关计算、pH 的计算与应用这些核心知识点来设计习题。力求学生在真实情境中练习,逐步培养运用平衡理论解题的能力,同时培养实验探究、图像分析、数据处理、证据推理等高阶能力,并理解生活中的平衡思想,能够理性科学地处理生活、生产问题。

八、单元教学反思

在研究本单元设计时,笔者曾查阅近年各类文献,未发现关于"水的电离"的教学设计或案例,实际教学多采用"纯水存在微弱电离→讲述 K_w →做题训练→小结"模式,半节课即完成教学任务。本设计尝试以单元教学的模式进行设计,通过给学生设计多个情境任务,以问题做驱动,从生活中的实际问题开始,在老师的引导下让学生进行实验探究,用所学知识解决生活中的问题结束，激发学生的求知欲，提高学生参与学习的积极性，增强学生的成就感。同时丰富了课堂内容与形式，凸显化学的实验特征，激发了学生求知欲，培养学生自主学习、合作学习和探究学习的学习方式。本设计把通常由教师推导 K_w 及其与温度关系的主动权还给学生，将教师讲学生听变成教师提出问题学生自主活动探究，改变了教师与学生在课堂活动中的角色。充分培养学生的自主探究意识，使学生掌握更多的知识，增长了能力，有效突出了重点、突破了难点。

案例十 弱电解质的电离

顺德区罗定邦中学 洪生锋 黄小汀 李梦珂

一、教学单元规划

"弱电解质的电离"是高中化学选择性必修1《化学反应原理》的重要章节，该内容在水溶液中的平衡体系中起着承前启后的重要作用，它既是对水的电离的丰富和完善，又为盐类水解的学习奠定了基础，是学生的学习难点。人教版和鲁科版教材在该单元的编排顺序上有部分不同，但是无论人教版还是鲁科版在核心知识安排上都遵从课程标准的要求，围绕"弱电解质电离平衡的建立""弱电解质的电离平衡常数""影响电离平衡的因素"来构建弱电解质在水中的平衡体系。《普通高中化学课程标准》中的相关要求以及2019版鲁科版和人教版教材对"弱电解质的电离"的内容编排对比见下表。在常规教学中，往往忽视了在真实情境下学习弱电解质的电离，导致学生对抽象知识的理解不够和运用不到位，因此将"弱电解质的电离"设置为单元整体教学对象是合理的。

课程标准及2019版鲁科版和人教版教材对"弱电解质的电离"的内容编排

课程标准相关要求	鲁科版	人教版
3.1 电解质在水溶液中的行为：从电离、离子反应、化学平衡的角度理解电解质水溶液的组成、性质和反应。 3.2 电离平衡：认识弱电解质在水溶液中存在电离平衡，了解电离平衡常数的含义。 3.5 离子反应与平衡的应用：了解水溶液中的离子反应与平衡在物质检测、化学反应规律研究、物质转化中的应用。了解溶液pH的调控在工农业生产和科学研究中的应用。	第3章 物质在水溶液中的行为 第2节 弱电解质的电离 盐类的水解 一、弱电解质的电离平衡 1. 电离平衡常数 2. 影响电离平衡的因素 二、盐类的水解	第三章 水溶液中的离子反应与平衡 第一节 电离平衡 一、强电解质和弱电解质 二、弱电解质的电离平衡 三、电离平衡常数

二、单元教材教法分析

在教材的处理上，鲁科版首先点明弱电解质的电离属于可逆反应存在电离平衡，从而引出电离平衡常数，围绕电离平衡常数讨论利用 K_a 进行酸性的比较、多元弱酸的分步电离和电离度的概念，接着以醋酸电离为例讨论弱电解质的平衡移动，最后研究利用 K_a 计算醋酸溶液的 pH。从平衡常数的应用到平衡移动分析再到有关平衡常数的计算，将电离平衡的知识点按难度层层递进。它更注重理论的归纳和分析，但是缺乏真实的问题情境作为线索和循序渐进的学生任务活动，难以真正培养学生的化学学科素养。因此，在本单元整体教学设计上，引入"寻找适宜的尿垢清洁剂"作为情境线索，设置系列问题、学生活动任务，依托手持技术进行实验探究，同时将电离平衡常数的计算前移至弱电解质的电离平衡移动之前，将抽象的理论知识进行整合呈现，从而更有利于培养学生的化学学科素养。

"寻找适宜的尿垢清洁剂"这一真实情境承载着弱电解质的电离的核心知识，一开始通过醋酸不能除尿垢的情境讨论，引出学生对醋酸酸性较弱这一认识，从而引出弱电解质和弱电解质的电离平衡；接着以醋酸很难除去尿垢（主要成分磷酸钙）却可以除去水垢（主要成分碳酸钙）为情境，引起学生对都属于弱酸的醋酸和磷酸的酸性比较产生兴趣，从而分析如何利用 K_a 进行酸性比较和有关 K_a 的计算；然后顺理成章地利用一种酸性比磷酸强的常见酸——草酸来除尿垢；最后利用电离平衡移动原理来分析如何改变外界条件提高草酸的除垢能力，最终寻找到适宜的清洁剂。并且在三个连续的情境中，都可以利用手持技术进行实验探究来论证结论，从而培养学生实验探究能力。基于此，将本单元内容划分为 3 个课时，如图 6-10-1 所示，先后围绕弱电解质的电离、电离平衡常数和计算、电离平衡移动等核心知识点来设计教学。让学生在真实情境中进行学习，逐步感受到变化的观念和平衡的思想，培养学生实验探究、运用化学原理解决实际问题的能力。

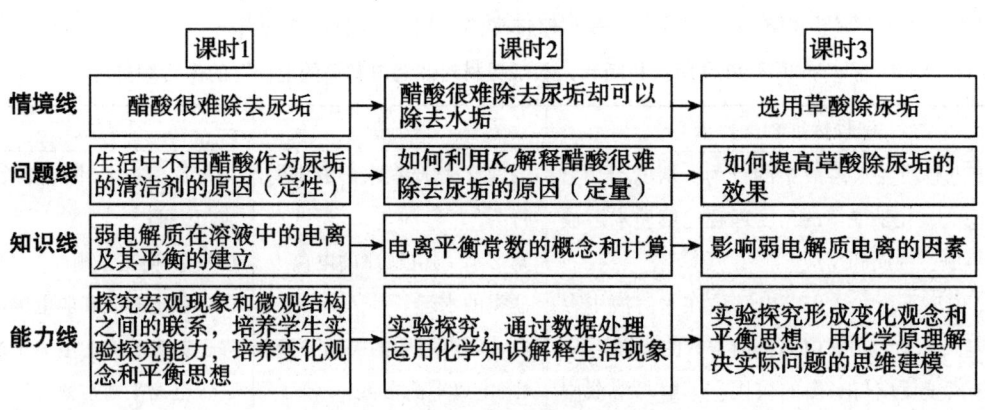

图 6-10-1 "弱电解质的电离"单元内容划分

整个单元设计，紧紧围绕"寻找适宜的尿垢清洁剂"这一真实情境，学生在教师引导下，利用手持技术进行实验探究活动，结合问题线索开展活动，在实验探究和学生活动中不断发展培养学生的实验探究、思维建模、数据处理、证据推理等高阶思维，最终运用所学知识一步一步寻找到适宜的尿垢清洁剂。

三、单元教学目标设计

结合学生发展化学学科核心素养的要求，从"宏观辨识与微观探析""变化观念与平衡思想""证据推理与模型认知""科学探究与创新意识""科学态度与社会责任"五个维度确定单元教学目标。

"弱电解质的电离"单元目标和课时目标

单元目标	课时	课时教学目标
1. 从微观视角理解弱电解质在水溶液中的行为。 2. 从化学平衡角度认知弱电解质溶液的组成；能用化学用语准确表征弱电解质在水溶液中的行为。 3. 结合实验现象和数据计算等证据素材认识弱电解质在水溶液中的行为；建构认知弱电解质电离平衡的思维模型并能运用模型解决实际问题。 4. 掌握通过实验探究影响弱电解质电离的因素；体验科学探究的过程，发展辩证统一的系统思维。 5. 在实验数据分析过程中培养一丝不苟的科学精神；学会利用弱电解质的电离解决日常生活中的简单问题。	1	1.1 了解强、弱电解质的概念；掌握强电解质与弱电解质的判断。 1.2 从微观视角认识弱电解质在水中存在电离平衡。 1.3 理解弱电解质电离平衡的建立。 1.4 学会弱电解质电离方程式的书写。
	2	2.1 掌握电离平衡常数的表达式和概念，理解 K_a 数值大小与弱酸酸性强弱的关系。 2.2 理解电离度的概念及相关计算。 2.3 能用电离平衡常数进行简单的计算。
	3	3.1 利用平衡移动的原理分析温度、浓度对电离平衡的影响。 3.2 学会利用弱电解质的电离解决日常生活中的简单问题。

四、教学起点分析

"弱电解质的电离"建立在化学平衡、水的电离的教学基础上。从知识基础、前概念和可能的学习困难对该单元的教学起点分析如下表。

"弱电解质的电离"教学起点分析

教学起点	教学策略
知识基础：必修一所学的电解质的电离，知道常见的强酸和弱酸，理解强酸制弱酸的规律。	创设"寻找适宜的尿垢清洁剂"这一真实情境，激活学生对弱酸的探究兴趣，引出弱酸电离的原理。
前概念：化学平衡常数、影响平衡移动因素、勒夏特列原理。	引导学生利用平衡移动的原理来分析促进草酸的电离从而提高草酸清除尿垢的效果。
可能的学习困难：弱酸加水稀释过程平衡移动的分析。	利用手持技术将实验结果以定量的形式呈现出来，引导学生学会分析图像，将抽象的概念具体化。

五、单元学习活动设计

1. 教学内容划分

"弱电解质的电离"是"水溶液中的离子反应与平衡"中的重点内容,也是整个中学化学教学的重点内容之一。它在高中化学有关化学平衡的学习中起到了承前启后的作用,既是初中所学的有关酸、碱、盐的概念及电离知识的深化,同时又是化学平衡理论知识的应用、延伸和拓展;同时还是研究物质在水溶液中行为的重要环节,是学生学习盐类的水解的基础,是连接化学平衡和溶解平衡的纽带。本单元教学内容计划分为3个课时实施:第1课时,引入强弱电解质的概念,探究弱电解质在水溶液中的存在形式,分析弱电解质在水溶液中的电离平衡的建立,以及弱电解质电离方程式的书写,引导学生从定性的角度探索弱电解质电离行为;第2课时,引导学生从定量的角度探索弱电解质电离行为,掌握弱电解质电离平衡常数和电离度的计算;第3课时,通过探究如何提高草酸除尿垢的效果,掌握影响电离平衡的因素,学会利用弱电解质的电离解决日常生活中的简单问题。

2. 教学过程设计

"弱电解质的电离"教学情境、问题、任务与活动的设计

单元	课时	问题	任务与活动
单元大背景:寻找适宜的尿垢清洁剂。单元大问题:定性分析不用醋酸除尿垢的原因。定量分析不用醋酸除尿垢的原因。如何提高草酸除尿垢的效果?	课时1:弱电解质的电离平衡。情境:不用醋酸做生活中的尿垢清除剂。问题:为什么不用腐蚀性较小的醋酸代替盐酸清除尿垢?	问题1.1 为什么不用腐蚀性较小的醋酸代替盐酸清除尿垢? 问题1.2 冰醋酸溶于水后,溶液中有哪些微粒存在? 问题1.3 根据 v—t 图,结合化学平衡的概念,描述电离平衡的特征。 问题1.4 写出醋酸、氨水、碳酸、草酸、磷酸的电离方程式。	任务1.1 学生实验:①向等体积、等浓度的醋酸和盐酸溶液中,分别加入等量磷酸钙,观察实验现象。②体积相同,物质的量浓度相同的盐酸和醋酸与等量镁条反应,并测两种酸的pH。 任务1.2 查阅资料,观看冰醋酸溶于水的微观变化过程,从微观角度分析其电离过程,并类比化学平衡,画出弱电解质电离过程中的 v—t 图。 任务1.3 根据弱电解质电离过程的 v—t 图的特点,结合已学化学平衡的特征,回答电离平衡的特征。 任务1.4 根据强弱电解质的电离特征,写出以上几种弱电解质的电离方程式。
	课时2:电离平衡常数。情境:醋酸很难除去尿垢(磷酸钙),	问题2.1 根据醋酸很难除去尿垢(磷酸钙),却可以除去水垢(碳酸钙)这一生活经验,比较醋酸、	任务2.1 利用强酸制弱酸原理,学生讨论分析酸性比较结果;书写醋酸、磷酸、碳酸的电离常数表达式;分析 K_a 数值与酸性强弱关系。

续表

单元	课时	问题	任务与活动
	却可以除去水垢（碳酸钙）。 问题：醋酸、碳酸和磷酸酸性大小比较。	磷酸、碳酸的酸性大小关系；写出醋酸、磷酸、碳酸的 K_a 表达式；根据它们的 K_a 值比较三种酸酸性强弱。 问题 2.2 利用 pH 计设计实验证明等浓度的醋酸和磷酸的酸性强弱；用电离度描述醋酸的酸性强弱。 问题 2.3 根据 K_a 值计算 0.1 mol/L 的醋酸和磷酸的 pH。	任务 2.2 实验：用 pH 计分别测定 0.1 mol/L 的醋酸和磷酸溶液的 pH。利用实验数据计算电离度。 任务 2.3 通过列三段式计算 0.1 mol/L 的醋酸和磷酸的 pH，对比任务 2.2 的实验结果，判断计算的准确性。
	课时 3：影响弱电解质电离平衡的因素。 情境：提高草酸除尿垢的效果。 问题：如何提高草酸除尿垢的效果？	问题 3.1 温度对草酸电离的影响。 问题 3.2 草酸浓度对草酸电离的影响。 问题 3.3 利用草酸除尿垢如何选用适宜的温度、浓度？	任务 3.1 实验：用 pH 计测定，随着温度升高，水和草酸溶液 pH 值的变化。 任务 3.2 实验：用 pH 计测定，加水稀释，盐酸和草酸溶液 pH 值的变化。 任务 3.3 实验：①探究不同温度下，同浓度同体积的草酸与磷酸钙的反应；②探究不同浓度草酸与磷酸钙的反应。

3. 学习活动设计

课时 1　弱电解质的电离平衡

主题：从定性的角度围绕不用醋酸除尿垢的原因展开讨论

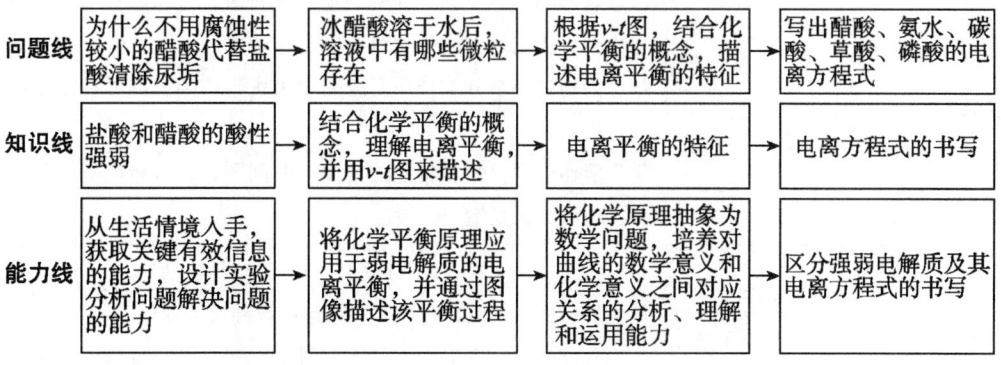

图 6-10-2

课时 2　电离平衡常数

主题：从定量的角度围绕不用醋酸除尿垢的原因展开讨论

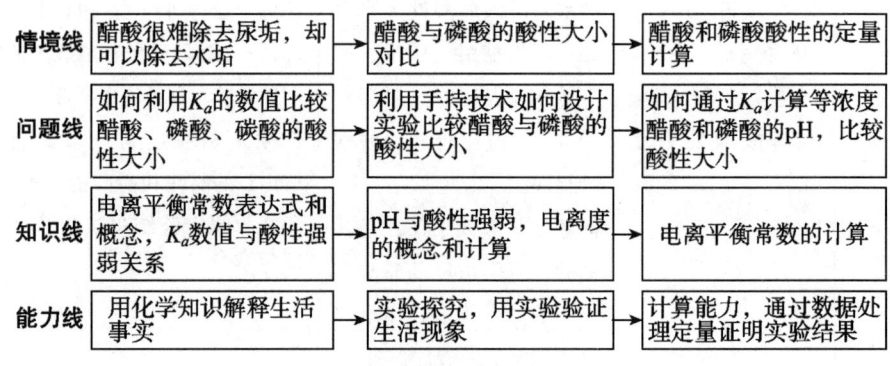

图 6-10-3

课时 3　影响弱电解质电离平衡的因素

主题：围绕提高草酸除尿垢效果展开讨论

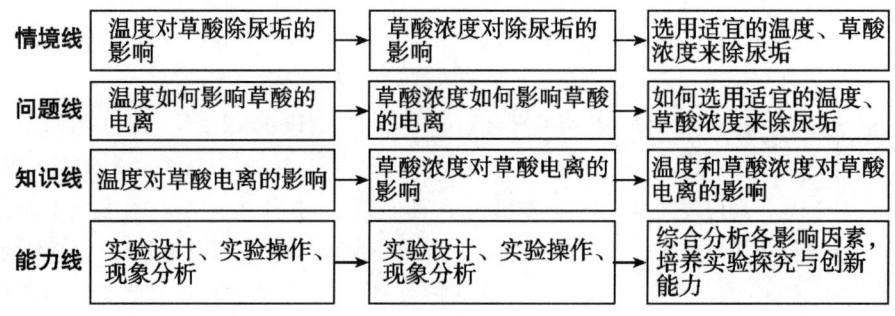

图 6-10-4

六、单元"教、学、评"一体化

课时	目标	活动与任务	评价方法
课时 1	1.1 1.2 1.3 1.4	1.1 1.2 1.3 1.4	设计合理的实验方案，准确描述实验现象，记录实验数据，分析得出强、弱电解质的概念和本质区别。 学生能通过小组分工合作，查阅相关资料，了解醋酸在水中的变化过程。 学生能通过观察画出相应的速率—时间图像，分析电离平衡的特征。教师分析反馈。
课时 2	2.1 2.2 2.3	2.1 2.2 2.3	小组讨论，小组代表回答问题，教师总结经验结论。 学生进行实验探究，得出实验结论，教师反馈评价。 学生独立计算，黑板展示计算过程和结果，学生互评，教师总结经验。

续表

课时	目标	活动与任务	评价方法
课时3	3.1 3.2	3.1 3.2 3.3	学生分小组进行实验探究，得出实验结论，教师反馈评价。 类比温度的影响，分小组进行实验探究，得出实验结论，教师反馈评价。 小组分享实验结论，教师分析总结反馈。

七、单元教学反思

"弱电解质的电离"单元的教学打破了传统教学的习惯，真正实现了从单课时教学走向单元教学。这样的设计避免了传统课时教学中知识点的孤立学习和机械学习，有利于教学过程的设计和实施，提高了教学质量和效率。本单元以真实的生活情境"寻找适宜的尿垢清洁剂"为背景，学生在教师引导下，利用手持技术进行实验探究活动，结合问题线索开展活动，在实验探究和学生活动中不断发展培养学生的实验探究、思维建模、数据处理、证据推理等高阶思维，最终学生运用所学知识一步一步寻找到适宜的尿垢清洁剂。让学生在真实情境中进行学习，逐步感受到变化的观念和平衡的思想，培养学生实验探究、运用化学原理解决实际问题的能力，全面提升了学生的化学学科核心素养，为下一步盐类水解的学习奠定了思维基础。

案例十一 电解质在水溶液中的行为

华中师范大学龙岗附属中学 解慕宗

一、教学单元规划

"电解质在水溶液中的行为"对应课程标准中选择性必修1"化学反应原理"模块的"主题3：水溶液中的离子反应与平衡"。该单元涵盖水的电离平衡（溶剂行为）、弱电解质的电离平衡（溶质行为）、盐类的水解平衡（可溶电解质的行为）、沉淀的溶解平衡（难溶电解质的行为），知识点多，内容较为抽象，同时知识模块之间相互关联、密不可分。《普通高中化学课程标准》和2019版高中化学新教材（鲁科版、人教版）对"电解质在水溶液中的行为"的内容编排对比如下表所示。

课程标准及不同版本教材（2019版）中"电解质在水溶液中的行为"的内容编排

课程标准相关要求	鲁科版	人教版
3.1 电解质在水溶液中的行为：从电离、离子反应、化学平衡的角度认识电解质水溶液	第3章 物质在水溶液中的行为	第三章 水溶液中的离子反应与平衡

续表

课程标准相关要求	鲁科版	人教版
的组成、性质和反应。 3.2 电离平衡：认识弱电解质在水溶液中存在电离平衡，了解电离平衡常数的含义。认识水的电离，了解水的离子积常数，认识溶液的酸碱性及 pH，掌握检测溶液 pH 的方法。 3.3 水解平衡：认识盐类水解的原理和影响盐类水解的主要因素。 3.4 沉淀溶解平衡：认识难溶电解质在水溶液中存在沉淀溶解平衡，了解沉淀的生成、溶解与转化。	第 1 节 水和水溶液 第 2 节 弱电解质的电离 盐类的水解 第 3 节 沉淀溶解平衡 第 4 节 离子反应	第一节 电离平衡 第二节 水的电离和溶液的 pH 第三节 盐类的水解 第四节 沉淀溶解平衡

　　本单元内容是高中化学阶段的核心知识之一，有着独特的素养功能和育人价值。两个版本的教材在"电解质在水溶液中的行为"单元构建上，均以溶质、溶剂、可溶电解质、难溶电解质的行为为基础展开。教材中充分运用了新课标所推荐的素材：不同浓度盐溶液的酸碱性，泡沫灭火器，碘化铅悬浊液静置后的上层清液中碘离子的检验等。孤立地讲授某一类平衡很容易导致学习认识角度单一、认识路径缺乏、认识思路僵化，所以将"电解质在水溶液中的行为"设置为单元整体教学设计对象。

二、单元教材教法分析

　　"电解质在水溶液中的行为"这一教学单元源于对人教版（2003 版）选修 4 "第三章　水溶液中的离子平衡"、鲁科版（2019 版）选择性必修 1 "第 3 章　物质在水溶液中的行为"的加工和整合，该内容在化学反应原理知识体系中起着承前启后的重要作用，它既承接了化学平衡的学习，又为电化学的学习奠定了基础。从教材内容来看，"电解质在水溶液中的行为"是建构平衡思想的重要素材，又是体验模型认知、科学探究、证据推理，提升信息获取和加工能力的有效平台，更是培育创新意识和科学精神的良好载体。

　　分析鲁科版新教材的编排特点，教材将溶剂水的电离行为作为学习的起点，促使学生从平衡的角度重新认识溶剂水，并把这种认识迁移应用到后续的学习中，体现了"从简单到复杂，系统认识水溶液体系"的基本思路。在教材第 1 节中，除了学习溶剂水的电离外，还讨论了强、弱电解质的存在形态以及溶液的酸碱性，这些都是各种溶液体系需要关注的基本问题，将溶液基本问题前置，引导学生建立系统认识溶液的基本思路。在学习了化学反应的方向与限度知识的基础上，本章直接运用化学平衡理论知识来具体分析弱电解质的电离平衡、盐类的水解平衡、沉淀的溶解平衡这几种典型溶液体系的平衡问题，典型平衡体系集中讨论，突出化学平衡理论对溶液中平衡的指导作用。

　　基于鲁科版新教材的编排视角，考虑到"电离平衡、水解平衡、溶解平衡"内容过于庞大，且考虑到学生对溶液的认识还仅仅停留在区分溶质和溶剂的层面，对电解质、电离等概念的认识也较为肤浅，不了解溶质的电离能力有强弱之分，不知道溶剂水也存在极为微弱的电离，不清楚溶质和溶剂之间会有相互作用（水解、电离），故单元教学设计拟从"电解质与水形成分散系"的角度出发，结合学生的最近发展区，从生活情境出发，深入浅出剖析概念，建构思维模型，降低认知难度。以单元教学为契机，通过资料查阅、证据收集、实验探究、小组讨论等过程使学生深入理解四大平衡体系，同时发展学生的微粒观、分类观、平衡观、守恒观等化学基本观念。

三、单元教学目标设计

本教学单元主要促进"素养2：变化观念与平衡思想"的发展，应用平衡思想来分析溶液中的具体平衡问题，并在一般化学平衡的基础上，系统分析溶液体系中的多个平衡及平衡间的相互影响，并在调控各种反应和平衡的过程中，进一步发展变化观念。本单元教学还能促进"素养1：宏观辨识与微观探析"的发展，在溶液组成、宏观现象等宏观角度与微粒行为、微粒种类、微粒数量等微观角度之间建立关联。在系统分析实际溶液的物质组成与可能的变化，基于情境信息和实验现象进行推断的过程中，有利于提升学生的证据意识，发展"素养3：证据推理与模型认知"。

基于此，确定单元目标和课时教学目标，具体如下表所示（课时安排不包含习题课，总教学时间需4课时左右）。

"电解质在水溶液中的行为"单元目标和课时教学目标

单元目标	课时	课时教学目标
1. 能用化学语言表征水溶液中的离子反应与平衡，能通过实验证明水溶液中存在离子平衡，能举例说明离子反应与平衡在生产、生活中的应用。 2. 能从"电离、离子反应、平衡移动"三大角度分析溶液的性质，如酸碱性、导电性等。 3. 能进行溶液pH的简单计算，能正确测定溶液的pH，并调控pH在工农业生产和科学研究中的重要作用。	1	1.1 能从平衡的视角理解水的电离以及水的离子积的含义；能应用水的离子积常数进行相关计算；掌握测定溶液pH的方法。 1.2 能建立起研究溶液体系首先关注溶剂行为的思路和习惯，能从微粒种类和数量的视角分析溶液的导电性、酸碱性等宏观性质。
	2	2.1 认识电解质在溶液中存在形态的差异，知道强、弱电解质的区别，并能用化学用语表示它们在溶液中的电离行为。 2.2 理解弱电解质电离平衡常数的含义，会书写电离平衡常数表达式；能分析外界因素对弱电解质电离平衡的影响。
	3	3.1 知道盐类水解的原理，能用化学用语表述盐类水解过程，能概括盐类水解的规律；能结合实验分析浓度、温度等因素对水解平衡的影响。 3.2 能应用水解平衡及其移动原理解释一些生产生活中的实际问题。
	4	4.1 能用化学语言表征沉淀的溶解平衡；知道溶度积常数的含义。 4.2 能基于平衡移动的观点以及多平衡之间的相互影响，分析沉淀的生成、溶解和转化。

四、教学起点分析

"电解质在水溶液中的行为"的教学建立在"化学反应的方向与限度"的基础上,对"电解质在水溶液中的行为"教学起点分析如下表。

"电解质在水溶液中的行为"教学起点分析

教学起点	相应的利用策略
已有相关知识经验:离子反应的条件、化学平衡的标志判断、化学平衡常数。	联系必修1对离子反应及其条件的学习,步步推进,形成对离子反应发生条件的系统认识,从定性到定量,将溶液中的平衡与反应联系起来,打通知识之间的关联,形成更系统的溶液认识。
前概念:从导电性角度区分电解质和非电解质;初步认识强电解质和弱电解质。	创设喷泉漏电事故情境,激发学生对于"电解质在水溶液中行为"的学习热情。根据学习内容的特点,逐步激活学生分析评价、创新创造等关键能力。
可能的学习困难:盐类水解的原理和规律;沉淀的生成、转化和溶解。	精选"不同溶液酸碱性""含氟牙膏防龋齿"等情境,在模型的建构与应用中帮助学生举一反三,体会研究溶液体系的一般思路与方法。

五、单元学习活动设计

1. 教学内容划分

经过必修阶段化学课程的学习,学生对水的构成微粒已经有了初步认识。在此基础上,本单元以研究物质在水溶液中的行为为线索,按照从简单到复杂,从单一物质到多种物质的认识层次,将溶剂水、弱电解质的电离平衡、盐类的水解平衡、沉淀溶解平衡、离子反应这几部分内容进行有序组合和精心编排。设计了从溶剂自身到单一溶质的行为,到溶质与溶剂的相互作用,再到不同溶质之间的相互作用的内容体系结构,内容紧密联系,层层深入。

本单元的教学内容中,第1课时介绍水的电离,剖析溶剂的行为,让学生认识到纯水中也存在 H^+ 和 OH^-,介绍pH与溶液中 H^+ 浓度的定量关系,简要介绍强、弱电解质加入水中后存在形态发生的不同变化,让学生认识到溶质与溶剂存在溶剂化作用。承接对溶剂行为的介绍,第2至4课时分别将视角放到溶质的行为、可溶电解质的行为、难溶电解质的行为,围绕弱电解质在水中的生成或电离,以沉淀的生成和解离为核心,帮助学生运用化学平衡的理论处理单一电解质在水溶液中的行为问题、电解质与溶剂水的相互作用问题以及溶质之间的一种特殊的相互作用问题,帮助学生通过证据推理自主建构思维模型(见图6-11-1)。

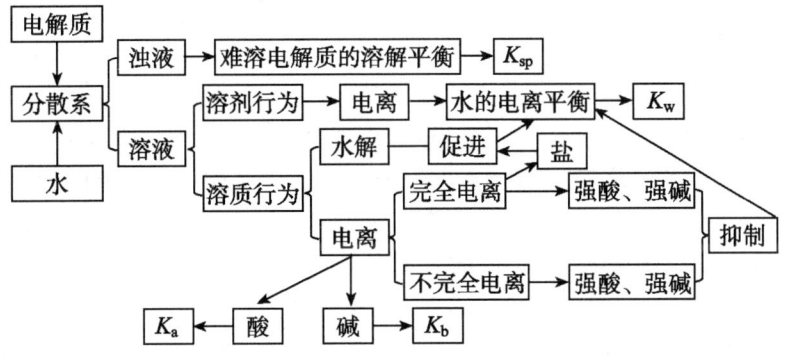

图 6-11-1 "电解质在水溶液中的行为"思维模型

2. 教学过程设计

"电解质在水溶液中的行为"教学情境、问题、任务与活动设计

单元	课时	问题	任务与活动
单元大背景：剖析水溶液中的离子反应与平衡。单元大问题：怎样应用平衡思想定性分析微粒行为、微粒种类和微粒数量？怎样应用平衡常数定量表征水溶液中的离子反应与平衡？	课时1：溶剂的行为。情境：无土栽培植物营养液的配制与酸碱性。问题：营养液呈弱碱性，对你有什么启发？	问题1.1 营养液中的OH^-来自于哪里？问题1.2 纯水中$c(OH^-)$约为10^{-7} mol·L^{-1}，为什么营养液中$c(OH^-)$约为10^{-6} mol·L^{-1}？问题1.3 怎样理解水的离子积常数？问题1.4 加热纯水，$c(H^+)$变大，是否意味着沸水显酸性？	任务1.1 设计实验验证水能否电离。任务1.2 类比化学平衡，推测哪些因素影响水的电离，并设计实验验证。任务1.3 类比化学平衡常数，多角度剖析水的离子积常数。任务1.4 分析水溶液酸碱性的本质与量度，理解pH与$c(H^+)$的关系。
	课时2：溶质的行为。情境：盐酸常用于洁具的除垢，为什么不用更安全的醋酸代替盐酸？问题：盐酸与醋酸的电离行为有何差异？	问题1.1 盐酸和醋酸中分别存在哪些微粒？来自何处？问题1.2 怎样理解醋酸的部分电离？问题1.3 对于任一瓶电解质溶液，你能看到什么？怎么看到的？问题1.4 怎样从定量角度比较两种弱酸酸性的强弱？	任务1.1 测定0.1 mol·L^{-1}盐酸和醋酸的pH，并画图表示两者在水中的行为。任务1.2 醋酸的电离平衡是怎样建立的？画出v—t图。讨论哪些因素会影响醋酸的电离。任务1.3 结合手持技术，分析电解质的电离行为，初步建构从微粒观角度分析溶质在水溶液中行为的模型。任务1.4 通过Q_c和K值的比较，定量描述平衡移动和溶液的稀释问题。

续表

单元	课时	问题	任务与活动
	课时3：可溶电解质的行为。情境：$ZnCl_2$能为焊接钢轨除锈、纯碱呈碱性的原因解释。问题：盐类水解的条件、本质、特征和规律。	问题1.1 碳酸钠属于盐类，为何称其为"纯碱"？盐类都显中性吗？问题1.2 类比醋酸的电离：电解质在水中释放H^+，醋酸钠在水中有哪些行为？问题1.3 类比化学平衡，哪些因素会影响盐类的水解平衡？如何定量描述盐类的水解平衡？问题1.4 为何$ZnCl_2$能为焊接钢轨除锈？	任务1.1 测定NH_4Cl、CH_3COONa、KNO_3溶液的pH，思考原因。任务1.2 书写醋酸钠的电离、水的电离、醋酸钠的水解方程式，归纳盐类水解的规律并分享、展示。任务1.3 思考盐类的水解平衡的影响因素，推测水解常数的意义和应用。任务1.4 结合具体案例，讨论盐类水解的应用价值。
	课时4：难溶电解质的行为。情境：溶洞的形成、含氟牙膏防龋齿原理。问题：怎样用化学用语表达并定量分析沉淀的生成、溶解和转化？	问题1.1 硬水中的钙镁离子可能从哪里来？碳酸钙到底会不会有少量溶解或电离？问题1.2 PbI_2饱和溶液中存在Pb^{2+}和I^-吗？为什么？问题1.3 怎样才能使PbI_2沉淀析出或溶解？问题1.4 类比化学平衡常数，你对溶度积常数有怎样的认识？如何定量判断沉淀的析出或溶解？问题1.5 将$BaCO_3$当做钡餐误服会导致什么后果？可采用什么措施洗胃？含氟牙膏防治龋齿的原理是什么？	任务1.1 利用电导率传感器，测出纯水的电导率、碳酸钙悬浊液离心后上层清液的电导率并交流讨论。任务1.2 利用所给的药品、试剂、仪器来证明存在沉淀溶解平衡。任务1.3 类比化学平衡，总结影响沉淀溶解平衡的因素以及方式。任务1.4 讨论怎样通过Q_c和K_{sp}的大小定量判断溶解平衡的移动。任务1.5 感受沉淀的溶解平衡在生活中的广泛应用，整理沉淀溶解平衡的规律。

3. 学习活动设计

课时1 溶剂的行为——水的电离平衡

主题：围绕水的电离平衡展开讨论

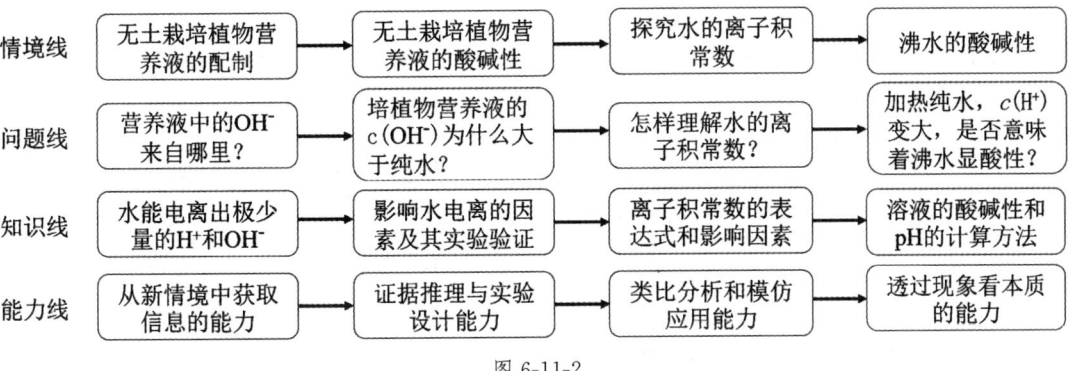

图 6-11-2

课时2 溶质的行为——弱电解质的电离平衡

主题：围绕弱电解质的电离平衡展开讨论

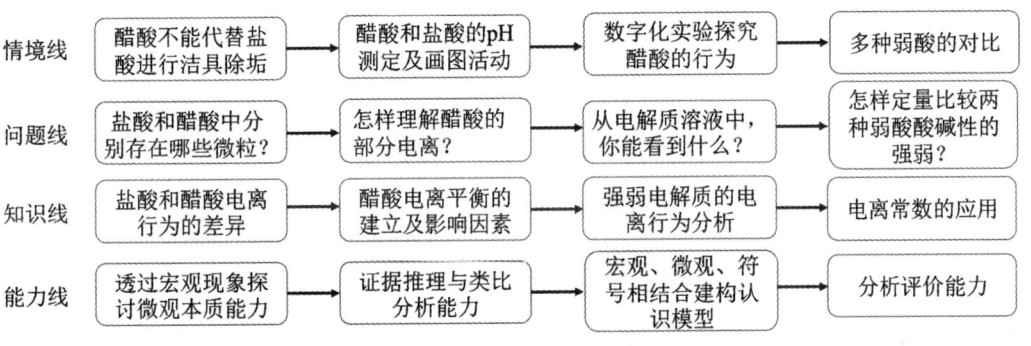

图 6-11-3

课时3 可溶电解质的行为——盐类的水解平衡

主题：围绕盐类的水解平衡展开讨论

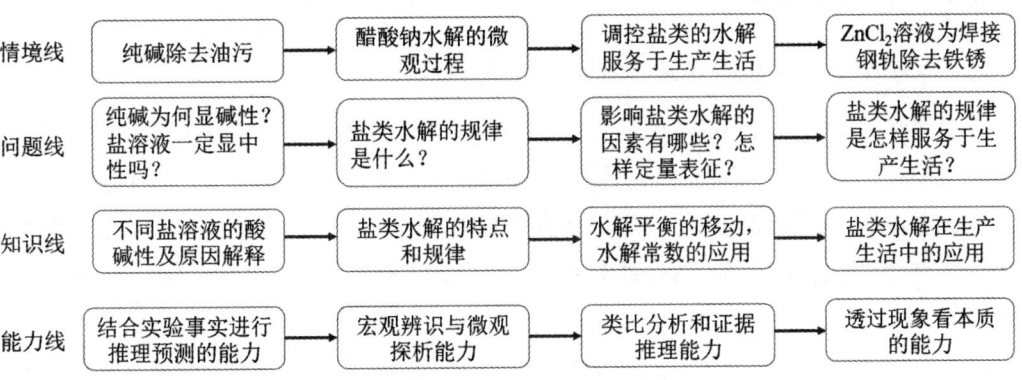

图 6-11-4

课时4 难溶电解质的行为——沉淀的溶解平衡

主题：围绕沉淀的溶解平衡展开讨论

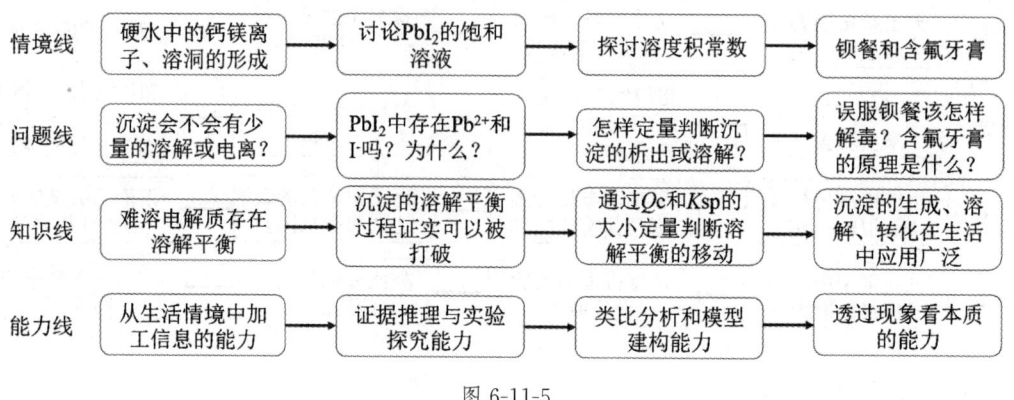

图 6-11-5

六、单元"教、学、评"一体化

课时	目标	活动与任务	评价方法
课时1	1.2	1.2 1.3	创设认知冲突，学生能设计实验方案，描述实验现象。
课时2	2.2 2.4	2.2 2.3	学生能建立微粒观和平衡观，能从平衡的视角探讨弱电解质的电离平衡。
课时3	3.2 3.3	3.2 3.3	学生能从电离和离子反应的视角认识盐类的水解平衡。
课时4	4.3	4.2 4.4	学生能辩证地认识沉淀的溶解平衡；学生能定量判断沉淀的生成与转化。

七、单元教学反思

1. 单元教学应立足于发展学生的高阶思维

许多老师都有同感："电解质在水溶液中的行为"这部分内容讲解了很多遍，学生错误率依然很高，一些换汤不换药的题目也能使学生一筹莫展。究其原因，学生往往通过机械记忆、重复训练、肤浅理解的"题海战术"解决问题，这种学习方式对仅需低阶思维的良构领域有效，而对依赖高阶思维的非良构领域收效甚微。单元教学应立足于发展学生的高阶思维，学生的思维品质直接影响其问题解决能力。

以本单元内容为例，为了发展学生的高阶思维，教学过程中应引导学生从微观角度认识宏观现象，从微粒间动态的相互作用理解电解质在水溶液中的行为，以定量的方式认识离子平衡。相比于宏观角度、静止的孤立观、定性的方式，微观角度、动态的相互作用观、定量的方式需要更高的认知水平，也更有利于高阶思维的发展。

2. 单元教学应扎根于完善学生的认知结构

单元教学的优势在于能使原本结构分散、规则冗杂的劣构知识系统化，这需要教师大胆创新，对教材内容进行深度加工，对孤立的知识进行有意义的统整，使单元教学内容形成框架并更富有"弹性"。之所以精心设计单元教学内容，是为了完善学生的认知结构，帮助学生在新旧知识间建立有效联系，避免出现"只见树木，不见森林"的情况。

以本单元内容为例，学生从初中学习"复分解反应"到必修 1 初步接触"电解质""离子反应"，再到本单元深入认识"电解质在水溶液中的行为"，学生的认知结构逐步完善，学生的化学核心素养伴随着学习进阶潜移默化得到提升。

3. 单元教学应着眼于提升学生的元认知能力

元认知能力对知识学习和学生成长均很重要，具有较强元认知能力的学生能对所学习知识进行批判性的吸收，并能对认识过程进行积极监控和及时调整。化学知识点很多，依赖教师的灌输效果并不理想，单元教学应着眼于提升学生的元认知能力。

以本单元内容为例，每课时均安排了"实验探究"环节，实验探究并不是为了验证某个现成的结论，而是为了让学生通过实验探究，借助证据推理不断修正、完善原有认知，实现知识的自主建构，在无形中提升元认知能力。

案例十二　沉淀溶解平衡

佛山市顺德区国华纪念中学　李启汉
佛山市顺德区伦教中学　朱茂方

一、教学单元规划

"沉淀溶解平衡"是《化学反应原理》教材中继化学平衡、电离平衡和水解平衡之后的又一平衡，本单元主要涉及三部分内容：难溶物的溶解平衡及其影响因素、溶解平衡在生活和工业中的应用、溶解平衡的计算。《沉淀溶解平衡》这一部分内容，在前三节关于溶液中水与弱酸碱的电离平衡、盐与水的相互作用的基础上，进一步探讨了沉淀物质在水中的行为，既丰富和完整了平衡理论体系，也引导学生用平衡思想分析和探究沉淀物的平衡关系，提升学生关于"变化观念与平衡思想""证据推理与模型认知"的核心素养。《普通高中化学课程标准》和 2019 版高中化学新教材（鲁科版、人教版）对"沉淀溶解平衡"的内容编排对比如下表所示。

课程标准及不同版本教材（2019版）中"沉淀溶解平衡"的内容编排

课程标准内容要求	鲁科版	人教版
3.4 沉淀溶解平衡：认识难溶电解质在水溶液中存在沉淀溶解平衡，了解沉淀的生成、溶解和转化。	第3章 物质在水溶液中的行为 第3节 沉淀溶解平衡 一、沉淀溶解平衡与溶度积 二、沉淀溶解平衡的应用 1. 沉淀的溶解与生成 2. 沉淀的转化	第三章 水溶液中的离子反应与平衡 第四节 沉淀溶解平衡 一、难溶电解质的沉淀溶解平衡 二、沉淀溶解平衡的应用 1. 沉淀的生成 2. 沉淀的溶解 3. 沉淀的转化

两种教材对"沉淀溶解平衡"的内容设置基本一致，与课程标准的要求相呼应。两种教材都主要介绍和探讨了沉淀溶解平衡三方面的知识：沉淀溶解平衡的定义及其影响因素，溶度积的定义及其相关计算，沉淀溶解平衡在生活和工业的应用。在沉淀溶解平衡的应用这部分内容上，两种教材所选用的应用实例和实验不尽相同，但选材都来自现实生活现象和工业生产，围绕沉淀的生成、沉淀的溶解和沉淀的转化三个主题进行探讨。整个单元紧紧围绕沉淀在水中的行为进行讨论，相关度大，同时进一步引导了学生从平衡的角度认知水溶液中的微粒行为。

二、单元教材教法分析

虽然2019版鲁科版和人教版教材在难溶物的溶解平衡中设置的内容和要求基本一致，但在内容编排上，人教版从理论和数据对难溶物的溶解平衡展开讨论，讨论也侧重于引导学生仿照弱电解质的电离平衡和盐类的水解平衡分析沉淀的溶解平衡；而鲁科版则从实验入手验证溶解平衡，在内容上有较大篇幅的生活实例和实验验证。从总体上来看，人教版与前后几节内容结合得相对紧密，紧扣"水溶液中的离子反应与平衡"这一主题，尽量让四节内容成为一个整体，但理论性强，学生理解难度较大，且课后习题对计算有所要求；而鲁科版侧重于实验验证和生活事实的推导，起点相对低，学生容易理解，但与前面几节内容联系不太紧密，学生容易割裂几个平衡独立看待。因此，鲁科版后续又设置了"离子反应"和"侯氏制碱法"的相关内容，引导学生将前几节的内容进行归一化讨论和看待。总而言之，人教版更注重理论推导，而鲁科版更注重生活和实验例子。

本设计结合两种教材的特点和优势，一方面以实验实践帮助学生更好地理解溶解平衡，降低学生的入门门槛，便于学生理解溶解平衡的特点；另一方面在第二、三课时对弱电解质电离平衡与盐类水解等内容的串联以及相关计算提出要求，确保学生对难度较高的内容能够掌握。

本设计以"肾结石产生的原因和预防"作为主题，以 CaC_2O_4 这一难溶物作为对象，对影响其在水中的溶解行为的相关因素结合生活实例进行讨论。本单元分为三个课时：第1课时讲述草酸钙为何被称为难溶物，即难溶物的定义，草酸钙在溶液中的溶解平衡和影响溶解平衡的因素，从实验理解难溶物的溶解平衡；第2课时介绍生活中预防肾结石几个传言：少喝含水垢的水、多喝可乐、少吃菠菜和豆腐可以预防肾结石，通过分析其成分微粒对草酸钙在水中的溶解行为影响判断传言真伪，从勒夏特列原理的理论去理解溶解平衡；第3课时以第2课时的应用作为实例探讨 K_{sp} 与相关微粒浓度及平衡常数的计算，通过实际计算的微粒浓度和 K 值去印证上一课时的判断结论，从定量计算理解溶解平衡。

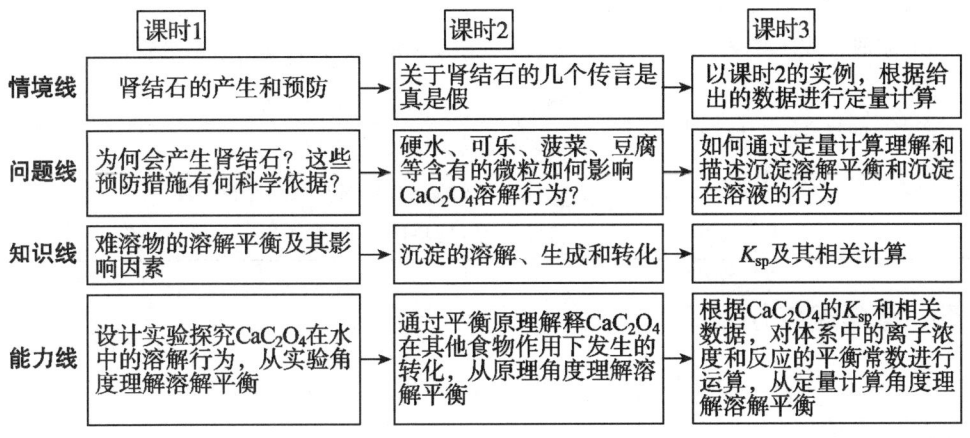

图 6-12-1 "沉淀溶解平衡"单元教学设计

整个单元设计，紧紧围绕"如何认识和理解溶解平衡"这一个问题，以肾结石产生的原因和预防作为线索，从实验事实、平衡原理和定量计算三个层面展开讨论，分别对应了难溶物溶解平衡知识点中溶解平衡及其影响因素、难溶物溶解平衡的应用（沉淀的溶解、生成和转化）、K_{sp} 及其相关计算三个主干知识点，难度从简单到困难，层层递进，逐步深入。

三、单元教学目标设计

"沉淀溶解平衡"单元整体教学涉及三个层次主要内容：第一，难溶物存在的溶解平衡，以实验验证其平衡的存在和平衡移动的影响因素；第二，通过勒夏特列原理对平衡移动定性解释某些生活和工业的应用实例，从表面实验现象提升到理论定性的高度，意在沟通溶解平衡和其他四大平衡，以勒夏特列原理解释同为平衡之一的溶解平衡，对化学平衡建立归一化的认识；第三，以 K_{sp} 为媒介进行相关的计算，从定性分析逐步过渡到定量计算，便于学生从定性分析到定量分析过渡，对溶解平衡有更进一步的了解。三层内容难度逐步递进，从现象到实质到定量计算，对学生完整地建立溶解平衡的知识概念体系有很好的帮助。

基于此，将本单元的单元目标和课时教学目标列在下表。

"沉淀溶解平衡"单元目标和课时目标

单元目标	课时	课时教学目标
1. 基于手持技术实验探究,理解难溶物的溶解平衡和影响平衡的因素。 2. 能运用平衡移动原理解释和预测沉淀的生成、溶解和转化问题。 3. 理解 K_{sp} 的概念,会根据 K_{sp} 进行简单的相关计算。	1	1.1 正确理解难溶物的概念和正确表达其平衡。 1.2 认识影响难溶物溶解平衡的因素。
	2	2.1 通过勒夏特列原理能解释生活和工业中关于溶解平衡的例子。 2.2 能对某些溶解平衡实验进行实验结果预测和针对结论进行实验设计。
	3	3.1 了解溶解度与 K_{sp} 之间的关系。 3.2 能对 K_{sp} 和溶液中的微粒浓度进行换算。 3.3 通过 K 值换算理解沉淀的溶解、生成和转化。

四、教学起点分析

"沉淀溶解平衡"的内容,建立在物质的溶解度、离子反应、勒夏特列原理和反应平衡常数的基础上。

"沉淀溶解平衡"教学起点分析

教学起点	教学策略
知识基础:学生初中化学学过的物质的溶解度,对常见难溶、易溶和微溶物有一定的了解。	肾结石从何而来?多喝水对减少和预防肾结石有效吗?
前概念:化学平衡常数、影响平衡移动因素、勒夏特列原理。	通过手持技术验证难溶物在水中有溶解行为和存在溶解平衡。
可能的学习困难:正确理解溶解平衡的运用,根据 K_{sp} 进行相关计算。	借助学生对反应平衡常数 K 的理解进行相关计算的讲解,从实验现象和数值计算两个层面分别论证和推导难溶物溶解平衡的应用。

五、单元学习活动设计

1. 教学内容划分

首先,从实验现象层次理解溶解平衡。通过引导学生依托手持技术,通过测量 CaC_2O_4 悬浊液中 Ca^{2+} 的浓度及其变化规律,对难溶物的溶解平衡建立初步认识,了解溶解平衡的影响因素,并与勒夏特列原理进行初步对比。

其次,从勒夏特列原理的理论层次理解溶解平衡。介绍生活中几个关于肾结石的传言:喝含有水垢的水易得肾结石、喝可乐可以预防肾结石、吃菠菜和豆腐易得肾结石等,引导学生以勒夏特列原理解释其运用。进一步要求学生预测书本实验探究可能发生的实验现象,并用实验进行验证。

最后,从定量计算理解溶解平衡。首先以 CaC_2O_4 的 K_{sp} 验证其为难溶物这一结论,帮助学生建立溶解度和 K_{sp} 的运算关系,借助上节课相关实例,给出特定数值,指导学生计算特定体系中相关离子的浓度和相关反应的 K 值,引导学生从定量计算去理解平衡的溶解、转化和发生。

2. 教学过程设计

"沉淀溶解平衡"教学情境、问题、任务与活动的设计

单元	课时	问题	任务与活动
单元大背景：肾结石的形成和预防。单元大问题：如何从实验探究、勒夏特列原理和定量计算三方面理解肾结石的形成和预防？	课时 1：沉淀的溶解平衡及其影响因素。情境：肾结石的产生和预防。问题：肾结石的主要成分是什么？多喝水能减轻肾结石有何依据？	问题 1.1 如何定义难溶物？ 问题 1.2 多喝水能减轻肾结石有何依据？ 问题 1.3 如何通过手持实验验证 CaC_2O_4 存在溶解行为？ 问题 1.4 如何通过实验现象探究 CaC_2O_4 溶解的影响因素？	任务 1.1 从文献与资料中获取关键有效信息,明确易溶、可溶、微溶和难溶的定义。 任务 1.2 根据难溶物的定义推测其是否存在溶解行为。 任务 1.3 利用 Ca^{2+} 检验试剂和手持技术,设计实验验证 CaC_2O_4 存在溶解平衡。 任务 1.4 利用给定试剂和手持技术,设计实验验证 CaC_2O_4 溶解的影响因素。
	课时 2：沉淀溶解平衡的应用。情境：生活中关于肾结石的几个传言：喝含水垢的水、喝浓茶、菠菜和豆腐一起吃易得肾结石,喝可乐可以治疗肾结石。问题：上述食物中的微粒如何影响 CaC_2O_4 的形成和溶解？	问题 2.1 水垢在人体中如何转化？是否会形成结石？而可乐中的碳酸能否治疗结石？（沉淀的溶解） 问题 2.2 结石患者的医嘱常提及患者应少喝含有草酸盐的浓茶是什么原理？（沉淀的生成） 问题 2.3 传言豆腐和菠菜不能一起吃,是否有科学依据和道理？（沉淀的转化） 问题 2.4 根据上述理论,试预测书本实验的现象并进行验证。	任务 2.1 从文献查找食物在人体的消化路径,根据勒夏特列原理推断沉淀溶解的原理。 任务 2.2 利用溶解平衡原理和物质的溶解性质,解释沉淀生成的原理。 任务 2.3 比较 $CaSO_4$ 和 CaC_2O_4 的溶解行为区别,利用平衡原理解释沉淀的转化行为。 任务 2.4 学以致用,以平衡原理预测书本实验现象并动手实验进行验证。
	课时 3：溶度积及其相关计算。情境：以课时 2 中的实例,根据给出	问题 3.1 根据 $CaSO_4$ 和 CaC_2O_4 的 K_{sp},如何理解其为微溶物和难溶物？ 问题 3.2 Ca^{2+} 溶液中加入	任务 3.1 根据 K_{sp} 计算 $CaSO_4$ 和 CaC_2O_4 的溶解度,与难溶物、微溶物的定义比照。 任务 3.2 根据 K_{sp} 和牛奶中的 Ca^{2+}

续表

单元	课时	问题	任务与活动
	数据进行定量计算。问题：如何通过数据计算理解难溶物的溶解平衡和沉淀的生成、溶解和转化？	草酸，如何才能转化成 CaC_2O_4？问题 3.3 为何水垢中的 $CaCO_3$ 会溶解在盐酸中？碳酸是否能对肾结石造成溶解？问题 3.4 从 $CaSO_4$ 转化为 CaC_2O_4 过程中，溶液中的微粒浓度如何变化？	计算生成结石需要茶中 $C_2O_4^{2-}$ 的浓度，理解沉淀的生成。任务 3.3 根据 K_{sp} 和碳酸的 K 值，计算反应常数和溶液中 Ca^{2+} 的浓度，理解沉淀的溶解。任务 3.4 根据 K_{sp} 计算反应的 K 值和溶液中 SO_4^{2-} 浓度变化，理解沉淀的转化。

3. 学习活动设计

课时 1　沉淀的溶解平衡及其影响因素

主题：围绕实验现象和实验事实理解沉淀的溶解平衡

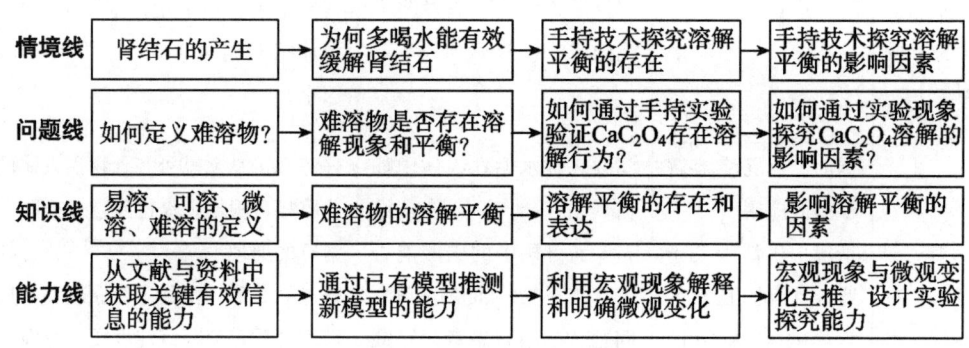

图 6-12-2

课时 2　沉淀溶解平衡的应用

主题：围绕平衡原理理解沉淀的溶解平衡

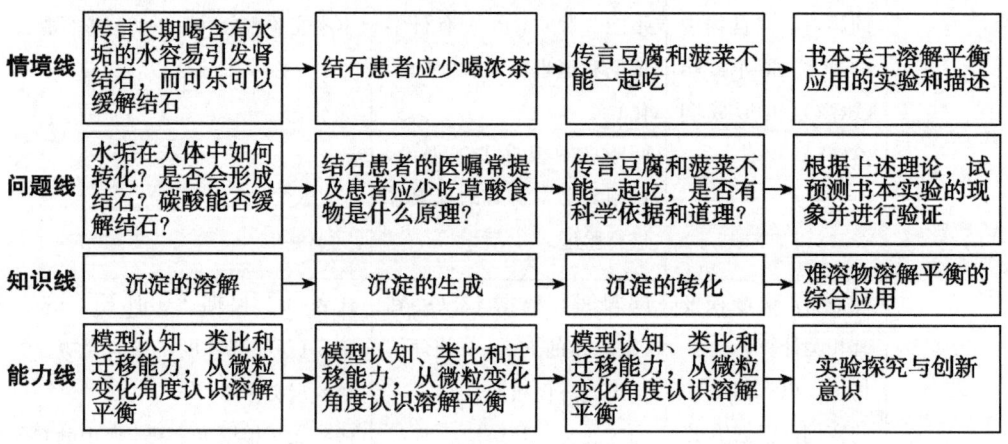

图 6-12-3

课时3 溶度积及其相关运算

主题：围绕定量运算理解沉淀的溶解平衡

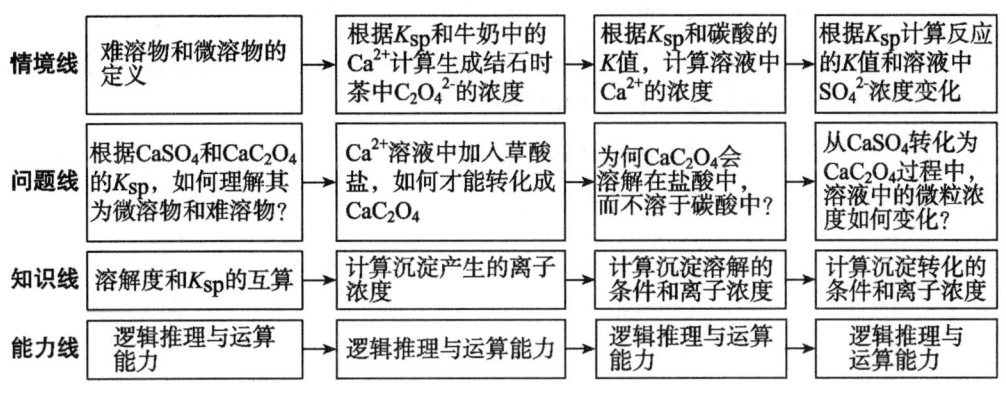

图 6-12-4

六、单元"教、学、评"一体化

课时	目标	活动与任务	评价方法
课时1	1.2	1.3 1.4	诊断并发展学生根据手持技术实验的现象和数据，从宏观、微观、符号、曲线四重表征分析和验证溶解平衡的能力。 学生能据此自主设计实验，探究沉淀溶解平衡的影响因素。
课时2	2.2	2.2 2.3 2.4	学生能利用溶解平衡原理和物质的溶解性质，解释沉淀生成的原理。 学生能利用平衡原理解释沉淀的转化行为。 学生能以平衡原理预测书本实验现象并进行实验验证。
课时3	3.1 3.2	3.2 3.3 3.4	学生能根据 K_{sp} 和相关数值，进行对应沉淀溶解、沉淀生成和转化中的相关微粒浓度及反应平衡常数进行换算，从定量上理解沉淀的溶解、生成和转化现象。

七、单元教学反思

本单元设计对"沉淀溶解平衡"的这一部分内容进行了重构，以肾结石的情境主线探讨了沉淀溶解平衡的影响因素、沉淀溶解平衡的应用和沉淀溶解平衡的计算三方面的知识，在设计上有以下几个特色。

①以肾结石为情境主线串联三节课的重点知识，降低学生的陌生程度，落实了化学源于生活、服务于生活的社会意识。

②在传统实验的定性认识基础下，利用手持技术验证沉淀溶解平衡的存在，使微观现象可视化，从定性认识转向定量分析，与新课标强调的信息技术和教学的深度融合要求相一致。

③在课程内容设置上，以三个角度引导学生分别从实验角度、化学理论角度和定量计

算角度认识和讨论沉淀溶解平衡，从可视化的直观实验到理论推导到数字计算，从易到难，既照顾学生的认知水平，也符合学生学习的基本原理。

同时，本设计还可以在以下两个方面有进一步的提升空间。

①第1课时内容相对简单，学生的陌生度也比较低，对于学生能力较强的学校或班级，可以在设计实验上做更深入地探讨和处理。

②课后作业习题相对死板，尤其是第三节定量计算内容难度较大，可以根据学生上课掌握的情况针对性地调节习题的方向和难度。

第七章　高中"物质结构与性质"单元整体教学案例

案例一　原子结构

福建省厦门第二中学　叶海洋　陈寒与

一、教学单元规划

加拿大著名化学家吉利斯皮提出六大化学基本概念，其中物质结构方面的化学核心观念占据半壁江山，包含原子、分子、离子，化学键，分子的几何形状等。作为高中化学选择性必修模块《物质结构与性质》的重要内容，"原子结构"涉及原子结构特点、周期性变化规律等知识，是后续原子、分子水平上讨论物质构成规律的重要基础。课程中，原子结构模型的建立和应用，为学生在微观层面研究物质的思维方式、过程方法和实践方面打下基础。原子结构模型、核外电子排布与元素周期表、原子半径、电离能、电负性等知识点相互交织，相互促进，形成"位构性"整体分析思维模型，是后续相关化学问题分析的重要基础。

为了更好理解"原子结构"单元的设计思路，对《普通高中化学课程标准》和 2019 版高中化学新教材（鲁科版和人教版）《物质结构与性质》模块中"原子结构"的内容编排进行对比，如下表所示。

课程标准及不同版本教材（2019 版）中"原子结构"的内容编排

课程标准要求	鲁科版	人教版
1.1 原子核外电子的运动状态 了解有关核外电子运动模型的历史发展过程，认识核外电子的运动特点。知道电子运动的能量状态具有量子化	第 1 章 原子结构与元素性质 第 1 节 原子结构模型 一、氢原子光谱和玻尔的原子结构模型	第一章 原子结构与性质 第一节 原子结构 一、能层与能级 二、基态与激发态　原子

续表

课程标准要求	鲁科版	人教版
的特征（能量不连续），电子可以处于不同的能级，在一定条件下会发生激发与跃迁。知道电子的运动状态（空间分布及能量）可通过原子轨道和电子云模型来描述。 1.2 核外电子排布规律 知道原子核外电子的能级高低顺序，了解原子核外电子排布的构造原理，认识基态原子中核外电子的排布遵循能量最低原理、泡利不相容原理和洪特规则等。知道1—36号元素基态原子核外电子的排布。 1.3 核外电子排布与元素周期律（表） 认识元素的原子半径、第一电离能、电负性等元素性质的周期性变化，知道原子核外电子排布呈现周期性变化是导致元素性质周期性变化的原因。知道元素周期表中分区、周期和族的元素原子核外电子排布特征，了解元素周期律（表）的应用价值。	二、量子力学对原子核外电子运动状态的描述 第2节 原子结构与元素周期表 一、基态原子的核外电子排布 二、核外电子排布与元素周期表 第3节 元素性质及其变化规律 一、原子半径及其变化规律 二、元素的电离能及其变化规律 三、元素的电负性及其变化规律 微项目：甲醛的危害与去除——利用电负性分析与预测物质性质	光谱 三、构造原理与电子排布式 四、电子云与原子轨道 五、泡利原理、洪特规则、能量最低原理 第二节 原子结构与元素的性质 一、原子结构与元素周期表 二、元素周期律

两种教材在单元整体的设计上，均以原子结构模型、核外电子运动状态和变化规律、元素性质的周期性变化来展开。运用了课标推荐的素材：霓虹灯的颜色与原子结构的联系；激光与电子跃迁；原子吸收和发射光谱在元素分析中的应用，几种金属的焰色与发射光谱；氢原子的线状光谱与玻尔模型，钠原子的线状光谱对玻尔模型的挑战；量子力学的诞生，微观粒子的波动性思想是如何产生和得到证实的。整个单元以原子结构为核心进行研究，从"物质结构决定性质"的视角解释化学现象，预测某些物质的性质，深化认识物质的结构与性质之间的关系，在理论分析和实践探究中培养学生的核心素养。

二、单元教材教法分析

"原子结构"的相关内容，在化学必修二和选择性必修二中均有涉及，根据学业水平考试的要求不同，课程内容深度有所侧重。因此，在"原子结构"的单元整体教学设计中，需要在必修二的基础上，确定好知识的增长点，进一步对概念进行发展，对原子结构相关知识和能力的进阶。

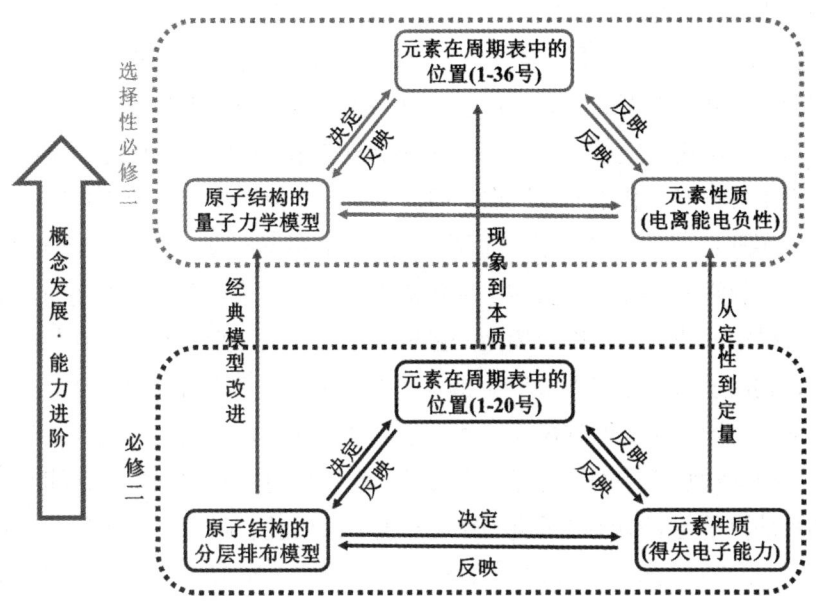

图 7-1-1

2019 版鲁科版教材在编排上保持高站位、高观点的视角，在借助学生已有知识和经验的基础上，借助科学史的故事和素材多角度展示人类对微观结构的认识过程，促进学生对科学本质的理解。教材首先通过介绍原子结构模型的发展简史，对学生进行科学思想教育，引入氢原子光谱和玻尔的原子结构模型，让学生反思已有理论模型的局限性，建立新的原子结构模型。学习基态原子核外电子排布原则和 1—36 号元素原子电子排布的规律，揭示元素周期表的成因，深化对元素周期表的理解。通过分析原子半径、第一电离能、电负性等数据和元素周期律之间的关系，从必修二的定性分析，走向定量分析，建构元素周期律（表）模型。最后，利用建立的"位构性"思维模型，进行模型分析，预测与解释元素的性质。

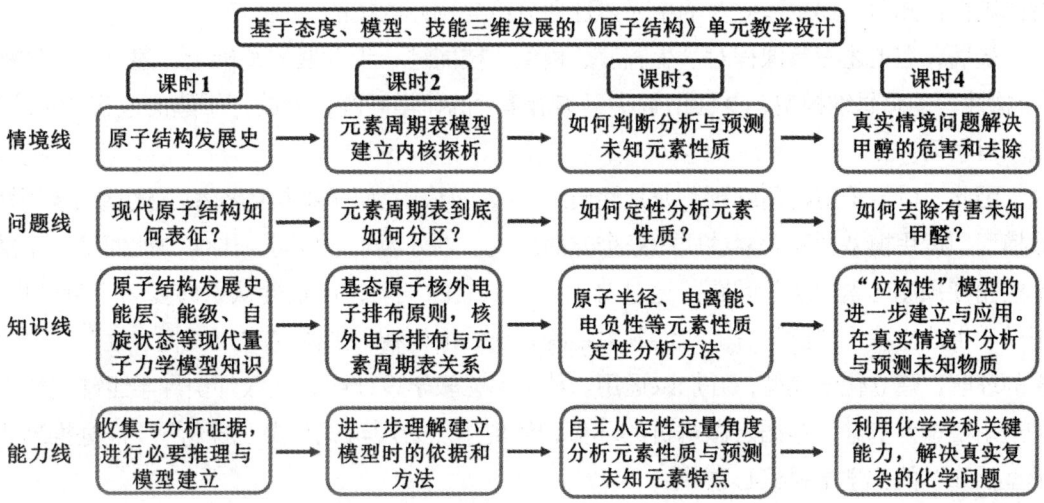

图 7-1-2

基于鲁科版教材的编排视角，参考人教版的教材，在设计本单元整体教学时，引入"从原子结构角度预测元素性质的学科思维模型的搭建"这一单元整体教学线索，引导学生在逐步掌握原子结构知识的同时，建立"位构性"原子结构思维模型，具备一定独立自主预测位置与元素结构、性质的能力。在思维模型搭建过程中，根据知识块的功能定位差异，预设的学生关键能力和素养发展点不同。整个单元教学设计如图7-1-2。

"课时1　原子结构的模型发展"主要定位为发展科学态度，体会模型建构过程。以原子结构发展史为教学情境线索，引导学生回顾"道尔顿原子学说—汤姆逊葡萄干面包模型—卢瑟福核式模型—波尔分层排布模型—量子力学模型"，基于必修二中卢瑟福核式模型建立的经验，利用氢原子光谱进一步发展学生证据收集与推理的能力，制造实验证据和理论模型的冲突，引导学生意识到核式模型（核外电子排布）的局限性，并水到渠成地引出现代量子力学模型对原子结构的解释。在量子力学模型建立的过程中，继续利用证据推理的思维，利用钠原子光谱相同电子层间跃迁出现多条谱线、磁场下谱线裂分、双线结构等实验事实，逐步介绍量子数，完成抽象的量子力学学习。整节课的设计利用科学发展史和证据推理过程，引导学生理解科学发展的艰辛，体会科学严谨的研究态度，建立以实验事实为根据的模型建立与修正完善意识。

"课时2　原子结构与元素周期表"主要定位为体会元素周期表模型建立内核，发展模型建构能力。通过基于现代量子力学的基态原子核外电子排布，理解元素周期表分区的实质内核。将必修二中对元素周期表的简单周期、族的认识，进一步深化到核外电子排布与周期表分区的深层关系。教学中，以书写和探讨1—18号元素基态原子核外电子排布为活动，总结排布规则，进而与周期表中周期与族的划分进行关联，完成元素周期表模型的建立。

"课时3　元素性质"主要定位为发展学生判断分析与预测元素性质的技能。基于必修二中对元素周期表中原子得失电子能力的定性认知，利用科学事实与数据，引导学生对元素的认识，从定性判断到定量分析。在半径大小、电离能、电负性等多视角对周期性递变规律进行认知后，逐步建立对陌生元素性质分析与预测的技能。

最后，在上述三节课程对学生态度、模型、技能进一步发展的基础上，建立原子结构"位构性"的总思维模型，并尝试解决真实情境下的化学问题，完成"甲醛的危害和去除"微项目学习。

因此，以原子结构角度预测元素性质为主线，从建立原子结构的模型、建立元素周期律模型、运用模型预测元素性质等三个方面出发，划分为4个课时。围绕"如何从原子结构的角度预测元素性质"问题，通过对主要知识点的学习，由定性认识转变为定量分析，帮助学生建立基于"位""构""性"关系的系统思维框架，加深对"位、构、性"三者关系的理解，建立化学模型，并加以运用。整个单元教学设计中，以教师引导学生建立模型和运用模型为基础，穿插宏微辨析的环节，体现了"宏观辨识与微观探析""证据推理和模型认知"的化学学科核心素养。

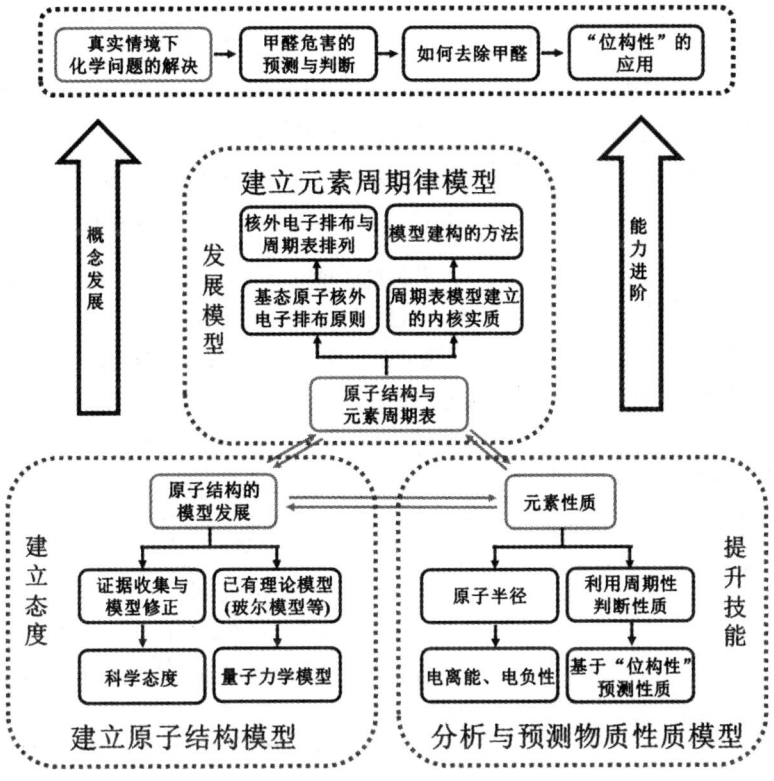

图 7-1-3

三、单元教学目标设计

"原子结构"单元整体教学主要涉及两方面内容:第一,原子结构模型,主要是原子结构模型的发展历程、核外电子运动模型的历史发展过程和原子结构的量子力学模型;第二,元素周期律模型,主要包括核外电子排布的原则、周期表的划分、原子半径、电离能、电负性的周期性变化规律。

"原子结构"单元目标和课时目标

单元目标	课时	课时教学目标
1. 利用氢原子和多电子原子光谱所产生的复杂现象,反思已有理论模型的不足,建构完善新的原子结构模型。	1	1.1 了解玻尔的原子结构模型,知道其重要作用和局限所在。 1.2 学习原子结构的量子力学模型,知道电子运动的能量状态具有量子化特征。 1.3 知道电子的运动状态可通过原子轨道和电子云模型来描述。

续表

单元目标	课时	课时教学目标
2. 了解核外电子排布的构造原理，能表示常见元素（1—36号）基态原子核外电子排布，根据核外电子排布划分周期表，建构元素周期律（表）模型。 3. 认识元素的原子半径、电离能、电负性等元素性质的周期性变化，完善形成元素周期律（表）模型。 4. 在原子结构模型和元素周期律（表）模型的基础上，对"位、构、性"三者关系重新分析，学会利用模型预测元素性质。	2	2.1 认识基态原子中核外电子排布遵循能量最低原理、泡利不相容原理和洪特规则。 2.2 通过分析核外电子排布与元素周期表中周期划分的联系，进一步了解元素周期表与元素性质的关系。
	3	3.1 根据元素的第一电离能、电负性等元素性质的数据变化，通过分析，找出变化规律。 3.2 知道原子核外电子排布呈现周期性变化是导致元素性质周期性变化的原因。 3.3 通过原子半径、电离能、电负性等元素性质，从定性定量角度，分析与预测未知元素性质。
	4	4.1 归纳总结本单元内容，运用和完善元素"位构性"模型。 4.2 在真实情境中解决实际问题（甲醛的危害与去除），突出电负性的工具性，能够运用模型解释实际问题。 4.3 利用化学学科关键能力，分析和解决真实复杂的化学问题。

四、教学起点分析

"原子结构"的内容，建立在必修阶段学生对原子结构、元素性质和元素周期律（表）的已有认识上，对于"原子结构"教学起点分析如下表。

"原子结构"教学起点分析

教学起点	相应的教学策略
已有相关知识经验：必修阶段学习的原子结构、元素周期表的结构和元素周期律。	介绍原子结构模型的发展简史，创设情境，对学生进行科学思想教育。
前概念：元素周期律（表）在学习元素及其化合物知识及科学研究中的重要作用。	元素周期律（表）的相关知识可以迁移应用到模型的建立和运用中，在原有知识体系的基础上加深对"位、构、性"三者关系的理解。
可能的学习困难：原子结构模型和元素周期律（表）模型的建构和应用。	引导学生利用电负性判断元素的金属性与非金属性的强弱，推测化学键的极性；从定性和定量的角度，简单利用模型分析元素的性质。

五、单元学习活动设计

1. 教学过程设计

单元	课时	问题	任务与活动
单元背景：原子结构模型和元素周期律（表）模型的建构。	课时1：建构原子结构模型。情境：原子结构模型的发展简史、核外电子运动模型的发展历程。问题：原子光谱和原子结构有什么关系？量子力学如何描述原子结构？	问题1.1 原子结构模型是如何发展的？ 问题1.2 核外电子的运动状态是怎样的？ 问题1.3 如何解释原子光谱所产生的复杂现象？ 问题1.4 如何形象描述原子中电子的运动状态？	任务1.1 复习回顾原子结构的发展历程，从史实资料中获取有关信息，体会理论形成的过程。任务1.2 通过光谱现象，创设认知冲突，借助焰火、霓虹灯的颜色与原子结构的联系，了解原子轨道、电子云和能级，建立新的原子结构模型。任务1.3 学习建立新的理论模型，并加以运用解释。
	课时2：建构元素周期表模型。情境：门捷列夫与元素周期表的故事、原子结构示意图、元素周期表的构造。问题：原子核外电子排布和原子轨道有什么关系？多电子原子中的电子如何排布到各轨道上？	问题2.1 元素周期表是如何绘制总结而来的？ 问题2.2 元素周期表的构造是什么样？原子核外电子的排布与原子轨道有什么关系？ 问题2.3 元素哪些性质呈现周期性变化？ 问题2.4 原子的核外电子排布和元素周期表中的周期、族的划分有什么联系？	任务2.1 了解门捷列夫绘制周期表的故事，体会元素周期表的重要作用。任务2.2 讨论基态氢原子的核外电子排布和氦原子核外电子排布的轨道表示式，总结出能量最低原理、泡利不相容原理、洪特规则。任务2.3 写出1—18号元素基态原子的电子排布式和轨道表示式。再写出19—36号元素基态原子的核外电子排布式，总结出基态原子核外电子在原子轨道的排布顺序以及洪特规则特例。任务2.4 根据1—36号元素原子的电子排布，参照鲍林能级图，分析原子中电子排布与元素周期表中周期划分的内在联系，用鲍林近似能级图解释周期的划分和每一周期所能容纳的元素种数。任务2.5 观察元素周期表中的每一族元素原子的价电子排布，探讨同一族价电子排布的规律。任务2.6 尝试根据价电子排布的特点将元素周期表分区划分，自主设计、绘制元素周期表，并讨论各区元素的价电子排布特点和各区元素性质，建立元素周期律（表）模型。

续表

单元	课时	问题	任务与活动
	课时3：分析和预测未知元素性质。情境：原子半径的测定方法，电负性标度的建立，富硒大米的产业现状和发展。问题：元素的哪些性质呈周期性变化？元素性质周期性变化的本质是什么？如何定量分析元素性质？	问题3.1 元素原子半径变化有什么规律？ 问题3.2 如何定量地衡量或比较原子失电子能力？电离能？ 问题3.3 如何定量地衡量或比较原子得电子能力？电负性？ 问题3.4 元素性质周期性变化的本质是什么？ 问题3.5 如何判断、分析与预测未知元素的性质？	任务3.1 从原子结构角度，由定性的不足引出定量地衡量原子得失电子能力的必要性，引出电离能的概念，进一步理解原子结构对元素原子失电子能力的决定性作用，同时学会从定量的角度——电离能分析元素原子失电子能力。 任务3.2 利用铍原子的三级电离能比较示意图，推断同种元素原子各级电离能的变化规律，并从原子结构角度解释，进而得到元素化合价与原子结构、各级电离能的关系。 任务3.3 阅读教材自主构建电负性的相关概念，将电负性与元素周期表、原子结构相联系，归纳总结出电负性的一般变化规律，并学会利用电负性判断化合物中元素的化合价、判断化学键的性质。 任务3.4 总结原子半径、第一电离能、电负性周期性变化的规律。 任务3.5 运用原子半径、电离能、电负性等元素性质，结合情境（富硒大米的产业现状和发展）从定性定量的角度分析、预测未知元素（硒）的性质。
	课时4：单元总结和模型运用（微项目：甲醛的危害与去除）。	问题4.1 如何运用模型推测元素的基本性质（甲醛有哪些性质）？ 问题4.2 如何运用模型提出合理的解决方案（如何去除甲醛）？	任务4.1 回顾原子结构模型和元素周期律（表）模型主要内容，运用模型中的知识点对陌生元素的性质进行预测、解释分析生活中的某些特殊现象等。 任务4.2 了解电负性的应用，判断化合物中元素化合价的正负，判断分子的极性和键型。"位构性"思维模型的建构和运用。 任务4.3 利用电负性分析和预测物质性质（甲醛的危害与去除），借助电负性分析化学键中电荷分布；借助电负性认识与预测有机化合物物质性质。 任务4.4 运用模型分析和解释元素周期表在生活中的应用

2. 学习活动设计

课时 1　建构原子结构模型

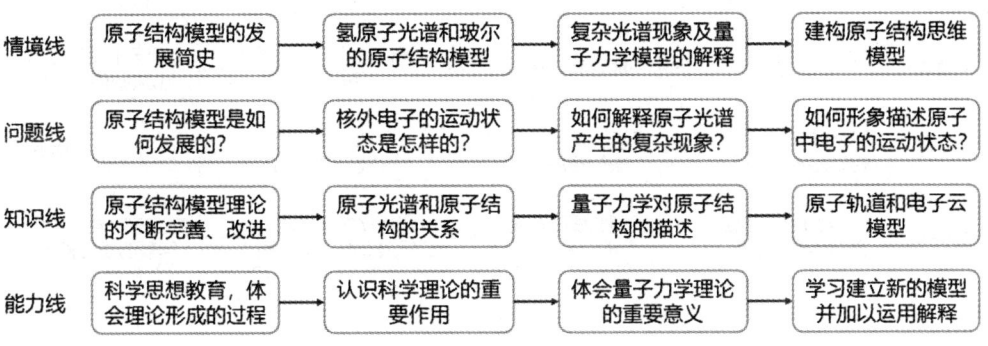

图 7-1-4

课时 2　建构元素周期表模型

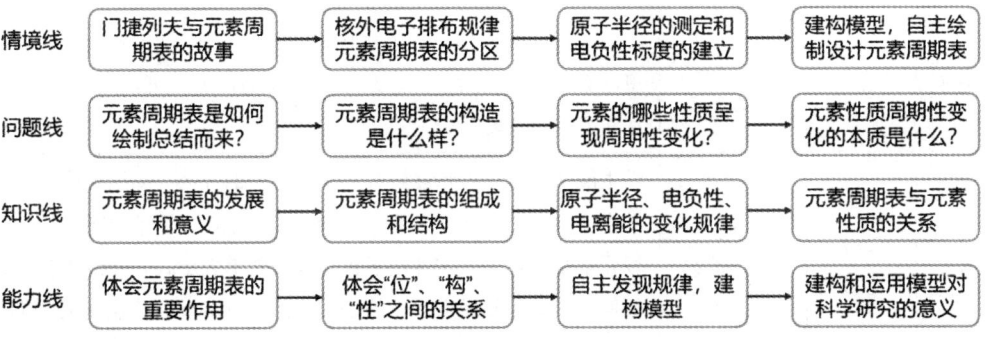

图 7-1-5

课时 3　分析和预测未知元素的性质

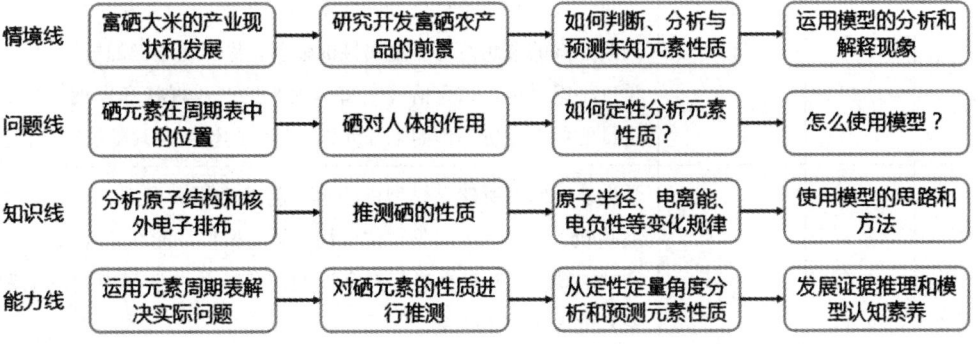

图 7-1-6

课时 4 单元总结和模型运用

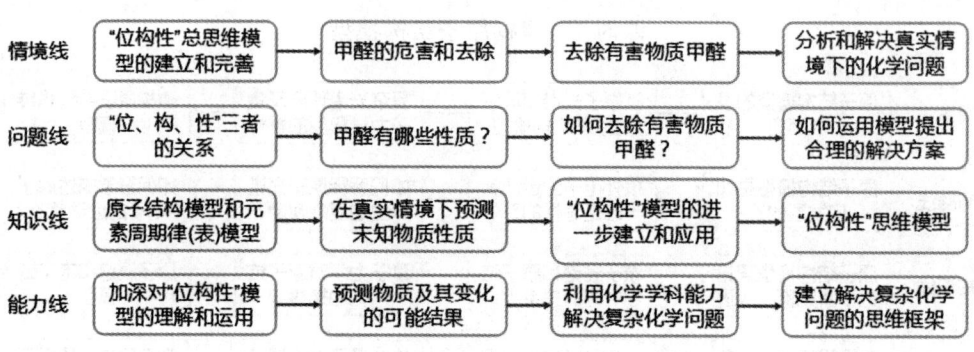

图 7-1-7

六、单元"教、学、评"一体化

课时	目标	活动与任务	评价方法
课时 1	1.1	1.1 1.2	学生能说明微观粒子的运动状态与宏观物体运动特点的差异，反思已有理论模型的不足，改进建立新的模型，可以用新模型解释相应的光谱事实。
课时 2	2.2 2.3	2.1 2.2 2.3	学生能从原子结构角度解释元素周期表的分区、周期和族的划分。 学生能结合能量最低原理、泡利不相容原理、洪特规则书写1—36号元素基态原子的核外电子排布式和轨道表示式，并说明含义。 根据原子结构和元素性质的变化规律，自主设计绘制元素周期表，小组交流讨论，教师反馈评价。
课时 3	3.2	3.1 3.2	学生小组讨论，运用作图法，找出主族元素第一电离能、电负性变化的一般规律，从电子排布的角度对这一规律进行解释。说明电负性大小与原子在化合物中吸引电子能力的关系，利用电负性判断元素的金属性与非金属性的强弱，推测化学键的极性。 学生小组讨论，结合情境（富硒大米的产业现状和发展）从定性定量的角度分析、预测未知元素（硒）的性质，教师反馈评价。
课时 4	4.1	4.1 4.2	学生复习回顾所建立模型的内容，将两个模型联系在一起，在模型基础上，进一步完善"位—构—性"模型，能在"现象—本质"和"宏观—微观"中进行有意识的转化，并在学习中始终把握现象和微观实质相联系。 运用模型中的知识点预测物质性质、分析现象等，解决真实复杂的化学问题（甲醛危害的预测与判断），小组讨论，形成方案，教师分析评价。

七、单元作业设计

本作业设计围绕"原子结构"的内容进行设计。知识点涵盖原子结构的发展历程、氢原子光谱、玻尔的原子结构模型、原子轨道、原子轨道示意图、电子云、核外电子排布规律、能量最低原理、泡利不相容原理、洪特规则的应用、基态原子的核外电子排布、元素周期表(律)、原子半径、第一电离能、电负性的变化规律和应用等,帮助学生更好地理解和巩固新知识,并且能够在已有理论体系的基础之上,对"位置—结构—性质"三者之间的关系重新做分析,对物质结构与物质性质的认知有一个本质的提升。引导学生构建原子结构模型和元素周期表(律)模型,学会运用模型推理和解决实际问题。

八、单元教学反思

整个单元教学设计中,以教师引导学生建立模型和运用模型为基础,穿插宏微辨析的环节,体现了"宏观辨识与微观探析""证据推理与模型认知"的化学学科核心素养。通过前三个课时,帮助学生发展建构思维模型、建立科学素养态度、提升分析与预测技能,最后进行单元总结、归纳,并且尝试解决真实情境下的复杂化学实际问题(甲醛的危害和去除)。学生一步步丰富自己的理论基础、建构思维模型的同时,能认识化学现象与模型之间的联系,可以运用认知模型来描述和解释物质的结构、性质和变化,预测物质及其变化的可能结果;根据物质及其变化的信息建构模型,建立解决复杂化学问题的思维框架,逐步发展和培养化学学科核心素养。

案例二 共价键

福建省厦门第二中学 廖 冰

一、教学单元规划

"共价键"作为物质结构理论的重要组成部分,是教学的重点,因其概念的抽象性,又是教学的难点。对其学习应该从过去"对概念反复、机械的记忆"改变为"加强对概念本质的理解",重视概念的形成历程。在化学概念教学中融入化学史是进行有效教学的重要策略,不仅能够创设学习情境,激发学生的学习兴趣,而且能使学生了解科学的研究过程,促进学生对概念内容的理解,最终培养学生"科学精神与社会责任"的核心素养。

单元整体教学往往围绕一个主题进行研究学习,突出内容和过程的联系性和整体性。"共价键"作为一个教学单元,教学视野应该从单课时的微观范畴转向更为宽阔的单元宏观范畴,设置有思维梯度的学习任务,通过注重学科核心素养培养的阶段性和层次性,可持续地发展学生的化学学科核心素养。

该单元的教学内容是发展"证据推理与模型认知"素养的重要知识载体，学生的学习目标水平逐步深化，从掌握共价键模型，到形成结构决定性质的观念，最终可以进行微观结构与物质性质的互证，并运用"宏观辨识与微观探析"素养来描述和解释化学现象。

《普通高中化学课程标准》和2019版高中化学新教材（鲁科版、人教版）对"共价键"的内容编排对比如下表所示。

课程标准及不同版本教材（2019版）中"共价键"的内容编排

课程标准相关要求	鲁科版	人教版
2.2 共价键的本质和特征：认识原子间通过原子轨道重叠形成共价键，了解共价键具有饱和性和方向性。知道根据原子轨道的重叠方式，共价键可分为σ键和π键等类型；知道共价键可分为极性和非极性共价键。共价键的键能、键长和键角可以用来描述键的强弱和分子的空间结构。 2.3 分子的空间结构：结合实例了解共价分子具有特定的空间结构，并可运用相关理论和模型进行解释和预测。知道分子的结构可以通过波谱、晶体X射线衍射等技术进行测定。知道分子可以分为极性分子和非极性分子，知道分子极性与分子中键的极性、分子的空间结构密切相关。结合实例初步认识分子的手性对其性质的影响。	第2章 微粒间相互作用与物质性质 第1节 共价键模型 一、共价键的形成与特征 二、共价键的类型 三、键参数 第2节 共价键与分子的空间结构 一、分子空间结构理论分析 二、分子的空间结构与分子性质	第二章 分子结构与性质 第一节 共价键 一、共价键 二、键参数——键能、键长和键角 第二节 分子的空间结构 一、分子结构的测定 二、多样的分子空间结构 三、价层电子互斥理论 四、杂化轨道理论简介 第三节 分子结构与物质性质 一、共价键极性 二、分子间的作用力 三、分子的手性

二、单元教材教法分析

"共价键"涉及的内容主要有共价键的形成和实质、共价键类型、键参数、杂化轨道理论、分子空间结构等，该部分内容的学习对象，对共价键有了简单的了解，但对共价键的实质、共用电子的运动情况、共价键与原子核外电子排布的深层关系没有了解。因此，鲁科版《物质结构与性质》在原子结构的量子力学的基础上，利用核外电子排布与电负性的知识继续探讨这些问题。教材在编排体系和内容选取方面，注重选取与共价键相关的内容作为学习材料，知识系统性强，逻辑严密，将知识体系系统化、结构化地呈现给学生，但内容的深度不够，对共价键形成的原因推理不够详细，这就对高中化学教师提出了更高的要求，同时也对学生进行概念性学习提出了更高的要求。

以化学键的"历史线"创设教学情境，学生通过了解概念的形成历史，体会到化学键存在的真实性（历史线）；基于每段化学史引导学生参与到课堂活动中解决问题（活动线）；最后挖掘出化学史中蕴含的概念知识（知识线）。这三线相互渗透、相互融合，共同建构"共价键"单元教学思路。

将"共价键"单元划分为有内在逻辑关系的 3 个课时（如下表所示），3 个课时围绕素养目标层层递进，逐步深入。

课时	内容	重难点
课时 1	路易斯共价键理论	共价键的发现；共价键的概念以及用电子式表示氯化氢分子的形成过程。
课时 2	现代价键理论	共价键的类型；共价键的特征；键参数。
课时 3	鲍林杂化轨道理论	分子中原子间共价键的形成；分子的空间构型；分子的某些性质。

三、单元教学目标设计

1. 教学单元总目标

课程标准	教学单元总目标
认识构成物质的微粒之间存在相互作用，结合典型实例认识离子键和共价键的形成，建立化学键概念。知道分子存在一定的空间结构。认识化学键的断裂和形成是化学反应中物质变化的实质及能量变化的主要原因。 认识原子间通过原子轨道重叠形成共价键，了解共价键具有饱和性和方向性。知道根据原子轨道的重叠方式，共价键可分为 σ 键和 π 键等类型；知道共价键可分为极性和非极性共价键。共价键的键能、键长和键角可以用来描述键的强弱和分子的空间结构。	从路易斯共价键理论到鲍林杂化轨道理论，通过历史线，了解共价键的概念形成、极性、类型；能用键能、键长、键角等说明简单分子的某些性质；了解简单的杂化轨道类型，能用杂化轨道理论推测简单分子构型；了解科学的研究过程，促进学生对概念内容的理解，培养学生"科学精神与社会责任"的核心素养。

2. 单元知识结构

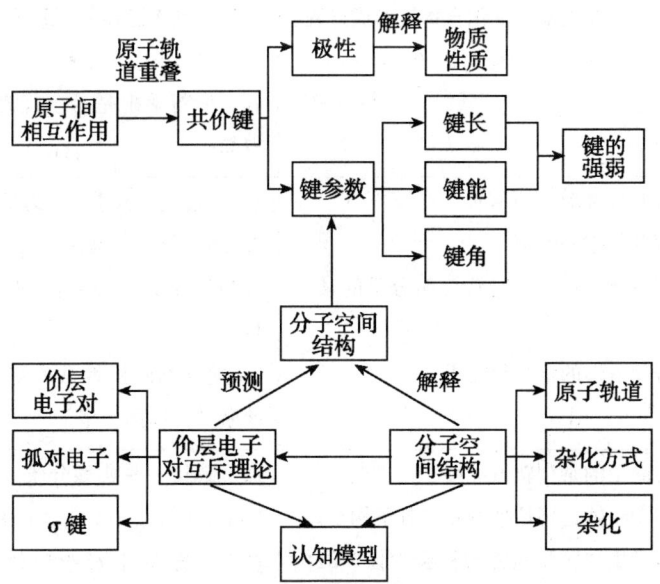

图 7-2-1 共价键与分子空间结构关系

3. 模型设计

模型方法是以某种"形式"再现原型的特征和本质的科学方法。化学模型方法是在已获得大量感性认识的基础上，以理想化的思维方法，对化学事实进行近似、形象和整体的描述，进而揭示其本质和规律。应该说这是一种科学的抽象，实质上是人为地建立一个研究体系的替身（模型），通过观察、实验、研究、推断出关于原型的知识。

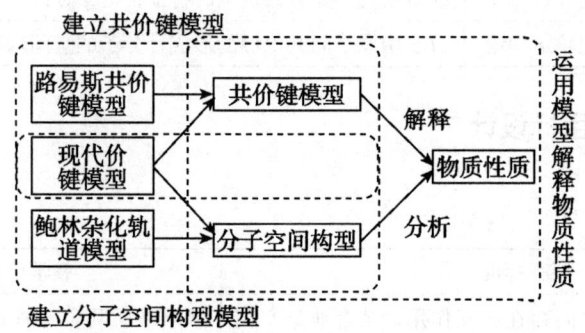

掌握共价键、分子空间结构模型→形成结构决定性质的观念→结构与性质互证

图 7-2-2 "共价键"单元教学模型设计

在中学教材中，通过氢原子是怎样结合成 H_2 分子的，依据价键理论，运用"共用电子对"概念，提出共价键，设计了 H_2 分子形成的模型。这个模型能较完整地描绘出 H_2 分子和其他共价型分子的结构。

4. 教学单元课时目标

课时	课时目标	评价目标
课时1 路易斯 共价键 理论	1.1 了解共价键概念的形成。 1.2 能用电子式表示共价化合物的形成过程。 1.3 通过离子键与共价键的比较，培养学生归纳能力。	1. 通过学生对离子键与共价键的比较，诊断学生是否已经掌握共价键的概念。 2. 通过用电子式表示共价化合物的形成过程，诊断学生是否已经理解共用电子对的概念。
课时2 现代价 键理论	2.1 理解共价键形成的本质。 2.2 了解共价键的类型。 2.3 能用键能、键长、键角说明分子的某些性质。 2.4 了解等电体的概念与应用。	1. 通过电子云重叠，理解共价键的本质。 2. 通过分析简单分子（如 N_2、Cl_2、HCl），诊断学生是否掌握 σ 键、π 键、共价键的特征。 3. 通过判断极性共价键与非极性共价键，诊断共价键的类型。
课时3 鲍林的 杂化轨 道理论	3.1 了解简单的杂化轨道类型。 3.2 能用杂化轨道理论推测简单分子构型。 3.3 培养学生"科学精神与社会责任"的核心素养。	通过解释一些典型分子（如：CH_4、$BeCl_2$、NH_3、C_2H_4、C_2H_2、C_6H_6 等）的空间构型，诊断学生对杂化轨道的理解与预测能力。

四、教学起点分析

教学起点	教学策略
知识基础：鲁科版必修 2 中，学生已经学习了电子式，也了解了离子键的初步概念，了解氯化钠的形成过程。	单元教学起始阶段可设计化学史的教学情境，如柯塞尔的理论能解释许多离子化合物的形成，但却存在其局限性，他没有挖掘出非离子化合物的形成实质，造成学生的认知冲突，思考共价键的形成本质。
前概念：电子云重叠，公用电子对，电负性的概念。	引导学生从组成分子的两个元素的电负性差值，来思考极性键与非极性键；从电子云的重叠方式，来思考 σ 键与 π 键的形成与特点。
可能的学习困难：对共价键、杂化轨道概念的理解。	通过利用价键理论预测 CH_4 的性质，总结价键理论的优点和不足，产生认知冲突，激发学习新理论的欲望。

四、单元学习活动设计

根据教学单元的构建、教学起点的分析，基于化学史，以共价键的发展史作为该教学单元的"大情境"，以解决从更为全面、本质的角度认识共价键的本质。"共价键"教学单元 3 个课时的教学情境、问题、任务与活动设计详见下表。

"共价键"单元教学情境、问题、任务与活动设计

单元	课时	问题	任务与活动
单元大背景：共价键的发展史。单元大问题：共价键的本质是什么？共价键的特点与对分子的影响是什么？	课时 1：路易斯共价键理论。情景：科赛尔的离子理论无法解释非离子化合物的形成。问题：2 个氯原子如何结合成氯分子？	问题 1.1 什么叫离子键？ 问题 1.2 H 和 Cl 之间如何结合成 HCl 分子？ 问题 1.3 共价键的概念是什么？ 问题 1.4 什么样的元素原子间能够形成共用电子对？共价键存在于哪里？	任务 1.1 书写氯化钠的形成过程。 任务 1.2 画出 H 和 Cl 的原子结构示意图，探究 HCl 分子的形成原因。 任务 1.3 总结归纳 H 和 Cl 形成 HCl 分子的特点，试着归纳共价键的概念。 任务 1.4 总结归纳共价键的形成条件。
	课时 2：现代价键理论。情景：展示氢分子的形成示意图，经典的价键理论无法解释氢分子的形成。问题：2 个氢原子如何结合成氢分子？	问题 2.1 量子力学下的核外电子排布是怎样的？ 问题 2.2 量子力学下如何认识共价键？ 问题 2.3 共价键有什么类型？ 问题 2.4 共价键有什么特点？	任务 2.1 书写 H 原子和 Cl 原子的核外电子排布。 任务 2.2 用核外电子排布解释氢分子形成示意图。 任务 2.3 讨论原子轨道空间的重叠方式对成键类型的影响；电负性差值对成键类型的影响。 任务 2.4 讨论为什么 Cl_2 是双原子分子，NH_3 是 1 个 N 原子与 3 个 H 原子形成分子。

续表

单元	课时	问题	任务与活动
	课时3：鲍林杂化轨道理论。 情景：根据经典共价键理论，推测出的甲烷模型与实际不符，引出鲍林的杂化轨道理论。 问题：甲烷的空间构型为什么是正四面体？	问题3.1 键能、键长、键角的含义？ 问题3.2 甲烷为什么是正四面体构型？ 问题3.3 一些典型的分子构型。 问题3.4 为什么水分子有正负两极？	任务3.1 指导学生阅读材料，明确键参数概念含义。 任务3.2 介绍鲍林的杂化轨道理论的发展史，解释甲烷的正四面体构型。 任务3.3 用杂化轨道理论解释常见分子的成键情况与空间构型。 任务3.4 学生分组实验，总结归纳分子极性的概念。

本单元3个课时的教学均以共价键发展史中相关的化学问题为真实情境，从单元"大问题"到"课时问题"再到"课中问题"，层层递进，实现知识与能力培养的进阶，有效搭建单元整体教学结构框架。通过共价键发展中的关键问题造成的认知冲突进行演绎，促进学生对共价键的概念进行再认识，培养学生解决问题的思维模型，引发学生自主探究，实现核心素养上的提升。

五、单元"教、学、评"一体化

课时	目标	任务与活动	评价方法
课时1	1.1 1.2	1.1 1.2	学生用黑板或多媒体展示自己图示的氯化钠的形成过程与氯化氢的形成过程，同学互评，老师反馈。
	1.3	1.3 1.4	学生回答问题，归纳总结，小组讨论，老师总结反馈。
课时2	2.1 2.2	2.1	学生用黑板或多媒体展示自己画的核外电子排布图，小组互评，老师分析反馈。
	2.3 2.4	2.3 2.4	学生制作思维导图，老师分析反馈。
课时3	3.1	3.1	学生回答问题，小组互评，老师分析反馈。
	3.2 3.3	3.2 3.3 3.4	学生回答问题，并建构分子空间构型的思维模型，老师反馈。

六、单元作业设计

本作业设计围绕"共价键"进行，知识点涵盖共价键、共价键的本质、共价键类型、杂化轨道理论、分子空间构型等，旨在帮助学生建立共价分子结构与性质的联系；引导学生从共价键的键长、键能、键角等角度认识分子的构型，构建并应用思维模型预测、分析与解释分子性质。整份单元作业设计由 2 份课时作业和 1 份单元评价作业组成。课时作业对核心知识进行拆解与组合，对关键能力的训练逐步进阶，对逻辑思维进行提升，使学生逐步达到单元评价作业的检测要求。单元作业旨在帮助学生理解"结构决定性质"的学科思想和方法，促进学生对共价分子性质的认识上升到微观本质。建立结构分析模型能提高学生的认识水平，使学生加深对这一学科思想方法的理解和应用，有利于将其转化为问题解决的思路和能力。

七、单元教学反思

"共价键"的单元教学打破了传统教学的习惯，真正实现了从单课时教学走向单元教学。这样的设计避免了传统课时教学中知识点的孤立学习和机械学习，有利于教学过程的设计和实施，提高了教学质量和效率。本单元以"共价键"的发展史为背景，围绕"共价键"发展中的关键问题，进行讨论与重现，带领学生感悟共价键的发展历程，培养学生证据推理与模型认知、实验探究与创新精神、科学精神与社会责任的核心素养。

案例三　微粒间的相互作用

福建省厦门第二中学　宫春艳

一、教学单元规划

1. 单元知识结构

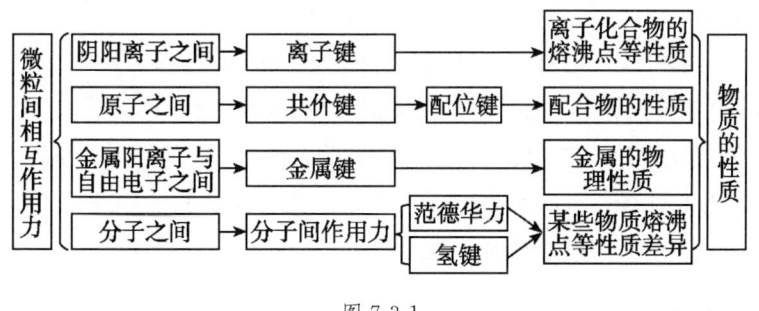

图 7-3-1

2. 课时安排

本单元教学需 4 课时，具体课时分配建议如下。

课时	课时名称	主要内容
1	离子键	离子键的形成与离子化合物的性质
2	金属键	金属键涵义与金属性质解释
3	配位键	配位键的形成与配合物的性质
4	分子间作用力	范德华力与氢键

二、单元教材教法分析

1. 教材内容分析

本单元内容选自鲁科版高中化学教材《物质结构与性质》"第 2 章 化学键与分子间作用力",内容上是必修 2 共价键、离子键等概念的深化,加深对微粒间作用力的本质理解,使学生感受到在分子、原子水平上进一步形成有关物质结构的基本观念,能从物质结构决定性质的角度解释预测物质的某些性质,进一步形成科学的价值观,体验科学的魅力。该单元内容起到承上启下的作用,承接上一章"原子结构"的知识,引导学生从微观结构的角度认识物质的组成和为化学反应提供理论知识,同时为下一章"物质的聚集状态与物质性质"提供化学键等知识支持。

微粒间的作用包括化学键和分子间作用力,化学键的性质突出反映了物质结构对物质性质的决定作用,分子间作用力对物质结构及其性质的影响随着化学科学的发展,也日益引起化学家的重视。微粒间的相互作用与物质的性质,这一单元以微粒间作用为线索,开展对原子之间、离子之间、金属阳离子和自由电子及分子之间的作用力的研究,同时研究物质结构对物质性质的影响。通过本单元的学习,学生将提升有关物质结构的基本认识,认识物质的结构与性质之间的关系,发展宏观辨识与微观探析、证据推理与模型认知等化学学科核心素养。

2. 教学方法分析

以微粒之间不同的作用力为线索,研究不同类型物质的有关性质,帮助学生进一步丰富物质结构的知识,提高其分析问题和解决问题的能力。不管认识宏观物体的结构还是认识微观物质的结构都有相似的视角,认识宏观物体需要认识物体的构成部件、部件之间的连接关系及部件的空间位置,认识微观物质需要认识物质的构成、微粒之间的相互作用及微粒的空间排布。教学中运用类比、归纳、推理的方法,注意概念之间的区别和联系,熟悉掌握各概念间的共性和差异,侧重把研究过程、思路与方法外显出来,尤其是要利用现代化学仪器、技术手段,突破教学中的难点。

三、教学起点分析

教学起点	相应的策略
已有相关知识经验:微粒之间存在不同类型的作用力;化学键与分子间作用力的区别;化学键中共价键和离子键等概念的理解与判断;利用杂化轨道理论判断中心原子杂化轨道类型和分子立体构型。	从学生熟悉的物质性质出发,基于真实情境提出问题,利用学生已有知识经验分析问题,通过技术手段、实验事实和模型解决问题。

续表

教学起点	相应的策略
已有相关学习方法与能力：对比、归纳等学习方法；结构决定性质的学科思想；利用实验事实的分析问题的能力。	关注不同类型微粒间相互作用概念的形成和发展思路，充分利用建立这些概念所使用的关键证据，对比不同微粒间相互作用模型。
可能的学习困难：研究对象的抽象性；结构与性质之间的联系较难构建。	利用技术手段和实验证据促进对化学键与分子间作用力本质的理解；选用熟悉的生活现象、实验事实，激发学生学习兴趣，帮助建立结构与性质之间的联系。

四、单元教学目标设计

单元目标	课时	课时目标	重点	难点
知道微粒间作用的主要类型、特征和实质；认识物质的构成微粒、微粒间相互作用与物质性质的关系。	1	1.1 能说出离子键的特征和实质。 1.2 能判断典型物质的成键类型是否是离子键。 1.3 能根据离子化合物的结构特点解释其物理性质。 1.4 认识物质的结构与性质之间的关系，知道物质结构的研究有助于预测物质的性质。	离子键的实质；识别典型的离子化合物。	离子键强弱比较；离子键模型解释离子化合物的物理性质。
	2	2.1 能说出金属键的特征和实质。 2.2 能利用金属键等模型解释金属的典型物理性质。	金属键的实质；金属键模型解释金属典型物理性质。	金属键模型解释金属典型物理性质。
	3	3.1 知道配位键的特点。 3.2 认识简单配位化合物的成键特征。 3.3 知道简单配合物的制备方法。 3.4 了解配位化合物的存在与应用。	配位键的成键特点。	配位化合物的成键特征。
	4	4.1 知道范德华力和氢键是两种常见的分子间作用力。 4.2 能说出氢键的特征和实质。 4.3 能说明分子间作用力对物质熔、沸点等性质的影响。 4.4 能从分子间作用力的角度对生产、生活、科学研究中的简单案例进行分析，举例说明氢键对生命的重大意义。	范德华力和氢键的本质、形成条件及对物质性质的影响。	氢键的本质、形成条件及对其物质性质的影响。

五、单元学习活动设计

1. 教学过程设计

单元	课时	问题	任务与活动
大情境：解密厨房化学：厨房中的炊具、调味品和燃料引起的安全问题都与化学息息相关。 大问题：厨房中调味品食盐、炊具铁锅呈现不同性质的原因是什么？如何从构成物质的微粒及其相互作用力的角度解释厨房中出现的几种状况？例如，冰箱中取出的冰块会浮在水面上，煤气泄漏导致的一氧化碳中毒的原因。	课时1：离子键。 情境1：食盐在常温下是固态，而食醋、酱油却是液态。 情境2：对食盐做导电实验，发现固态食盐晶体不导电，但是熔融状态氯化钠和氯化钠溶液能够导电。	问题1.1 氯化钠晶体宏观上规则的几何外形是内部粒子有序排列的结果，构成氯化钠晶体的微粒是什么？ 问题1.2 微粒之间是否有相互作用力？能否通过实验事实或它的某些物理数据加以说明？ 问题1.3 离子键的成键微粒、成键本质与特征是什么？影响离子键强弱的依据是什么？ 问题1.4 离子键的特征决定了离子化合物有哪些物理性质？	1.1 展示氯化钠晶体实物及氯化钠晶体结构模型，从宏观和微观两个视角认识氯化钠晶体，并依据已有知识判断构成氯化钠晶体的微粒。 1.2 学生分组实验：固态氯化钠晶体在通电情况下是否能够导电，分析 Na^+ 与 Cl^- 在晶体中的状态；查阅氯化钠的熔点，感受 Na^+ 与 Cl^- 间强相互作用力。 1.3 动画展示 Na^+ 与 Cl^- 之间的静电作用过程，归纳总结离子键的成键微粒、成键本质；分析氯化钠晶体和氯化铯晶体结构模型，类比共价键的特征，分析离子键的特征；给出库仑定律公式，得出离子键强弱与阴阳离子所带电荷、离子半径大小的关系；预测氯化铯的物理性质。 1.4 从离子键的本质、强度等角度推测氯化钠的熔点、硬度、熔融状态和水溶液的导电性，以氯化钠为例。
	课时2：金属键。 情境：厨房中的铁锅、铝盆等金属炊具通常有金属光泽，有良好的导电性、导热性和延展性，这些性质与金属微观结构有哪些关系？	问题2.1 金属单质中金属原子之间是怎样结合的？ 问题2.2 金属键的成键微粒、成键本质与特征是什么？ 问题2.3 如何从金属内部的结构解释金属有金属光泽、导电、导热、延展性等典型物理特征？	2.1 展示金属晶体的结构模型图，从金属元素原子结构出发，结合电负性讨论金属原子能否以共价或离子键成键；依据"电子气理论"对金属单质的构成微粒及微粒间相互作用展开讨论。 2.2 归纳总结金属键的成键微粒、成键本质；分析金属晶体结构模型，类比离子键的特征，分析金属键的特征。 2.3 依据科学拓展，小组讨论金属有金属光泽、导电、导热、延展性的原因。

续表

单元	课时	问题	任务与活动
	课时3：配位键。情境：厨房煤气没关紧，出现泄漏后，人会出现一氧化碳中毒的危险，人体内究竟发生了什么反应？	问题3.1 NH_3与H^+结合形成新的化学键与离子键、共价键有何异同？该类型化学键形成的条件是什么？ 问题3.2 在Fe^{3+}、Cu^{2+}、Zn^{2+}、Ag^+、F^-、H_2O、NH_3、CO、CN^-中，哪些微粒提供孤对电子？哪些微粒可以提供接受孤对电子的空轨道？这两组微粒有什么共同特征？ 问题3.3 硫酸铜溶液中慢慢滴加氨水至过量，有什么现象？能否解释这种现象？向反应后溶液中滴加乙醇，有什么现象？能否判断并设计实验验证析出物质的成分？ 问题3.4 煤气中毒时，CO和O_2分子是通过什么作用与血红蛋白中的Fe^{2+}结合的？	3.1 用价电子对互斥理论分析NH_3、NH_4^+中心原子的杂化类型及分子（或离子）的空间构型。从成键微粒、成键方式、特征等角度与离子键、共价键进行对比，归纳总结配位键的形成条件。 3.2 寻找提供孤电子对和空轨道的两组微粒，根据两组微粒的特征，得出靠配位键形成的配合物的组成，中心原子和配体的特征。 3.3 动手实验，记录实验现象，利用配位键、配合物的知识解释实验现象。设计实验验证析出物质为$[Cu(NH_3)_4]SO_4$。 3.4 阅读"拓展视野"，了解血红蛋白中的配位键。
	课时4：分子间作用力——范德华力与氢键。情境：为什么水挥发会吸热？为什么冰会浮在水面上？	问题4.1 为什么水挥发会吸热？为什么酒精挥发吸热更多？ 问题4.2 水分子间存在着怎样的作用力？ 问题4.3 液体水结成冰，冰为什么会浮在水面上？ 问题4.4 为什么乙醇分子间作用力比水小，分子间作用力大小与什么因素有关？ 问题4.5 你能列举其他含氢键的物质吗？如果没有氢键，世界会变成什么样子？	4.1 将浸有水和酒精的棉球分别擦拭在手背上。从感官感受上升到理性认识，分析吸热差别的原因，从微观层面认识液体挥发的过程，引出范德华力和氢键。 4.2 小组合作，拼接模型——水分子间的氢键。认识氢键的本质。 4.3 小组合作，拼接模型——冰晶体的模型。利用模型分析氢键的特征。 4.4 设计实验，利用手持技术测量等量的正戊烷、正己烷、正庚烷、正丁醇液体挥发时温度下降速率。根据"知识支持"栏目的信息，结合实验结果找出分子间作用力大小的影响因素。

续表

单元	课时	问题	任务与活动
			4.5 列举含有氢键的物质，思考这些物质或者现象存在的重要意义，感受氢键对生活、自然、生命的重要作用。

2. 学习活动设计

课时 1　离子键

主题：厨房中的食盐（氯化钠）中的微粒相互作用与性质

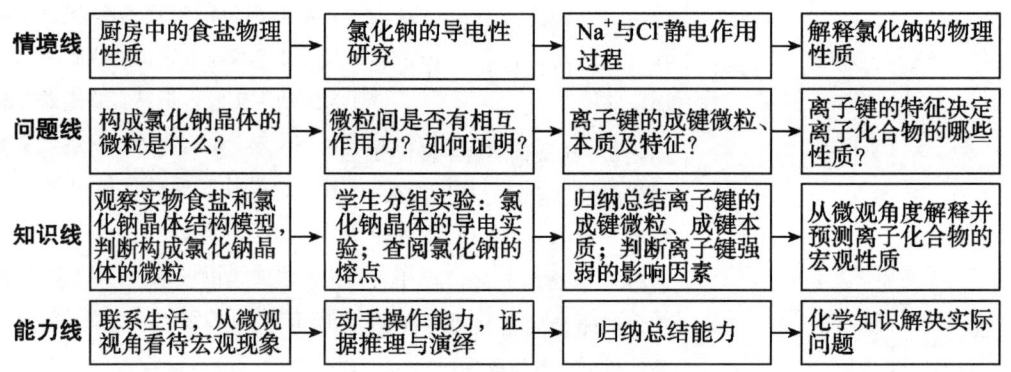

图 7-3-2

课时 2　金属键

主题：厨房中金属炊具的微粒相互作用与性质

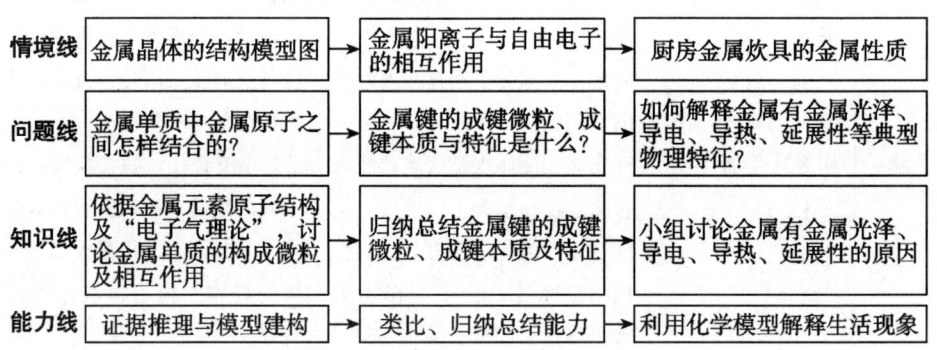

图 7-3-3

课时3　配位键

主题：厨房煤气泄漏导致的中毒现象与配位键

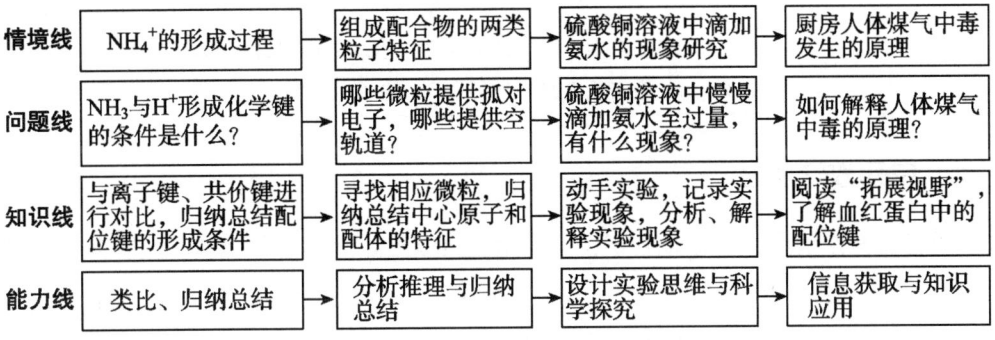

图 7-3-4

课时4　分子间作用力——范德华力与氢键

主题：冰浮于水面的微观探析之范德华力与氢键

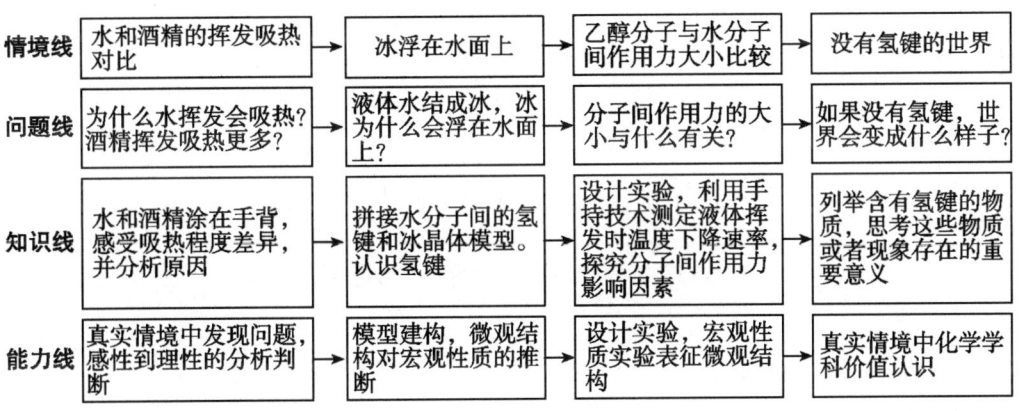

图 7-3-5

六、单元"教、学、评"一体化

课时	目标	活动与任务	评价方法
课时1	1.2 1.3	1.2 1.4	学生分组实验，小组展示实验现象和结论，并能分析出现象背后的原因，教师巡视，反馈；学生从微观角度解释并预测离子化合物的宏观性质，回答问题，教师分析反馈。
课时2	2.1 2.2	2.1 2.2 2.3	学生小组交流讨论，结合已学知识，能根据相关模型与理论得到构成金属的微粒、归纳总结出金属键成键本质与特点，解释金属具有金属光泽、导电等物理性质的原因，教师评价反馈。
课时3	3.1 3.2 3.4	3.2 3.3	学生动手实验，记录实验现象并汇报分析结果，教师巡视，反馈；学生小组合作，进一步设计并汇报实验方案，教师评价反馈。

续表

课时	目标	活动与任务	评价方法
课时 4	4.2 4.3	4.2 4.3 4.4	学生小组合作拼接模型，上台展示模型，并阐述"冰浮在水面上"的原因，教师评价反馈；小组合作设计实验，并利用手持技术实施实验方案，教师巡视，并及时指导反馈。

七、单元教学反思

本单元教学以厨房中的化学为引，引导学生重点关注厨房中的炊具、调味品和燃料引起的安全问题以及"冰浮在水面上"这一自然现象。从实际生活出发，引导学生发现问题，在经历老师的启发、与同伴的合作交流、资料的查阅、实验设计与实施下的探索与实证等过程中，获得对知识的理解、方法的领悟，在真实情境中的问题的解决与知识的应用过程中，发展思维能力与化学学科核心素养，同时也体会到化学学科的价值，提升对科学本质的理解与认同。在实际教学中，联系生活实际，可充分调动学生积极性，同时要注意引导学生深入思考，注重提升学生在实验设计与实施过程中的思维、表达与动手操作能力。

案例四　晶体的结构与性质

福建省厦门第二中学　阮雪丹

一、教学单元规划

晶体是物质最重要的凝结方式之一，随着科学技术的发展，人们对晶体的结构有了深入的认识，晶体结构的科学研究是以最基本的晶体结构知识为基石，高中化学教材中关于晶体结构的知识内容就是这个基石的组成部分。晶体结构相关理论的研究，有利于从本质上认识各种晶体的成分、结构及与其物理性质、形成条件等之间的关系，有利于学生建构"结构决定性质"的化学基本观念。《普通高中化学课程标准》和 2019 年高中化学新教材（鲁科版、人教版）对"晶体的结构与性质"的内容编排对比如下表。

课程标准及不同版本教材中"晶体的结构与性质"的内容编排对比

课程标准要求	鲁科版	人教版
了解晶体中微粒的空间排布存在周期性，认识简单的晶胞。借助分子晶体、共价晶体、离子晶体、金属晶体等模型认识晶体的结构特点。知道介于典型晶体之间的过	第 3 章 不同聚集状态的物质与性质 第 1 节 认识晶体 第 2 节 几种简单的晶体结	第三章 晶体结构与性质 第一节 物质的聚集状态与晶体的常识 第二节 分子晶体与共价

课程标准要求	鲁科版	人教版
渡晶体及混合型晶体是普遍存在的。知道在一定条件下，物质的聚集状态随构成物质的微粒种类、微粒间相互作用、微粒聚集程度的不同而有所不同。知道物质的聚集状态会影响物质的性质，通过改变物质的聚集状态可能获得特殊的材料。	构模型 第3节 液晶、纳米材料与超分子 微项目 青蒿素分子的结构测定——晶体在分子结构测定中的应用	晶体 第三节 金属晶体与离子晶体 第四节 配合物与超分子 整理与提升 实验活动 简单配合物的形成

两个版本教材对"晶体的结构与性质"内容的编排在同时删减了金属晶体的堆积模型之外，都保留了四类典型晶体的晶胞模型结构的分析，但新教材的侧重点并非认识四类晶体本身的结构特点，而是借助四类晶体结构的分析来认识晶体结构的周期性特点。基于此，两个版本新教材中都增加了X射线衍射实验，旨在让学生了解科学家认识物质结构的重要工具和途径就是借助晶体的X射线衍射技术来测定物质结构、测定分子结构，这也正是对晶体周期性结构的统摄性认识的体现。可见，两个版本新教材对"晶体的结构与性质"的编排与课程标准提出的内容要求是契合的，即引导学生在认识四类典型晶体结构中能够学会从物质的微粒种类、微粒间相互作用、微粒聚集程度三个维度对物质聚集状态进行多维的解释，从而建构晶体结构研究的基本思维模型。因此将"晶体的结构与性质"确定为一个教学单元是契合课标要求的。

二、单元教材教法分析

课程标准关于"晶体和聚集状态"的内容要求相比之前发生较多变化，除了将原子晶体修改成共价晶体，淡化删减一部分属于材料科学的内容（如晶胞参数、衍射指标）之外，更是将素养发展的关注点从四类晶体相关知识转移为借助四类晶体的概念模型认识晶体的周期性结构特点。可见，核心素养导向下的教学更加关注的是学生从化学学科知识中获取的能力发展。基于此，将"晶体的结构与性质"划分为具有内在逻辑的4个课时（如下表所示）：第1课时是认识晶体的一些基本常识，初步建构关于晶体的比较完整的知识结构和认知方法；第2、3课时是认识四类典型的晶体，旨在于借助四类晶体的概念模型来建构研究晶体结构域性质的基本思维模型；第4课时是认识晶体的复杂结构，将研究晶体结构和性质的思维模型应用于解决真实情境中的陌生晶体问题。4个课时围绕素养目标层层递进，逐步深入。

"晶体的结构与性质"教学单元课时划分与重难点分析

课时	内容	重难点
1	认识晶体	初步建构关于晶体的比较完整的知识结构和认知方法；晶胞的结构特点。

续表

课时	内容	重难点
2	金属晶体和离子晶体	从结构的角度对金属晶体、离子晶体的某些物理性质进行解释。
3	共价晶体和分子晶体	分析共价晶体、分子晶体的结构与性质特点；理解由两种不同的相互作用构成的晶体的区别与联系。
4	认识晶体的复杂结构	知道介于典型晶体之间的过渡晶体及混合型晶体是普遍存在的；将研究晶体结构和性质的思维模型应用于解决真实情境中的陌生晶体问题。

三、单元教学目标设计

"晶体的结构与性质"单元整体教学设计以晶体学发展为主线，让学生充分感知到关于晶体结构的研究是由感性到理性、由宏观到微观、由现象到本质的过程。对晶体结构理论知识发展历程的了解有助于学生空间想象能力与逻辑思维能力的培养，为学生形成积极的情感、正确的价值观提供素材。此外，本单元整体教学设计应该达到两个目标：第一，通过认识分子晶体、共价晶体、离子晶体、金属晶体的典型晶胞模型的结构特点，能够从物质的微粒种类、微粒间相互作用、微粒聚集程度三个维度对物质聚集状态进行三维有机的解释，建构研究晶体结构与性质的基本思维模型；第二，知道当前普遍存在的晶体是介于典型晶体之间的过渡晶体和混合型晶体，并能利用研究晶体结构和性质的基本思维模型（微粒种类、微粒间相互作用、微粒聚集状态三个维度解释物质性质）来解决真实情境中的陌生晶体问题。基于此，"晶体的结构与性质"教学单元目标与课时目标如下表。

单元目标	课时	课时教学目标
1. 知道晶体具有规则几何外形，说出晶体与非晶体的区别。 2. 了解晶体微观粒子规则排列，能从微观角度解释晶体的宏观外形（规则几何外形）。 3. 判断四类常见晶体的构成微粒、微粒间作用力，知道微粒间的作用力对物质的某些物理性质（熔沸点、硬度等）有影响。 4. 能识别常见晶体的结构模型，了解金属晶体、离子晶体、分子晶体、共价晶体的晶胞模型特点，建立晶胞知	1	1.1 通过观察天然晶体的外形，知道晶体具有规则几何外形，且知道晶体与非晶体的区别是微粒排列是否具有周期性。 1.2 通过 X 射线衍射实验了解晶体内部微粒的规则性排列，能从微观角度解释晶体具有规则几何外形的原因。 1.3 知道晶体是由无数个晶胞堆积形成的，能够对常见的晶胞模型进行简单计算确定晶胞中的微粒数。
	2	2.1 认识常见金属晶体结构，并能对不同晶胞模型进行简单计算（微粒数、配位数、空间利用率、密度等）。 2.2 认识常见 AB 型离子晶体的晶胞模型，能够对不同的晶胞模型进行简单计算（微粒数、配位数、空间利用率、密度等）。 2.3 理解晶格能的概念，能够利用晶格能来解释离子晶体熔点、沸点、硬度等性质的差异。 2.4 通过对金属晶体、离子晶体结构与性质的分析，初步理解微粒种类、微粒间相互作用、微粒的聚集程度对解释物质性质的重要性，初步建构研究晶体结构和性质的思维模型。

续表

单元目标	课时	课时教学目标
识网络模型。 5. 能根据陌生晶体宏观性质数据（证据）推测所属晶体类别，建构"结构决定性质"的学习思维模型。 6. 了解晶体学热点研究领域，建构化学学科价值观。	3	3.1 了解共价晶体概念，认识典型共价晶体（金刚石晶体、二氧化硅晶体、碳化硅晶体等）的结构特点，能进行简单的晶胞计算。 3.2 能够从共价键的键能来解释共价晶体的物理性质（熔点、硬度等）的差异。 3.3 了解分子晶体的概念，认识典型分子晶体（碘晶体、干冰晶体、水晶体等）的结构特点，能进行简单的晶胞计算。 3.4 能够从分子间作用力的角度来解释分子晶体的物理性质（熔点、硬度等）的差异。 3.5 通过对共价晶体、分子晶体结构与性质的分析，进一步理解微粒种类、微粒间相互作用、微粒的聚集程度对解释物质性质的重要性，进一步完善研究晶体结构和性质的思维模型。
	4	4.1 理解晶体结构的复杂性，知道当前普遍存在的晶体是介于典型晶体之间的过渡晶体及混合型晶体。 4.2 能够对陌生晶体的晶胞结构进行微观分析，并从微粒种类、微粒间相互作用、微粒的聚集程度三个维度来预判陌生晶体的类型，从而预测物质的性质，从而将研究晶体结构和性质的思维模型应用于解决真实情境中的陌生晶体问题。

四、教学起点分析

"晶体的结构与性质"单元的学习之前，在必修阶段和选择性必修 2 的前两章的学习中学生已经能够从微观角度来研究微粒结构以及微粒间相互作用，但是学生的这些知识储备是相对零散的，没有将核心概念进行有机融合和内化。因此"晶体的结构与性质"单元的教学要促使学生从相对孤立、微观地认识构成物质的微观粒子发展到宏观认识物质的聚集状态和性质，从而使得学生建立系统、完整的物质结构观。

"晶体的结构与性质"教学起点分析

教学起点	教学策略
知识基础：原子结构与元素性质、微粒间的相互作用（离子键、共价键、分子间作用力）。	借助四种类型晶体的结构分析将学生已有的、零散的知识串成有内在逻辑关系的知识线。
前概念：相邻的阴、阳离子通过离子键形成离子化合物；相邻原子间通过共价键（共用电子对）形成共价化合物或者单质；金属内金属阳离子与自由电子之间存在金属键，分子之间普遍存在分子间作用力。	引导学生从物质微粒、微粒间相互作用来分析四类晶体的晶胞模型。

续表

教学起点	教学策略
可能的学习困难：借助四类晶体结构的分析来认识晶体结构的周期性特点；从物质的微粒种类、微粒间相互作用、微粒聚集程度来解释物质聚集状态。	从物质的微粒种类、微粒间相互作用、微粒聚集程度三个维度对物质聚集状态进行三维有机的解释。

五、单元学习活动设计

1. 单元教学进阶设计

"晶体的结构与性质"教学单元的核心思想是借助四种晶体类型认识晶体结构的周期性特点，并且课程标准指出了介于典型晶体之间的过渡晶体、混合型晶体是普遍存在的，真实晶体远远比四种晶体模型复杂得多。因此，在该教学单元中，以四种晶体为例，认识晶体结构的特点以及认识晶体对于研究物质结构的意义是非常重要的。"晶体的结构与性质"单元教学进阶设计如图7-4-1。

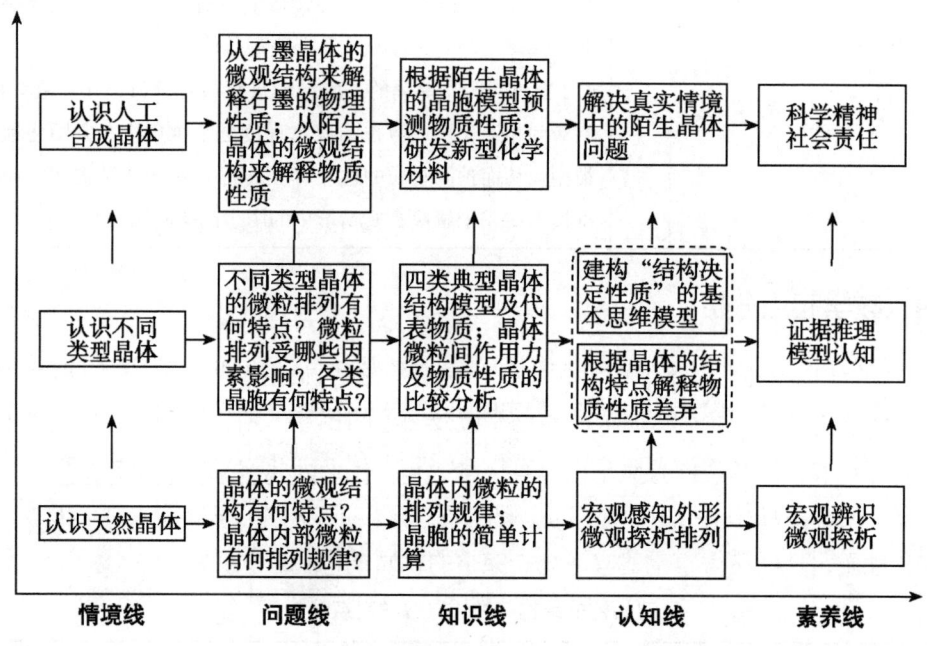

图7-4-1 "晶体的结构与性质"单元教学进阶设计

2. 教学活动设计

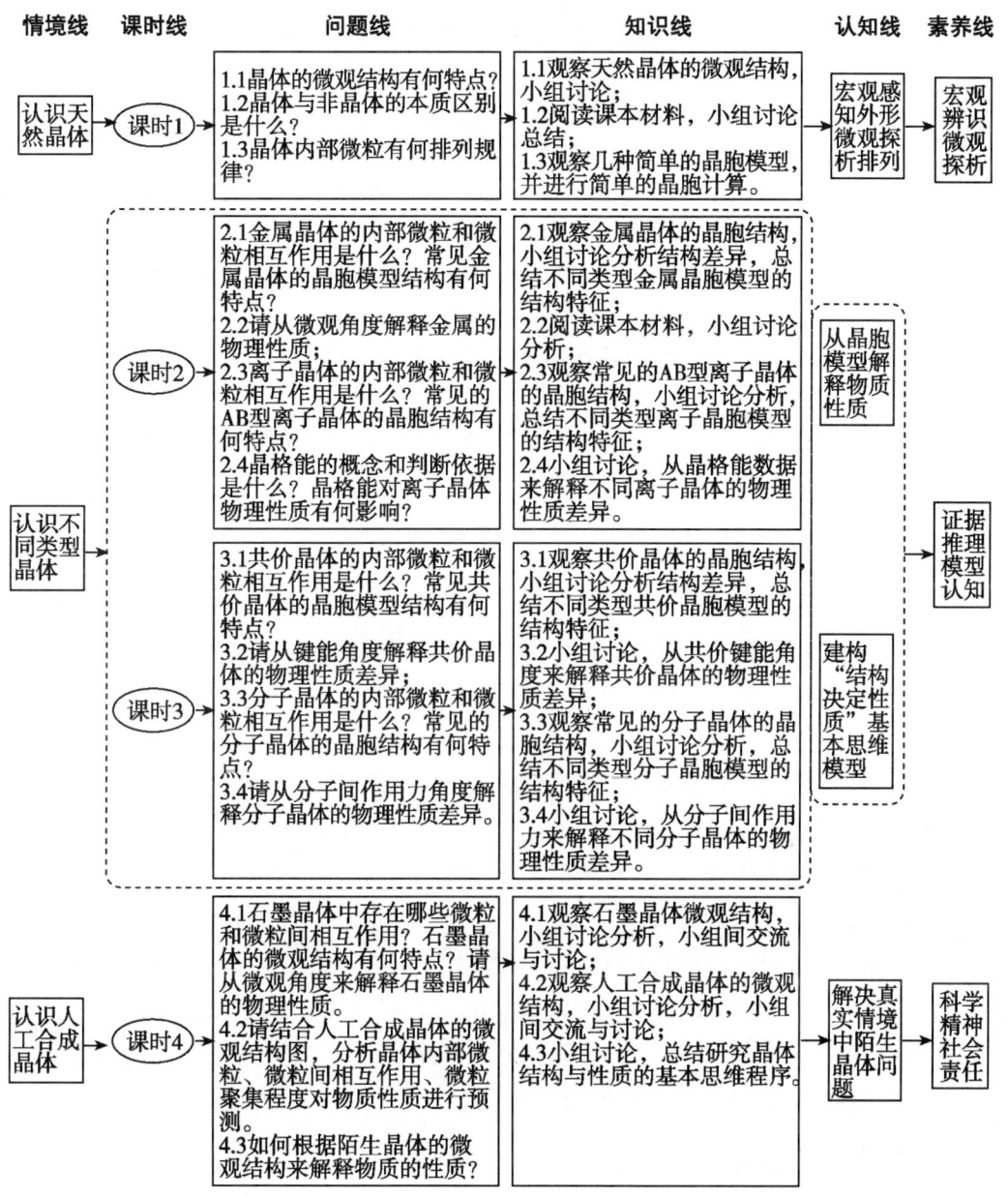

图 7-4-2 "晶体的结构与性质"单元教学活动设计

六、单元"教、学、评"一体化

课时	目标	活动	评价方法
课时 1	1.1	1.1	小组代表回答晶体内部微粒排列的周期性特点,小组讨论晶体与非晶体结构的本质性区别,老师反馈。
	1.2	1.2	
	1.3	1.3	学生用黑板或者多媒体展示自己的晶胞计算过程,老师反馈。

续表

课时	目标	活动	评价方法
课时2	2.1	2.1 2.2	学生阅读金属晶体的晶胞模型图后进行小组讨论，小组代表发言，小组之间交流互补，老师反馈。
	2.2 2.3	2.3 2.4	学生阅读离子晶体的晶胞模型图后进行小组讨论，小组代表发言，小组之间交流互补，老师反馈。
课时3	3.1 3.2	3.1 3.2	学生阅读共价晶体的晶胞模型图后进行小组讨论，小组代表发言，小组之间交流互补，老师反馈。
	3.3 3.4	3.3 3.4	学生阅读分子晶体的晶胞模型图后进行小组讨论，小组代表发言，小组之间交流互补，老师反馈。
课时4	4.1	4.1	学生阅读石墨晶体的晶胞结构图后进行小组讨论，小组代表发言，小组之间交流互补，老师反馈。
	4.2	4.2 4.3	学生阅读人工合成晶体的结构图后进行小组讨论，小组代表发言，小组之间交流互补，老师反馈。

七、单元作业设计

本作业设计围绕"晶体的结构与性质"进行，知识点涵盖晶胞的结构特点、简单的晶胞计算、四类典型晶胞（分子晶体、共价晶体、离子晶体、金属晶体）模型的结构特点和性质差异，旨在帮助学生，引导学生从物质的微粒种类、微粒间相互作用、微粒聚集程度三个维度对物质聚集状态进行三维有机的解释，并能利用研究晶体结构和性质的基本思维模型（微粒种类、微粒间相互作用、微粒聚集状态三个维度解释物质性质）来解决真实情境中的陌生晶体问题。整份单元作业设计由4份课时作业和1份单元评价作业组成，课时作业以晶体学的发展为线索，从认识天然晶体、认识不同类型的晶体、认识人工合成晶体三个情境出发，围绕晶体的结构、晶体的简单计算、四类典型晶胞（分子晶体、共价晶体、离子晶体、金属晶体）模型的结构特点和性质差异等核心知识设计习题，促使学生逐步构建研究晶体结构与性质的基本思维模型，并将其应用与解决真实情境中的陌生晶体问题。课时作业对核心知识进行拆解与组合，对关键能力的训练逐步进阶，对逻辑思维进行提升，使学生逐步达到单元评价作业的检测要求。

八、单元教学反思

"晶体的结构与性质"单元的教学打破了传统教学的习惯，真正实现了从单课时教学走向单元教学。这样的设计避免了传统课时教学中知识点的孤立学习和机械学习，有利于教学过程的设计和实施，提高了教学质量和效率。本单元以晶体学发展为单元主线，围绕着晶体结构与性质的基本思维模型展开对晶胞的结构特点与简单计算、四类典型晶胞（分子晶体、共价晶体、离子晶体、金属晶体）的结构特点和性质差异的学习。本单元重在引导学生从物质的微粒种类、微粒间相互作用、微粒聚集程度三个维度对物质聚集状态进行三维有机的解释，促进学生形成结构决定性质的基本思维模型，从而对《物质的结构与性质》模块的学习基本思维模型进行有效性和针对性的提炼。

第八章 高中"有机化学基础"单元整体教学案例

案例一 乙醇 醇类

北京市第二十中学 孙慧娇

一、教学单元规划

"醇类"是含有羟基的重要化合物,其典型代表物"乙醇"同生活密切相关。必修阶段"乙醇"的教学对学生的要求是:根据具体物质间发生的反应总结物质类别,根据物质类别推测物质性质,感性认识有机物的性质受某些因素的影响。选择性必修阶段"醇类"的教学对学生的要求是:依据化学键断裂方式认识有机物性质,将有机反应视为化学键连接的变化,理解反应选择性出现的原因,依据化学键的特点预测有机物可能发生的反应。从认识角度和方式来看,学生认知的结构层次需要经历从具体物质层面到化学键层面的提升,在教学的过程中需要搭建台阶,帮助学生认识结构与性质的联系,从而形成结构分析性质的思路,因此采取单元整体教学是一种有效的形式。采用单元整体教学的优势是外显"结构决定性质,性质决定应用"的学科大概念,在知识上保持连续,在认识方式和角度上逐渐上升,最终可以形成研究有机物化学性质的一般思路,从而为学习其他有机物提供方法指导。

《普通高中化学课程标准》和2019版高中化学新教材(鲁科版、人教版)对"乙醇 醇类"的内容编排对比如下表所示。

课程标准及不同版本教材(2019版)"乙醇 醇类"的内容编排

课程标准相关内容的要求	鲁科版	人教版
必修 主题4 简单的有机化合物及其应用 4.1 有机化合物的结构特点 以乙醇为例认识有机化合物的官能团。	必修2 第3章 简单的有机化合物 第3节 饮食中的有机化合物	必修2 第七章 有机化合物 第三节 乙醇和乙酸

续表

课程标准相关内容的要求	鲁科版	人教版
4.2 典型有机化合物的性质 认识乙醇的结构及其主要性质与应用；结合典型实例认识官能团与性质的关系，知道氧化、加成、取代、聚合等有机反应类型。知道有机化合物之间在一定条件下是可以转化的。 选择性必修3 主题2 烃及其衍生物的性质与应用 认识醇的组成和结构特点、性质、转化关系及其在生产、生活中的重要应用。	选择性必修3 第2章 官能团与有机化学反应 烃的衍生物 第2节 醇和酚	选择性必修3 第三章 烃的衍生物 第三节 醇和酚

两个版本的教材在必修阶段都将乙醇作为与生活密切相关的有机物学习，设置的知识内容主要包括乙醇的物理性质、化学性质（乙醇与金属钠的反应、乙醇的燃烧、乙醇的催化氧化），乙醇的组成、结构及羟基。选修阶段，人教版侧重基于官能团角度学习物质性质；鲁科版在学习"醇类"之前探究了"有机化合物结构与性质的关系"，分析了"有机化学反应类型"。基于课程标准中"突出结构特征分析"的教学策略提示，在"乙醇 醇类"单元教学设计中，围绕"结构决定性质，性质决定应用"的学科基本概念，首先从乙醇在生产、生活中的实际应用分析其性质，初步认识官能团对性质的影响；然后以乙醇为知识载体建立结构与性质的联系，形成从化学键视角分析结构的认识思路；最后在醇类的学习中建立"结构分析—预测性质—性质验证—性质确定"的研究有机物化学性质的一般思路。

二、单元教材教法分析

"乙醇"在必修阶段人教版的内容编排的顺序是：乙醇的物理性质→乙醇与金属钠的反应→乙醇的结构、羟基与官能团→乙醇的氧化反应（乙醇的燃烧、乙醇的催化氧化）；鲁科版的编排是：①从乙醇的存在和用途引入，依次呈现物理性质、分子组成和结构、化学性质；②化学性质中分别介绍了乙醇的燃烧反应、乙醇与金属钠的反应、乙醇被氧化为乙醛的反应；③补充材料介绍了饮酒的利弊。"醇类"在选修阶段，人教版和鲁科版的编排有较大区别。课程标准的中对"醇类"的学习要求是"认识醇的组成和结构特点、性质、转化关系及其在生产、生活中的重要应用"，这是基于必修2模块中"乙醇"的学习要求"认识乙醇的结构及其主要性质与应用"提出的。可见醇类知识的学习能够丰富学生的认识对象，能使学生通过操作与醇类性质相关的实验，观察思考相应的实验现象和过程，完善醇类性质的相关认识角度。另外，醇类对于之前的烷烃、烯烃以及之后的醛、羧酸而言，属于化学性质比较丰富的一类物质，其反应过程中涉及的断键情况也相对复杂，对于完善有机物反应类型和组成结构两方面的认识方式和认识角度也有着重要意义。

结合教学内容和课程标准的要求，如何在教学过程中反映"结构决定性质，性质决定用途"的学科核心概念是我们需要考虑的问题，因此在"乙醇　醇类"单元整体教学设计中应从认知价值、发展价值、工具价值几个角度关注单元内容的教学价值。在认知层面上，应从组成与结构特点（官能团、化学键）、性质、用途等角度，丰富对有机物的认识。在发展层面上，首先结合"最近发展理论"，从学生现有的水平入手，从生产、生活实际的角度认识乙醇的化学性质，通过对比乙烷的性质，帮助学生认识到可以根据物质类别（官能团）推测物质性质；然后通过分析反应前后化学键的变化情况，引导学生从化学键的角度分析乙醇的结构，进而解释乙醇具有某些性质的原因，建立结构与性质的关系；最后应用从化学键的角度分析结构的认识思路，带领学生体会"结构分析—预测性质—性质验证—性质确定"的研究有机物化学性质的一般思路。在工具价值层面上，在学习"醇"的过程中依次提供研究典型物质的方法，分析结构的角度，最后上升到研究有机物化学性质的一般方法，可以作为后续研究其他陌生有机物的方法，让学生在后续学习有机化学过程中有法可依。

三、单元教学目标设计

单元目标	课时	课时教学目标
1. 能够掌握醇类的组成和结构特点、化学性质、转化关系及其在生产、生活中的重要应用。 2. 建立从化学键的视角进行结构分析，对有机物可能的断键部位进行说明论证；能够基于化学键、结合各类型有机反应规律，对有机物性质进行完整预测；形成"结构分析—预测性质—性质验证—性质确定"的研究陌生有机物化学性质的一般思路。	1	1.1 掌握乙醇的结构、主要化学性质，了解乙醇的用途。 1.2 能够根据乙醇在生活中实际应用的资料，预测乙醇的物理和化学性质；能够根据预测设计实验方案验证乙醇的化学性质，并规范地完成探究实验。 1.3 通过分析乙醇发生反应的主要基团，建立官能团与物质性质的关联。
	2	2.1 能够从化学反应实质的角度分析乙醇能够发生反应的类型。 2.2 能够从是否饱和、是否具有极性、基团之间的相互影响的角度分析乙醇的结构，掌握分析有机物结构的基本思路。 2.3 建立结构与性质的联系，应用分析有机物结构的基本思路解释乙醇具有某些性质的原因。
	3	3.1 掌握醇类的组成、结构特点、性质、转化关系、应用。 3.2 能够基于结构分析预测醇类物质的性质，能够基于性质实现醇类物质与其他类别有机物间的转化。 3.3 掌握"结构分析—预测性质—性质验证—性质确定"的研究有机物化学性质的一般思路。

四、学情分析与教学策略

学生已有的知识经验	1. 对乙醇的了解：基于初中的学习和生活经验，学生已经知道乙醇的元素组成和分子式，知道乙醇易溶于水，可以做燃料、溶剂等。 2. 基于甲烷、烷烃、乙烯、苯等内容的学习，学生对有机物中碳的成键特点及有机物的性质等有所了解，知道了甲烷能够发生取代反应，乙烯能够发生加成反应等，并且初步体验了"通过实验了解有机物性质、通过有机物结构特点认识其性质"的学习思路。 3. 基于之前的学习，学生掌握了共价键的分类，以及化学反应的实质。
学生的学习需要	1. 掌握醇类的组成、结构特点、性质、转化关系、应用。 2. 能够基于结构分析预测醇类物质的性质，能够基于性质实现醇类物质与其他类别有机物间的转化。 3. 掌握"结构分析—预测性质—性质验证—性质确定"的研究有机物化学性质的一般思路。
学生学习可能会遇到的问题	1. 不能建立"性质反映结构""结构决定性质"的对应关系。 2. 不具备从官能团和化学键角度分析有机物结构的系统的认识思路。 3. 没有形成"结构分析—预测性质—性质验证—性质确定"这一研究陌生有机物化学性质的一般方法。
教学策略	1. 单元课时设置上采用"由特殊到一般"的方法，能力要求螺旋上升。 围绕"结构决定性质，性质决定用途"的学科基本概念，首先从乙醇在生产、生活中的实际分析其性质，初步认识官能团对性质的影响；然后以乙醇为知识载体建立结构与性质的联系，形成从化学键视角分析结构的认识思路；最后在醇类的学习中建立"结构分析—预测性质—性质验证—性质确定"的研究有机物化学性质的一般思路。 2. 最近发展理论。 从学生已有的知识经验出发，采用目标引领、任务驱动、问题引导的教学方法，设置丰富的学生活动，为学生完成学习目标搭建适合的台阶：比如让学生体会"从用途推断性质""建立结构与性质联系""从结构预测性质"的学习过程，活动上经历完整的科学探究的过程。 3. 充分挖掘醇类的生产、生活实际，关注物质的社会价值。 以真实的问题情境作为教学的情境线索或活动素材，以学生的认识能力发展和学科素养发展为整体目标，按照真实问题的解决过程设计活动，使学生在解决问题的过程中内化有机认识模型，体会科学家解决真实问题的步骤和有机化学对于人类发展的重要价值。

五、单元学习活动设计

1. 教学内容划分

首先，根据乙醇在生活中实际应用的资料，预测乙醇的物理和化学性质；能够根据预测设计实验方案验证乙醇的化学性质，并规范地完成探究实验；再通过分析乙醇发生反应的主要基团,建立官能团与物质性质的关联;然后,从化学反应实质的角度分析乙醇与钠反应、乙醇的催化氧化反应的原因,引导关注乙醇的化学键,建立从化学键角度分析乙醇结构的认识思路(碳原子的饱和程度、共价键的极性、临近基团对化学键的影响),应用思路解释乙醇能发生消去反应的原因;最后给出含醇羟基的陌生有机物片段,基于结构分析预测醇类物质的性质,基于性质实现醇类物质与其他类别有机物间的转化,并掌握"结构分析—预测性质—性质验证—性质确定"的研究有机物化学性质的一般思路。

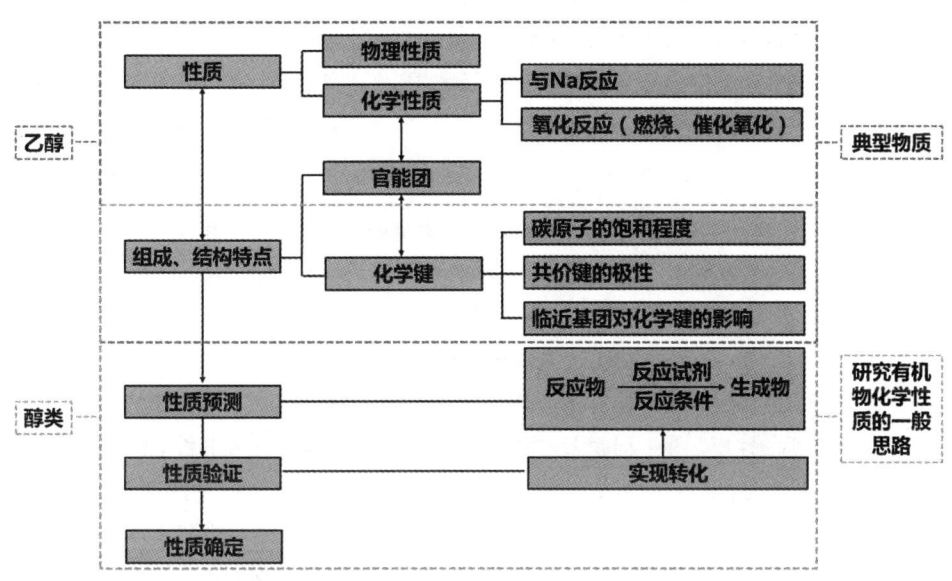

图 8-1-1 "乙醇 醇类"知识内容教学框架

2. 教学过程设计

单元	课时	问题	任务与活动
单元大背景:乙醇、醇类性质的研究。单元大问题:如何研究乙醇、醇类的化学性质?研究有机物化学性质的一般思路是什么?	课时1:乙醇1。情境:乙醇在生产、生活实际中的用途。问题:乙醇的物理、化学性质有哪些?	问题1.1 乙醇有哪些物理、化学性质?问题1.2 如何设计实验验证乙醇的化学性质?问题1.3 乙醇为什么有这些性质?	任务1.1 阅读所给资料卡片并结合生产、生活实际梳理乙醇的物理性质,并预测其可能具有的化学性质。任务1.2 根据预测选择合理的试剂验证乙醇的化学性质(设计实验方案—预测实验现象—动手实验—完成方程式)。任务1.3 对比乙烷、乙醇的结构,分析乙醇能在人体内先转化为乙醛,再转化为乙酸,最终转化为 CO_2 和 H_2O 的原因。

续表

单元	课时	问题	任务与活动
	课时2：乙醇2。情境：如何建立乙醇性质和结构的联系。问题：从结构角度分析乙醇为什么具有这些性质？	问题2.1 乙醇在钠反应和催化氧化反应中断裂哪些化学键？ 问题2.2 乙醇中哪些化学键容易断裂，为什么？ 问题2.3 请你从化学键视角分析结构，预测性质。	任务2.1 从化学反应实质（断键、成键）角度分析乙醇能与钠反应、乙醇能发生催化氧化反应的原因。 任务2.2 从化学键角度分析乙醇的结构，并梳理分析有机物结构的认识思路。 任务2.3 结合资料卡片和实验事实继续分析乙醇的结构，标出可能断键的部位，并说明反应类型。
	课时3：醇类。情境：视黄醇为什么具有如此多的功效？问题：请你预测醇类物质的性质，并设计实验进行验证。	问题3.1 醇类片段中可能断键的部位有哪些？ 问题3.2 从结构角度预测醇类可能具有的性质，如何设计实验验证？ 问题3.3 视黄醇为什么具有如此多的功效呢？	任务3.1 分析所给的醇的结构片段，标出可能断键的部位，并说明理由。 任务3.2.1 预测性质，小组交流，组长汇报并说明依据。 任务3.2.2 寻找证据，概括性质。 任务3.3 在分析了视黄醇的关键结构片段，预测并论证了视黄醇的性质后，你觉得视黄醇的这些性质可能体现视黄醇的哪些功效？

3. 学习活动设计

课时1　乙醇1

主题：围绕"用途反映性质，性质反映结构"展开讨论

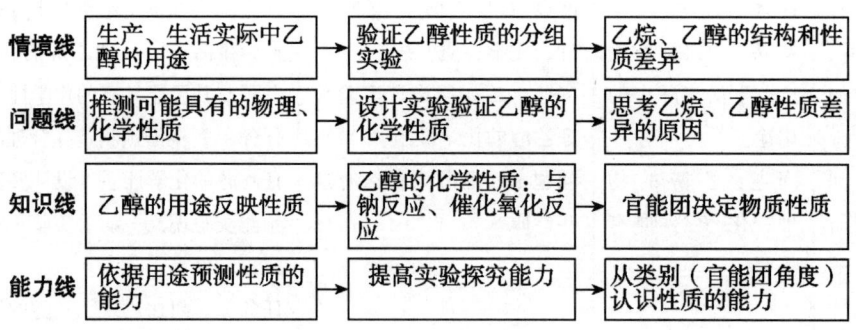

图 8-1-2

课时 2　乙醇 2

主题：围绕"性质反映结构，结构决定性质"展开讨论

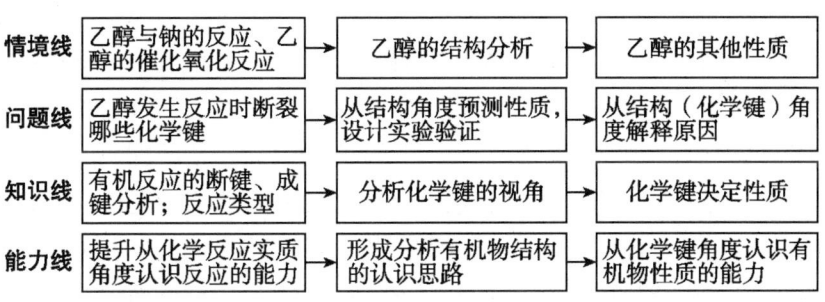

图 8-1-3

课时 3　醇类

主题：围绕"研究有机物化学性质的一般思路"展开讨论

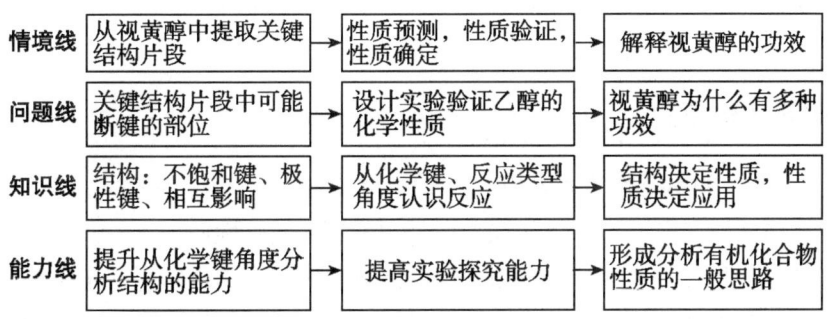

图 8-1-4

六、单元"教、学、评"一体化

课时	目标	活动与任务	评价方法
课时 1	1.2 1.3	1.1 1.2 1.3	能根据已有信息预测物质性质，能设计实验验证物质性质（试剂选择、现象预测、寻找证据、书写反应的化学方程式）。 能从类别（官能团）角度认识物质性质。
课时 2	2.1 2.2	2.1 2.2	能够建立结构与性质的联系，从化学键视角（是否饱和、是否具有极性，基团之间的相互影响）分析有机物结构，认识有机反应类型。
课时 3	3.2 3.3	3.1 3.2 3.3	基于化学键（断键部位）预测化学性质。 考虑成断键部位与有机反应类型间的关系。 学生在预测性质时的分析思路，是基于之前乙醇的性质进行类比，还是基于结构分析中的断键部位的极性，预测可能的反应类型，再根据具体的试剂和条件，得出精准的反应产物。 学生通过观察现象、寻找证据，概括性质的能力。

七、单元作业设计

本单元作业设计围绕"乙醇 醇类"这一教学主题进行，由2份课时作业和1份单元作业组成。知识点涵盖：醇的组成、结构，醇的化学性质，官能团的相互转化，实验方案的设计等。课时作业包括醇的用途、化学性质、方程式的书写、羟基的检验、涉及醇的不同物质之间的转化、简单的合成路线设计。目的是让学生进一步巩固醇的性质，落实基本知识与基本技能，提升学生的实验设计能力。单元作业则以真实问题情境为载体，考查学生对以上知识的迁移应用能力：比如为理解在一定条件下通过加成反应可以实现碳碳双键与羟基的转化、通过酯化反应可以实现酯基的生成，可以以中学课本中常见的两个有机反应（乙烯与水的加成、乙酸与乙醇的酯化反应）为情境载体，以加成反应和酯化反应原理为线索，在描述碳碳双键与水加成生成羟基、羟基与羧基生成酯基的过程中感受有机化学中官能团的转化，加深对有机化合物官能团之间转化的理解；再如可以以乙醇与钠和乙酸的反应为情境载体并进行适当变化，将乙醇的分子式和实验现象设置为情境，训练物质推导、结构简式的书写、反应的化学方程式的书写。

八、单元教学反思

"乙醇 醇类"的单元整体教学以"结构决定性质、性质决定应用"的学科大概念为统领：在第1课时以乙醇的应用为起点，通过"预测性质—性质验证—性质确定—性质分析"的学习活动，构建"应用反映性质、性质反映结构"的学科概念，可以为后续学习其他典型有机物提供方法指导。在第2课时以乙醇的性质为分析起点，从化学键的视角帮助学生形成分析有机物结构的认识思路同时关注到有机反应类型，发展学生对有机物结构的认识。在第3课时给出陌生物质视黄醇的结构和功效，从视黄醇的关键结构片段的分析出发，通过"预测性质—性质验证—性质确定—性质分析"的学习活动，构建"结构决定性质、性质决定应用"的学科观念，可以为后续学习一般有机物的性质提供思路方法。

在后续醛、羧酸、酯的教学过程中，可以"乙醇 醇类"的单元整体教学设计为参考，根据课程标准的要求和学生的不同学习阶段，通过增加其内容维度、认识深度和复杂性来反复呈现大概念，以持续、递进的方式来促进学生的理解和迁移应用。

案例二 醇和酚

北京市第四中学 余 洁

一、教学单元规划

"醇和酚"是高中化学选择性必修3《有机化学基础》的核心内容之一，是高二年级学生学习有机化学的重要内容。醇和酚都以羟基为官能团，是烃的衍生物中的重要部分，共同组成单元整体教学。这部分共安排两课时，其中第1课时为醇，第2课时为酚。

化学教育的核心目标是培养和发展学生的化学素养，有机化学的核心思想是"结构决定性质，性质反映结构"，要求学生形成有机化学的思想和方法，并进一步揭示化学学习的价值，侧重于培养学生宏观辨识与微观探析、证据推理与模型认知的核心素养。化学学科核心素养目标的落实，需要进一步增进化学学科理解，从学科本原上认识化学知识中所蕴含的学科本原性问题以及解决本原性问题的学科思维方式和方法。《普通高中化学课程标准》指出"官能团、碳原子的饱和性和化学键的极性对有机物的性质具有决定作用"。基于此，本单元教学设计注意从有机物结构这个学科核心问题出发，引导学生建立"组成、结构决定性质"的基本观念，形成基于官能团、化学键与反应类型认识有机化合物的一般思路，根据有机化合物结构、预测性质、实验验证的相关知识，发展化学学科核心素养。

《普通高中化学课程标准》和2019版高中化学新教材（鲁科版、人教版）对"醇和酚"的内容编排对比如下表所示。

课程标准及不同版本教材（2019版）中"醇和酚"的内容编排

课程标准相关要求	鲁科版	人教版
1.3 有机化合物中的化学键 认识有机化合物分子中共价键的类型、极性及其与有机反应的关系，知道有机化合物分子中基团之间的相互影响会导致键的极性发生改变，从化学键的角度认识官能团与有机化合物之间是如何相互转化的。 2.2 烃的衍生物的性质与应用 认识醇、酚的组成和结构特点、性质、转化关系及其在生产、生活中的重要应用。	第2章 官能团与有机化学反应 烃的衍生物 第2节 醇和酚 一、醇概述 二、醇的化学性质 1. 羟基的反应 2. 羟基中氢的反应 3. 醇的氧化 三、酚 1. 苯环对羟基的影响 2. 羟基对苯环的影响	第三章 烃的衍生物 第二节 醇 酚 一、醇 1. 取代反应 2. 消去反应 3. 氧化反应 二、酚 1. 酸性 2. 取代反应 3. 显色反应

二、单元教材教法分析

受原有课程设置的局限，大多数原来选修有机化学基础模块的学生没有学习物质结构与性质模块，这使教学受到了一定程度的限制，难以从更深层次对代表性有机物的分子结构进行分析。导致从前的教学大多只关注官能团性质的教学，将"结构决定性质"当做一种结论性的知识传授给学生。学生对应用结构分析、研究有机物性质的方法有一定的认识，但仅仅局限在基于典型代表物、个别具体反应事实和方程式的记忆水平上，难以突破对官能团的依赖。如果不将结构的内涵打开，学生的认知能力可能也就停留在这个水平。而新的课程设置解决了这一矛盾，修订后的教材在物质结构与性质模块相关知识的基础上,分析共价键的类型(σ键和π键)与键的极性对有机物性质和有机反应的影响。从结构出发,具体分析代表性分子中碳原子的成键方式和化学键类型,使学生能在结构分析的基础上认识有机物的性质,提高学科理解层次。

烃的衍生物中杂原子的引入,使有机物中的共价键产生极性,基团之间进一步相互作用,从而对有机物的性质和有机反应产生影响。从化学键极性的角度对断键、成键的部位和可能发生的化学反应进行预测和解释,体现有机物结构与性质关系中的"电子效应"。以酚的教学为例,其特征基团有羟基和苯环,通过结构分析,让学生认识到羟基是一个极性键,易断裂,苯环具有不饱和性。苯酚的性质不仅受羟基和苯环的影响,还取决于羟基和苯环的相互作用电子效应的影响,就能够很好地解释和预测苯酚的物理、化学性质,更好地从学科本源出发落实知识和素养目标。

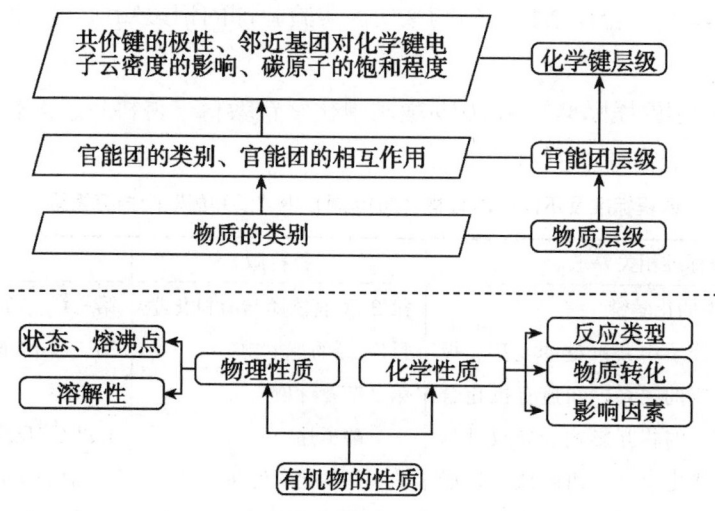

图 8-2-1　学生认识有机物性质的发展层级

在本单元整体教学设计中,明确了中学阶段有机物结构与性质的关系——官能团、碳原子的饱和性和化学键的极性对有机物的性质具有决定作用。因此在教学中,基于化学键分析官能团,分析基团之间的相互影响,找到断键的位置,从而与有机物的化学性质建立联系,发展学生认识有机物性质的层级。结合具体的教学课例"建构有机物结构与性质关系模型—醇"和"应用有机物结构与性质关系模型—酚",解读和解构了这一核心认识,并提出了有机物结构与性质的教学策略,如图 8-2-1 所示。学生在建构模型和应用模型的过程中,体会基于化学键水平的结构分析对解释和预测有机物性质的功能价值。

三、单元教学目标设计

从学生的认识发展过程来看,本单元教学设计是为了实现从具体物质的宏观认识层级向基于官能团和化学键的微观认识层级发展的教学目标。建立结构分析模型,是为了解决学生看有机物要看什么,认识有机物意味着认识什么的问题,这将对整个有机化学的学习起着至关重要的作用,将决定整个有机化学的认识水平。在有机化学基础模块学会从化学键层级认识有机物的结构与性质，有利于学生建立有机物的结构分析模型和性质预测模型。因此，本单元教学着重解决以下问题：为什么要从化学键层级去认识有机物性质？如何从化学键层级认识有机物性质？通过解决这些教学关键问题，可帮助学生建立起有机物的结构与性质之间的联系，形成从化学键层级分析解释、预测有机物性质的思路和方法。

本单元教学提出构建有机物结构与性质分析模型，利用化学键特点反映有机物的结构与性质之间的本质关系，引导学生深入到比官能团更深层次的原子之间的化学键去认识结构，应用模型将键的类型、特点和有机物的结构、性质联系起来，并将其应用到分析方法中，将相同和不同层级的认识角度构建成为结构分析模型，实现概念的功能化、动态化。学生应用模型形成对有机物结构的分析思路，可以指导整个有机化学模块的学习。

基于此，本单元的单元目标和课时教学目标如下表所示。

"醇和酚"单元目标和课时目标

单元目标	课时	课时教学目标
1. 理解有机物成键特点及其与结构、性质的关系；发展从化学键层级分析解释、预测有机物性质的思路和方法。 2. 建立学习有机物结构与性质的关系，帮助学生建立从宏观性质到微观结构的联系，深入理解结构决定性质的学科思想。 3. 构建完整的结构分析模型，并应用模型分析具体物质，形成分析有机物结构的思路和方法。	1	1.1 通过分析已学过的乙醇物理性质和化学性质的知识，从化学键、官能团、物质等多层级认识乙醇性质。通过新旧知识的联系，培养学生知识迁移、扩展能力，激发学习兴趣，提升宏观辨识与微观探析的核心素养。 1.2 从化学键极性的角度分析、推测乙醇可能具有的新化学性质，从结构和化学实验来认识乙醇的消去反应和取代反应。 1.3 通过乙醇和浓硫酸在不同反应条件下生成不同物质的实验，感受到物质变化是有条件的，认识到在生产中控制条件的重要性。 1.4 通过设计实验、干扰因素的讨论，培养学生科学探究与创新意识的核心素养。 1.5 发展认识有机物性质和反应的三个层级：具体物质层面→官能团层面→化学键层面，发展宏观辨识与微观探析、证据推理与模型认知的化学学科核心素养。
	2	2.1 应用研究有机化合物性质的一般思路和方法：结构分析—性质预测—性质验证—确定性质，建立有机物的结构与性质之间的联系。 2.2 应用学生认识有机物性质发展层级模型，通过对苯酚微观认识层级的分析（官能团、碳原子的饱和性和化学键的极性、基团间的相互影响），体会研究陌生有机物性质的方法；通过结构分析、预测、验证等环节，形成对苯酚物理、化学性质的认识。 2.3 通过设计实验验证寻找证据，确认预测的正确性，证明化学键的断裂与形成，体现有机物结构与性质关系，诊断并发展学生建立证据推理的能力。

四、教学起点分析

"醇和酚"的内容,建立在必修 2 "乙酸" "有机化合物的结构特点与研究方法" 的教学基础上,对于"醇和酚"教学起点分析如下表。

"醇和酚"教学起点分析

教学起点	相应的利用策略
已有相关知识经验:1. 必修 2 中,学生对乙醇的物理、化学性质有了初步的了解。 2. 研究方法上,学生已经知道利用红外光谱、核磁共振氢谱等方法可以测定有机物的结构。 3. 选择性必修 2《物质结构与性质》中学习了价键理论,了解共价键的本质。	1. 应用学生已有的知识创设情境,建立新旧知识的联系,激发学生对醇的新认识角度和新知识的学习热情和求知欲。 2. 设计实验验证物质性质时,应用红外光谱、核磁共振氢谱等方法来表征产物,从而证实有机反应发生。 3. 从电负性和键的极性角度,更本质更深层次地理解微观结构对有机物性质和反应的影响。
前概念:对"结构决定性质"的认识停留在表面,过分依赖官能团的认识角度,并没有从学科本源理解。	从化学键极性的角度对断键、成键的部位和可能发生的化学反应进行预测和解释,体现有机物结构与性质关系中的"电子效应"。
可能的学习困难:学生学习陌生物质有畏难情绪;认识有机物的角度宏观化(从具体物质或类别出发)或单一化(对官能团性质的依赖),缺乏自主地应用化学键层级认识有机物和反应的意识。	从学生熟悉的乙醇性质回顾出发,从性质反推结构,从化学键角度认识有机物的结构,建立认识有机物性质发展层级模型,并应用这一模型预测乙醇的其他性质和苯酚的性质,不断丰富模型的认识内涵。

五、单元学习活动设计

1. 教学内容划分

有机物结构分析模型对学生学习有机化学的意义主要有 3 点:①"结构决定性质"学科思想如能在教学中落实,则可以转化为分析结构、解释和预测性质的方法;②建立结构分析模型,有利于将模型贯穿于整个有机模块教学,指导学生学习有机物性质及反应;③结构分析模型可作为桥梁,将必修和选修中的有机化学内容串联起来,即把结构理论和有机物性质联系起来,既可解释已知有机物性质,又可分析陌生复杂有机物的结构,并为有机物结构推断、性质预测等复杂问题解决提供方法。

如何帮助学生构建结构分析模型是选择教学策略的核心问题,考虑模型与概念的关系以及学生的认知规律,2 个课时制订了 2 种教学组织策略。

"课时 1 醇"采用"先性质后结构"的策略,用性质分析作驱动,让学生在解释性质时发现认识角度和层级的多样化和本质化。促使学生应用化学键的饱和度和极性来预测物质的性质,最后在分析物质性质的过程中构建分析模型,如图 8-2-2 所示。

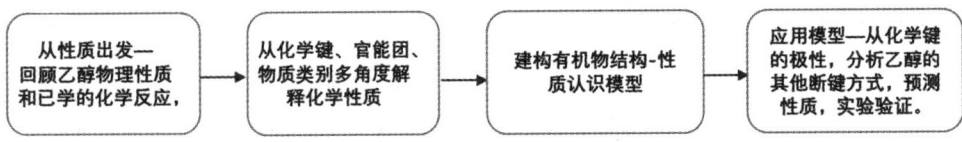

图 8-2-2 "醇"采用"先性质后结构"的教学策略

"课时 2 酚"采用策略 2"先结构后性质",直接深入到微观结构,根据化学键的极性、碳的饱和度和官能团等角度,指导学生思考邻近基团间相互影响,并预测性质,实验验证,完善结构分析模型,实现模型的功能化,如图 8-2-3 所示。

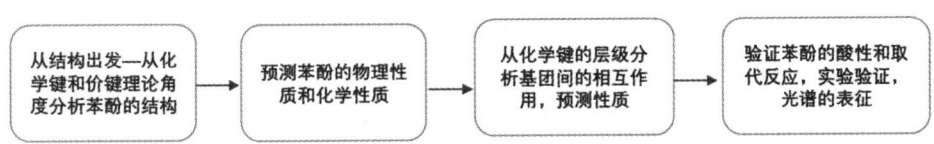

图 8-2-3 "酚"采用"先结构后性质"的教学策略

提出的 2 种教学策略都能帮助学生建立有机物结构分析模型,通过应用结构分析模型形成有机物结构分析的思路和方法,将有机物的结构与性质关联起来,促使学生对有机物的认识层级从宏观物质、官能团层级发展到化学键层级,促进学生主动地从化学键水平认识有机物,形成自主分析陌生、复杂有机物结构的能力。

2. 教学过程设计

"醇和酚"教学情境、问题、任务与活动的设计

单元	课时	问题	任务与活动
单元大问题:认识有机物的结构时,看什么?怎么看?如何建构并应用结构和性质关系的模型认识有机物和反应?设计实验验证。	课时1:醇—建构多角度认识有机物性质和反应的模型。情境:从旧知引发新认识。问题:请从尽可能多的角度分析和解释乙醇的物理性质和化学性质。建构有机物结构与性质关系的模型。	问题 1.1 观察物质的结构,归纳醇和酚的定义。问题 1.2 请从尽可能多的角度分析为什么甲醇、乙醇、丙醇等都易溶于水?观察表格,比较醇和烷烃、烯烃的沸点高低,并解释原因。问题 1.3 回忆必修 2 学过的乙醇结构和性质,书写化学方程式和指出反应类型。请从尽可能多的角度分析乙醇的性质和反应。问题 1.4 为什么 H—O 键和 αC—H 键容易断裂呢?问题 1.5 乙醇分子中还有	任务 1.1 运用分类法区别醇和酚,找到分类的依据。任务 1.2 通过数据比较分析,提升学生处理图表信息的能力。任务 1.3 引导学生从物质类别、官能团、化学键的层级,分析和解释乙醇的化学反应。任务 1.4 从化学键的极性分析断键的位置和方法,体会有机物结构和性质的关系。不仅能够提升学生的思维水平,还引导学生学习分析化学反应的本质。任务 1.5 从化学键的角度,应用价键理论判断断键的位置和方式,预测乙醇的消去反应和取代反应,并设计实验。

续表

单元	课时	问题	任务与活动
		哪些键极性强，易断裂？预测乙醇还能发生哪些化学反应，并设计实验进行验证。 问题 1.6 乙醇的消去反应，用酸性 KMnO₄ 溶液或溴水来检验乙烯。溶液褪色能否证明有乙烯生成？有无其他干扰？如何排除干扰？ 问题 1.7 建构有机物结构与性质关系的模型。	任务 1.6 培养学生科学探究和创新意识的核心素养。让学生观察实验现象，记录并作出解释。通过反思，体会定性实验的关键是排除干扰。并提出新的实验设想，最终得到结论。 任务 1.7 培养证据推理和模型认知的核心素养。
	课时 2：酚—应用多角度认识有机物性质和反应的模型。 情境：分析结构—预测性质—实验验证。 问题：分析苯酚的结构，看什么？怎么看？结构与性之间有什么关系？如何用实验验证？	问题 2.1 了解酚类物质在自然界的广泛存在和重要价值。 问题 2.2 预测苯酚的状态和溶解性，分别从化学键、官能团、物质的角度给出依据。 问题 2.3 应用多角度认识有机物性质和反应的模型，初步预测苯酚的化学性质，说明依据。 问题 2.4 基团之间有没有互相影响？是怎么影响的？影响了什么？从化学键的角度给出解释。 问题 2.5 请设计实验证明苯酚有酸性，相较于苯更易发生取代反应。	任务 2.1 从生活中的真实情境出发，激发学生学习化学的兴趣，引导学生自觉主动参与学习过程。 任务 2.2 发展学生基于组成和结构进行预测的化学思维，了解苯酚的物理性质。 任务 2.3 诊断学生基于结构预测性质的水平，了解苯酚能发生加成反应，不能发生消去反应。 任务 2.4 体会基团之间的相互影响，并理解其本质与化学键的电子云密度改变有关，诊断学生对有机物分子内基团之间相互作用影响有机物性质的认识水平。 任务 2.5 通过设计实验、操作与对实验现象的分析解释，认识到实验是进行科学解释实践活动。

在学生认识有机物性质的层级观念建构的过程中，以问题驱动的单元整体教学的课堂有利于建立分析思路，培养学生预测、解释、分析和调控能力。特别是教学中设置有效的学生原有认知的探查环节，通过一系列问题可以了解学生的原有认识角度和认识方式，进而为教学提供动力和生长点。促进学生形成基于结构与性质相互关系的核心认识观念和关键能力，是发展学科核心素养的基础，而发挥知识的认识功能并建立结构分析—性质预测

的认识方式模型，是促进知识观念化以及观念能力素养化的关键。

3. 学习活动设计

课时1　醇

主题：围绕醇的结构与性质展开讨论，建构结构与性质关系模型

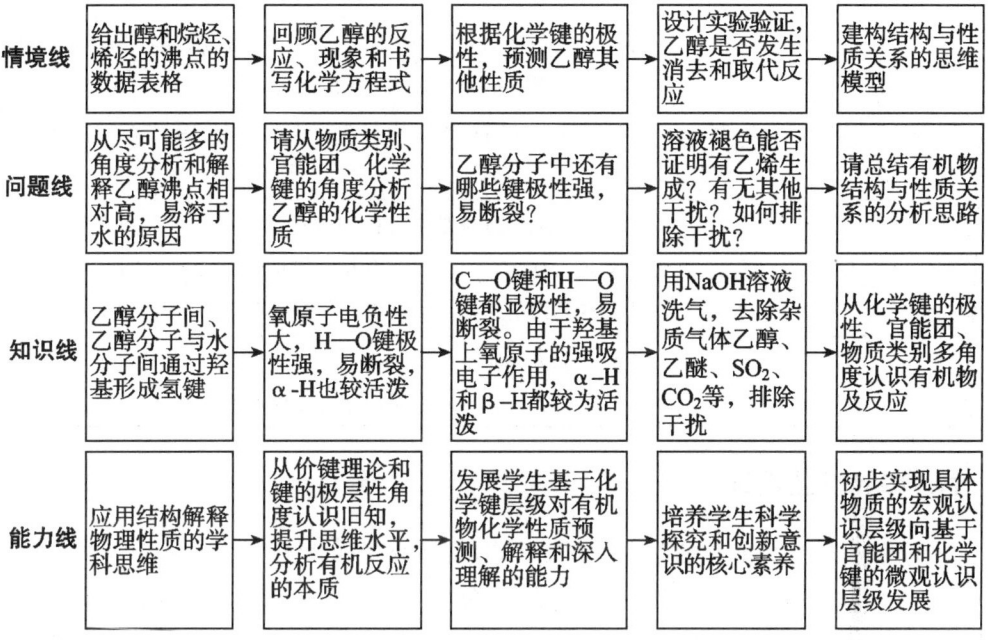

图 8-2-4

课时2　酚

主题：围绕苯酚的结构与性质展开讨论，应用结构与性质关系模型

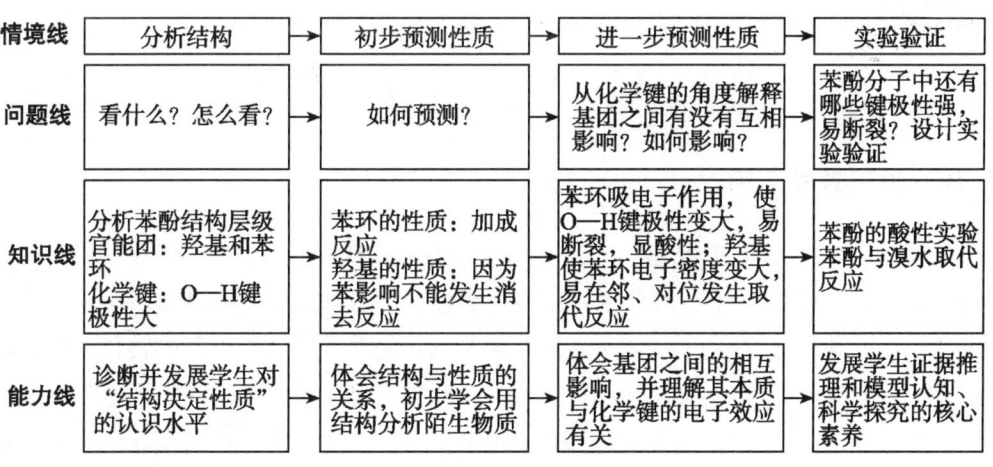

图 8-2-5

六、单元"教、学、评"一体化

课时	目标	活动与任务	评价方法
课时1	1.1	1.2 1.3	学生分组讨论交流，诊断和发展从宏观的物质类别到微观的官能团、化学键的认识层级。
	1.2	1.4	学生能应用结构分析的思路，发展基于价键结构对有机物化学性质进行分析、推测和深入理解的能力。
	1.5	1.7	学生自主建构有机物结构与性质认识方式的思维模型，促进知识内化，能力发展。
课时2	2.2	2.2 2.3 2.4	学生已经初步具备基于有机物的化学键分析、预测性质能力。学生知道看什么，怎么看。看化学键的极性及官能团，从化学键考虑不同基团的影响，从结构上分析断键成键的问题。
	2.3	2.5	设计实验方案验证预测，观察实验，准确描述实验现象，以交流与讨论的方式，从微观视角分析宏观现象的成因。

七、单元作业设计

本作业设计围绕"醇和酚"进行。知识点涵盖醇和酚的物理性质、化学性质、典型实验现象以及主要反应的化学方程式等，旨在帮助学生建立有机物结构与性质的联系；引导学生从化学键的极性、官能团、物质等角度认识有机物的性质，构建并应用思维模型。整份单元作业设计由2份课时作业和1份单元评价作业组成。课时作业对核心知识进行拆解与组合，对关键能力的训练逐步进阶，对逻辑思维进行提升，使学生逐步达到单元评价作业的检测要求。单元作业旨在帮助学生理解"结构决定性质"的学科思想和方法，促进学生对有机物的认识上升到微观本质的化学键层级达到有机化学选修阶段的目标。建立结构分析模型能提高学生的认识水平，使学生加深对这一学科思想方法的理解和应用，有利于将其转化为问题解决的思路和能力。

八、单元教学反思

本单元教学设计是依据课程标准要求和学生发展需要，让具体知识结构化和功能化，让学生从学科本原上认识有机化学中"结构决定性质"的本质，发展从物质类别、官能团到化学键的认识层级，有利于实现学生从化学知识向化学学科核心素养的转化。在教学过程中，不是简单地把"结构决定性质"作为知识性的内容简单传授，而是通过将醇和酚的具体性质和反应作为事实，提升学生的化学思维水平，发展学生对物质及其变化的认知能力。本单元教学的学习目标着眼于学生学科核心素养的发展，兼顾知识、思维和能力等多个层面，其核心在于帮助学生形成系统化的知识结构以及看待事物的化学视角，并使之转化为解决具体问题的思路与方法，即重在促进学生由"知"向"能"的转化。

案例三 醛 酮和糖类

北京丰台二中 李 艳

一、教学单元规划

醛、酮是含有羰基的两类重要化合物，在官能团的转化和有机合成中占有核心地位，是有机合成的"中转站"。在醛和酮的学习之前，学生已对有机物结构与性质的关系形成了基本思维模型，故可以运用根据结构推测性质的思想方法研究醛、酮的化学性质。从结构看，糖类是多官能团物质，包含醛和酮中含有的官能团，从知识的内在联系来看，糖类是醛和酮知识的延续和发展，即从单官能团有机物发展到多官能团有机物，从小分子发展到大分子（高分子），是对上一章有机化学知识和认识方法的具体应用。因此可以将醛、酮的性质学习思路迁移到糖类的学习中，多官能团物质的性质学习又不完全等同于单官能团物质，故放在一起作为一个单元整体学习，这样可以使学生的学习过程由浅入深、螺旋式上升，丰富认识角度，形成基于官能团、化学键与反应类型认识有机化合物的一般思路，引导学生建立"结构决定性质"的基本观念。《普通高中化学课程标准》和2019版高中化学新教材（鲁科版、人教版）对"醛 酮和糖类"的内容编排对比如下表所示。

课程标准及不同版本教材（2019版）中"醛 酮和糖类"的内容编排

课程标准相关要求	鲁科版	人教版
2.2 烃的衍生物的性质与应用 认识醛的组成和结构特点、性质、转化关系及其在生产、生活中的重要应用，知道酮的结构特点及其应用。 3.2 生物大分子 认识糖类的组成和性质特点，了解淀粉和纤维素及其与葡萄糖的关系，了解葡萄糖的结构特点、主要性质与应用。知道糖类在食品加工和生物质能源开发上的应用。	第2章 官能团与有机化学反应 第3节 醛和酮 糖类和核酸 烃的衍生物	第三章 烃的衍生物 第三节 醛 酮 第四章 生物大分子 第一节 糖类

从教材编排来看，人教版教材侧重按照官能团的不同学习代表物质的性质，按照课程标准的三个主题，"有机物的结构与性质""烃及其衍生物的性质与应用""生物大分子及合成高分子"，将"醛 酮""糖类"分别列入不同的主题下。鲁科版教材的编排是基于官能团的结构特点呈现有机化合物的性质，有相同官能团的物质放在一起进行学习，将"烃的衍生物""生物大分子"进行了整合，将醛、酮和糖类的性质编排在同一节内容之下，力图体现"结构决定性质、性质反应结构"的学科思想，凸显有机物性质分析的一般思

路，从基于官能团提升到基于化学键水平认识有机物，建立完整的结构分析和性质预测模型，使认识角度的系统化，提升学生的认识深度。

二、单元教材教法分析

醛和酮都是分子中含有羰基的化合物，教学思路应该从分析结构入手，重点分析官能团或与官能团直接相连的碳原子成键特点、成键方式，考虑官能团与相邻基团的相互影响对有机物性质所起的作用。然后，利用反应类型的相关知识预测有机物能发生哪些类型的反应，什么样的试剂能和这些有机物发生这些类型的反应，通过这些类型的反应又能生成什么样的产物，最终帮助学生形成认识有机化合物性质的一般程序。其次，醛和酮与生产、生活联系紧密，有许多内容能激发学生学习化学的兴趣，鲁科版教材中呈现的甲醛、苯甲醛、丙酮，包括"拓展视野"中呈现的维生素A、视黄醛等，这些物质的性质和用途都是学生感兴趣的内容，用源自学生生活经验的素材组织教学，进而展开实验探究，可以增进学生学习有机化学的愿望。以典型的生产或生活问题为载体，引导学生运用化学知识认识和理解生活中的化学现象，主动发现生活中的化学问题，运用化学学科思维程序科学地解决生活中的有关问题，形成科学合理的生活方式、积极并富有责任心的生活态度，提高基本的化学学科素养。

糖类的学习是对研究有机物性质程序的再应用，以葡萄糖为代表的单糖的教学中，应突出其结构特征分析，引导学生通过实验现象分析，对结构进行合理的预测或结合其结构特征预测、分析其化学性质并进行实验验证。从结构特征分析认识糖类作为多官能团有机物，含有的醛基、羰基、羟基官能团与其化学性质之间的关联，进一步深化有机化合物中"结构决定性质，性质决定应用"的学科观念。由于二糖、多糖的结构在此不做要求，因为可以运用实验探究的方式认识其性质，建立性质与应用之间的关联。让学生了解，经过水解、分解、降解等反应，通过分析产物可以反推有机物的组成与结构，这样一种常用的有机化学研究方法，培养其证据推理意识。教学中对果糖的处理相对比较简单，补充了碱性条件下果糖结构的变化，学生通过成断键的分析进一步体会结构与性质之间的关系，培养学生利用陌生证据进行推理的能力。这部分内容的处理重在让学生利用陌生信息解决实际问题，认识其在生命活动中的重要作用，为后面核酸一节的学习做知识铺垫，体会化学学科对生命科学研究的重要意义。

三、单元教学目标设计

"醛 酮和糖类"单元目标和课时目标

单元目标	课时	课时教学目标
1. 了解几种简单的醛和酮，并从官能团角度认识醛、酮的结构，能基于官	1	1.1 认识羰基的结构，能分清楚醛、酮的区别，理论分析价键极性和不饱和性与性质的关系，应用结构推测性质的思想方法研究醛、酮的化学性质。

续表

单元目标	课时	课时教学目标
能团、化学键的特点与反应规律分析醛和酮的化学性质。 2. 认识常见糖类代表物的组成、结构和典型性质，深化对多官能团有机物中羟基、醛基性质的认识。建立糖类物质之间的转化关系。 3. 知道糖类物质在食品加工和生物机能等方面的应用，能对与糖类相关的营养健康的社会性议题做出有科学依据的判断、评价和决策，培养正确的科学态度与社会责任感。		1.2 通过实验探究认识醛、酮的主要化学性质，掌握饱和一元醛、酮与氢气、氢氰酸、氨及衍生物所发生的加成反应，醛类物质发生的氧化反应，能写出有关反应的化学方程式。 1.3 了解醛、酮在生产和生活中的应用，体会有机化学在生产、生活中的巨大作用。通过甲醛的性质学习加强学生环境保护意识的教育。
	2	2.1 认识单糖的物理性质和用途，能运用研究有机物的一般步骤和方法预测葡萄糖可能具有的结构。 2.2 能通过实验探究确定葡萄糖的结构，认识葡萄糖的化学性质，会书写相关方程式。 2.3 通过葡萄糖分子结构的推测和实验探究过程，培养学生的演绎推理能力和逻辑思维能力，使学生体会科学研究的基本思路和方法。
	3	3.1 能说明单糖、双糖和多糖的区别与联系，能描述蔗糖、麦芽糖、淀粉、纤维素的典型性质。 3.2 认识双糖、多糖在人体内的重要生理功能，体会化学科学对健康生活的指导意义。 3.3 通过双糖、多糖的探究实验，使学生进一步体验探究化学物质的过程，理解科学探究的意义，学习科学探究的基本方法，培养初步的科学探究能力。

四、学情分析与教学策略

1. 学情分析

"醛　酮和糖类"的学情分析

	已有基础	障碍点	发展点
课时1 醛　酮	对醛和酮的官能团、部分化学性质及乙醛和丙酮的分子结构有了初步的认识；学过乙醇、乙酸等物质的结构和部分化学性质，具备有机物分类的知识，通过苯的同系物和卤代烃、酚的学习，对羟基到醛基官能团的转化及基团相互影响有初步了解。	对有机物结构决定性质的理解及灵活应用不够。不能主动从结构角度认识、分析有机物的性质，对醛类物质的氧化反应原理分析存在障碍。	学习并会应用含羰基的有机物结构及其化学性质。让学生的认识水平从代表物到官能团，再提升到基于化学键水平，形成完整的结构分析模型和性质预测模型，形成分析有机物的一般思路。

续表

	已有基础	障碍点	发展点
课时2 单糖	初中从生活视角认识了糖类与人体健康的关系，在必修模块的"基本营养物质"一节中，初步认识了糖的分类及葡萄糖的分子结构。对代表物的组成、典型性质、检验及其在日常生活中的应用有了一定的了解，对葡萄糖的检验方法也进行了相应的实验探究。	综合运用图谱分析物质的组成存在一定的障碍，根据分子式预测葡萄糖的官能团种类和数目思路无序，设计实验验证官能团的存在不考虑多官能团之间的影响，没有排干扰的意识。	从化学视角系统认识单糖（葡萄糖）的组成、结构特点和主要化学性质，认识糖类在生产生活的重要应用。认识化学科学在生命科学发展中的重要作用，同时树立正确的营养观。
课时3 双糖 多糖	初三阶段知道糖类是对生命活动有重要意义的有机物，必修阶段对常见糖类代表物的组成、典型性质、检验及其在日常生活中的应用有了一定的了解，对淀粉的检验方法也进行了相应的实验探究。能够从化学视角认识物质性质与人体健康的关系。	实验方案的设计部分不关注试剂的用量和体系的酸碱性。利用陌生证据的推理能力较弱。利用已有知识解决生产生活中的问题存在角度不全或思维路径有障碍。	认识糖类的组成和性质特点，能举例说明糖类在食品加工和生物质能源开发上的应用。通过双糖、多糖的探究实验，理解科学探究的意义，学习科学探究的基本方法，培养科学探究的初步能力。

2. 教学策略

策略一：性质预测的任务突出结构特征的分析。给学生充分的时间进行小组讨论并展示自己的思维过程，通过同学之间的相互启发和补充，不断完善多角度认识有机物结构和提高学生基于化学键预测性质的能力，从结构特征认识性质，进一步体会有机化合物结构与性质的关系。

策略二：实验探究活动注重方案的设计和评价。充分提取已有的知识经验进行方案的设计和实施，让学生经历完整的科学探究的过程，体会科学研究的严谨性。

策略三：挖掘核心物质的社会价值和生命价值。以真实的问题情境作为教学的情境线索或活动素材，使学生通过自然现象、生活生产事实的解释或实际问题的解决等活动，认识有机物的结构、性质与应用，体验有机化学作为基础学科对相关学科发展的重要价值。

五、单元学习活动设计

1. 教学内容划分

首先，通过醛和酮的教学，引导学生进一步认识有机化学反应的基本类型和反应规律。其次，从单官能团的学习过渡到多官能团物质的学习，将丰富多样的实验素材进行整合，为学生的理论分析提供实验事实证据，让学生在实验方案的设计与评价、实验现象的观察与分析、实验结论的获得及化学用语表征过程中认识糖类物质的典型性质，进一步发展学生的科学探究能力与创新意识。最后，糖类物质在食品加工工业和生物质能源开发方面有着非常重要的应用，从淀粉和纤维素用于生产燃料乙醇出发，引导学生探究在此生产过程中所发生的物质转化，结合教材中给出的学生必做实验，了解相关糖类物质（双糖、单糖）的组成及其化学性质。通过对常见生产工艺流程的简单介绍或资料查阅，了解目前应用淀粉、纤维素等糖类物质制备化工原料的科研前景，认识化学科学在工业生产中的意义和价值，形成节约资源、保护环境的可持续发展意识，促进"科学态度与社会责任"核心素养的发展。

本单元设计涉及的知识内容教学框架如下图。

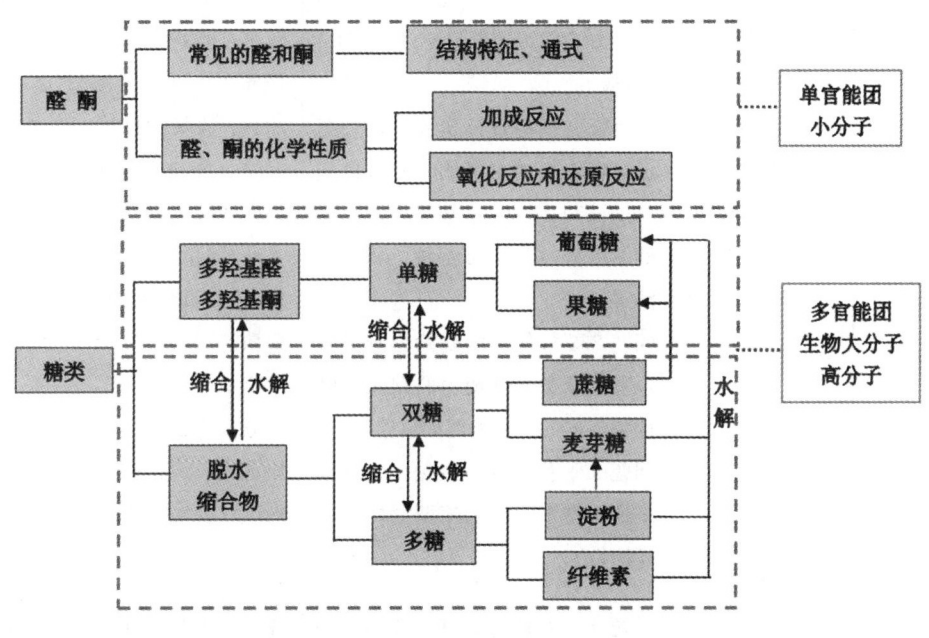

图 8-3-1

2. 教学过程设计

"醛 酮和糖类"教学情境、问题、任务与活动的设计

单元	课时	问题	任务与活动
单元大背景：与醛、酮相关的物质性质探究。单元大问题：甲醛和丙酮分别属于哪类有机	课时1：醛 酮 情境：常见的醛、酮的用途。问题：醛、酮的化学性质有哪些？有何相同点和不同点？	问题1.1 阅读资料，观察身边的化学物质的结构特点，醛、酮在结构上有什么相同和不同之处？你能归纳出醛、酮的概念吗？ 问题1.2 分析醛的结构特点，利用你所掌握的有机化合物结构与性质间关系的知识，推测醛可能具有的化学性质。 问题1.3 设计实验证明醛基的还	任务1.1 观察结构，分析醛、酮的结构特点，认识醛、酮的官能团差异。 任务1.2 分析结构：官能团、是否含有不饱和键、键的极性、基团之间的相互影响。预测性质：断键部位、反应类型、反应试剂和条件、反应产物。 任务1.3 设计实验方案→预测现

续表

单元	课时	问题	任务与活动
化合物？他们的结构和性质是怎样的？糖类物质的性质与甲醛和丙酮有什么联系吗？		原性。 问题1.4 思考酮的化学性质与醛的化学性质有哪些相同点和不同点？分析几种试剂与醛、酮反应的加成产物。	象→动手实验→完成方程式。 任务1.4 分析加成反应的反应原理，结合资料解释甲醛为什么有毒。
	课时2：单糖 情境：葡萄糖提取工艺，研究葡萄糖结构和性质的科学方法。 问题：葡萄糖的结构是怎样的，化学性质如何？	问题2.1 展示葡萄糖实物，介绍现代葡萄糖提取工艺，如何利用化学方法确定葡萄糖（$C_6H_{12}O_6$）的结构简式？ 问题2.2 如何设计实验验证葡萄糖可能含有的官能团？并提供相应的试剂：硝酸银与稀氨水、硫酸铜溶液与NaOH溶液、石蕊试液等。 问题2.3 如何测定葡萄糖分子中羟基的个数？葡萄糖的碳骨架结构是怎样的？官能团如何连接？ 问题2.4 葡萄糖是醛糖，果糖是酮糖，是否也像葡萄糖一样具有还原性？	任务2.1 依据分子式推测葡萄糖可能具有的官能团种类和数目，写出可能的结构简式。 任务2.2 根据所学过羟基、醛基、酯基、羧基的性质，选择不同的实验方案进行实验设计与探究，根据多组实验现象确定葡萄糖是多羟基的醛。 任务2.3 设计合理方案，画出葡萄糖的结构简式。结合所给资料，确定结构。 任务2.4 设计实验方案，结合乙炔水化反应信息，解释为什么果糖可以发生银镜反应。
	课时3：双糖多糖 情境：淀粉纤维素水解制乙醇流程。 问题：实验探究双糖、多糖性质，归纳糖类物质之间的转化关系。	问题3.1 双糖是单糖（葡萄糖和果糖）脱水缩合后得到的产物，双糖（糖、麦芽糖）是否也是还原糖，如何设计实验证明？进一步运用实验探究双糖的性质。 问题3.2 阅读材料，纤维素乙醇产业的发展现状。你认为纤维素或淀粉是如何转变为乙醇的？ 问题3.3 如何在实验室中模拟纤维素和淀粉的水解？如何设计实验检验淀粉的水解程度？ 问题3.4 你认为淀粉、维生素在人体内的转化过程与实验室模拟的转化过程相比，有哪些区别和联系？归纳糖类的转化关系。	任务3.1 设计实验方案，分组完成实验得出实验结论。 任务3.2 根据已有的知识可以分析得出：淀粉或纤维素可通过水解反应生成葡萄糖，葡萄糖通过无氧酵解可以生成乙醇和二氧化碳。 任务3.3 设计实验方案探究纤维素和淀粉的水解及水解产物，验证猜想。通过二者水解反应条件的差异，认识淀粉与纤维素的结构差异对水解性质的影响。 任务3.4 梳理糖类物质之间的转化关系，绘制流程图。

3. 学习活动设计

课时 1 醛 酮

主题：围绕醛、酮的性质探究思路和方法展开讨论

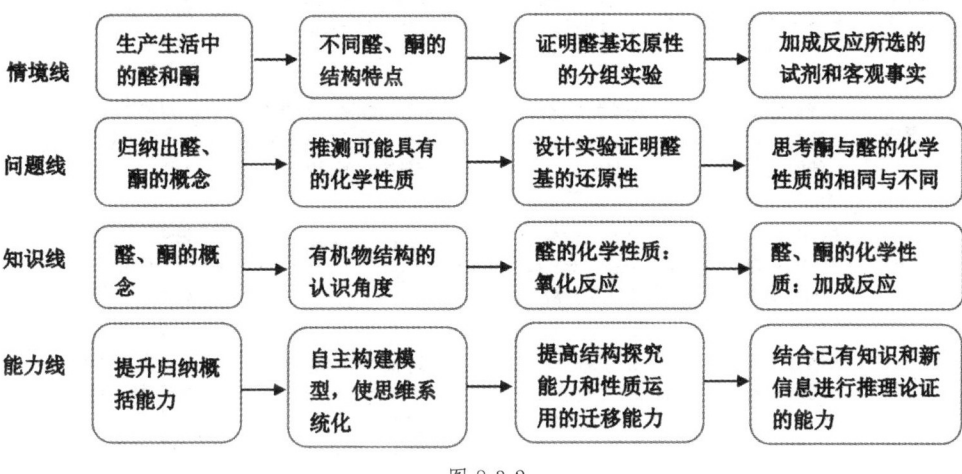

图 8-3-2

课时 2 单糖

主题：围绕葡萄糖的结构确定和性质探究展开讨论

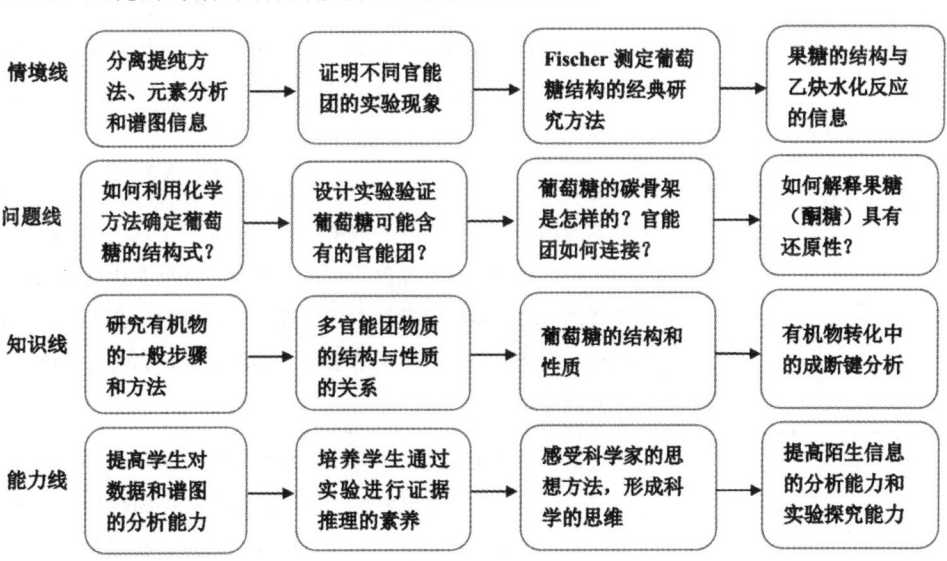

图 8-3-3

课时3 双糖 多糖

主题：围绕双糖和多糖的性质探究展开讨论

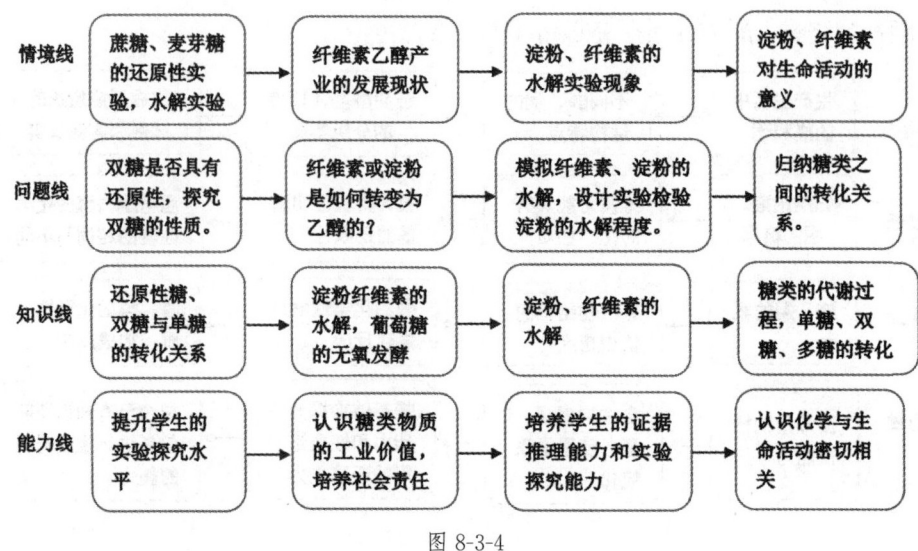

图 8-3-4

六、单元"教、学、评"一体化

课时	目标	活动与任务	评价方法
课时1	1.2	1.3 1.4	通过学生对有机化合物性质预测和实验方案设计的交流与讨论，诊断学生是否能基于官能团和化学键准确分析加成反应和氧化反应的原理，设计实验，运用多种方式收集实验证据证明醛基具有还原性。
课时2	2.2	2.1 2.2 2.3	通过对葡萄糖性质探究实验方案的交流与讨论，诊断学生是否能熟练运用研究有机物的一般步骤和方法确定葡萄糖中可能含有的官能团；能根据假设提出多种探究方案，评价和优化方案，有排干扰的意识，能运用多种方式处理实验信息，对获得的结论进行反思；能从物质及其变化的事实中提取证据，能解释证据与结论之间的关系。
课时3	3.1 3.2	3.1 3.2 3.3	通过对多糖性质探究实验方案及糖类物质之间转化关系的交流与讨论，诊断学生对有机物性质的实验探究水平和对物质及其转化思路的认识水平，解决实际问题的能力水平（孤立水平、系统水平）及其对化学价值的认识水平（学科价值视角、社会价值视角）。

七、单元作业设计

本单元作业设计由2份课时作业和1份单元作业组成。知识点涵盖：醛、酮的概念，醛、酮的化学性质，葡萄糖的结构和性质，不同糖类物质之间的转化关系，实验方案的设计等。课时作业包括：常见醛、酮的用途，同分异构，醛和酮的性质，醛基的检验，包含醛基、羟基等多官能团的检验，醛与不同物质之间的转化，糖类物质之间的转化关系。目的是让学生进一步巩固醛、酮和糖类的性质，落实基本知识与基本技能，提升学生的实验设计能力。单元作业则以真实问题情境为载体，考查学生对以上知识的迁移应用能力，包括多官能团物质的性质预测和检验，有机合成路线、有机推断，建立醛、酮与糖类之间的转化关系，如以淀粉或纤维素为原料合成塑料聚乙烯，合成新型可生物降解的高分子材料聚乳酸，以淀粉为起始原料合成丁醇等。让学生在应用知识的过程中体会化学对于社会发展的巨大贡献。

八、单元教学反思

本设计将不同章节内容进行有机整合，通过跨单元的整体设计，不仅注重学生知识本体和认识思路的结构化，而且注重知识的整体性和学生认识的递进性，以促使学生的学习过程由浅入深、螺旋式上升，逐步形成相互支撑、内涵丰富的认知架构和学科核心观念。具体体现在：第一，梳理单官能团物质醛、酮和多官能团物质糖类知识的纵横关系，形成知识网络，并与学科核心观念建立关联，以学科核心观念为指导形成具有内在逻辑的教学线索，帮助学生把握具体内容背后更为本质的思想与方法。第二，把指向能体现"结构决定性质"这一核心观念的教学任务转化为统领课堂教学的引导性问题，通过引导性问题调动学生主动参与学习过程，在多轮次探究结构与性质的关系中形成基于官能团、化学键与反应类型认识有机化合物的一般思路和方法。第三，设计促进学生思维发展的学习任务，让学生经历预测、设计、实验、观察、分析、解释等学习活动，将单官能团物质醛、酮的性质学习思路迁移到多官能团物质糖类的学习中，实现从建立思维模型到应用模型解决实际问题的目标进阶，培养学生对实验设计能力和对复杂问题的综合分析能力，实现知识素养化。

案例四 有机合成

北京市日坛中学 奚梅梅

一、教学单元规划

有机合成大师伍德沃德曾说过："有机合成使人类在旧的自然界旁又建立起一个新的自然界，大大地改变了社会上物质及商品的面貌，使人类生活发生了巨大的革命。"现代人类社会物质的极大丰富离不开有机合成所起的作用。

有机合成是有机化学基础教学的重要内容，是学生在中学阶段所学习的有机化学知识的重要组成部分。它包括有机合成的概念、官能团的引入、碳链的改变、正合成分析法、逆合成分析法等知识，每个知识模块相对独立，具有非常鲜明的特性，但在整个有机合成的应用中又密不可分。《普通高中化学课程标准》和 2019 版高中化学新教材（鲁科版、人教版）对"有机合成"的内容编排对比如下表所示。

课程标准及不同版本教材（2019 版）中"有机合成"的内容编排

课程标准相关要求	鲁科版	人教版
2.3 有机反应类型与有机合成 认识加成、取代、消去反应及氧化还原反应的特点和规律，了解有机反应类型和有机化合物组成结构特点的关系。认识有机合成的关键是碳骨架的构建和官能团的转化，了解设计有机合成路线的一般方法。体会有机合成在创造新物质、提高人类生活质量及促进社会发展方面的重要贡献。 2.4 有机化合物的安全使用 结合生产、生活实际了解某些烃、烃的衍生物对环境和健康可能产生的影响，体会"绿色化学"思想在有机合成中的重要意义，关注有机化合物的安全使用。	第 3 章 有机合成及其应用 合成高分子化合物 第 1 节 有机化合物的合成 一、有机合成的关键 1. 碳骨架的构建 2. 官能团的引入与转化 二、有机合成路线的设计 三、有机合成的应用	第三章 烃的衍生物 第五节 有机合成 一、有机合成的主要任务 1. 构建碳骨架 2. 引入官能团 二、有机合成路线的设计与实施

两种教材在"有机合成"单元构建上，均以碳骨架的构建、官能团的引入及转化、有机合成路线的设计与实施等核心知识点和方法为基础进行展开。19 世纪 20 年代，自人类开始进行有机合成的研究以来，有机化学家们不断地合成出功能各异、性能卓越的各种有机化合物。通过有机合成，不仅可以制备天然有机化合物，以弥补自然资源的不足，还可以对天然有机化合物进行局部的结构改造和结构修饰，使其性能更加完美，更充分地发挥作用。甚至可以合成具有特定性质的自然界并不存在的有机化合物，以满足人类的特殊需要，为人类社会的发展提供物质保障。有机合成化学的迅速发展，使以染料合成和药物合成为重点的有机合成化学工业得以兴起，煤焦油和石油天然资源的综合利用得到了迅猛的发展。选择有机合成作为单元教学设计的对象是合理的，在知识层面上有助于帮助学生知识结构化、方法可行化，在学科价值层面上有利于学生感受化学与生产生活的紧密联系，体会化学的有用性。通过有机合成单元整体的学习，学生的化学学科核心素养得以提升。

二、单元教材教法分析

人教版和鲁科版均单独设立一节对"有机合成"进行详细介绍。人教版主要阐述了有机合成的过程和逆合成分析法两部分内容。第一部分，介绍了有机合成的思路——通过有机反应构建目标化合物的分子骨架，并引入所需的官能团；在"资料卡片"中介绍了官能团保护的知识。第二部分，介绍了有机合成路线的设计与实施，以"草酸二甲酯的合成"

为例，说明了逆合成分析法在有机合成中的应用。

鲁科版着重介绍三部分内容：一是有机合成的关键——碳骨架的构建和官能团的引入，除了要求学生归纳引入卤原子、羟基等官能团的途径与人教版教材相同外，还介绍了增长碳链和缩短碳链的方法，并在"拓展视野"栏目中补充了利用羟醛缩合反应增长碳链的方法；二是有机合成路线的设计，重点介绍逆合成分析法，并以"案例"的形式呈现了利用逆推法设计苯甲酸苯甲酯的4条合成路线，以及评价、优选合成路线所遵循的原则；三是简单介绍了有机合成在物质制备和基础研究方面的应用。

有机合成非常有力地诠释了"化学是在分子、原子层次上研究物质性质、组成、结构及其变化规律的科学"。新课程标准的基本理念强调了重视开展"素养为本"的教学，其核心内容是：倡导真实问题情境的创设，开展以化学实验为主的多种探究活动，重视教学内容的结构化设计，激发学生学习化学的兴趣，促进学生学习方式的转变，培养他们的创新精神和实践能力。基于两个版本教材对知识内容的界定，我们在教法上选择在真实情境中展开教学。

教学方法实际上是确定了教学的方向和一个大致的目标，接下来就要确定构建这节课的具体素材。有机合成属于知识承载的思想方法课，最终要提炼出：有机合成的关键是碳骨架的构建和官能团的引入；设计合成路线可以采用逆合成分析法；分析目标化合物分子结构时主要关注碳骨架、官能团类型以及官能团的位置；方案选择和优化要遵循绿色化学原则。要想引导学生能够主动归纳总结出这些程序和方法，不是一件容易的事，关键是要选择合适的素材承载这些知识与方法。

欲在真实情境中展开教学，选择合适的素材很关键，那么，选择什么样的素材呢？第一，素材要贴近学生生活，是学生比较熟悉的，能够激发其学习热情。第二，素材承载的知识要适合学生学情，使学生在获得知识方法的同时能够产生一定的成就感，不至于刚刚在学习有机合成时就产生畏难情绪。第三，素材之间有一定的逻辑关系，不能是孤立素材的简单堆砌，尽量让学生"身临其境"，体会化学的价值。

本单元教学内容的主要构成及课时安排如下表。

整合后"有机合成"内容编排

单元主题	有机合成		
教学情境	生活中常见的有机物		
课时主题	1. 认识有机合成	2. 有机合成路线	3. 有机合成应用
学科知识	有机合成概念 碳骨架的构建 官能团的引入及转化	正合成分析法 逆合成分析法 有机合成原则	正逆合成结合 合成方法选择 合成方法评价
方法能力	对比、类比，将学习的有机反应转化为碳骨架和官能团的构建	信息解读，分解转化复杂任务，建立思维模型	合作交流，尝试自主设计和评价有机合成路线

通过对课程标准、教材等文本的深入解读，我们认为有机合成单元教学具有重要的学

科本体价值、认识发展价值、社会价值。其学科本体价值是：总结归纳各类有机物的性质，熟练掌握各类物质（官能团）之间的相互转化。其认识发展价值是：对有机物性质的认识从物质类别和反应类别维度上升到转化、合成维度，关注反应前后有机物之间的关系，学会正合成分析法、逆合成分析法的思维方式。其社会价值有：充分体现化学对人类生活和社会发展的重大贡献。这同时亦是有机合成这单元的教学定位。

三、单元教学目标设计

《普通高中化学课程标准》明确要求，通过《有机化学基础》模块的学习，学生应该"初步掌握有机化合物的组成、结构、性质等方面的基础知识"，并"认识有机化合物在人类生活和社会经济发展中的重要意义"。人教版、鲁科版教科编排"有机合成"这节内容是有实际意义的。在这节内容之前，教材呈现了烃、卤代烃、醇、醛、羧酸和酯等各类有机化合物的性质，介绍了取代、加成、消去、氧化、还原等反应类型，本单元在一定程度上是对前面所学内容的系统复习。利用所学知识合成新物质，对学生来说有目标、有挑战，他们就会为了这个有意义的任务进行充分的交流与合作，最终完成各类物质的转化，并将各类有机物的性质内化在脑海中。所以在两个版本的教材设计中，编排方式上，"有机合成"以新授课的面目出现，学生思想上会更加重视，能够积极地在合成思想和方法的统摄下，以转化的思想进一步认识各类有机物的性质。

对于物质转化，教学目标最终预期达成从"成键、断键"的本质上理解有机物之间的转化。以期通过有机合成的学习，学生不仅可以了解有机合成的基本方法和程序，还可以提高分析问题和解决问题的能力，更深刻地体会有机化学的价值。

基于此，本单元的单元目标和课时教学目标如下表。

"有机合成"单元目标和课时目标

单元目标	课时	课时教学目标
1. 掌握有机合成的相关概念：有机合成的定义、流程、要素、碳骨架的构建和官能团的引入及转化。 2. 建立有机合成的一般思路和方法，明确有机合成的基本路线和方法，能够正、逆合成方法结合使用。 3. 掌握在真实情境下有机合成问题的解决方法，学会新信息的解读和迁移应用。	1	1.1 通过对 2-甲基-1-丙醇合成 2,5-二甲基-3-己酮合成路线的分析，认识有机合成，建立官能团转化和碳骨架构建的概念。 1.2 通过回忆所学知识，总结归纳引入卤素原子、碳碳双键、羟基等官能团的方法。 1.3 通过对简单有机合成不同路线的设计，体会有机反应的选择性，并学会评价有机合成设计的角度。
	2	2.1 通过对有机合成流程的分析，总结正合成分析法。 2.2 通过乙二酸乙二酯的合成路线设计，建立逆合成分析法的基本思路。 2.3 通过以乙烯为原料设计二丙酸乙二醇酯的路线，巩固逆合成分析法，体会从成键断键角度分析有机合成资料信息，并能够对新信息进行迁移引用。

续表

单元目标	课时	课时教学目标
	3	3.1 通过水杨酸的合成路线设计与评价调动学生思维的积极性，认识有机合成中"优选合成路线"的思路，学习基团保护的作用和方法。 3.2 通过阿司匹林的化学式解读及合成实验，了解有机化合物制备的基本方法，熟悉常用装置的使用方法和原理。 3.3 通过对缓释阿司匹林逆合成法的设计，感受人类认识科学、不懈追求的历史。

四、教学起点分析

"有机合成"的内容，建立在"有机化合物的结构特点与研究方法""烃"和"烃的衍生物"的教学基础上，对于"有机合成"教学起点分析如下表。

"有机合成"教学起点分析

教学起点	相应的利用策略
已有相关知识经验：有机化合物的结构特点、研究有机化合物的一般方法、烃和烃的衍生物结构与性质的关系。	开门见山，以简单有机合成路线分析过程引导学生的学习兴趣，将已有物质性质的知识迁移为碳链增长或者缩短的方法，以及官能团之间转化的关系。逐步形成利用已有知识解决实际问题的能力。
前概念：从物质类别角度认识有机物的性质，从反应类别角度认识有机反应的特点。	对有机物的性质认识从物质类别转化为官能团类别，对有机反应的认识从反映类别上升为官能团之间的转化。
可能的学习困难：逆合成分析法，成键断键角度分析有机新信息。	理解"结构—性质"的关系，并能对新信息从"成键断键"的本质角度进行解决和应用。能够从有机合成设计原则角度选择并评价有机合成路线。

五、单元学习活动设计

1. 教学内容划分

从教学内容上，首先通过引导，帮助学生形成有机合成的相关概念，有机合成就是指利用简单、易得的原料，通过有机反应，合成具有特定结构和功能的有机化合物。明确有机合成设计的要素：官能团的转化和分子骨架的构建。了解有机合成过程就是利用简单的试剂作为基础原料，通过有机反应连上一个官能团或一段碳链，得到一个中间体；在此基础上利用中间体上的官能团加上辅助原料进行第二步反应，合成出第二个中间体；经过多步反应，按照目标化合物的要求，合成具有一定碳原子数目、一定结构的目标化合物（见图8-4-1）。

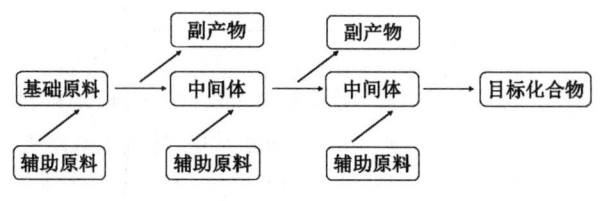

图 8-4-1 有机合成过程示意图

其次,对于结构复杂的有机化合物,我们难以从简单原料出发,正向分析出合成路线,引导学生从逆合成分析角度进行有机合成路线的设计、选择与评价。逆合成分析法,顾名思义,即采用逆向思维的方法。从目标化合物开始分析,将其倒退一步寻找能生成它的上一步反应的中间体,再对拆分出的各中间体进行同样的逆向分析,把中间体细分为更小中间体,直至简单原料。

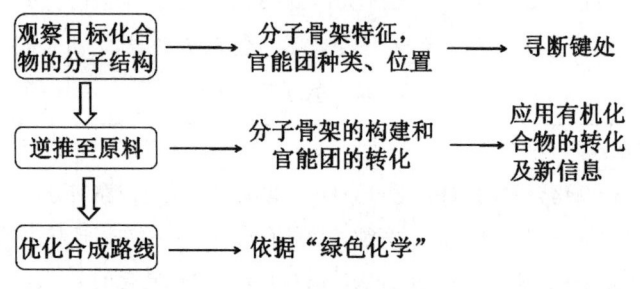

图 8-4-2 逆合成分析法思路示意图

建立逆合成分析法合成有机化合物的一般思路和方法(见图 8-4-2):首先要观察目标化合物的分子结构,如果有指定的有机原料,需要将原料与目标化合物的分子结构进行对比。重点关注分子骨架特征以及官能团的种类位置,寻找断键处。然后依据有机反应规律逐步逆推上一步的中间体,直至简单原料。在此过程中的主要任务是完成分子骨架的构建和官能团的转化。需要同学们熟练掌握学习过的有机化合物的转化知识,学会分析资料所给新信息。最后需要对设计的合成路线进行优化选择,优选的依据就是绿色化学。

最后,以阿司匹林为素材载体,利用所学有机物的性质以及有机合成的方法,分析阿司匹林的合成路线及发展史,建立学生情感上的认同并树立正确的价值观。其教学过程为:通过给出水杨酸的分子式($C_7H_6O_3$),给定限制条件为分子中含有一个苯环,结合官能团的结构与性质,探究水杨酸的结构组成;通过对阿司匹林结构的探究了解其机理,及其结构发生变化的意义;通过对缓释阿司匹林合成路线的探究,加强对逆合成分析法的认识。让学生体会,在科学探究的征途中"路漫漫其修远兮,吾将上下而求索",该教学设计过程起名为"阿司匹林的昨天、今天和明天",其设计思路见图 8-4-3。

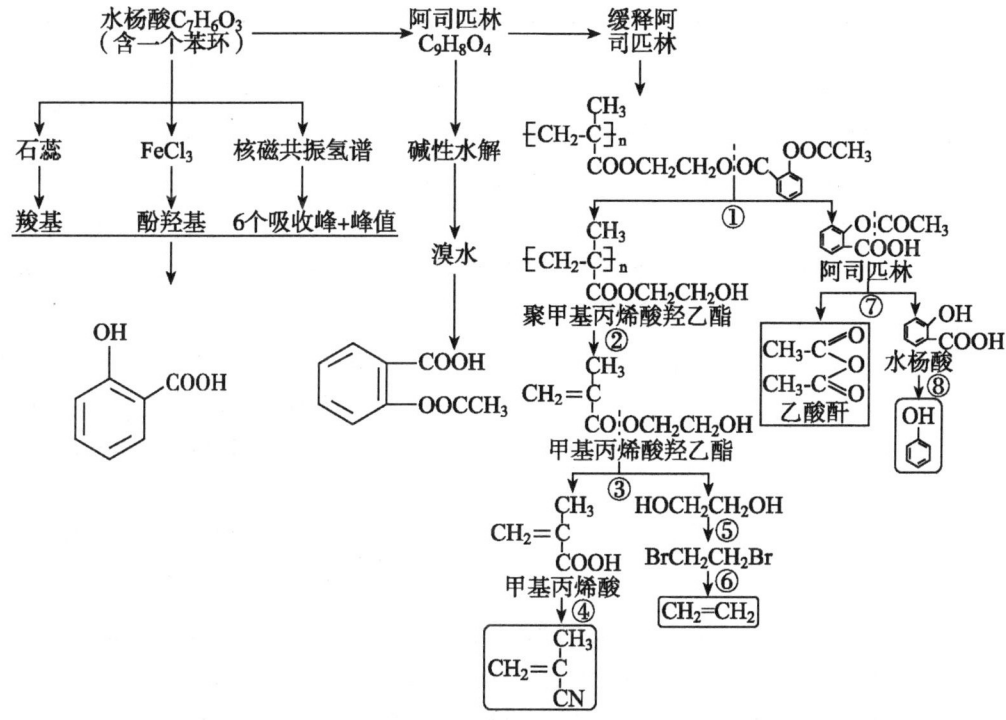

8-4-3 以阿司匹林为载体的有机合成设计思路

化学学科中,"有机合成"是最活跃、最具创造性的领域之一,科学家研究各类有机化合物的结构和性质,研究各种类型的有机反应,除了用于基础研究以外,最终的目的都要走到有机合成上来,合成对人类有用的物质。因此,"有机合成"可以很好地体现有机化合物在人类生活和社会经济发展中的重要意义。

2. 教学过程设计

"有机合成"教学情境、问题、任务与活动的设计

单元	课时	问题	任务与活动
单元大背景:生活中常见有机物的合成。单元大问题:生活中常见的有机物有哪些?如何合成这些有机物?有机合成对	课时1:认识有机合成。情境:有机合成在生产生活中的应用。问题:什么是有机合成?	问题1.1 什么是有机合成? 问题1.2 如何增长和缩短碳链? 问题1.3 如何引入卤素原子? 问题1.4 如何引入碳碳双键? 问题1.5 如何引入羟基?	任务1.1 从简单的合成路线中分析每一步在合成中的目的。 任务1.2 总结有机合成过程示意图,明确有机合成的一般思路。 任务1.3 归纳有机合成的设计要素:官能团的转化和分子骨架的构建。 任务1.4 从已学的反应中总结归纳出引入有机官能团和改变碳骨架的方法。

续表

单元	课时	问题	任务与活动
生产生活有哪些帮助和意义？	课时2：有机合成路线。 情境：复杂有机物的合成方法。 问题：有机合成的任务是什么？	问题2.1 复杂有机物的合成思路是什么？ 问题2.2 什么是逆合成分析法？ 问题2.3 你能总结逆合成分析法的思路吗？	任务2.1 从复杂有机物（维生素B12）的结构出发，体会逆合成分析法。 任务2.2 乙二酸二乙酯是医药工业中重要的中间体，尝试应用逆合成分析法。 任务2.3 以乙烯为唯一的有机原料（无机试剂及催化剂可以任选），根据以下信息设计合成二丙酸乙二醇酯的路线。 任务2.4 归纳总结逆合成分析法的思路及合成路线选择的注意事项。
	课时3：有机合成应用。 情境：阿司匹林的"昨天""今天"和"明天"。 问题：阿司匹林是如何合成的？	问题3.1 对于这样一种人们从古代就已经知道能够镇痛和退热的成分——水杨酸，人们是如何合成的？ 问题3.2 在实验室如何合成阿司匹林？ 问题3.3 合成阿司匹林的产品中通常含有水杨酸，主要原因是什么？如何除去？	任务3.1 阿司匹林的"昨天"——水杨酸的合成研究及评价。 任务3.2 阿司匹林的今天——合成实验。 任务3.3 阿司匹林的"明天"——阿司匹林的发展史及缓释阿司匹林的合成研究。

本单元三个课时的教学设计对这三部分的内容加以整合和拓展，以生活中常见的有机物为教学情境线，设计为主题式学习的三课时，在总体问题的驱动下，围绕"有机合成"这个主题，结合有机物的性质和有机反应的特点，全面、充分地挖掘知识内容本体价值及其教育价值，有机地整合课堂教学和课外活动，开发课程资源，综合利用各种教学方法和教学策略，提高课堂教学的效率，让学生经过三课时的学习之后，能够整体把握知识网络，学生经过文献查阅、实验探究等研究方法，落实知识的学习，同时体会团队合作的满足感和成就感。

有机合成的两大核心任务：①实现有价值的已知有机化合物的高效生产；②创造新的有价值的物质和材料。在经过三个课时的学习之后，旨在引导学生深刻感受有机合成在生产生活中的价值。

3. 学习活动设计

课程标准中提到：学生化学学科核心素养的发展是一个自我建构、不断提升的过程，教师要紧紧围绕化学学科核心素养发展的关键环节，引导学生积极开展建构学习、探究学习和问题解决学习，促进学生化学学习方式的转变。为避免教师在教学过程中的包办代替等现象，三个课时的学生活动设计如下。

课时 1　认识有机合成

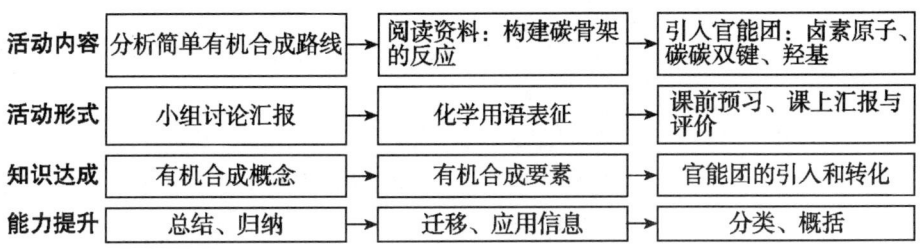

图 8-4-4

课时 2　有机合成路线

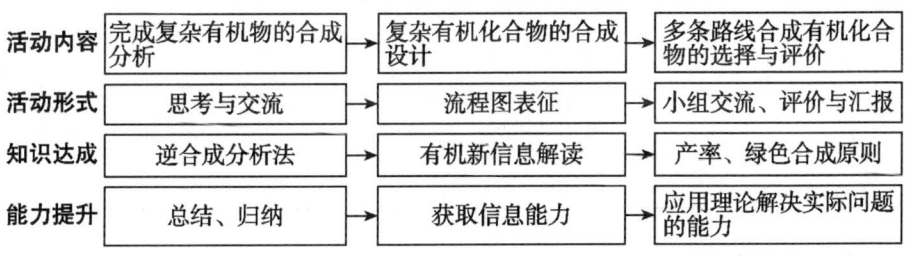

图 8-4-5

课时 3　有机合成应用

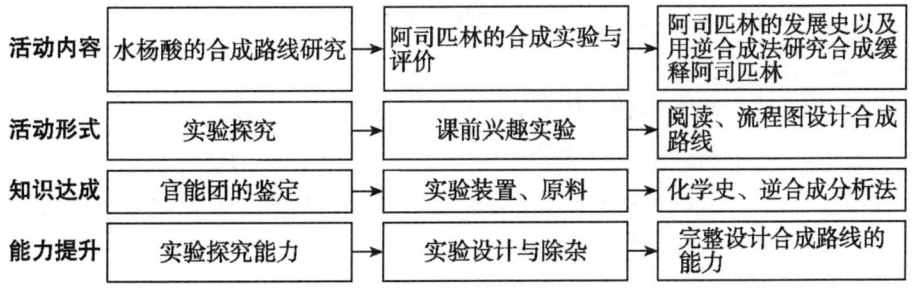

图 8-4-6

六、单元"教、学、评"一体化

课时	目标	活动与任务	评价方法
课时1	1.1 1.2	1.2 1.3 1.4	学生通过对简单有机合成流程的分析，归纳总结有机合成的概念和构成要素。 能够依据已学有机物的性质和反应类型，梳理碳骨架的构建和官能团的引入及转化。
课时2	2.2 2.3	2.2 2.3 2.4	学生能从简单有机物的合成迁移到复杂有机物的合成，主动尝试逆合成分析法。 通过对比原料和目标产物结构的差异，从微观角度分析分子的成键和断键位置，进而理解反应机理。 学生能较准确总结逆合成分析的思路和方法，归纳与交流，教师分析总结反馈。
课时3	3.1 3.2 3.3	3.1 3.2 3.3	通过小组合作鉴别水杨酸中的官能团，结合实验现象，推断水杨酸的官能团，确定其结构简式。 制备阿司匹林，交流，教师反馈评价。学生能从物质制备角度选择原料和实验装置，控制反应条件，计算产率，教师分析反馈。 学生能准确设计缓释阿司匹林的合成路线，并从成键断键视角切割分子片段，依据翻译能机理，对不同方法进行讨论，分析与交流。

七、单元作业设计

本作业设计围绕"有机合成"进行设计，知识点涵盖有机合成概念、碳链的增长与缩短、官能团的引入及转化、逆合成分析法、有机合成的应用等。意在帮助学生建立有机合成的一般思路和方法，从成键和断键的本质解读有机新信息，应用有机合成解决生产生活中的实际问题。

整份单元作业设计由3份课时作业和1份单元评价作业组成。课时作业以核心知识设计习题。力求学生在有机合成发展史的情境中练习，逐步感受到化学学科发展对人类生活品质提升的重大意义，同时形成科学辩证思维，并理解如何理性科学地处理现阶段环境问题。单元评价作业为维生素 B12 合成路线设计，教师利用课下时间给予学习小组个性化指导，并通过与学生共同的讨论，生成课上欲与其他小组同学分享的问题，通过资料查阅，解决问题。在课上有针对性地组织学生活动，提高活动效果。课上课下结合的学习方式过程丰富了学生的学习内容，延长了学习时间，拓展了交互空间，整体突破了学习的方式。

八、单元教学反思

单元整体教学有利于帮助学生梳理不同物质的重要性质，建立分析不同物质之间相互转化路线的一般思路和方法。任务以问题驱动为主,问题的设置梯度及相关度最为重要,实现学生自主地要去关注"分子骨架的变化"及"官能团的变化",紧扣有机合成类问题的关键。

单元整体教学设计是基于功能与价值设计的有效教学,不仅能从概念建立的过程中培养学生的探究能力和自我构建知识的能力,还能丰富学生看化学问题的视角和观点。同时也让学生学会与化学史对话,重温前人研究历程,体验严谨的科学精神;学会与同学对话,发现问题并自主解决;学会与自己对话,自我构建知识网络。

案例五　合成高分子化合物

中国人民大学附属中学朝阳学校　杨　梅

一、教学单元规划

合成高分子化合物是高中化学选择性必修 3《有机化学基础》模块的重要教学内容,合成高分子化合物已经广泛应用于人们的日常生活。学生在必修课程的学习中已经初步认识了塑料、橡胶、合成纤维的相关知识,知道了利用加聚反应合成高分子化合物的基本方法。选择性必修 3 中的"合成高分子化合物"这一教学主题则进一步拓展了学生对高分子化合物种类和合成方法的认识。主要内容包括两部分:合成高分子化合物的方法——加聚反应和缩聚反应,合成高分子材料——常见的合成高分子材料和功能高分子材料。此外,拓展介绍了高分子化学反应,如"接枝""磺化"反应等。高分子材料的性能与其结构有着密切的关系,而其特殊结构或官能团的引入决定了其合成方法和合成原料的选择。因此,这些不同知识模块之间是有密切的内在联系的,在教学设计中可以进行重组,使其变为一个完整的单元整体教学,进一步发展学生"结构决定性质,性质决定用途"的学科核心概念。

《普通高中化学课程标准》和 2019 版高中化学新教材(鲁科版、人教版)对"合成高分子化合物"的内容编排对比如下表所示。

课程标准及不同版本教材（2019 版）中"合成高分子化合物"的内容编排

课程标准相关内容的要求	鲁科版	人教版
3.1 聚合物的结构特点 了解聚合物的组成与结构特点,认识单体和单体单元(链节)及其与聚合物结构的关系。了解加聚反应和缩聚反应的特点。(能对单体和高分子进行相互推断,能分析	第 3 章 有机合成及其应用 合成高分子化合物 第 3 节 合成高分子化合物 一、高分子化合物概述 二、高分子化合物的合成	第五章 合成高分子 第一节 合成高分子的基本方法 一、加成聚合反应 二、缩合聚合反应

续表

课程标准相关内容的要求	鲁科版	人教版
高分子的合成路线，能写出典型的加聚反应和缩聚反应的反应式。） 3.3 合成高分子 认识塑料、合成橡胶、合成纤维的组成和结构特点，了解新型高分子材料的优异性能及其在高新技术领域中的应用。（能举例说明塑料、合成橡胶、合成纤维的组成和结构特点。）	——聚合反应 1. 加成聚合反应 2. 缩合聚合反应 三、高分子化学反应 四、合成高分子材料 1. 常见的合成高分子材料 2. 功能高分子材料	第二节 高分子材料 一、通用高分子材料 1. 塑料 2. 合成纤维 3. 合成橡胶 二、功能高分子材料 1. 高吸水性树脂 2. 高分子分离膜

两个版本的教材在对"合成高分子化合物"单元的构建上，都是基于合成高分子化合物的两种基本方法，介绍相应的合成高分子材料的结构和性能。鲁科版的教材新增了关于高分子化学反应的介绍，而人教版则与旧教材编排保持一致，除拓展了酚醛缩聚以外，还保留了对高吸水性树脂的介绍和实验研究，新增了对高分子膜的介绍。课程标准中关于教学策略的教学提示为：突出结构特征分析。对生物大分子和合成高分子进行结构分析，引导学生通过结构预测性质或分析解释化学性质，从结构特征认识性质，进一步体会有机化合物结构与性质的关系。因此，在单元教学设计中，可以紧紧围绕"结构决定性质，性质决定用途""结构决定其合成方法及路线设计的选择"等有机化学学科方法展开设计，选择真实的问题情境，以"合成具有特定性能的高分子材料的方法探讨"展开，逐步认识加成聚合反应和缩合聚合反应的多种常见类型，进而拓展对高分子化学反应的认识。帮助学生构建"合成方法——结构——性质——用途"之间相互联系的高分子化合物研究方法。

二、单元教材教法分析

普通高中化学课程是落实"立德树人"根本任务，促进学生化学学科核心素养形成和发展的重要载体。因此，教学设计应该立足于学生适应现代生活和未来发展的需要，充分发挥化学教学的育人功能，全面发展学生化学学科核心素养。在教学设计过程中应创设真实的问题情境，开展以化学实验为主的多种探究活动，重视教学内容的结构化设计，激发学生学习化学的兴趣，促进学生学习方式的转变，培养他们的创新精神和实践能力。

本单元教学内容，两个版本教材编排的重点均是合成高分子化合物的两种基本方法及常见高分子材料的介绍。人教版的教材单独列为一个章节，所介绍的内容相对比较详细，其中关于通用高分子材料的介绍与必修教材有部分重合。鲁科版的教材将合成高分子化合物与有机化合物的合成、有机化合物结构的测定并列，仅编写为一节的内容，其内容选择和介绍更为简要，重点突出了高分子化合物的结构、性质及合成方法的选择之间存在着密切的关联。为了增进学生对高分子化合物更全面的认识，进一步深化"高分子化合物结构决定性质"的认识和理解，本教学设计综合了人教版和鲁科版的相关内容，立足学生必修教材的学习基础，将其内容进行整合梳理，选取真实的问题情境，构建了三个课时的单元整体教学。

在如今的现代生活中，高分子化合物可谓无处不在，与我们的日常生活息息相关。因此，了解高分子化合物的合成、结构和性质相关知识，无论是对于生活品质的提升还是对于学生学科素养的培养都是十分必要的。学生在理解了高分子化合物的单体、聚合物、结构对性质的影响之后，可以更好地指导在生活中实践。塑料、合成纤维和合成橡胶是目前使用广泛的三大合成高分子材料，其主要是通过加聚反应或缩聚反应制得其基体，然后经过改性或添加其他助剂进行加工而成，因此，一些常见塑料、合成纤维和合成橡胶的基体合成过程就是让学生认识加聚或缩聚反应的良好载体，而且通过结合其在生产生活中的实际用途便于学生理解微观结构对其性质、性能的影响。

在汽车的发展历程中，新的合成高分子材料的发现及改进是使汽车变得更快、更舒适、更安全的重要因素。因此，本单元教学选择了真实的问题情境——汽车中的合成高分子材料为教学载体，结合人类探索物质及其变化的历史与化学科学发展的趋势，引导学生进一步学习合成高分子化合物的基本原理和方法，建立分析加聚反应、缩聚反应成键、断键规律的认识模型，形成"结构决定性质，性质决定用途"的化学学科观念，结合学生已有的知识、经验和即将要经历的社会生活实际，引导学生关注人类面临的与化学有关的社会问题，培养学生的社会责任感、参与意识和决策能力。本单元整体教学设计将学科知识融入真实问题情境，让学生感受到有机化学，特别是高分子合成材料在解决生产生活中真实问题的意义和价值。

本单元教学内容的主要构成及课时安排如下。

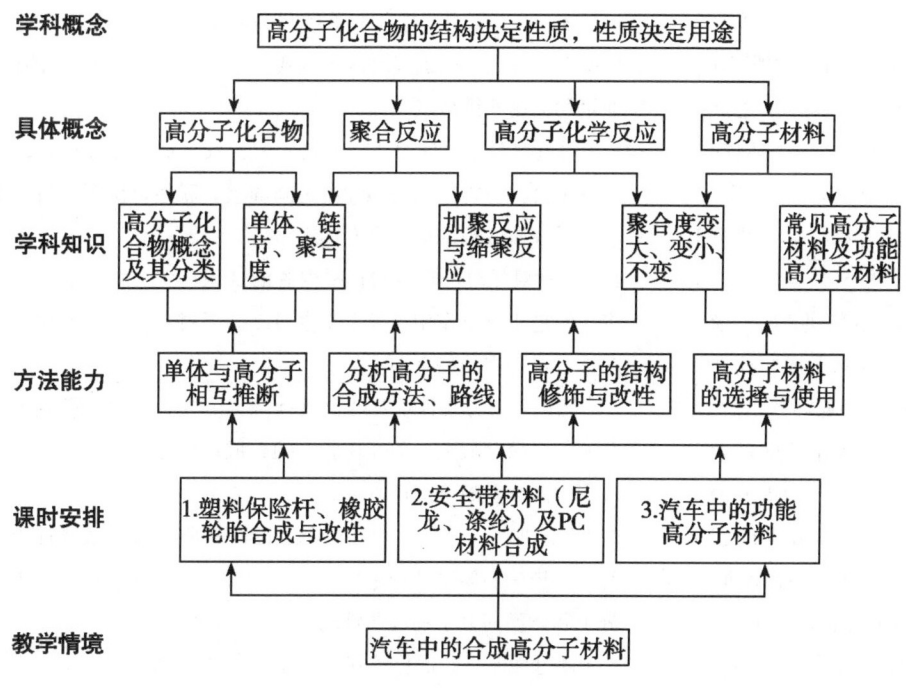

图 8-5-1

整个单元设计紧紧围绕"高分子化合物的结构决定性质,性质决定用途",通过解决汽车保险杠塑料、轮胎橡胶、安全带纤维材料、车灯罩的聚碳酸酯塑料及具有特殊功能的高分子材料,让学生认识到高分子化合物的性能与其微观结构密切相关。在材料合成与改性的真实问题解决过程中拓展对高分子化学反应的认识。

三、单元教学目标设计

"合成高分子化合物"单元整体教学涉及两部分内容:第一部分为基本概念和基本方法的认识,包括高分子化合物、单体、链节等基本概念及加成聚合反应、缩合聚合反应、高分子化学反应等合成具有特定结构和性能的高分子化合物的基本方法。这是帮助学生认识高分子化合物结构和性质的基础,也是培养学生宏观辨识与微观探析素养的基石。通过这些基本概念和方法的深入认识,学生才能掌握根据高分子结构或所需材料性能,选择合适的合成原料和合成方法,实现学以致用。第二部分为高分子材料,包括常见的合成高分子材料——塑料、合成橡胶和合成纤维,以及功能高分子材料——高吸水性树脂、医用高分子、离子交换树脂等。这些高分子化合物特殊性能的介绍,可以进一步帮助学生认识到高分子材料所具有的性质、性能与其微观结构密切相关,深化对"结构决定性质"这一化学核心观念的认识。

基于此,本单元的单元目标和课时教学目标如下表。

"合成高分子化合物"单元目标和课时目标

单元目标	课时	课时教学目标
1. 能对合成高分子进行结构分析,能根据结构预测或分析解释高分子化合物的化学性质,从结构特征认识其性质,进一步体会有机化合物结构与性质的关系。 2. 初步形成解决真实情境下高分子材料合成与改性问题的一般思路和方法。 3. 认识到高分子材料发展对人类生活品质提升的重大意义及所造成的污染,形成科学辩证思维,对材料的选择与使用、垃圾处理等社会性议题做出有学科依据的判断、评价和决策。	1	1.1 能对典型塑料、橡胶的单体和高分子进行相互推断,能正确写出所涉及的典型的加聚反应方程式,了解共聚、共轭二烯烃1,4-加聚的成键断键特点。 1.2 通过汽车保险杠的塑料和轮胎的橡胶合成方法探析,认识有机高分子材料与物质结构和性质之间的重要联系,认识材料的改性可通过对物质微观结构的改变实现。 1.3 通过对保险杠塑料和轮胎橡胶的认识,体会材料的发展对推动汽车的进步重要作用,激发学生对高分子材料科学以及相关科学问题进一步探究的好奇心。
	2	2.1 能正确书写几种重要的合成纤维(尼龙、涤纶)及其他常见的高分子(聚碳酸酯、酚醛树脂)的合成反应方程式,理解缩聚反应过程中的成键断键规律。 2.2 通过尼龙、涤纶、聚碳酸酯、酚醛树脂合成方法及性质差异的对比,进一步体会高分子化合物结构对其性质的影响,认识线型高分子和体型高分子的性质性能存在差异性的原因。 2.3 通过性能不断优化的安全带主要材质介绍,初步认识有机高分子的化学反应——共聚嵌段合成,认识到高分子材料发展对人类生活品质提升的重大意义。

续表

单元目标	课时	课时教学目标
	3	3.1 通过汽车中的功能高分子材料和生活中常见的功能高分子材料介绍，进一步认识高分子化合物结构与性质的关系，认识常见的合成高分子化学反应的类型及使用。 3.2 学生通过设计维纶纤维（聚乙烯醇缩甲醛）的合成路线，进一步认识高分子化学反应，巩固应用逆推法和正推法相结合设计有机材料的合成路线的思路和方法。 3.3 通过认识高分子材料在汽车应用中还存在的问题，进一步认识高分子材料的优点与不足，激发学生进一步进行高分子材料研究的兴趣，形成看待和选择高分子材料的辩证思维。

四、教学起点分析

"合成高分子化合物"内容的学习是建立在学生必修阶段对乙烯的加成聚合反应及有机高分子材料的认识和选择性必修 3 中关于烃及烃的衍生物、生物大分子的化学性质学习的基础上的，对于"合成高分子化合物"教学起点分析如下表。

"合成高分子化合物"教学起点分析

教学起点	相应的利用策略
已有相关知识经验：加成聚合反应的基本成键断键规律，对酯化反应、成肽反应等常见取代反应的成键、断键规律的全面认识，对塑料、合成橡胶、合成纤维应用的初步认识。	创设真实的问题情境，以汽车中的高分子材料研究为教学设计主线，将学生已有的知识和方法用作真实问题解决的基础，在问题过程中逐步深化对原有知识和方法的认识与应用能力。
前概念：有机物的结构决定了其主要性质，单体发生加成聚合反应可以形成高分子化合物。	学生所具有的关于聚合物的相关概念可作为学生进一步认识复杂加聚反应和缩聚反应的基础认识，通过高分子结构片段的单体辨识，反应方程式表达，加深对相关概念的认识。引导学生对高分子的结构特征进行分析，结合真实的高分子材料，进一步理解有机高分子化合物的结构决定了其主要性质和材料性能。
可能的学习困难：1. 高分子化合物单体和高分子之间的相互推断，及共聚反应、二烯烃 1,4-加聚反应和缩聚反应的成键断键规律认识。 2. 理解高分子化合物结构对其性质、性能的影响。	1. 借助空间结构模型或球棍模型的拼插、拆解，突破对合成高分子中的成键断键规律和单体与高分子互推难点的突破。 2. 借助高分子实物和微观结构模型，感受线型结构与体型结构高分子化合物的性质、性能的差异。

五、单元学习活动设计

1. 教学内容划分

教学内容上,首先通过引导学生认识汽车工业的发展,帮助学生体会高分子材料在汽车的安全性、舒适性、轻量化发展方面所做出的巨大贡献,认识高分子材料对人类社会发展的推动作用。之后通过探讨汽车的塑料保险杠主要材质——聚丙烯、乙丙共聚物的合成,帮助学生回顾聚合物相关概念的同时,进一步理解加成聚合反应的成断键规律,拓展对加聚反应的认识。然后通过橡胶的发现与合成、改性介绍,拓展学生对共轭二烯烃 1,4-加聚反应的认识,进一步深化学生高分子化合物"结构决定性质、材料性能"的认识。

其次,引导学生进一步认识汽车中主要由缩合聚合反应合成的高分子材料,如安全带的主要成分——尼龙和涤纶的合成,以及汽车中广泛使用的聚碳酸酯和酚醛树脂的合成,进一步拓展学生对缩聚反应的认识。通过酸催化和碱催化的酚醛树脂合成实验对比,认识线型高分子与体型高分子结构和性质的差异。通过不同聚碳酸酯合成原料的介绍,让学生进一步认识到有机合成中原料选择的原则尽可能绿色环保,无毒无污染。

最后,从人们对高分子材料具有某些特殊性能的追求出发,介绍汽车和生活中常见的各种功能高分子材料。通过具有高抗冲击性能的聚苯乙烯材料的合成方法介绍,引入常见高分子化学反应类型的介绍。通过合成纤维维纶的合成路线设计,深化对合成高分子方法的认识,通过对汽车中高分子材料的优点及应用中存在的问题和解决办法的探讨,帮助学生进一步形成"基于有机合成解决实际材料问题的思路和方法"。

以汽车中的高分子材料认识为线索的合成高分子化合物知识内容教学框架如下图。

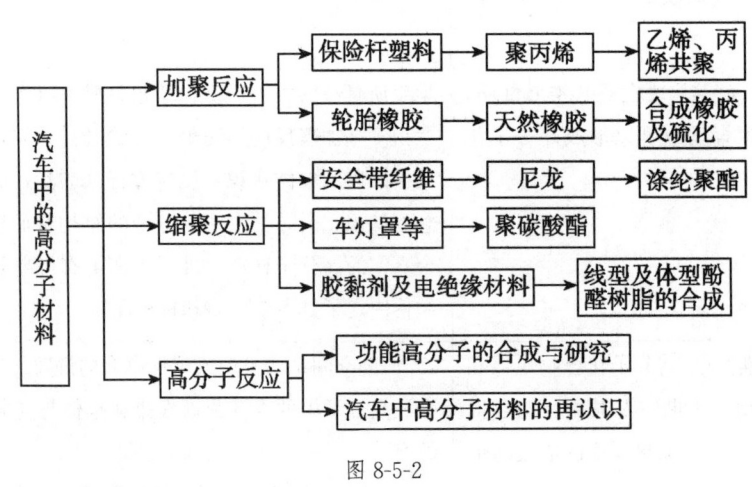

图 8-5-2

2. 教学过程设计

"合成高分子化合物"教学情境、问题、任务与活动的设计

单元	课时	问题	任务与活动
单元大背景：汽车中高分子材料的发展及其使用。 单元大问题：汽车中的高分子材料有哪些？它们是如何合成的？它们的结构与性质、性能有何关系？	课时1：探秘汽车保险杆塑料和轮胎橡胶的合成与改性。 情境：汽车塑料保险杆和轮胎橡胶的合成与改性。 问题：汽车的保险杠主要材质和轮胎橡胶是如何合成的？	问题1.1 相比早期汽车，现代汽车在舒适性和安全性方面有了哪些改良？ 问题1.2 汽车保险杆是什么材质的？ 问题1.3 如何研究天然橡胶？ 问题1.4 如何解决天然橡胶产量不能满足需求的问题？	任务1.1 通过观看视频，认识高分子材料出现对汽车安全性、舒适性和轻量化的改变与提高。 任务1.2 通过视频、模型演示、动手实验、文献阅读等，认识汽车保险杠塑料材质的性质、性能及其主要合成及改性方法。 任务1.3 利用实物、图谱信息等，应用有机物研究的一般步骤和方法，认识天然橡胶的结构和性质。 任务1.4 通过文献阅读、模型拼插等方式，认识顺丁橡胶的合成及硫化改性等。
	课时2：揭秘汽车安全带和车灯罩、电绝缘材料的合成。 情境：汽车中安全带材料和车灯罩材料及电绝缘材料。 问题：汽车中具有重要用途的安全带、PC材料和酚醛树脂是如何合成的？	问题2.1 汽车中的安全带材质是什么？它是如何合成的？ 问题2.2 汽车中的车灯罩等透光性好、耐冲击、抗老化性好的PC材料是如何合成的？ 问题2.3 汽车和生活中普遍使用的电绝缘材料和胶黏剂酚醛树脂是如何合成的？	任务2.1 查阅资料，拓展酯化反应和成肽反应的成断键规律，认识尼龙聚氨酯和涤纶聚酯的合成方法。 任务2.2 沿着科学发展的历程，逐步认识聚碳酸酯合成常见的几种方法：光气法和非光气酯交换法等。 任务2.3 借助教材中的实验，通过实验现象对比，认识反应条件不同对酚醛树脂结构的影响，进而认识其结构对物质性质、材料性能的影响。
	课时3：展望汽车中高分子材料的应用与研究。 情境：汽车中高抗冲击性的聚苯乙烯材料和其他一些功能高分子材料。 问题：为了满足现代汽车工业发展对	问题3.1 汽车中高抗冲击性的聚苯乙烯是如何合成的？ 问题3.2 如何选择合适的原料合成维纶？ 问题3.3 你还知道哪些具有特殊功能的高分子材料，它们是如何合成的？	任务3.1 分析高抗冲击性的聚苯乙烯的微观结构，认识其合成方法，理解其结构和性能的关系。 任务3.2 使用逆推法和正推法相结合设计维纶的合成路线。 任务3.3 通过实验研究和资料阅读，认识功能高分子的结构特点和合成方法。

续表

单元	课时	问题	任务与活动
	轻量化、安全性和舒适性的追求,我们如何合成更多具有特殊功能的高分子材料?	问题 3.4 汽车中的高分子材料有何优点?如何解决其存在的不足呢?	任务 3.4 认识高分子材料的优点和缺点,明确高分子材料的发展方向。通过查阅文献资料,提出可行的创新研究方向。

本单元三个课时的教学均以汽车中高分子材料的使用和合成的化学问题为真实情境,从单元"大问题"到"课时"问题再到"课中"问题,层层递进,实现知识与能力培养的进阶,有效搭建单元整体教学结构框架。将高分子化合物合成方法不断拓展,始终渗透"高分子化合物结构决定物质性质和材料性能"的研究方法,构建了学生解决问题的思维模型,引发学生的自主探究,实现核心素养上的提升。

3. 学习活动设计

课时 1　探秘汽车保险杠塑料和轮胎橡胶的合成与改性

主题:围绕加成聚合反应展开讨论

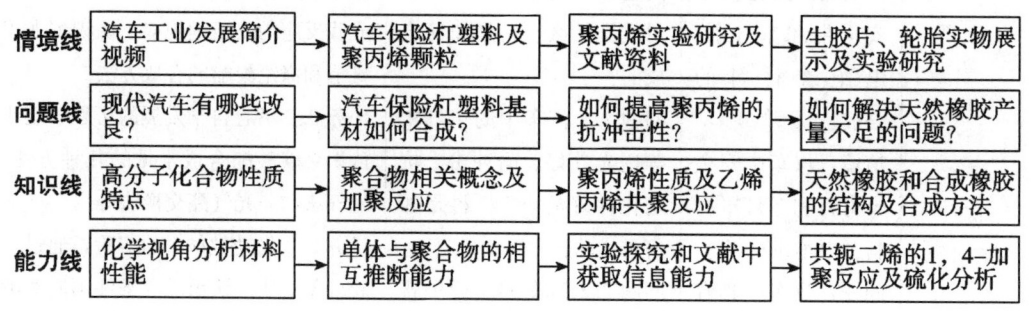

图 8-5-3

课时 2　揭秘汽车安全带和车灯罩、电绝缘材料的合成

主题:围绕缩合聚合反应展开讨论

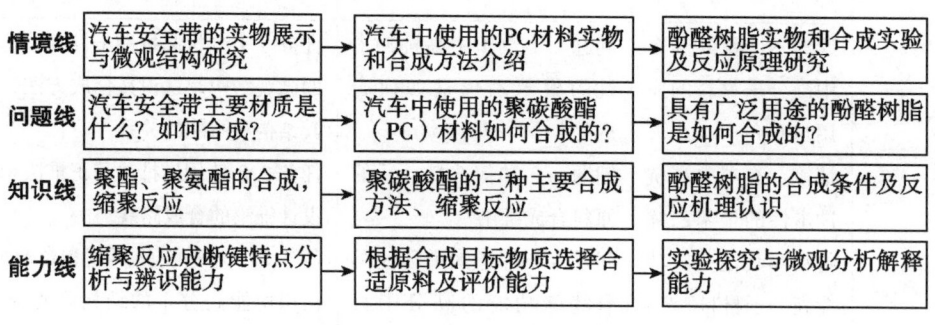

图 8-5-4

课时 3　展望汽车中高分子材料的应用与研究

主题：围绕合成高分子的反应展开讨论

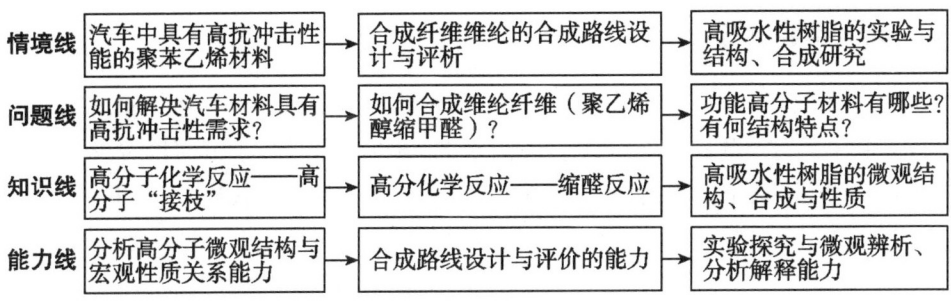

图 8-5-5

六、单元"教、学、评"一体化

课时	目标	活动与任务	评价方法
课时 1	1.1 1.2	1.2 1.3 1.4	通过结构片段分析、模型拼插、文献阅读，正确认识烯烃的加聚反应，正确推断合成单体和书写反应方程式。观察实验，准确描述实验现象，交流与讨论的方式，从微观视角分析宏观现象的成因，提出改性方法。
课时 2	2.2	2.1 2.2 2.3	学生能够正确书写尼龙、涤纶、聚碳酸酯、酚醛树脂合成的化学方程式，分析其成断键规律。 通过实验现象对比，认识反应条件不同对酚醛树脂结构的影响，进而认识其结构对物质性质、材料性能的影响。通过小组合作实验探究，交流，教师反馈评价。
课时 3	3.1 3.2	3.1 3.2 3.3	学生能从高分子结构特征视角设计其合成路线和方法，能对所设计的合成路线进行合理的评价，能对高分子材料的优缺点做出正确评价。

七、单元作业设计

本单元作业设计围绕"合成高分子化合物"这一教学主题进行设计，知识点涵盖：聚合物相关概念的辨识、加聚反应和缩聚反应的判断及方程式书写、高分子和单体的互推等。

整份单元作业由 2 份课时作业和 1 份单元作业组成。课时作业围绕生活中各种常见的塑料、合成橡胶、合成纤维的单体、高分子和合成方法进行设计，让学生进一步巩固对聚合物相关概念的认识，掌握有机高分子化合物和单体互推的方法，落实加聚反应和缩聚反应方程式的书写。单元作业则以设计真实的功能高分子化合物的合成路线为载体，进一步形成基于有机高分子化合物的合成解决实际材料问题的思路和方法。通过作业对核心知识进行巩固梳理，对关键能力进行提升，在真实化学问题解决过程中感受高分子科学对人类生产、生活的巨大推动作用。

八、单元教学反思

本单元教学设计以真实的问题情境——汽车中的高分子材料合成与性能研究为主线展开，帮助学生在真实问题解决过程中逐步深化和完善对加聚反应、缩聚反应、高分子反应的认识，形成高分子合成路线的设计与评价的能力。具有如下主要特色：

①借助多种教学手段，发展学生的宏观辨识与微观探析能力。本单元教学充分借助实物演示、图谱分析、实验探究、模型拼插等手段，将高分子化合物的微观结构与宏观性质相联系，真正帮助学生理解"物质结构决定性质"的化学学科核心观念。

②注重认识思路的结构化和显性化。本单元教学以构建认识高分子化合物的多种合成方法为主要任务，帮助学生形成分析高分子化合物合成原料、方法和路线的基本方法，形成研究有机高分子材料的认识模型。

③单元整体设计，实现深度完整的学习。本单元教学通过层层递进的活动设计，让学生从简单的高分子化合物入手，最终形成设计复杂高分子化合物的能力，教学内容相互衔接与铺垫，有利于学生进行对高分子化合物深度完整的探究学习。

后 记

《普通高中化学课程标准（2017年版2020年修订）》中指出"教师应依据化学学科核心素养的内涵及其发展水平、高中化学课程目标、高中化学课程内容及学业质量要求，结合学生的已有经验，对单元教学目标进行整体规划和设计。进行单元整体设计，在实际应用问题的解决过程中不断迁移学科知识、认识思路和方法，有助于实现学生的深度学习。"

单元整体教学设计是撬动课堂转型的一个支点，是化学学科教育落实立德树人、发展素质教育、深化课程改革的必然要求，也是化学学科核心素养落地的关键路径。它对于改变当前"高分低能、有分无德、唯分是图"的育人结果，对于改变以"知识点、习题项、活动控"为标志的课堂教学，及其导致的师生"忙得要死却碌碌无为"的现状，具有重要的理论价值与现实指导意义。

化学学科核心素养是学生在化学学习中逐步形成的，在未来的学习、生活或工作中能够调用的关键能力、必备品格和正确态度价值观，具有整合性、高阶性、情境性与可迁移性。正是因为核心素养具有整合性，所以很难在一个课时内完成核心素养培育的所有过程；因为核心素养具有高阶性，所以需要足够的必备知识和关键能力的铺垫；因为核心素养具有情境性，而真实情境往往是复杂的、多视角的，所以需要进行一体化设计；因为核心素养具有可迁移性，所以整个教学过程更加强调将具体问题的解决进阶为形成一般解决问题的范式，进而远迁移到更加真实复杂的问题。

基于化学学科核心素养的教学关注学生运用知识做事、持续地做事、正确地做事，强调知识点从理解到应用，重视知识点之间的联结及其运用，而一个学习单元由素养目标、课时、情境、任务、知识点等组成，单元就是将这些要素按某种需求和规范组织起来，形成一个有结构的整体。化学学科核心素养的出台倒逼教学设计的变革，教学设计要从设计一个知识点或课时转变为设计一个大单元。要实现从课时教学到单元教学的转变，教师就必须跳出知识点教学的小视野，以课程开发的大眼界，以模块化的形式整合教学内容，从学科本质和育人高度设计"重构性学习方式"。单元整体教学打破以往的课时主义，强调从整体的视角看待必备知识之间的联系、关键能力的合理进阶、学生的高度参与、发展学生的创造性与核心素养，因此在核心素养视域背景下，利用单元整体教学重整势在必行。

目前的高中化学教学普遍存在着课时主义、知识中心的现象，过于关注单个课时的完整备课，过于关注孤立的知识点的落实，忽略情境素材之间的关系，忽视知识点之间的逻辑关系，导致学生在面对真实复杂情境和多点关联结构问题时往往不知所措。为了帮助广大中学化学教师尽快从基于"知识点为本、课时主义为纲"的教学转向基于"真实情境""系统重构"的"素养为本"教学，深刻理解新课标在教学策略部分提出的"单元整体"教学设计思想，我们编著了《核心素养下的化学单元整体教学设计》一书。

我带领厦门、北京、广东三地骨干精英教师组建形成研究团队，全面系统地梳理了国内外相关文献，提出了"基于真实情境发展核心素养的单元整体教学设计"的模式及操作要点，并参照初高中课标主题及模块要求一一进行解构，配以大量生动翔实的教学实践案例进行展示说明。希望本书能够为广大一线教师提供借鉴、参考。

我要感谢所有对本书的撰写、出版提供过帮助与支持的化学同仁和社会各界朋友，要特别感谢我的研究团队的核心成员北京市教育学院的王春教授和佛山市教研室的潘红老师。本书在理论构架的关键时期遇上新冠疫情，大家在线上研讨中度过了无数难忘的夜晚，经常不知不觉讨论到了凌晨。在后续的二次培训及教学实践案例开发过程中，团队成员多次下校指导修改，反复锤炼，几易其稿，才完成了此书。正是因为团队成员的忘我的奋斗和无私的分享，才有了今天的成果。

当然，我更要感谢我的家人。在稿件大量修改的关键节点，恰巧爱人调换新的工作岗位需要适应调整，大儿羽晗受疫情影响需调整学习节奏并重新建立学习规范，小儿羽昂年龄尚小需要陪伴呵护，但全家人还是一起克服了巨大的困难，让我全身心投入书稿的撰写、统整和编辑当中。正是有了最坚强最温暖的家庭，才有了本书快速成稿付梓印刷。

由于时间的关系，书中还存在不足及需要完善之处，衷心希望广大化学教育专家、教研员、教师批评指正，以便下次修订时改正。

江合佩

2021 年 10 月于慎思斋